ŒUVRES COMPLÈTES

DE

SHAKSPEARE

II

Paris.—Imprimé chez Bonaventure et Ducessois, 55, quai des Augustins.

ŒUVRES COMPLÈTES

DE

SHAKSPEARE

TRADUCTION

DE

M. GUIZOT

NOUVELLE ÉDITION ENTIÈREMENT REVUE

AVEC UNE ÉTUDE SUR SHAKSPEARE
DES NOTICES SUR CHAQUE PIÈCE ET DES NOTES

II

Jules César.
Cléopâtre. — Macbeth. — Les Méprises.
Beaucoup de bruit pour rien.

PARIS

A LA LIBRAIRIE ACADÉMIQUE
DIDIER ET Cᵉ, LIBRAIRES-ÉDITEURS
35, QUAI DES AUGUSTINS

1864

Tous droits réservés.

JULES CÉSAR

TRAGEDIE

NOTICE SUR JULES CÉSAR

Parmi les tragédies de Shakspeare que l'opinion a placées au premier rang, *Jules César* est celle dont les commentateurs ont parlé le plus froidement. Le plus froid de tous, Johnson, se contente de dire : « Plusieurs passages de cette tragédie méritent d'être remarqués, et « on y a généralement admiré la querelle et la réconciliation de Bru- « tus et de Cassius ; mais jamais en la lisant je ne me suis senti for- « tement agité, et en la comparant à quelques autres ouvrages de « Shakspeare, il me semble qu'on la peut trouver assez froide et peu « propre à émouvoir. »

C'est adopter un principe de critique entièrement faux que de juger Shakspeare d'après lui-même, et de comparer les impressions qu'il a pu produire, dans un genre et dans un sujet donnés, avec celles qu'il produira dans un autre sujet et un autre genre, comme s'il ne possédait qu'un mérite spécial et singulier qu'il fût tenu de déployer dans chaque occasion, et qui restât le titre unique de sa gloire. Ce génie vaste et vrai veut être mesuré sur une échelle plus large ; c'est à la nature, c'est au monde qu'il faut comparer Shakspeare : et, dans chaque cas particulier, c'est entre la portion du monde et de la nature qu'il a dessein de représenter et le tableau qu'il en fait, que se doit établir la comparaison. Ne demandez pas au peintre de Brutus les mêmes impressions, les mêmes effets qu'à celui du roi Lear ou de Roméo et Juliette ; Shakspeare pénètre au fond de tous les sujets, et sait tirer de chacun les impressions qui en découlent naturellement, et les effets distincts et originaux qu'il doit produire.

Qu'après cela, le spectacle de l'âme de Brutus soit, pour Johnson, moins touchant et moins dramatique que celui de telle ou telle passion, de telle ou telle situation de la vie, c'est là un résultat des inclinations personnelles du critique, et du tour qu'ont pris ses idées et ses sentiments; on n'y saurait trouver une règle générale, sur laquelle se doive fonder la comparaison entre des ouvrages d'un genre absolument différent. Il est des esprits formés de telle sorte que Corneille leur donnera plus d'émotions que Voltaire, et une mère se sentira plus troublée, plus agitée à *Mérope* qu'à *Zaïre*. L'esprit de Johnson, plus droit et plus ferme qu'élevé, arrivait assez bien à l'intelligence des intérêts et des passions qui agitent la moyenne région de la vie, mais il ne parvenait guère à ces hauteurs où vit sans effort et sans distraction une âme vraiment stoïque. Le temps de Johnson n'était pas d'ailleurs celui des grands dévouements; et bien que, même à cette époque, le climat politique de l'Angleterre préservât un peu sa littérature de cette molle influence qui avait énervé la nôtre, elle ne pouvait cependant échapper entièrement à cette disposition générale des esprits, à cette sorte de matérialisme moral, qui n'accordant, pour ainsi dire, à l'âme aucune autre vie que celle qu'elle reçoit du choc des objets extérieurs, ne supposait pas qu'on pût lui offrir d'autres objets d'intérêt que le pathétique proprement dit, les douleurs individuelles de la vie, les orages du cœur et les déchirements des passions. Cette disposition du xviiie siècle était si puissante qu'en transportant sur notre théâtre la mort de César, Voltaire, qui se glorifiait à juste titre d'y avoir fait réussir une tragédie sans amour, n'a pas cru cependant qu'un pareil spectacle pût se passer de l'intérêt pathétique qui résulte du combat douloureux des devoirs et des affections. Dans cette grande lutte des derniers élans d'une liberté mourante contre un despotisme naissant, il est allé chercher, pour lui donner la première place, un fait obscur, douteux, mais propre à lui fournir le genre d'émotions dont il avait besoin; et c'est de la situation, réelle ou prétendue, de Brutus placé entre son père et sa patrie, que Voltaire a fait le fond et le ressort de sa tragédie.

Celle de Shakspeare repose tout entière sur le caractère de Brutus; on l'a même blâmé de n'avoir pas intitulé cet ouvrage *Marcus Brutus* plutôt que *Jules César*. Mais si Brutus est le héros de la pièce, César, sa puissance, sa mort, en voilà le sujet. César seul occupe l'avant-scène; l'horreur de son pouvoir, le besoin de s'en délivrer remplissent toute la première moitié du drame; l'autre moitié est consacrée au souvenir et aux suites de sa mort. C'est, comme le dit Antoine, l'ombre de César « promenant sa vengeance; » et pour ne pas laisser méconnaître son empire, c'est encore cette ombre qui, aux plaines de Sardes et de Philippes, apparaît à Brutus comme son mauvais génie.

Cependant à la mort de Brutus finira le tableau de cette grande catastrophe. Shakspeare n'a voulu nous intéresser à l'événement de sa pièce que par rapport à Brutus, de même qu'il ne nous a présenté Brutus que par rapport à cet événement; le fait qui fournit le sujet de la tragédie et le caractère qui l'accomplit, la mort de César et le caractère de Brutus, voilà l'union qui constitue l'œuvre dramatique de Shakspeare, comme l'union de l'âme et du corps constitue la vie, éléments également nécessaires l'un et l'autre à l'existence de l'individu. Avant que se préparât la mort de César, la pièce n'a pas commencé; après la mort de Brutus, elle finit.

C'est donc dans le caractère de Brutus, âme de sa pièce, que Shakspeare a déposé l'empreinte de son génie; d'autant plus admirable dans cette peinture, qu'en y demeurant fidèle à l'histoire, il en a su faire une œuvre de création, et nous rendre le Brutus de Plutarque tout aussi vrai, tout aussi complet dans les scènes que le poëte lui a prêtées que dans celles qu'a fournies l'historien. Cet esprit rêveur, toujours occupé à s'interroger lui-même, ce trouble d'une conscience sévère aux premiers avertissements d'un devoir encore douteux, cette fermeté calme et sans incertitude dès que le devoir est certain, cette sensibilité profonde et presque douloureuse, toujours contenue dans la rigueur des plus austères principes, cette douceur d'âme qui ne disparaît pas un seul instant au milieu des plus cruels offices de la vertu, ce caractère de Brutus enfin, tel que l'idée nous en est à tous présente, marche vivant et toujours semblable à lui-même à travers les différentes scènes de la vie où nous le rencontrons, et où nous ne pouvons douter qu'il n'ait paru sous les traits que lui donne le poëte.

Peut-être cette fidélité historique a-t-elle causé la froideur des critiques de Shakspeare sur la tragédie de *Jules César*. Ils n'y pouvaient rencontrer ces traits d'une originalité presque sauvage qui nous saisissent dans les ouvrages que Shakspeare a composés sur des sujets modernes, étrangers aux habitudes actuelles de notre vie, comme aux idées classiques sur lesquelles se sont formées les habitudes de notre esprit. Les mœurs de Hotspur sont certainement beaucoup plus originales pour nous que celles de Brutus : elles le sont davantage en elles-mêmes; la grandeur des caractères du moyen âge est fortement empreinte d'individualité; la grandeur des anciens s'élève régulièrement sur la base de certains principes généraux qui ne laissent guère, entre les individus, d'autre différence très-sensible que celle de la hauteur à laquelle ils parviennent. C'est ce qu'a senti Shakspeare; il n'a songé qu'à rehausser Brutus et non à le singulariser; placés dans une sphère inférieure, les autres personnages reprennent un peu la liberté de leur caractère individuel, affranchi de cette règle de perfection que le devoir impose à Brutus. Le poëte aussi semble se jouer autour d'eux avec moins de respect, et se permettre de leur imposer quelques-unes des formes qui lui appartiennent plus qu'à eux. Cassius comparant avec dédain la force corporelle de César à la sienne, et parcourant la nuit les rues de Rome, au fort de la tempête, pour assouvir cette fièvre de danger qui le dévore, ressemble beaucoup plus à un compagnon de Canut ou de Harold qu'à un Romain du temps de César; mais cette teinte barbare jette, sur les irrégularités du caractère de Cassius, un intérêt qui ne naîtrait peut-être pas aussi vif de la ressemblance historique. M. Schlegel, dont les jugements sur Shakspeare méritent toujours beaucoup de considération, me semble cependant tomber dans une légère erreur lorsqu'il remarque que « le « poëte a indiqué avec finesse la supériorité que donnaient à Cassius « une volonté plus forte et des vues plus justes sur les événements. » Je pense au contraire que l'art admirable de Shakspeare consiste, dans cette pièce, à conserver au principal personnage toute sa supériorité, même lorsqu'il se trompe, et à la faire ressortir par ce fait même qu'il se trompe et que néanmoins on lui défère, que la raison des autres cède avec confiance à l'erreur de Brutus. Brutus va jusqu'à se donner un tort; dans la scène de la querelle avec Cassius, vaincu un moment par une effroyable et secrète douleur, il oublie la modération qui lui convient; enfin Brutus a tort une fois, et c'est Cassius qui s'humilie, car en effet Brutus est demeuré plus grand que lui.

Le caractère de César peut nous paraître un peut trop entaché de cette jactance commune à tous les temps barbares où la force individuelle, sans cesse appelée aux plus terribles luttes, ne s'y soutient que par le sentiment exalté de sa propre puissance, et même a besoin d'être secourue par l'idée qu'en conçoivent les autres. Il fallait montrer dans César la force qui soumet les Romains et l'orgueil qui les écrase; Shakspeare n'avait qu'un coin pour laisser entrevoir cet état de l'âme du héros; il a forcé les couleurs. Cependant son César, je l'avoue, ne me paraît pas plus faux que le nôtre; Shakspeare me semble même, au milieu de ses rodomontades, lui avoir mieux conservé ces formes d'égalité que le despote d'une république garde toujours envers ceux qu'il opprime.

Le ton du *Jules César* est plus généralement soutenu que celui de la plupart des autres tragédies de Shakspeare. A peine, dans tout le rôle de Brutus, se trouve-t-il une image basse, et c'est au moment où il se laisse aller à la colère. Le soin visible qu'a mis le poëte à imiter le langage laconique que l'histoire attribue à son héros ne l'a que très-rarement conduit à l'affectation, si ce n'est dans le discours de

Brutus au peuple, modèle de l'éloquence scolastique du temps de l'auteur. Le langage de Cassius, plus figuré parce qu'il est plus passionné, et d'une élévation moins simple que celui de Brutus, est cependant également exempt de trivialité. La harangue d'Antoine est un modèle de ruse et de la feinte simplicité d'un fourbe adroit qui veut gagner les esprits d'une multitude grossière et mobile. Voltaire blâme, au moins avec sévérité, Shakspeare d'avoir présenté sous une forme comique la scène des Lupercales, dont le fond, dit-il, « est si noble et intéressant. » Voltaire ne voit ici qu'une couronne demandée à un peuple libre qui la refuse; mais César se faisant, en présence du peuple, l'acteur d'une farce préparée pour lui, et désespéré des applaudissements qu'on donne à la manière dont il a joué son rôle, c'était là en effet, pour les bons esprits de Rome, quelque chose d'extrêmement comique et qui ne pouvait leur être présenté autrement.

L'action de la pièce comprend depuis le triomphe de César, après la victoire remportée sur le jeune Pompée, jusqu'à la mort de Brutus, ce qui lui donne une durée d'environ trois ans et demi.

On a en anglais une autre tragédie de *Jules César* composée par lord Sterline, connue du public, à ce qu'il paraît, quelques années avant que Shakspeare composât la sienne, et à laquelle Shakspeare pourrait bien avoir emprunté quelques idées. Cette tragédie finit à la mort de César, que l'auteur a mise en récit. Un docteur Richard Eedes, célèbre de son temps comme poëte tragique, avait fait en latin une pièce sur le même sujet, imprimée, dit-on, en 1582, mais qui n'a pas été retrouvée, non plus qu'une pièce anglaise intitulée *The history of Cæsar and Pompey*, antérieure à l'année 1579. On imprima à Londres, en 1607, une pièce intitulée *The tragedie of Cæsar and Pompey, or Cæsar's revenge*. Cette pièce, qui comprend depuis la bataille de Pharsale jusqu'à celle de Philippes inclusivement, avait été représentée sur un théâtre particulier, par quelques étudiants d'Oxford; on suppose qu'elle fut imprimée à l'occasion de la représentation et du succès de celle de Shakspeare, que la chronologie de M. Malone rapporte à cette même année 1607.

Le *Jules César* a été représenté, corrigé par Dryden et Davenant, sous le titre de *Julius Cæsar, with the death of Brutus*, imprimé à Londres en 1719.

Le duc de Buckingham a aussi retravaillé cette même tragédie qu'il a séparée en deux parties, la première sous le titre de *Julius Cæsar*, avec des changements, un prologue et un chœur; la seconde sous le titre de *Marcus Brutus*, avec un prologue et deux chœurs; toutes deux imprimées en 1722.

JULES CÉSAR

TRAGÉDIE

PERSONNAGES

JULES CÉSAR.
OCTAVE CÉSAR, } triumvirs
MARC-ANTOINE, } ap. la mort
M. EMILIUS LEPIDUS, } de César.
PUBLIUS, }
POPILIUS LÉNA, } sénateurs.
CICÉRON. }
BRUTUS, }
CASSIUS, }
CASCA, }
TREBONIUS, } conjurés
LIGARIUS, } contre
DECIUS BRUTUS[1]. } Jules César.
METELLUS CIMBER, }
CINNA. }
FLAVIUS, } tribuns du peuple.
MARULLUS, }

LUCILIUS, }
TITINIUS, }
MESSALA, } amis de Brutus
LE jeune CATON, } et de Cassius.
VOLUMNIUS, }
ARTEMIDORE, sophiste ou rhéteur de Gnide.
UN DEVIN.
CINNA, poëte.
UN AUTRE POËTE.
VARRON, }
CLITUS, }
CLAUDIUS, } serviteurs de Brutus
STRATON, } ou Romains attachés
LUCIUS, } à lui.
DARDANIUS, }
PINDARUS, esclave de Cassius.

CALPHURNIA, femme de César.
PORCIA, femme de Brutus.
SÉNATEURS, CITOYENS, GARDES ET SUITE.

La scène, pendant la plus grande partie de la pièce, est à Rome, ensuite à Sardes et près de Philippes.

ACTE PREMIER

SCÈNE I

Rome.—Une rue.

Entrent FLAVIUS ET MARULLUS, *et une multitude de citoyens des basses classes.*

FLAVIUS.—Hors d'ici, rentrez, fainéans; rentrez chez

---

[1] Ce conjuré s'appelait non pas *Décius*, mais *Décimus Brutus*, surnommé *Albinus*. C'est de lui que Plutarque dit, dans la Vie de Brutus, qu'on s'ouvrit à lui de la conjuration, « non qu'il fût au« trement homme à la main, ou vaillant de sa personne, mais « parce qu'il pouvoit beaucoup à cause d'un grand nombre de « serfs escrimans à oultrance qu'il nourrissoit pour donner au « peuple le passe-temps de les voir combattre; joint aussi qu'il « avoit crédit alentour de César. » Il dit ailleurs que César avait tant de confiance en ce Décimus Brutus qu'il l'avait nommé son second héritier. Ce fut lui qui, le jour de sa mort, alla le chercher et le décida à se rendre au sénat, malgré Calphurnia et les augures.

vous. Est-ce aujourd'hui fête? Quoi! ne savez-vous pas que vous autres artisans vous ne devez circuler dans les rues les jours ouvrables qu'avec les signes de votre profession?—Parle, quel est ton métier?

PREMIER CITOYEN.—Moi, monsieur? charpentier.

MARULLUS.—Où sont ton tablier de cuir et ta règle? Que fais-tu ici avec ton habit des jours de fêtes?—Et vous, s'il vous plaît, quel est votre métier?

SECOND CITOYEN.—Pour dire vrai, monsieur, en fait d'ouvrage fin, je ne suis pas autre chose que comme qui dirait un savetier.

MARULLUS.—Mais quel est ton métier? Réponds-moi tout de suite.

SECOND CITOYEN.—Un métier, monsieur, que je crois pouvoir faire en sûreté de conscience : je remets en état les âmes [1] qui ne valent rien.

MARULLUS. — Quel est ton métier, maraud, mauvais drôle, ton métier?

SECOND CITOYEN.—Monsieur, je vous en prie, que je ne vous fasse pas ainsi sortir de votre caractère [2]. Cependant, si vous en sortiez par quelque bout, monsieur, je pourrais vous remettre en état.

MARULLUS.—Qu'entends-tu par là? Me remettre en état, insolent?

SECOND CITOYEN.—Sans difficulté, monsieur, vous *resavetcr*.

---

[1] *Soals*, semelles; dans l'ancienne édition, *souls*, âmes. Ces deux mots se prononcent de même, et c'est là-dessus que roule la plaisanterie du savetier ; la correction faite dans les éditions subséquentes ne me paraît pas heureuse, car si le cordonnier disait que son métier est de raccommoder les mauvaises semelles ; *bad soals*, il serait étrange que Marullus ne le comprît pas sur-le-champ. Le mot *souls* m'aurait donc paru plus convenable à laisser dans le texte. Quant à la traduction, il s'est trouvé, par un bonheur qui n'est pas commun lorsqu'il s'agit de rendre un calembour, que, dans l'argot du cordonnier, une partie de la botte s'appelle *âme*; ce qui a donné le moyen de rendre ce jeu de mots avec une fidélité qu'il n'est pas possible de promettre toujours.

[2] *Be not out with me, yet if you be out.*—*To be out* signifie également être de mauvaise humeur et avoir un vêtement déchiré.

MARULLUS. — Tu es donc savetier? L'es-tu?

SECOND CITOYEN. — Bien vrai, monsieur, je n'ai pour vivre que mon alêne. Je n'entre pas, moi, dans les affaires de commerce, dans les affaires de femmes; je n'entre qu'avec mon alêne[1] Au fait, monsieur, je suis un chirurgien de vieux souliers : quand ils sont presque perdus, je les recouvre[2]; et on a vu bien des gens, je dis des meilleurs qui aient jamais marché sur peau de bête, faire leur chemin sur de l'ouvrage de ma façon[3].

FLAVIUS. — Mais pourquoi n'es-tu pas dans ta boutique aujourd'hui? pourquoi mènes-tu tous ces gens-là courir les rues?

SECOND CITOYEN. — Vraiment, monsieur, pour user leurs souliers, afin de me procurer plus d'ouvrage. — Mais sérieusement, monsieur, nous nous sommes mis en fête pour voir César, et nous réjouir de son triomphe.

MARULLUS. — Vous réjouir! et de quoi? quelles conquêtes vient-il vous rapporter? Quels nouveaux tributaires le suivent à Rome pour orner, enchaînés, les roues de son char? Bûches, pierres que vous êtes, vous êtes pires que les choses insensibles! O cœurs durs, cruels enfants de Rome, n'avez-vous point connu Pompée? Bien des fois, bien souvent, n'êtes-vous pas montés sur les murailles et les créneaux, sur les fenêtres et les tours, jusque sur le haut des cheminées, vos enfants dans vos bras; et là, patiemment assis, n'attendiez-vous pas tout le long du jour pour voir le grand Pompée traverser les rues de Rome; et de si loin que vous voyiez paraître son char, le cri universel de vos acclamations ne faisait-il pas trembler le Tibre au plus profond de son lit, de l'écho de vos

---

[1] *I meddle with no tradesman's matters, nor women's matters, but with awl, with all* ou *withal,* jeu de mots qu'on n'a pu rendre, mais qu'on a tâché de suppléer, parce qu'il est dans le caractère du personnage.

[2] *When they are in great danger I recover them. Recover,* recouvrir, *recover,* guérir, sauver, recouvrer.

[3] Cette dernière phrase est omise dans la traduction qu'a faite Voltaire des trois premiers actes de Jules César. Voltaire ayant donné cette traduction comme exacte, on relèvera quelques-unes de ses nombreuses inexactitudes.

voix répété sous ses rivages caverneux? Et aujourd'hui vous prenez vos plus beaux vêtements, et vous choisissez ce jour pour un jour de fête ! et aujourd'hui vous semez de fleurs le passage de l'homme qui vient à vous triomphant du sang de Pompée ! [1].—Allez-vous-en.—Courez à vos maisons, tombez à genoux, priez les dieux de suspendre l'inévitable fléau près d'éclater sur cette ingratitude.

FLAVIUS.—Allez, allez, bons compatriotes ; et pour expier votre faute, assemblez tous les pauvres gens de votre sorte, conduisez-les au bord du Tibre ; et là, pleurez dans son canal tout ce que vous avez de larmes, jusqu'à ce que ses eaux, à l'endroit le plus enfoncé de son cours, caressent le point le plus élevé de son rivage. (*Les citoyens sortent.*) Voyez si cette matière grossière n'a pas été émue : ils disparaissent la langue enchaînée par le sentiment de leur tort.—Vous, descendez cette rue qui mène au Capitole ; moi, je vais suivre ce chemin. Dépouillez les statues si vous les trouvez parées d'ornements de fête.

MARULLUS.—Le pouvons-nous ? Vous savez que c'est aujourd'hui la fête des Lupercales.

FLAVIUS.—N'importe, ne souffrons pas qu'aucune statue porte les trophées de César [2]. Je vais parcourir ces

---

[1] Après la victoire remportée en Espagne sur les enfants de Pompée. C'était la première fois que Rome voyait triompher d'une victoire remportée sur des Romains, et ce fut ce qui commença à indisposer fortement contre César. Shakspeare place ce triomphe le jour de cette fête des Lupercales, où Antoine offrit la couronne à César, ce qui n'eut lieu que plus d'un an après. Il fait de même des Lupercales la veille des ides de mars, quoique les Lupercales se célébrassent vers le milieu de février et que les ides fussent le 15 mars.

Voltaire n'a pas bien compris ce passage, et a cru que César triomphait de la bataille de Pharsale.

> Quoi vous couvrez de fleurs le chemin d'un coupable,
> Du vainqueur de Pompée encor teint de son sang!

[2] Ce ne fut point à ce moment, mais après que la couronne eût été offerte à César, que Flavius et Marullus dépouillèrent ses statues non pas d'ornements triomphaux, mais des diadèmes dont quelques-unes avaient été couronnées.

quartiers et chasser le peuple des rues; faites-en de même partout où vous le trouverez attroupé. Ces plumes naissantes arrachées de l'aile de César ne le laisseront voler qu'à la hauteur ordinaire; autrement dans son essor, il s'élèverait trop haut pour être vu des hommes, et nous tiendrait tous dans un servile effroi.

(Ils sortent.)

SCÈNE II

Toujours à Rome.—Une place publique.

Entrent en procession et avec la musique CÉSAR, ANTOINE *préparé pour la course;* CALPHURNIA, PORCIA, DÉ-CIUS, CICÉRON, BRUTUS, CASSIUS, CASCA. — Ils sont suivis d'une grande multitude dans laquelle se trouve un devin.

CÉSAR.— Calphurnia !

CASCA.—Holà ! silence ! César parle [1].

(La musique cesse.)

CÉSAR.—Calphurnia !

CALPHURNIA.—Me voici, mon seigneur.

CÉSAR.—Ayez soin de vous tenir sur le passage d'Antoine, quand il courra.—Antoine !

ANTOINE.—César, mon seigneur.

CÉSAR.—N'oubliez pas en courant, Antoine, de toucher Calphurnia; car nos anciens disent que les femmes inféecondes, en se faisant toucher dans cette sainte course, secouent la malédiction qui les rendait stériles.

ANTOINE. — Je m'en souviendrai. Quand César dit : *Faites cela*, cela est fait.

---

[1] Voltaire, *paix, messieurs*; le mot *messieurs*, qu'il attribue ici à César, n'a aucun équivalent dans l'original. Voltaire traduit aussi constamment le *my lord* par *mylord*, qui n'en est point la traduction. *Mylord* n'est qu'une application particulière que les Anglais font du mot de *lord* à la dignité de pair, et qui n'affecte en rien la signification générale de ce mot, consacré en anglais à exprimer toutes les sortes de dominations et de dignités, en sorte qu'à moins qu'il ne s'applique à des pairs d'Angleterre, il doit être traduit, comme tous les autres mots de la langue, par un équivalent français.

CÉSAR.—Partez, et n'omettez aucune cérémonie.
(Musique.)
LE DEVIN.—César!
CÉSAR.—Ha! qui m'appelle?
CASCA, *s'adressant à ceux qui l'environnent.*—Commandez que tout bruit cesse. Encore une fois, silence!
(La musique s'arrête.)
CÉSAR.—Qui est-ce, dans la foule, qui m'appelle ainsi? J'entends une voix, plus perçante que tous les instruments de musique crier *César!* Parle, César se tourne pour entendre.
LE DEVIN.—Prends garde aux ides de mars.
CÉSAR.—Quel est cet homme?
BRUTUS.—Un devin qui vous avertit de prendre garde aux ides de mars.
CÉSAR.—Amenez-le devant moi, que je voie son visage.
CASCA.—Mon ami, sors de la foule, regarde César.
CÉSAR.—Qu'as-tu à me dire maintenant? Répète encore.
LE DEVIN.—Prends garde aux ides de mars.
CÉSAR.—C'est un visionnaire; laissons-le, passons.
(Les musiciens exécutent un morceau.)
(Tous sortent, excepté Brutus et Cassius.)
CASSIUS.—Irez-vous voir l'ordre de la course?
BRUTUS.—Moi? non.
CASSIUS.—Je vous en prie, allez-y.
BRUTUS.—Je ne suis point un homme de divertissements; je n'ai pas tout à fait la vivacité d'Antoine. Que je ne vous empêche pas, Cassius, de suivre votre intention; je vais vous laisser.
CASSIUS.— Brutus, je vous observe depuis quelque temps: je ne reçois plus de vos yeux ces regards de douceur, ces signes d'affection que j'avais coutume d'en recevoir. Vous tenez envers votre ami, qui vous aime, une conduite trop froide et trop peu cordiale.
BRUTUS.—Ne vous y trompez point, Cassius: si mon regard s'est voilé, ce trouble de mon maintien ne porte que sur moi-même. Je suis tourmenté depuis quelque temps de sentiments qui se contrarient, d'idées qui ne concernent que moi, et donnent peut-être quelque

bizarrerie à mes manières : mais que mes bons amis, au nombre desquels je vous compte, Cassius, n'en soient donc pas affligés, et ne voient rien de plus dans cette négligence, sinon que ce pauvre Brutus, en guerre avec lui-même, oublie de donner aux autres des témoignages de son amitié [1].

CASSIUS.—Alors je me suis bien trompé, Brutus, sur le sujet de vos peines, et cela m'a fait ensevelir dans mon sein des pensées d'un haut prix, d'honorables méditations. Dites-moi, digne Brutus, pouvez-vous voir votre propre visage?

BRUTUS.—Non, Cassius ; car l'œil ne peut se voir lui-même, si ce n'est par réflexion, au moyen de quelque autre objet.

CASSIUS.—Cela est vrai, et l'on déplore beaucoup, Brutus, que vous n'ayez pas de miroirs qui puissent réfléchir à vos yeux votre mérite caché pour vous, qui vous fassent voir votre image. J'ai entendu plusieurs des citoyens les plus considérés de Rome (sauf l'immortel César) parler de Brutus ; et, gémissant sous le joug qui opprime notre génération, ils souhaitaient que le noble Brutus fît usage de ses yeux.

BRUTUS.—Dans quels périls prétendez-vous m'entraîner, Cassius, en me pressant de chercher en moi-même ce qui n'y est pas.

CASSIUS.—Brutus, préparez-vous à m'écouter ; et puisque vous savez que vous ne pouvez pas vous voir vous-même aussi bien que par la réflexion, moi, votre miroir, je vous découvrirai modestement les parties de vous-même que vous ne connaissez pas encore. Et ne vous méfiez pas de moi, excellent Brutus : si je suis un railleur de profession, si j'ai coutume de faire avec les serments ordinaires, étalage de mon amitié à tous ceux qui vien-

[1] Traduction de Voltaire :
  Vous vous êtes trompé : quelques ennuis secrets,
  Des chagrins peu connus, ont changé mon visage ;
  Ils me regardent seul et non pas mes amis.
  Non, n'imaginez point que Brutus vous néglige :
  Plaignez plutôt Brutus en guerre avec lui-même :
  J'ai l'air indifférent, mais mon cœur ne l'est pas.

nent me protester de la leur, si vous savez que je courtise les hommes et les étouffe de caresses pour les déchirer ensuite, ou que dans la chaleur des festins je fais des déclarations d'amitié à toute-la salle, alors tenez-moi pour dangereux.

(On entend des trompettes et une acclamation.)

BRUTUS.—Qu'annonce cette acclamation? Je crains que ce peuple n'adopte César pour roi.

CASSIUS.—Oui? le craignez-vous?—Je dois donc penser que vous ne voudriez pas qu'il le fût.

BRUTUS.—Je ne le voudrais pas, Cassius; cependant je l'aime beaucoup. — Mais pourquoi me retenez-vous si longtemps? de quoi désirez-vous me faire part? Si c'est quelque chose qui tende au bien public, placez devant mes yeux l'honneur d'un côté, la mort de l'autre[1], et je les regarderai tous deux indifféremment; car je demande aux dieux de m'être aussi propices, qu'il est vrai que j'aime ce qui s'appelle honneur plus que je ne crains la mort.

CASSIUS.—Je vous connais cette vertu, Brutus, tout aussi bien que je connais le charme de vos manières. Eh bien! l'honneur est le sujet de ce que j'ai à vous exposer. Je ne puis dire ce que vous et d'autres hommes pensent de cette vie; mais pour moi, j'aimerais autant ne pas être que de vivre dans la crainte et le respect devant un être semblable à moi. Je suis né libre comme César; vous aussi; nous avons tous deux profité de même; tous deux nous pouvons aussi bien que lui soutenir le froid de l'hiver.—Dans un jour brumeux et orageux où le Tibre agité s'irritait contre ses rivages, César me dit : « Oses-tu, Cassius, t'élancer avec moi dans ce courant furieux, et nager jusque là-bas? »—A ce seul mot, vêtu comme j'étais, je plongeai dans le fleuve, en le sommant de me

---

[1] *Set honour in one eye, and death i' the other.*
Voltaire a traduit :

La gloire dans un œil, et le trépas dans l'autre.

Eye veut dire ici *point de vue*; il est continuellement employé en anglais dans ce sens.

suivre. En effet, il me suivit : le torrent rugissait ; nous le battions de nos muscles nerveux, rejetant ses eaux des deux côtés et coupant le courant d'un cœur animé par la dispute. Mais avant que nous eussions atteint le but marqué, César s'écrie : « Secours-moi, Cassius, ou je péris. » Moi, comme Énée notre grand ancêtre emporta sur son épaule le vieux Anchise hors des flammes de Troie, j'emportai hors des vagues du Tibre César épuisé : et cet homme aujourd'hui est devenu un dieu, et Cassius n'est qu'une misérable créature, et il faut que son corps se courbe si César daigne seulement le saluer d'un signe de tête négligent!—En Espagne, il eut la fièvre, et pendant l'accès je fus frappé de voir comme il tremblait. Rien n'est plus vrai, je vis ce dieu trembler : ses lèvres poltronnes avaient fui leurs couleurs ; et ce même œil, dont le regard seul impose au monde, avait perdu son éclat. Je l'entendis gémir, oui, en vérité ; et cette langue qui commande aux Romains de l'écouter et de déposer ses paroles dans leurs annales[1], criait : « Hélas ! Titinius, donne-moi à boire, » comme l'aurait fait une petite fille malade. Dieux que j'atteste, je me sens confondu qu'un homme si faible de tempérament prenne les devants sur ce monde majestueux, et seul remporte la palme.

(Acclamation, fanfare.)

BRUTUS.—Encore une acclamation! Sans doute ces applaudissements annoncent de nouveaux honneurs qu'on accumule sur la tête de César.

CASSIUS.—Eh quoi! mon cher, il foule comme un colosse cet étroit univers, et nous autres petits bonshommes nous circulons entre ses jambes énormes, cherchant de tous côtés où nous pourrons trouver à la fin d'ignominieux tombeaux. Les hommes, à de certains moments, sont maîtres de leur sort ; et si notre condition

---

[1]. Voltaire s'est ici tout à fait mépris sur le sens ; il traduit ainsi :

> Et cette même voix qui commande à la terre,
> Cette terrible voix (remarque bien, Brutus,
> Remarque, et que ces mots soient écrits dans tes livres)

est basse, la faute, cher Brutus, n'en est pas à nos étoiles ; elle en est à nous-mêmes. Brutus et César.... Qu'y a-t-il donc dans ce César ? Pourquoi ferait-on résonner ce nom plus que le vôtre ? Écrivez-les ensemble, le vôtre est tout aussi beau ; prononcez-les, il remplit tout aussi bien la bouche ; pesez-les, son poids sera le même ; employez-les pour une conjuration, Brutus évoquera aussi facilement un esprit que César. Maintenant dites-moi, au nom de tous les dieux ensemble, de quelle viande se nourrit donc ce César d'aujourd'hui pour être devenu si grand ? Siècle, tu es déshonoré ! Rome, tu as perdu la race des nobles courages ! Quel siècle s'est écoulé depuis le grand déluge, qui ne se soit enorgueilli que d'un seul homme ? A-t-on pu dire, jusqu'à ce jour, en parlant de Rome, que ses vastes murs n'enfermaient qu'un seul homme ? C'est bien toujours Rome, en vérité, et la place n'y manque pas, puisqu'il n'y a qu'un seul homme [1]. Oh ! vous et moi nous avons ouï dire à nos pères qu'il fut jadis un Brutus qui eût aussi aisément souffert dans Rome le trône du démon éternel que celui d'un roi.

BRUTUS.—Que vous m'aimiez, Cassius, je n'en doute point. Ce que vous voudriez que j'entreprisse, je crois le deviner : ce que j'ai pensé sur tout cela, et ce que je pense du temps où nous vivons, je le dirai plus tard. Quant à présent, je désire n'être pas pressé davantage ; je vous le demande au nom de l'amitié. Ce que vous m'avez dit, je l'examinerai. Ce que vous avez à me dire encore, je l'écouterai avec patience, et je trouverai un moment convenable pour vous écouter et répondre sur de si hautes matières. Jusque-là, mon noble ami, méditez sur ceci : Brutus aimerait mieux être un villageois que de se compter pour un enfant de Rome aux dures conditions que ce temps doit probablement nous imposer.

[1] *Now it is Rome indeed, and room enough
When there is in it but one only man.*

Room, place, lieu, endroit, se prononce à peu près comme *Rome*. C'est tout au plus si on a pu dans la traduction donner un sens à cette phrase, qui, dans l'original, n'en a absolument que par le calembour.

CASSIUS.—Je suis bien aise que le choc de mes faibles paroles ait du moins fait jaillir cette étincelle de l'âme de Brutus. (Rentrent César et son cortége.)

BRUTUS.—Les jeux sont terminés; César revient.

CASSIUS.—Quand ils passeront près de nous, retenez Casca par la manche; et il vous racontera de son ton bourru tout ce qui s'est aujourd'hui passé de remarquable.

BRUTUS.—Oui, je le ferai. Mais regardez, Cassius: la teinte de la colère enflamme le front de César, et tout le reste a l'air d'une troupe de serviteurs réprimandés. Les joues de Calphurnia sont pâles; Cicéron a ce regard fureteur et flamboyant que nous lui avons vu au Capitole, lorsque dans nos débats il était contredit par quelques sénateurs.

CASSIUS.—Casca nous dira de quoi il s'agit.

CÉSAR.—Antoine!

ANTOINE.—César.

CÉSAR.—Que j'aie toujours autour de moi des hommes gras et à la face brillante, des gens qui dorment la nuit. Ce Cassius là-bas a un visage hâve et décharné; il pense trop. De tels hommes sont dangereux.

ANTOINE.—Ne le crains pas, César; il n'est pas dangereux. C'est un noble Romain et bien intentionné.

CÉSAR.—Je voudrais qu'il fût plus gras, mais je ne le crains pas. Cependant si quelque chose en moi pouvait être sujet à la crainte, je ne connaîtrais point d'homme que je voulusse éviter avec plus de soin que ce maigre Cassius. Il lit beaucoup, il est grand observateur et pénètre jusqu'au fond des actions des hommes. Il n'a point comme toi le goût des jeux, Antoine; on ne le voit point écouter de musique. Rarement il sourit, et il sourit alors de telle sorte qu'il a l'air de se moquer de lui-même, et de dédaigner son propre esprit parce qu'il a pu se laisser émouvoir à sourire de quelque chose. Les hommes de ce caractère n'ont jamais le cœur à l'aise tant qu'ils en voient un autre plus élevé qu'eux; et voilà ce qui les rend si dangereux. Je te dis ce qui est à craindre plutôt que ce que je crains, car je suis toujours César. Passe à ma droite, j'ai cette oreille dure, et dis-moi franchement ce que tu penses de lui.

(César sort avec son cortége.)
(Casca demeure en arrière.)

CASCA.—Vous m'avez tiré par mon manteau. Voudriez-vous me parler?

BRUTUS.—Oui, Casca. Dites-nous, que s'est-il donc passé aujourd'hui, que César ait l'air si triste?

CASCA.—Quoi! vous étiez à sa suite. N'y étiez-vous pas?

BRUTUS.—Je ne demanderais pas alors à Casca ce qui s'est passé.

CASCA.—Eh bien! on lui a offert une couronne; et quand on la lui a offerte, il l'a repoussée ainsi du revers de la main. Alors tout le peuple a poussé de grands cris.

BRUTUS.—Et la seconde acclamation, quelle en était la cause?

CASCA.—Mais c'était encore pour cela.

CASSIUS.—Il y a eu trois acclamations. Pourquoi la dernière?

CASCA.—Pourquoi? pour cela encore.

BRUTUS.—Est-ce que la couronne lui a été offerte trois fois?

CASCA.—Eh! vraiment oui, et trois fois il l'a repoussée, mais chaque fois plus doucement que la précédente; et, à chacun de ses refus, mes honnêtes voisins se remettaient à crier.

CASSIUS.—Qui lui offrait la couronne?

CASCA.—Qui? Antoine.

BRUTUS.—Dites-nous: de quelle manière l'a-t-il offerte, cher Casca?

CASCA.—Que je sois pendu si je puis vous dire la manière. C'était une vraie momerie; je n'y faisais pas attention. J'ai vu Marc-Antoine lui présenter une couronne: ce n'était pourtant pas non plus tout à fait une couronne; c'était une espèce de diadème [1]; et comme je vous l'ai dit, il l'a repoussé une fois. Mais malgré tout cela, j'ai dans l'idée qu'il aurait bien voulu l'avoir. — Alors

---

[1] L'original dit *coronet*, ce qui signifie, non pas, comme l'a dit

Antoine la lui offre encore, — et alors il la refuse encore, — mais j'ai toujours dans l'idée qu'il avait bien de la peine à en détacher ses doigts. — Et alors il la lui offre une troisième fois. — La troisième fois encore il la repousse ; et à chacun de ses refus, la populace jetait des cris de joie : ils applaudissaient de leurs mains toutes tailladées ; ils faisaient voler leurs bonnets de nuit trempés de sueur ; et parce que César refusait la couronne, ils exhalaient en telles quantités leurs puantes haleines, que César en a presque été suffoqué. Il s'est évanoui, et il est tombé ; et pour ma part je n'osais pas rire, de crainte, en ouvrant la bouche, de recevoir le mauvais air.

CASSIUS. — Mais un moment, je vous en prie. Quoi! César s'est évanoui?

CASCA. — Il est tombé au milieu de la place du marché ; il avait l'écume à la bouche et ne pouvait parler.

BRUTUS. — Cela n'est point surprenant ; il tombe du haut mal.

CASSIUS. — Non, ce n'est point César ; c'est vous, c'est moi et l'honnête Casca, qui tombons du haut mal.

CASCA. — Je ne sais ce que vous entendez par là ; mais il est certain que César est tombé. Si cette canaille en haillons ne l'a pas claqué et sifflé, selon que sa conduite leur plaisait ou déplaisait, comme ils ont coutume de faire aux acteurs sur le théâtre, je ne suis pas un honnête homme.

BRUTUS. — Qu'a-t-il dit en revenant à lui?

CASCA. — Eh! vraiment, avant de s'évanouir, quand il a vu ce troupeau de plébéiens se réjouir de ce qu'il refusait la couronne, il vous a ouvert son habit et leur a offert sa poitrine à percer. Pour peu que j'eusse été un de ces ouvriers, si je ne l'avais pas pris au mot, je veux aller en enfer avec les coquins. Et alors il est tombé. Lorsqu'il est revenu à lui, il a dit « que s'il avait fait ou dit quelque chose de déplacé, il priait leurs Excellences de l'attribuer à son infirmité. » Trois ou quatre créatures

---

Voltaire, les *coronets* des pairs d'Angleterre, mais quelque chose qui paraît à Casca un peu différent d'une couronne.

autour de moi se sont écriées : « Hélas! la bonne âme! »
Elles lui ont pardonné de tout leur cœur, mais il n'y a
pas à y faire grande attention. César eût égorgé leurs
mères, qu'ils en auraient dit autant.

BRUTUS.—Et c'est après cela qu'il est revenu si chagrin?

CASCA.—Oui.

CASSIUS.—Cicéron a-t-il dit quelque chose?

CASCA.—Oui, il a parlé grec.

CASSIUS.—Dans quel sens?

CASCA.—Ma foi, si je peux vous le dire, que je ne vous regarde jamais en face [1]. Ceux qui l'ont compris souriaient l'un à l'autre en secouant la tête; mais pour ma part, je n'y entendais que du grec. Je puis vous dire encore d'autres nouvelles. Flavius et Marullus, pour avoir ôté les ornements qu'on avait mis aux statues de César, sont réduits au silence [2]. Adieu; il est bien d'autres choses absurdes, si je pouvais m'en souvenir.

CASSIUS.—Voulez-vous souper ce soir avec moi, Casca?

CASCA.—Non, je suis engagé.

CASSIUS.—Demain, voulez-vous que nous dînions ensemble?

CASCA.—Oui, si je suis vivant, si vous ne changez pas d'avis, et si votre dîner vaut la peine d'être mangé.

CASSIUS.—Il suffit: je vous attendrai.

CASCA.—Attendez-moi. Adieu tous deux.

(Il sort.)

BRUTUS.—Qu'il s'est abruti en prenant des années! Lorsque nous le voyions à l'école, c'était un esprit plein de vivacité.

CASSIUS.—Et malgré les formes pesantes qu'il affecte,

---

[1] Traduction de Voltaire :

« Ma foi, je ne sais, je ne pourrai plus guère vous regarder en face. » C'est un contre-sens.

[2] Ce fut plus tard, et pour avoir, comme on l'a déjà dit, arraché les diadèmes placés sur quelques-unes des statues de César. Ils avaient aussi reconnu et fait arrêter quelques-uns des hommes qui, apostés par Antoine, avaient applaudi lorsqu'il avait présenté la couronne à César.

il est le même encore lorsqu'il s'agit d'exécuter quelque entreprise noble et hardie. Cette rudesse sert d'assaisonnement à son esprit ; elle réveille le goût, et fait digérer ses paroles de meilleur appétit.

BRUTUS. — Il est vrai. Pour le moment je vais vous laisser. Demain, si vous voulez que nous causions ensemble, j'irai vous trouver chez vous ; ou, si vous l'aimez mieux, venez chez moi, je vous y attendrai.

CASSIUS. — Volontiers, j'irai. D'ici là, songez à l'univers. (*Brutus sort.*) Bien, Brutus, tu es généreux ; et, cependant, je le vois, le noble métal dont tu es formé peut être travaillé dans un sens contraire à celui où le porte sa disposition naturelle. Il est donc convenable que les nobles esprits se tiennent toujours dans la société de leurs semblables ; car, quel est l'homme si ferme qu'on ne puisse le séduire ? César ne peut me souffrir, mais il aime Brutus. Si j'étais Brutus aujourd'hui, et que Brutus fût Cassius, César n'aurait pas d'empire sur moi. — Je veux cette nuit jeter sur ses fenêtres des billets tracés en caractères différents, comme venant de divers citoyens et exprimant tous la haute opinion que Rome a de lui. J'y glisserai quelques mots obscurs sur l'ambition de César ; et, après cela, que César se tienne ferme, car nous la renverserons, ou nous aurons de plus mauvais jours encore à passer [1].

(Il sort.)

SCÈNE III

Toujours à Rome. — Une rue. — Tonnerre et éclairs.

Entrent des deux côtés opposés CASCA, *l'épée à la main,* ET CICÉRON.

CICÉRON. — Bonsoir, Casca. Avez-vous reconduit César chez lui ? Pourquoi êtes-vous ainsi hors d'haleine ? Pourquoi ces regards effrayés ?

---

[1] Traduction de Voltaire :

Son joug est trop affreux, songeons à le détruire,
Ou songeons à quitter le jour que je respire.

casca.—N'êtes-vous pas ému quand toute la masse de la terre chancelle comme une machine mal assurée? O Cicéron! j'ai vu des tempêtes où les vents en courroux fendaient les chênes noueux; j'ai vu l'ambitieux Océan s'enfler, s'irriter, écumer, et s'élever jusqu'au sein des nues menaçantes : mais jamais avant cette nuit, jamais jusqu'à cette heure, je ne marchai à travers une tempête qui se répandît en pluie de feu : il faut qu'il y ait guerre civile dans le ciel, ou que le monde, trop insolent envers les dieux, les excite à lui envoyer la destruction.

cicéron.—Quoi! avez-vous donc vu des choses encore plus merveilleuses?

casca.—Un esclave de la plus basse classe, vous le connaissez de vue, a levé la main gauche en l'air, elle a flambé et brûlé comme vingt torches unies; et cependant sa main, insensible à la flamme, est restée intacte. Outre cela (et depuis mon épée n'est pas rentrée dans le fourreau), près du Capitole, j'ai rencontré un lion, ses yeux reluisants se sont fixés sur moi, puis il a passé d'un air farouche sans m'inquiéter; près de là s'étaient attroupées une centaine de femmes semblables à des spectres, tant la peur les avait défigurées : elles jurent qu'elles ont vu des hommes tout flamboyants errer par les rues; et hier, en plein midi, l'oiseau de la nuit s'est établi criant et gémissant sur la place du marché. Quand tous ces prodiges se rencontrent à la fois, que les hommes ne disent pas : « Ils portent en eux-mêmes leurs causes, ils sont naturels. » Pour moi, je pense que ce sont des présages menaçants pour la contrée dans laquelle ils ont eu lieu.

cicéron.—En effet, ce temps semble disposé à d'étranges événements; mais les hommes interprètent les choses selon leur sens, très-différent peut-être de celui dans lequel se dirigent les choses-elles-mêmes. César vient-il demain au Capitole?

casca.—Il y vient, car il a chargé Antoine de vous faire savoir qu'il y serait demain.

cicéron —Sur cela, je vous souhaite une bonne nuit,

Casca : sous ce ciel orageux, il ne fait pas bon se promener dehors.

(Cicéron sort.)

(Entre Cassius.)

CASCA.—Adieu, Cicéron !

CASSIUS.—Qui va là?

CASCA.—Un Romain.

CASSIUS.—C'est la voix de Casca.

CASCA.—Votre oreille est bonne, Cassius, qu'est-ce que c'est qu'une nuit pareille ?

CASSIUS.—Une nuit agréable aux honnêtes gens.

CASCA.—Qui a jamais vu les cieux menacer ainsi?

CASSIUS.— Ceux qui ont vu la terre aussi pleine de crimes. Pour moi, je me suis promené le long des rues, m'exposant à cette nuit périlleuse ; et mes vêtements ouverts comme vous le voyez, Casca, j'ai présenté ma poitrine nue à la pierre du tonnerre[1] ; et lorsque le sillon bleuâtre entr'ouvrait le sein du firmament, je me plaçais dans la direction de son trait flamboyant.

CASCA.—Mais pourquoi tentiez-vous ainsi les cieux ! C'est aux hommes à craindre et à trembler quand les dieux tout-puissants envoient en témoignages d'eux-mêmes ces hérauts formidables pour nous épouvanter ainsi.

CASSIUS.—Vous ne savez pas comprendre, Casca ; et ces étincelles de vie que devrait renfermer en lui-même un Romain vous manquent, ou vous demeurent inutiles. Vous pâlissez, vous paraissez interdit et saisi de crainte; vous vous abandonnez à l'étonnement en voyant cette étrange impatience des cieux : mais si vous vouliez remonter à la vraie cause et chercher pourquoi tous ces feux, tous ces spectres glissant dans l'ombre ; pourquoi ces oiseaux, ces animaux qui s'écartent des lois de leur espèce ; pourquoi ces vieillards imbéciles, ces enfants qui prophétisent; pourquoi, de leur règle ordinaire, de leur nature propre, de leur manière d'être préordonnée, toutes ces choses passent ainsi à une existence mon-

---

[1] *Thunder-stone.* Shakspeare parle encore ailleurs de cette *pierre du tonnerre.*

strueuse; alors vous arriveriez à concevoir que le ciel ne leur infuse cet esprit qui les agite que pour en faire des instruments de crainte et nous avertir d'une situation monstrueuse. Maintenant, Casca, je pourrais te nommer un homme semblable à cette effrayante nuit, un homme qui tonne, foudroie, ouvre les tombeaux et rugit comme le lion dans le Capitole, un homme qui de sa force personnelle n'est pas plus puissant que toi ou moi, et qui cependant est devenu prodigieux et terrible comme ces étranges bouleversements.

CASCA.—C'est de César que vous parlez : n'est-ce pas de lui, Cassius?

CASSIUS.—Qui que ce soit, qu'importe? les Romains d'aujourd'hui sont, pour la taille et la force, pareils à leurs ancêtres; mais malheur sur notre temps ! les âmes de nos pères sont mortes, et nous ne sommes plus gouvernés que par l'esprit de nos mères; notre joug et notre patience à le souffrir ne font plus voir en nous que des efféminés.

CASCA.—En effet, on prétend que les sénateurs se proposent d'établir demain César pour roi, et qu'il portera sa couronne sur mer, sur terre, partout, excepté ici, en Italie [1].

CASSIUS.—Moi, je sais alors où je porterai ce poignard. Cassius affranchira Cassius de l'esclavage. C'est par là, grands dieux, que vous donnez de la force aux faibles; c'est par là, grands dieux, que vous déjouez les tyrans. Ni la tour de pierre, ni les murailles de bronze travaillé, ni le cachot privé d'air, ni les liens de fer massif, ne peuvent enchaîner la force de l'âme; mais la vie fatiguée de ces entraves terrestres ne manque jamais du pouvoir de s'en affranchir. Si je sais cela, que le monde entier le sache : cette part de tyrannie que je porte, je puis à mon gré la rejeter loin de moi.

---

[1] Traduction de Voltaire :

    Oui, si l'on m'a dit vrai, demain les sénateurs
    Accordent à César ce titre affreux de roi;
    Et sur terre, et sur mer, il doit porter le sceptre,
    En tous lieux, hors de Rome, où déjà César règne.

CASCA.—Je le puis de même, et tout captif porte dans sa main le pouvoir d'anéantir sa servitude.

CASSIUS.—Alors, pourquoi donc César serait-il un tyran? Pauvre homme! Je sais bien, moi, qu'il ne serait pas un loup s'il ne voyait que les Romains sont des brebis; il ne serait pas un lion si les Romains n'étaient pas des biches. Qui veut élever en un instant une flamme puissante commence par l'allumer avec de faibles brins de paille. Quel amas d'ordures, de débris, de pourriture, doit être Rome pour fournir le vil aliment de la lumière qui se réfléchit sur un aussi vil objet que César! Mais, ô douleur! où m'as-tu conduit? Peut-être parlé-je ici à un esclave volontaire, et alors je sais que j'aurai à en répondre; mais je suis armé, et les dangers me sont indifférents.

CASCA.—Vous parlez à Casca, à un homme qui n'est point un impudent faiseur de rapports. Voilà ma main, travaillez à redresser tous ces abus: Casca posera son pied aussi avant que celui qui ira le plus loin.

CASSIUS.—C'est un traité conclu. Apprenez maintenant, Casca, que j'ai disposé un certain nombre des plus généreux Romains à entrer avec moi dans une entreprise honorable et dangereuse par son importance: dans ce moment, je le sais, ils m'attendent sous le portique de Pompée, car, dans cette effroyable nuit, il n'y a pas moyen de se tenir dehors ni de se promener dans les rues; et la face des éléments, comme l'œuvre qui repose dans nos mains, est sanglante, enflammée et terrible.

(Entre Cinna.)

CASCA.—Mettons-nous un moment à l'écart; quelqu'un s'avance à grands pas.

CASSIUS.—C'est Cinna, je le reconnais à sa démarche: c'est un ami.—Cinna, où courez-vous ainsi?

CINNA.—Vous chercher.—Qui est-là? Métellus Cimber?

CASSIUS.—Non, c'est Casca, un Romain qui fait corps avec nous pour nos entreprises. Ne suis-je pas attendu, Cinna?

CINNA.—J'en suis bien aise. Quelle terrible nuit que

celle-ci ! Quelques-uns d'entre nous ont vu d'étranges phénomènes.

CASSIUS.—Ne suis-je pas attendu ? dites-le moi.

CINNA.— Oui, vous l'êtes. O Cassius ! si vous pouviez gagner à notre parti le noble Brutus !

CASSIUS.—Vous serez content. Cher Cinna, prenez ce papier, ayez soin de le placer dans la chaire du préteur, de façon que Brutus puisse l'y trouver. Jetez celui-ci sur sa fenêtre ; fixez ce dernier avec de la cire sur la statue de Brutus l'ancien. Cela fait, revenez au portique de Pompée, où vous nous trouverez. Décius Brutus et Trébonius y sont-ils ?

CINNA.—Tous y sont, excepté Métellus Cimber qui est allé vous chercher à votre demeure. Moi, je vais me hâter et distribuer ces papiers comme vous me l'avez prescrit.

CASSIUS.—Après cela revenez au théâtre de Pompée. (*Cinna sort.*) Venez, Casca ; vous et moi nous irons avant le jour voir Brutus à son logis : il est aux trois quarts à nous, et à la première rencontre l'homme tout entier nous appartiendra.

CASCA.—Oh ! Brutus est placé bien haut dans le cœur du peuple ; et ce qui paraîtrait en nous un attentat, l'autorité de son nom, comme la plus puissante alchimie, le transformera en mérite et en vertu.

CASSIUS.—Vous vous êtes formé une juste idée de lui, de son prix, et de l'extrême besoin que nous avons de lui.—Marchons, car il est plus de minuit, et avant le jour nous irons l'éveiller et nous assurer de lui.

(Ils sortent.)

FIN DU PREMIER ACTE.

ACTE DEUXIÈME

SCÈNE I

Toujours à Rome.—Les vergers de Brutus.

Entre BRUTUS.

BRUTUS.—Holà, Lucius, viens!—Je ne puis, par l'élévation des étoiles, juger si le jour est loin encore.—Lucius? Eh bien!—Je voudrais que mon défaut fût de dormir aussi profondément. — Allons, Lucius, allons! Éveille-toi, te dis-je! Viens donc, Lucius!

(Entre Lucius.)

LUCIUS.—M'avez-vous appelé, seigneur?

BRUTUS.—Lucius, porte un flambeau dans ma bibliothèque; dès qu'il sera allumé, reviens m'avertir ici.

LUCIUS.—J'y vais, seigneur.

(Il sort.)

BRUTUS.—Sa mort est le seul moyen, et pour ma part, je ne me connais aucun motif personnel de le rejeter que la cause générale. Il voudrait être couronné : à quel point cela peut changer sa nature, voilà la question. C'est l'éclat du jour qui fait éclore le serpent, et nous contraint ainsi de marcher avec précaution. Le couronner! c'est précisément cela... C'est, je ne saurais le nier, l'armer d'un dard avec lequel il pourra, à sa volonté, créer le danger. Le mal de la grandeur, c'est quand du pouvoir elle sépare la conscience[1]; et pour rendre justice à César, je n'ai point vu que ses passions aient jamais eu

---

[1] *Remorse.* On ne conçoit pas pourquoi Warburton a voulu que *remorse* signifiât ici *miséricorde, pitié, sensibilité.*

plus de pouvoir que sa raison : mais c'est une verité d'expérience que, pour la jeune ambition [1], la modestie est une échelle vers laquelle celui qui s'élève tourne son visage ; mais une fois parvenu à l'échelon le plus haut, il tourne le dos à l'échelle, porte son regard dans les nues, dédaignant les humbles degrés par lesquels il est monté. Ainsi pourrait faire César : de peur qu'il ne le puisse faire, prévenons-le, et puisque ce qu'il est ne suffit pas pour qualifier l'attaque, considérons-le sous cette face : ce qu'il est, en augmentant, le conduirait à tels et tels excès. Regardons-le comme l'œuf d'un serpent qui une fois éclos, deviendrait malfaisant par la loi de son espèce, et tuons-le dans sa coquille.

(Rentre Lucius.)

LUCIUS.—Le flambeau brûle dans votre cabinet, seigneur. — En cherchant une pierre à feu sur la fenêtre, j'ai trouvé ce billet ainsi scellé ; je suis sûr qu'il n'y était pas quand je suis allé me coucher.

BRUTUS.—Retourne à ton lit, il n'est pas jour encore. Mon garçon, n'avons-nous pas demain les ides de mars ?

LUCIUS.—Je ne sais pas, seigneur.

(Il sort.)

BRUTUS.—Regarde dans le calendrier, et reviens me le dire.

LUCIUS.—J'y vais, seigneur.

BRUTUS.—Ces exhalaisons qui sifflent à travers les airs jettent tant de clarté, que je puis lire à leur lumière.

(Il ouvre le billet et le lit.)

Brutus tu dors : réveille-toi, vois qui tu es. Faudra-t-il que Rome....? Parle, frappe, rétablis nos droits. — Brutus tu dors, réveille-toi. — J'ai trouvé souvent de pareilles instigations jetées sur mon passage : *Faudra-t-il que Rome....?* Voici ce que je dois suppléer : *Faudra-t-il que Rome demeure tremblante sous un homme?* Qui! Rome?

---

[1] Traduction de Voltaire :

..... On sait assez quelle est l'ambition.
L'échelle des grandeurs à ses yeux se présente,
Elle y monte en cachant son front aux spectateurs.

Mes ancêtres chassèrent des rues de Rome ce Tarquin qui portait le nom de roi. — *Parle, frappe, rétablis nos droits.* Ainsi donc on me presse de parler et de frapper. O Rome! je t'en fais la promesse : s'il en résulte le rétablissement de tes droits, tu obtiendras de la main de Brutus tout ce que tu demandes.

(Rentre Lucius.)

LUCIUS. — Seigneur, mars a consumé quatorze de ses jours.

BRUTUS. — Il suffit. (*On frappe derrière le théâtre.*) Va à la porte, quelqu'un frappe. (*Lucius sort.*) Depuis que Cassius a commencé à m'exciter contre César, je n'ai point dormi. — Entre la première pensée d'une entreprise terrible et son exécution, tout l'intervalle est comme une vision fantastique ou un rêve hideux. Le génie de l'homme et les instruments de mort tiennent alors conseil, et l'état de l'homme offre en petit celui d'un royaume où s'agitent tous les éléments de l'insurrection. (*Rentre Lucius.*)

LUCIUS. — Seigneur, c'est votre frère Cassius qui est à la porte; il demande à vous voir.

BRUTUS. — Est-il seul?

LUCIUS. — Non, seigneur, il y a plusieurs personnes avec lui.

BRUTUS. — Les connais-tu?

LUCIUS. — Non, seigneur; leurs chapeaux sont enfoncés jusque sur leurs oreilles, et la moitié de leurs visages est ensevelie dans leurs manteaux, au point que je n'ai pu distinguer leurs traits de façon à les reconnaître [1].

BRUTUS. — Fais-les entrer. (*Lucius sort.*) Ce sont les conjurés. O conspiration! as-tu honte de montrer dans la nuit ton front redoutable, à l'heure ou le mal est en pleine liberté? Où trouveras-tu donc dans le jour, une

---

[1]   *That by no means I may discover them,*
    By any mark of favour.

Favour signifie ici *trait, maintien*. Voltaire s'y est trompé et a traduit ainsi :

    Et nul à Lucius ne s'est fait reconnaître :
    Pas la moindre amitié.

caverne assez sombre pour dissimuler ton monstrueux visage? Conspiration, n'en cherche point : qu'il se cache dans les sourires de l'affabilité ; car si tu marches portant à découvert tes traits naturels, l'Érèbe même n'est pas assez obscur pour te dérober au soupçon.

SCÈNE II

Entrent CASSIUS, CASCA, DÉCIUS, CINNA, MÉTELLUS CIMBER et TRÉBONIUS.

CASSIUS.—Je crains que nous n'ayons trop indiscrètement troublé votre repos. Bonjour, Brutus : sommes-nous importuns?

BRUTUS.—Je suis levé depuis une heure; j'ai passé toute la nuit sans dormir. Dites-moi si je connais ceux qui vous accompagnent.

CASSIUS.—Oui, vous les connaissez tous; et pas un ici qui ne vous honore, pas un qui ne désire que vous ayez de vous-même l'opinion qu'a de vous tout noble Romain. Voici Trébonius.

BRUTUS.—Il est le bienvenu.

CASSIUS.—Celui-ci est Décius Brutus.

BRUTUS.—Il est aussi le bienvenu.

CASSIUS.—Celui-ci est Casca ; celui-là Cinna ; celui-là Métellus Cimber.

BRUTUS.—Tous sont les bienvenus. Quels soucis vigilants sont venus s'interposer entre la nuit et vos paupières[1]?

CASSIUS.—Pourrai-je dire un mot?
(Ils se parlent bas.)

DÉCIUS.—C'est ici l'orient : n'est-ce pas là le jour qui commence à poindre de ce côté?

CASCA.—Non.

CINNA.—Oh! pardon, seigneur, c'est le jour; et ces

---

[1] Voltaire s'est trompé. Il traduit :
Quels projets importants
Les mènent en ces lieux entre vous et la nuit?

lignes grisâtres qui prennent sur les nuages sont les messagers du jour.

CASCA.—Vous allez m'avouer que vous vous trompez tous deux. C'est là, à l'endroit même où je pointe mon épée, que se lève le soleil, beaucoup plus vers le midi, en raison de la jeune saison de l'année. Dans deux mois environ, plus élevé vers le nord, il lancera de ce point ses premiers feux ; et l'orient proprement dit est vers le Capitole, dans cette direction-là.

BRUTUS.—Donnez-moi tous la main, l'un après l'autre.

CASSIUS.—Et jurons d'accomplir notre résolution.

BRUTUS.—Non, point de serment. Si notre figure d'hommes[1], la souffrance de nos âmes, les iniquités du temps sont des motifs impuissants, rompons sans délai : que chacun de nous retourne à son lit oisif ; laissons la tyrannie à l'œil hautain se promener à son gré, jusqu'à ce que chacun de nous tombe désigné par le sort. Mais si, comme j'en suis certain, ces motifs portent avec eux assez de feu pour enflammer les lâches, et pour donner une trempe valeureuse à l'esprit mollissant des femmes; alors, compatriotes, quel autre aiguillon nous faut-il que notre propre cause pour nous exciter au redressement de nos droits? Quel autre lien que ce secret gardé par des Romains qui ont dit le mot et ne biaiseront point? et quel autre serment que l'honnêteté engagée envers l'honnêteté à ce que cela soit ou que nous périssions. Laissons jurer les prêtres, les lâches, les hommes craintifs, ces vieillards qu'affaiblit un corps décomposé, et ces âmes patientes de qui l'injustice reçoit un accueil serein. Qu'elles jurent au profit de la cause injuste, les créatures dont on peut douter : mais nous, ne faisons pas à l'immuable sainteté de notre entreprise, ni à l'insurmontable constance de nos âmes, l'affront de penser que notre cause ou notre action eurent besoin d'un ser-

---

[1] *The face of men.* Les commentateurs ont cherché à expliquer ce passage de différentes manières, dont aucune n'a paru aussi satisfaisante que celle-ci. Voltaire ne l'a pas traduit. En tout, ce discours de Brutus est l'un des morceaux les plus défigurés dans sa traduction.

ment, tandis que chaque Romain doit savoir que chaque goutte du sang qu'il porte dans ses nobles veines s'entache d'une multiple bâtardise, du moment où il manque à la plus petite particule de la moindre promesse sortie de sa bouche.

CASSIUS.—Mais que pensez-vous de Cicéron? êtes-vous d'avis de le sonder? je crois qu'il entrerait fortement dans notre projet.

CASCA.—Il ne faut pas le laisser de côté.

CINNA.—Non, gardons-nous-en bien.

MÉTELLUS CIMBER.—Oh! ayons pour nous Cicéron : ses cheveux d'argent nous gagneront la bonne opinion des hommes, et nous achèteront des voix qui célébreront notre action : on dira que sa sagesse a dirigé nos bras; il ne sera plus question de notre jeunesse, de notre témérité ; tout sera enveloppé dans sa gravité.

BRUTUS.—Oh! ne m'en parlez pas; ne nous ouvrons point à lui; jamais il n'entrera dans ce que d'autres auront commencé.

CASSIUS.—Laissons-le donc à l'écart.

CASCA.—En effet, il ne nous convient pas.

DÉCIUS.—Ne frappera-t-on aucun autre que César?

CASSIUS.—C'est une question bonne à élever, Décius. Moi, je pense qu'il n'est pas à propos que Marc-Antoine, si chéri de César, survive à César. Nous trouverons en lui un dangereux machinateur; et, vous le savez, ses ressources, s'il les met en œuvre, pourraient s'étendre assez loin pour nous susciter à tous de grands embarras. Il faut, pour les prévenir, qu'Antoine et César tombent ensemble.

BRUTUS.—Nos procédés[1] paraîtront bien sanguinaires, Caïus Cassius, si après avoir abattu la tête nous mettons ensuite les membres en pièces, comme le fait la colère

---

[1] En anglais, *course*. Voltaire l'a traduit par le mot *course*, et fait une note pour l'expliquer dans un sens tout à fait bizarre, ce qui était parfaitement inutile. *Course* peut se traduire littéralement par les mots *procédé, marche, carrière*, etc., et n'a rien de plus extraordinaire qu'aucun de ces mots et une foule d'autres que nous employons continuellement dans un sens figuré.

en donnant la mort, et la haine après l'avoir donnée ; car Antoine n'est qu'un membre de César. Soyons des sacrificateurs et non des bouchers, Cassius. C'est contre l'esprit de César que nous nous élevons tous : dans l'esprit de l'homme il n'y a point de sang. Oh ! si nous pouvions atteindre à l'esprit de César sans déchirer César! Mais, hélas ! pour cela il faut que le sang de César coule ; mes bons amis, tuons-le hardiment, mais non avec rage : dépeçons la victime comme un mets propre aux dieux, ne la mettons pas en lambeaux comme une carcasse bonne à être jetée aux chiens. Que nos cœurs soient semblables à ces maîtres habiles qui commandent à leurs serviteurs un acte de violence, et semblent ensuite les en réprimander. Alors notre action semblera naître de la nécessité, et non de la haine; et lorsqu'elle paraîtra telle aux yeux du peuple, nous serons nommés des purificateurs, non des assassins. Quant à Marc-Antoine, ne songez point à lui : il ne peut rien de plus que ne pourra le bras de César, quand la tête de César sera tombée.

CASSIUS.—Cependant je le redoute, car cette tendresse qui s'est enracinée dans son cœur pour César.....

BRUTUS.—Hélas! bon Cassius, ne songez point à lui. S'il aime César, tout ce qu'il pourra faire n'agira que sur lui-même ; il pourra se laisser aller au chagrin, et mourir pour César; et ce serait beaucoup pour lui, livré comme il l'est aux plaisirs, à la dissipation et aux sociétés nombreuses.

TRÉBONIUS.—Il n'est point à craindre : qu'il ne meure point par nous, car nous le verrons vivre et rire ensuite de tout cela.

(L'horloge sonne.)

BRUTUS.—Silence, comptons les heures.

CASSIUS.—L'horloge a frappé trois coups.

TRÉBONIUS.—Il est temps de nous séparer.

CASSIUS.—Mais il est encore incertain si César voudra ou non sortir aujourd'hui, car il est depuis peu devenu superstitieux, et s'éloigne tout à fait de l'opinion générale qu'il s'était autrefois formée sur les visions, les songes et les présages tirés des sacrifices¹. Il se pourrait que ces prodiges si marquants, les terreurs inaccoutumées de cette nuit, et les sollicitations de ses augures le retinssent aujourd'hui loin du Capitole.

DÉCIUS.—Ne le craignez pas. Si telle est sa résolution, je me charge de la surmonter; car il aime à entendre répéter qu'on prend les licornes avec des arbres², les ours avec des miroirs, les éléphants dans des fosses, les lions avec des filets, et les hommes avec des flatteries : mais quand je lui dis que lui il hait les flatteurs, il me répond que cela est vrai ; et c'est alors qu'il est le plus flatté. Laissez-moi faire ; je sais tourner son humeur comme il me convient, et je le mènerai au Capitole.

CASSIUS.—Nous irons tous chez lui le chercher.

BRUTUS.—A la huitième heure. Est-ce là notre dernier mot?

CINNA.—Que ce soit le dernier mot, et n'y manquons pas.

MÉTELLUS CIMBER.—Caïus Ligarius veut du mal à César, qui l'a maltraité pour avoir bien parlé de Pompée. Je m'étonne qu'aucun de vous n'ait songé à lui.

BRUTUS.—Allez donc, cher Métellus, allez le trouver. Il m'aime beaucoup, et je lui en ai donné sujet : envoyez-le-moi seulement, et j'en ferai ce que je voudrai.

CASSIUS.—Le jour va nous atteindre. Nous allons vous quitter, Brutus ; et vous, amis, dispersez-vous : mais souvenez-vous tous de ce que vous avez dit, et montrez-vous de vrais Romains.

BRUTUS.—Mes bons amis³, prenez un visage riant et serein. Que nos regards ne manifestent pas nos des-

---

¹ Dans l'anglais, *ceremonies*. Voltaire a traduit :

Et l'on dirait qu'il croit à la religion.

² En se plaçant devant un arbre derrière lequel on se retire au moment où l'animal veut vous percer de sa corne, qui de cette manière s'enfonce dans l'arbre, et laisse la licorne à la merci du chasseur. Spencer, en plusieurs endroits, fait allusion à cette fable.

³ *Good gentlemen*. Voltaire traduit *mes braves gentilshommes*, et met en note qu'il a traduit fidèlement : il se trompe. Tout le

seins; mais qu'ils portent le secret, comme nos acteurs romains, sans apparence d'abattement et d'un air imperturbable. Maintenant je vous souhaite à tous le bonjour.

(Tous sortent excepté Brutus.)

BRUTUS *appelle Lucius.*—Garçon! Lucius! Il dort de toutes ses forces. A la bonne heure, goûte le bienfait de la douce rosée que le sommeil appesantit sur toi; tu n'as point de ces images, de ces fantômes que l'active inquiétude trace dans le cerveau des hommes. Aussi dors-tu bien profondément.

(Entre Porcia.)

PORCIA.—Brutus, mon seigneur!

BRUTUS.—Porcia, quel est votre dessein? pourquoi vous lever à cette heure? Il n'est pas bon pour votre santé d'exposer ainsi votre complexion délicate au froid humide du matin.

PORCIA.—Cela n'est pas bon non plus pour la vôtre. Vous vous êtes brusquement dérobé de mon lit, Brutus; et hier au soir, à souper, vous vous êtes levé tout à coup, vous avez commencé à vous promener les bras croisés, pensif, et poussant des soupirs; et quand je vous ai demandé ce qui vous occupait, vous avez fixé sur moi des regards troublés et mécontents. Je vous ai pressé de nouveau : alors vous grattant le front, vous avez frappé du pied avec impatience. Cependant j'ai insisté encore; mais d'un geste irrité de votre main, vous m'avez fait signe de vous laisser. Je vous ai laissé, dans la crainte d'irriter cette impatience qui déjà ne paraissait que trop allumée, espérant d'ailleurs que ce n'était là qu'un des accès de cette humeur qui de temps à autre trouve son moment près de tout homme quel qu'il soit[1]. Ce chagrin ne vous laisse ni manger, ni parler, ni dormir; et s'il agissait

monde sait aujourd'hui que *gentleman* ne peut presque dans aucun cas se rendre par notre mot *gentilhomme.* Dans son sens le plus ordinaire, *gentleman* n'a pas de correspondant en français.

[1] Voltaire traduit :

> Et je pris ce moment pour un moment d'humeur
> Que souvent les maris font sentir à leur femmes.

Et une note placée au bas de la page paraît destinée à faire re-

autant sur votre figure qu'il a déjà altéré votre manière d'être, je ne vous reconnaîtrais plus, Brutus. Mon cher époux, faites-moi connaître la cause de votre chagrin.

BRUTUS.—Je ne me porte pas bien ; voilà tout.

PORCIA.—Brutus est sage, et s'il ne se portait pas bien, il emploierait les moyens nécessaires pour recouvrer sa santé.

BRUTUS.—Et c'est ce que je fais. Ma bonne Porcia, retournez à votre lit.

PORCIA.—Brutus est malade! Est-ce donc un régime salutaire que de se promener à demi vêtu, et de respirer les humides exhalaisons du matin? Quoi! Brutus est malade, et il se dérobe au repos bienfaisant de son lit pour affronter les malignes influences de la nuit, et l'air impur et brumeux qui ne peut qu'aggraver son mal! Non, non, cher Brutus ; c'est dans votre âme qu'est le mal dont vous souffrez ; et en vertu de mes droits, de mon titre auprès de vous, je dois en être instruite ; et à deux genoux je vous supplie, au nom de ma beauté autrefois vantée, au nom de tous vos serments d'amour, et de ce serment solennel qui a réuni nos personnes en une seule, de me découvrir, à moi cet autre vous-même, à moi votre moitié, ce qui pèse sur votre âme ; dites-moi aussi quels étaient ceux qui sont venus vous trouver cette nuit? car il est entré ici six ou sept hommes qui cachaient leurs visages à l'obscurité même.

BRUTUS.—Ne vous mettez pas ainsi à genoux, ma bonne Porcia.

PORCIA.—Je n'en aurais pas besoin si vous étiez mon bon Brutus. Dites-moi, Brutus, est-il fait pour nous cette exception aux liens de mariage, que je ne participe point aux secrets qui vous appartiennent? ne suis-je une autre vous-même que jusqu'à un certain point, et avec de certaines réserves? pour vous tenir

marquer comme ridicule le sens qui n'est pas dans l'original. Les deux suivants présentent un contre-sens :

  Non, je ne puis Brutus, ni vous laisser parler,
  Ni vous laisser manger, ni vous laisser dormir

compagnie à table, faire la douceur de votre couche, et vous adresser quelquefois la parole? N'occupé-je donc que les avenues de votre affection? Ah! si je n'ai rien de plus, Porcia est la concubine[1] de Brutus, et non pas sa femme.

BRUTUS.—Vous êtes ma femme fidèle et honorée, aussi précieuse pour moi que les gouttes rougeâtres qui arrivent à mon triste cœur.

PORCIA.—Si cela était vrai, je saurais déjà ce secret. Je suis une femme, j'en conviens, mais une femme que le grand Brutus a prise pour épouse. Je suis une femme, j'en conviens, mais une femme de bon renom, la fille de Caton. Pensez-vous que je ne sois pas plus forte que mon sexe, fille d'un tel père et femme d'un tel époux? Dites-moi ce que vous méditez, je ne le révélerai point. J'ai voulu fortement éprouver ma constance; je me suis fait une blessure ici à la cuisse : capable de soutenir ceci avec patience, pourrais-je ne pas l'être de porter les secrets de mon mari?

BRUTUS.—O vous, dieux, rendez-moi digne de cette noble épouse. (*On frappe derrière le théâtre.*) Écoutez, écoutez, on frappe.—Porcia, rentre un moment, et bientôt ton sein va partager tous les secrets de mon cœur; je te développerai tous mes engagements et tout ce qui est écrit sur mon triste front[2]. Retire-toi promptement. (*Porcia sort.*)—Lucius, qui est-ce qui frappe?

LUCIUS.—Il y a là un homme malade qui voudrait vous entretenir.

BRUTUS.—C'est Caïus Ligarius, dont Métellus nous a parlé. Lucius, éloigne-toi.—Caïus Ligarius, comment êtes-vous?

LIGARIUS.—Recevez le bonjour que vous adresse une voix bien faible.

---

[1] *Harlot*. Voltaire, avec une étrange légèreté, fait ici une note pour nous apprendre que le mot de l'original est *whore*; le sens de ce mot serait plus grossier encore que celui de *harlot*.

All the charactery of my sad brows. Voltaire traduit :

Va, mes sourcils froncés prennent un air plus doux.

BRUTUS.—Oh! quel temps avez-vous choisi, brave Caïus, pour garder votre bonnet de nuit? Que je voudrais que vous ne fussiez pas malade!

LIGARIUS.—Je ne suis plus malade, si Brutus a en main quelque exploit digne d'être marqué du nom de l'honneur.

BRUTUS.—J'aurais en main un exploit de ce genre, Ligarius, si pour l'entendre vous aviez l'oreille de la santé.

LIGARIUS.—Par tous les dieux devant qui se prosternent les Romains, je chasse loin de moi mon infirmité. Ame de Rome, fruit généreux des reins d'un père respecté, comme un exorciste tu as conjuré l'esprit de maladie. Ordonne-moi d'aller en avant, et mes efforts tenteront des choses impossibles; que dis-je! ils en viendront à bout.—Que faut-il faire?

BRUTUS.—Une œuvre par laquelle des hommes malades retrouveront la santé.

LIGARIUS.—Mais n'est-il pas quelques hommes en santé que nous devons rendre malades?

BRUTUS.—C'est aussi ce qu'il faudra. Ce que c'est, cher Caïus, je te l'expliquerai en nous rendant ensemble au lieu où la chose doit se faire.

LIGARIUS.—Que votre pied m'indique la route, et d'un cœur animé d'une flamme nouvelle, je vous suivrai sans savoir à quelle entreprise : il suffit que Brutus me guide.

BRUTUS.—Suis-moi donc.

(Ils sortent.)

SCÈNE III

Toujours à Rome. — Une pièce du palais de César. — Tonnerre et éclairs.

Entre CÉSAR en robe de chambre.

CÉSAR.—Ni le ciel ni la terre n'ont été en paix cette nuit. Trois fois Calphurnia dans son sommeil s'est écriée : « Au secours! oh! ils assassinent César! »—Y a-t-il là quelqu'un?

Entre un serviteur.)

LE SERVITEUR.—Mon seigneur ?

CÉSAR.—Va, commande aux prêtres d'offrir à l'instant un sacrifice, et reviens m'apprendre quel succès ils en augurent.

LE SERVITEUR.—J'y vais, mon seigneur.

(Il sort.)

(Entre Calphurnia.)

CALPHURNIA.—Que prétendez-vous, César ? Penseriez-vous à sortir ? vous ne sortirez point aujourd'hui de chez vous.

CÉSAR.—César sortira. Les choses qui m'ont menacé ne m'ont jamais regardé que de dos : dès qu'elles apercevront le visage de César, elles s'évanouiront.

CALPHURNIA.— César, jamais je ne me suis arrêtée aux présages ; mais aujourd'hui ils m'épouvantent. Sans parler de tout ce que nous avons entendu et vu, il y a de l'autre côté un homme qui raconte d'horribles phénomènes vus par les gardes. Une lionne a fait ses petits au milieu des rues ; la bouche des sépulcres s'est ouverte et a laissé échapper leurs morts ; de terribles guerriers de feu combattaient sur les nuages, en lignes, en escadrons, et avec toute la régularité de la guerre ; il en pleuvait du sang sur le Capitole ; le choc de la bataille retentissait dans les airs ; on entendait les hennissements des coursiers et les gémissements des mourants, et des spectres ont poussé le long des rues des cris aigus et lamentables ! O César, ces présages sont inouïs, et je les redoute.

CÉSAR.—Que peut-on éviter de ce qui est décrété par les puissants dieux ? César sortira, car ces présages s'adressent au monde entier autant qu'à César.

CALPHURNIA.—Quand il meurt des mendiants, on ne voit pas des comètes ; mais les cieux mêmes signalent par leurs feux la mort des princes.

CÉSAR.—Les lâches meurent plusieurs fois avant leur mort, le brave ne goûte jamais la mort qu'une fois. De tous les prodiges dont j'aie encore ouï parler, le plus étrange pour moi, c'est que les hommes puissent sentir la crainte, voyant que la mort, fin nécessaire, arrivera à l'heure où elle doit arriver. (*Rentre le serviteur.*)—Que disent les augures?

LE SERVITEUR.—Ils voudraient que vous ne sortissiez pas aujourd'hui : en retirant les entrailles d'une des victimes, ils n'ont pu retrouver le cœur de l'animal.

CÉSAR.—Les dieux ont voulu faire honte à la lâcheté. César serait un animal sans cœur si la peur le retenait aujourd'hui dans sa maison : non, César n'y restera pas. Le danger sait très-bien que César est plus dangereux que lui : nous sommes deux lions mis bas le même jour, mais je suis l'aîné et le plus terrible, et César sortira.

CALPHURNIA.—Hélas! mon seigneur, vous consumez toute votre sagesse en confiance. Ne sortez point aujourd'hui : donnez ma crainte et non la vôtre pour le motif qui vous retiendra ici. Nous enverrons Marc-Antoine au sénat : il dira que vous ne vous portez pas bien aujourd'hui; me voici à genoux devant vous, pour l'obtenir.

CÉSAR.—Marc-Antoine dira que je ne me porte pas bien ; et pour complaire à ton caprice, je resterai. (*Entre Décius.*) Voici Décius Brutus; il le leur dira.

DÉCIUS.—Salut à César! Bonjour, digne César! Je viens vous chercher pour aller au sénat.

CÉSAR.—Et vous êtes venu fort à propos, Décius, pour porter mes salutations aux sénateurs, et leur dire que je ne veux pas aller aujourd'hui au sénat. Que je ne le puis, serait faux ; que je ne l'ose, plus faux encore[1]. Je ne veux pas y aller aujourd'hui : dites-le leur ainsi, Décius.

CALPHURNIA.—Dites qu'il est malade.

CÉSAR.—César leur fera-t-il porter un mensonge? Ai-je étendu si loin mon bras et mes conquêtes, pour craindre de dire la vérité à quelques barbes grises?— Décius, allez leur dire que César ne veut pas y aller.

DÉCIUS. — Très-puissant César, faites-moi connaître

---

[1] Voltaire fait de cette phrase un aparté, ce qui n'est pas dans l'original.

quelques-unes de vos raisons, de peur qu'on ne me rie au nez quand je leur rendrai ce discours.

CÉSAR. — La raison est dans ma volonté : je n'y veux pas aller; c'en est assez pour satisfaire le sénat. Mais, pour votre satisfaction particulière et parce que je vous aime, je vous dirai que c'est Calphurnia que voilà, ma femme, qui me retient ici. Elle a rêvé cette nuit qu'elle voyait ma statue, semblable à une fontaine, verser du sang tout pur par cent tuyaux. Plusieurs Romains vigoureux venaient en souriant baigner leurs mains dans ce sang. Elle prend tout cela pour des avis et des présages de maux imminents ; et, à genoux, elle m'a conjuré de demeurer aujourd'hui chez moi.

DÉCIUS. — Ce songe est interprété à contre-sens : c'est une vision heureuse et favorable. Votre statue jetant par un grand nombre de tuyaux du sang dans lequel tant de Romains se baignent en souriant signifie que l'illustre Rome va recevoir de vous un sang qui la ranimera, et que, parmi les hommes magnanimes, il y aura empressement à en être teint, à en obtenir quelque marque, quelque empreinte sacrée qui les fasse reconnaître[1] ; et voilà ce que signifie le songe de Calphurnia.

CÉSAR. — Vous en avez ainsi très-bien expliqué le sens.

DÉCIUS. — Vous le verrez quand vous aurez entendu ce que j'ai à vous dire. Sachez maintenant que le sénat a résolu de décerner aujourd'hui une couronne au puissant César : si vous envoyez dire que vous ne voulez pas vous y rendre, les esprits peuvent changer. D'ailleurs il s'en pourrait faire quelques plaisanteries, et l'on traduirait ainsi votre message : « Que le sénat se sépare; ce sera pour une autre fois, quand la femme de César aura fait de meilleurs rêves. » Si César se cache, ne se diront-ils pas à l'oreille : « Voyez, César a peur? » Pardonnez-moi, César ; c'est mon tendre, mon bien tendre zèle

---

[1] Voltaire paraît n'avoir pas remarqué le sens caché de ces paroles qui font évidemment allusion au projet de meurtre. Il traduit ainsi :
> Par vous Rome vivifiée
> Reçoit un nouveau sang et de nouveaux destins.

pour votre fortune, qui me commande de vous parler ainsi ; et la raison est ici dans l'intérêt de mon affection.

César.—Que vos terreurs semblent absurdes maintenant, Calphurnia! J'ai honte d'y avoir cédé. Qu'on me donne ma robe ; je veux aller au sénat. (*Entrent Publius, Brutus, Ligarius, Métellus, Casca, Trébonius et Cinna.*)—Et voyez, Publius vient ici me chercher.

Publius.—Bonjour, César.

César.— Soyez le bienvenu, Publius. Quoi! Brutus aussi sorti de si bonne heure! Bonjour, Casca. Caïus Ligarius, jamais César ne fut autant votre ennemi que cette fièvre qui vous a ainsi maigri.—Quelle heure est-il?

Brutus.—César, huit heures sont sonnées.

César.—Je vous rends grâce de votre complaisance et de vos soins. (*Entre Antoine.*) Voyez Antoine. Lui qui se divertit tant que la nuit dure, il n'en est pas moins levé. Bonjour, Antoine.

Antoine.—Bonjour à l'illustre César.

César.—Dites-leur là-dedans de tout préparer.—Je mérite des reproches, pour me faire ainsi attendre.—Voilà maintenant Cinna qui arrive ; voilà Métellus. Ha! Trébonius, j'ai besoin de causer une heure avec vous : souvenez-vous de venir ici aujourd'hui. Tenez-vous près de moi, de peur que je ne vous oublie.

Trébonius.—Je le ferai, César. (*A part.*) Et je serai si près, que vos meilleurs amis souhaiteront que j'en eusse été plus loin.

César.—Entrez, mes bons amis, et prenez une coupe de vin avec moi[1] ; puis nous nous en irons tout à l'heure ensemble comme des amis.

Brutus.—Les apparences trompent souvent, ô César, et le cœur de Brutus se serre lorsqu'il y réfléchit.

---

[1] *Taste some wine with me.* Voltaire a traduit : *Buvons bouteille ensemble*, et met en note : *Toujours la plus grande fidélité dans la traduction.*

SCÈNE IV

Toujours à Rome.— Une rue près du Capitole.

ARTÉMIDORE *entre, lisant un papier.*

ARTÉMIDORE.—« César, défie-toi de Brutus ; prends garde à Cassius ; n'approche point de Casca ; aie l'œil sur Cinna ; ne te fie point à Trébonius ; observe bien Métellus Cimber. Décius Brutus ne t'aime point ; tu as offensé Caïus Ligarius. Tous ces hommes sont animés d'un même esprit contre César. Si tu n'es pas immortel, prends garde à toi, la sécurité laisse le champ libre à la conspiration. Que les puissants dieux te défendent !
« Ton ami ARTÉMIDORE. »

Je veux attendre ici que César passe ; alors je lui présenterai ceci comme une supplique. Mon cœur déplore que la vertu ne puisse vivre hors de la portée des dents de l'envie. Si tu lis cette note, ô César, tu peux vivre ; sinon, les destins conspirent avec les traîtres.

SCÈNE V

Toujours à Rome.— Une autre partie de la même rue, devant la maison de Brutus.

Entrent PORCIA ET LUCIUS

PORCIA.—Je t'en prie, mon garçon, cours au sénat. Ne t'arrête point à me répondre, mais pars sur-le-champ. Pourquoi restes-tu là ?

LUCIUS.—Pour savoir quel est mon message, madame.

PORCIA.—Je voudrais que tu fusses déjà arrivé au sénat, et revenu avant que j'eusse pu te dire ce que tu as à faire.—O constance ! tiens-toi ferme à mes côtés ; place une énorme montagne entre mon cœur et ma langue : j'ai l'âme d'un homme, mais je n'ai que la force d'une femme. Qu'il est difficile aux femmes de se soumettre à la prudence !—Quoi ! te voilà encore !

LUCIUS.—Que faut-il que je fasse, madame? Courir au Capitole, et pas autre chose? Puis revenir auprès de vous, et pas autre chose?

PORCIA.—Oui, mon garçon, viens me redire si ton maître a l'air bien portant, car il est sorti malade; et remarque bien ce que fait César, quels sont les suppliants qui se pressent autour de lui.—Écoute, mon garçon!.... quel bruit est-ce là?

LUCIUS.—Je n'entends rien, madame.

PORCIA.—Je t'en prie, écoute bien. J'ai entendu un bruit tumultueux, comme de gens qui se battent; le vent l'apporte du Capitole.

LUCIUS.—En vérité, madame, je n'entends rien.

(Entre le devin.)

PORCIA.—Approche, mon ami : de quel côté viens-tu?

LE DEVIN.—De ma maison, ma bonne dame.

PORCIA.—Quelle heure est-il?

LE DEVIN.—Environ la neuvième heure, madame.

PORCIA.—César est il déjà rendu au Capitole?

LE DEVIN.—Madame, pas encore. Je vais prendre ma place pour le voir, quand il passera pour s'y rendre.

PORCIA.—Tu as quelque supplique à présenter à César, n'est-ce pas?

LE DEVIN.—J'en ai une, madame. S'il plaît à César de vouloir assez de bien à César pour m'écouter, je le conjurerai de se traiter lui-même en ami.

PORCIA.—Quoi! as-tu appris qu'on voulût lui faire quelque mal?

LE DEVIN.—Aucun dont j'aie la certitude, beaucoup dont je crains la possibilité. Bonjour, madame. La rue est étroite ici. Cette foule de sénateurs, de préteurs, de suppliants de la classe commune, qui se presse sur les pas de César, pourrait s'amasser au point qu'un homme faible comme moi en serait presque étouffé. Je veux gagner un endroit moins obstrué, et là parler au grand César au moment de son passage.

(Il sort.)

PORCIA.—Il faut que je rentre. Oh que je souffre! quelle faible chose que le cœur d'une femme! O Brutus, que les dieux te secondent dans ton entreprise!—Sûrement ce garçon m'aura entendue!—Brutus demande une faveur que César n'accordera pas.—Oh! je me sens défaillir. Cours, Lucius; va, parle de moi à mon mari. Dis-lui que je suis joyeuse; puis reviens ici et me rapporte ce qu'il t'aura dit.

FIN DU DEUXIÈME ACTE.

ACTE TROISIÈME

SCÈNE I

Toujours à Rome. — Le Capitole.— Le sénat est assemblé.

(Dans la rue qui conduit au Capitole, une foule de peuple dans laquelle se trouvent Artémidore et le devin.—Fanfares.)

Entrent CÉSAR, BRUTUS, CASSIUS, CASCA, DÉCIUS, MÉTELLUS, TRÉBONIUS, CINNA, ANTOINE, LÉPIDUS, POPILIUS, PUBLIUS *et plusieurs autres.*

CÉSAR.—Les ides de mars sont arrivées.
LE DEVIN.—Oui, César, mais non passées.
ARTÉMIDORE.—Salut à César.—Lis ce billet.
DÉCIUS.—Trébonius vous demande de parcourir à votre loisir son humble requête que voici.
ARTÉMIDORE.—O César, lisez d'abord la mienne, car c'est la mienne dont l'objet touche César de plus près. Lisez-la, grand César.
CÉSAR.—Ce qui n'intéresse que nous sera examiné le dernier.
ARTÉMIDORE.—Ne différez pas, César; lisez la mienne à l'instant.
CÉSAR.—Je crois vraiment que cet homme est fou.
PUBLIUS.—Allons, l'ami, place.
CASSIUS.—Quoi, vous présentez vos pétitions dans les rues! Venez au Capitole.
POPILIUS, *à part à Cassius.*—Je souhaite que votre entreprise d'aujourd'hui puisse réussir.
CASSIUS.—Quelle entreprise, Popilius?
POPILIUS.—Portez-vous bien.
(Il s'avance vers César.)

BRUTUS.—Que vous a dit Popilius Léna?

CASSIUS.—Qu'il souhaitait que notre entreprise d'aujourd'hui pût réussir. Je crains que nos projets ne soient découverts.

BRUTUS.—Regardez quel sera son maintien en parlant à César. Observez-le.

CASSIUS, *bas à Casca.*—Casca, soyez prompt; car nous craignons d'être prévenus. (*A Brutus.*) Brutus, que ferons-nous? Si la chose se sait, Cassius ou César n'en reviendra pas[1], car je me tuerai.

BRUTUS.—Cassius, ne perdez pas courage; Popilius Léna ne parle point de notre dessein. Regardez, il sourit, et César ne change point de visage.

CASSIUS.—Trébonius sait prendre son temps. Remarquez-vous, Brutus? il tire Marc-Antoine à l'écart.

(Sortent Antoine et Trébonius. César et les sénateurs prennent leurs siéges.)

DÉCIUS.—Où est Métellus Cimber? Qu'il s'avance et présente en ce moment sa requête à César.

BRUTUS.—Il est prêt : il faut nous serrer autour de lui et le seconder.

CINNA, *bas.*—Casca, c'est vous qui devez le premier lever le bras.

CÉSAR.—Sommes-nous prêts? Quels sont les abus que César et son sénat doivent réformer?

MÉTELLUS CIMBER.—Très-noble, très-grand et très-puissant César, Métellus apporte devant ton tribunal les humbles vœux de son cœur.

(Il se met à genoux.)

CÉSAR.—Je dois te prévenir, Cimber, que ces formes rampantes, ces hommages pleins de bassesse, peuvent enflammer le sang des hommes vulgaires, et changer en vains projets d'enfants les décrets arrêtés dans leurs premières résolutions. Mais ne te flatte point de cette idée que César porte en lui-même un sang si rebelle, qu'il se laisse relâcher de son énergie naturelle

---

[1] *Cassius or Cæsar never shall turn back.* Voltaire traduit :
Cassius ou César tournerait il le dos?

par ce qui charme les imbéciles, par de douces paroles, de basses courbettes, et de viles caresses d'épagneul. Ton frère est banni par un décret : si tu t'avises de venir pour lui t'incliner, prier, cajoler, je te chasserai de mon chemin comme un vilain roquet. Apprends que César ne fait point d'injustices, et qu'il ne se laisse point apaiser sans motifs[1].

MÉTELLUS CIMBER. — N'est-il point ici quelque voix plus recommandable que la mienne, qui, avec des accents plus doux à l'oreille du grand César, sollicite le rappel de mon frère exilé?

BRUTUS. — Je baise ta main, mais non pas par flatterie, César, en te demandant que Publius Cimber obtienne à l'instant la liberté de revenir.

CÉSAR. — Quoi, Brutus!

CASSIUS. — Pardon, César; César, pardon : Cassius s'abaisse jusqu'à tes pieds pour obtenir de toi que Publius Cimber soit délivré de son exil.

CÉSAR. — Vous pourriez me fléchir si je vous ressemblais; si je pouvais prier pour émouvoir, je pourrais être ému par des prières. Mais je suis immuable comme l'étoile du nord, qui seule dans le firmament demeure vraiment fixe et dans sa constante immobilité. Les cieux sont peints d'innombrables étincelles : elles sont toutes de feu, et chacune d'entre elles resplendit de clarté, mais il n'en est qu'une entre toutes qui garde constamment sa place. Ce monde est de même, bien peuplé d'hommes, et tous ces hommes sont de chair et de sang, tous doués d'intelligence;-mais dans le nombre je n'en connais qu'un qui sache conserver son rang à l'abri de toute atteinte, inaccessible à tout mouvement : cet homme, c'est moi; je veux en donner une petite preuve même en ceci. C'est parce que je suis ferme que Cimber a dû être banni; et je demeure ferme en voulant qu'il reste banni.

---

[1] Voltaire traduit :

Lorsque César fait tout, il a toujours raison.

MÉTELLUS CIMBER.—O César!

CÉSAR.—Loin de moi. Veux-tu ébranler l'Olympe?

DÉCIUS.—Grand César!

CÉSAR.—Brutus n'a-t-il pas fléchi le genou en vain?

CASCA.—Mon bras parle pour moi!

(Casca frappe César au cou. César lui saisit le bras : il est alors frappé par plusieurs autres conjurés, et enfin par Marcus Brutus.)

CÉSAR.—*Et tu, Brute*[1]?—Alors tombe, César.

(Il meurt. Les sénateurs et le peuple se retirent en tumulte.)

CINNA.—Liberté! délivrance! La tyrannie est morte. Courez, allez le proclamer, le crier dans toutes les rues.

CASSIUS.—Quelques-uns de vous aux tribunes. Allez et criez : Liberté! délivrance! affranchissement!

BRUTUS.—Peuple et sénateurs, ne vous effrayez point, ne fuyez point, restez à vos places : la dette de l'ambition est acquittée.

CASCA.—Allez à la tribune, Brutus.

DÉCIUS.—Et Cassius aussi.

BRUTUS.—Où est Publius?

CINNA.—Le voici, tout consterné de ce soulèvement.

MÉTELLUS CIMBER.—Demeurons fermes tous ensemble, de crainte que quelques amis de César n'essayent...

BRUTUS.—Ne parle point de demeurer.—Publius, point d'abattement; on n'a le dessein de vous faire aucun mal, ni à aucun autre Romain. Annoncez-le à tous, Publius.

CASSIUS.—Et quittez-nous, Publius, de peur que ce peuple, en fondant sur nous, ne mette votre vieillesse en danger.

BRUTUS.—Oui, éloignez-vous, et que nul homme n'ait

---

[1] Suétone rapporte seulement comme un ouï dire, auquel même il n'ajoute pas foi, que César dit en grec à Brutus : καὶ σὺ, τέκνον, *et toi aussi mon fils*. Les historiens ont depuis naturalisé ce mot en latin, et en ont fait le *et tu, Brute*, mot devenu si populaire, que Shakspeare n'imagina pas probablement qu'il fût permis de le faire passer dans une autre langue. Il est assez singulier que Voltaire n'ait pas fait mention de cette bizarrerie.

à supporter les suites de cette action, que nous qui l'avons faite [1].

(Rentre Trébonius.)

CASSIUS—Où est Antoine ?

TRÉBONIUS—Dans sa maison, où il s'est enfui d'épouvante. Hommes, femmes, enfants, les regards pleins de terreur, crient et courent comme si nous étions au jour du jugement.

BRUTUS.—Destins, nous connaîtrons vos volontés. Que nous devons mourir, nous le savons. Ce n'est que de l'époque et du soin d'en retarder le jour que s'inquiètent les hommes.

CASSIUS.—Véritablement, celui qui retranche vingt années de la vie, retranche vingt années de crainte de la mort.

BRUTUS.—Cela convenu, la mort est un bienfait; et nous nous sommes montrés les amis de César en abrégeant le temps qu'il avait à la craindre. Baissez-vous, Romains, baissez-vous; baignons nos bras dans le sang de César, et que nos épées en soient enduites. Marchons ensuite jusqu'à la place publique, et brandissant nos glaives rougis au-dessus de nos têtes, crions tous : Paix ! délivrance ! liberté !

CASSIUS.—Baissons-nous donc et qu'ils en soient trempés....—Combien de siècles futurs verront représenter la noble scène que nous donnons ici, dans des empires à naître et dans des langages encore inconnus !

BRUTUS.—Combien de fois verra-t-on couler, par manière de jeu, le sang de ce César que voilà étendu sur la base de la statue de Pompée, de pair avec la poussière !

CASSIUS.—Et chaque fois que cela se verra, on dira de notre association : Ce sont là les hommes qui donnèrent à leur pays la liberté.

DÉCIUS.—Eh bien ! sortirons-nous ?

CASSIUS.—Oui, marchons tous, Brutus nous conduira;

---

[1] Voltaire a traduit :

Allez, qu'aucun Romain ne prenne ici l'audace
De soutenir ce meurtre, et de parler pour nous;
C'est un droit qui n'est dû qu'aux seuls vengeurs de Rome.

et, attachés à ses pas, les cœurs les plus intrépides et les plus vertueux de Rome vont honorer sa marche.

(Entre un serviteur.)

BRUTUS.—Un moment, qui vient à nous? un ami d'Antoine.

LE SERVITEUR.—Brutus, mon maître m'a recommandé de fléchir ainsi le genou ; ainsi Marc-Antoine m'a enjoint de me jeter à vos pieds, et il m'a ordonné, lorsque je me serais prosterné, de vous parler en ces mots : « Brutus est noble, sage, vaillant et vertueux ; César fut puissant, intrépide, illustre et capable d'affection. Dis que j'ai aimé Brutus et que je l'honore; dis que je craignais César, l'honorais, et l'aimais. Si Brutus veut permettre qu'Antoine vienne à lui sans avoir rien à craindre, s'il veut lui expliquer comment César a mérité d'être frappé de mort, Marc-Antoine n'aimera pas César mort autant que Brutus vivant! mais il suivra avec une entière fidélité la fortune et les intérêts du noble Brutus à travers les hasards de cette situation encore inusitée. » Ainsi parle Antoine mon maître.

BRUTUS.—Ton maître est un sage et brave Romain ; jamais je n'en jugeai d'une manière moins favorable. Dis-lui que, s'il lui plaît de venir en ce lieu, il sera satisfait, et que, sur mon honneur, il en sortira sans nul outrage.

LE SERVITEUR.—Je vais le chercher à l'instant.

(Il sort.)

BRUTUS. — Je sais que nous l'aurons aisément pour ami.

CASSIUS.—Je désire qu'il en soit ainsi : cependant j'ai en pensée qu'il faut le redouter beaucoup, et toujours mes pressentiments sinistres vont droit à l'événement.

(Rentre Antoine.)

BRUTUS.—Voilà Antoine qui s'avance. Soyez le bienvenu, Marc-Antoine.

MARC-ANTOINE.—O puissant César, es-tu donc tombé si bas? tes conquêtes, toutes tes gloires, tes triomphes, les dépouilles que tu as remportées sont-ils donc resserrés dans ce court espace? Adieu! — Patriciens, j'ignore vos intentions : j'ignore quel autre que César doit voir couler son sang, quel autre est devenu trop puissant. Si c'est moi, il n'est point pour ma mort d'heure aussi convenable que l'heure de la mort de César, ni d'arme aussi digne de moitié que ces épées que vous tenez, illustrées par le plus noble sang de cet univers. Je vous en conjure, si vous me voulez du mal, maintenant, tandis que vos mains rougies fument encore de la vapeur du sang, satisfaites votre désir. J'aurais mille ans à vivre, que jamais je ne me trouverais si disposé à mourir. Aucun lieu, aucun genre de mort, ne me plairont jamais comme de mourir ici près de César et par vos coups, vous, l'élite des grandes âmes de cet âge.

BRUTUS. — O Antoine, n'implorez point de nous votre mort. Nous devons maintenant paraître sanguinaires et cruels, ainsi que par l'état de nos mains et par l'action que nous venons d'exécuter nous le paraissons à vos yeux : mais vous ne voyez que nos mains et cette œuvre sanglante qu'elles ont accomplie : nos cœurs, vous ne les voyez pas; ils sont pitoyables, et c'est la pitié pour l'injure publique faite à Rome (car la flamme chasse une autre flamme, et de même la pitié une autre pitié) qui a ainsi agi contre César. Mais pour vous, Marc-Antoine, nos épées n'ont qu'une pointe de plomb, et nos bras, nos cœurs, frères en énergique colère, vous reçoivent avec toute la bienveillance de l'affection, avec estime, avec égard.

CASSIUS. — Votre voix aura autant d'influence que celle d'aucun autre dans la distribution des nouvelles dignités.

BRUTUS. — Seulement, ayez patience jusqu'à ce que nous ayons calmé la multitude hors d'elle-même de frayeur; et alors nous vous expliquerons par quel motif, moi qui aimais César au moment même où je le frappai, je me suis conduit ainsi.

ANTOINE. — Je ne doute point de votre sagesse. — Que chacun de vous me donne sa main sanglante. D'abord, Marcus Brutus, je veux secouer la vôtre. Puis je prends votre main, Caïus Cassius ; maintenant la vôtre, Décius

Brutus ! et la vôtre, Métellus ; et la vôtre, Cinna ; et la vôtre, mon brave Casca ; la vôtre enfin, bon Trébonius, nommé le dernier, mais non pas le moindre dans mon amitié.—Vous tous, patriciens... Hélas ! que dirai-je ? Ma réputation repose maintenant sur un terrain si glissant, que vous devez concevoir de moi l'une de ces mauvaises pensées, ou que je suis un lâche, ou que je suis un flatteur.—Que je t'aimai, César, oh ! c'est la vérité ! Si ton âme nous contemple maintenant, ne te sera-ce pas une douleur plus sensible que ta mort, de voir ton Antoine faisant sa paix avec tes ennemis, et secouant leur main sanglante, ô grand homme ! en présence de ton cadavre ? Si j'avais autant d'yeux que tu as de blessures, et qu'ils versassent des larmes aussi abondantes que les ruisseaux qu'elles versent de ton sang, cela me siérait bien mieux que de m'unir par des conventions d'amitié avec tes ennemis. — Pardonne-moi, Jules. — Ici tu fus environné, cerf courageux ; ici tu es tombé : et ici se sont arrêtés les chasseurs portant les marques de ton massacre, et baignés dans le fleuve cramoisi de ton sang ! O monde, tu étais la forêt de ce cerf ; et véritablement, ô monde, il était ton centre [1].—Maintenant te voilà étendu comme le cerf frappé par plusieurs princes.

CASSIUS.—Marc-Antoine !....

ANTOINE. —Pardonnez-moi, Cassius ; les ennemis de César en diront autant. C'est donc de la part d'un ami une bien froide modération.

CASSIUS.—Je ne vous blâme point de louer ainsi César. Mais quel traité prétendez-vous faire avec nous ? Voulez-vous être inscrit au nombre de nos amis, ou bien poursuivrons-nous sans compter sur vous ?

ANTOINE.—Vous le savez, j'ai pris vos mains ; mais il est vrai, j'ai été distrait de mon objet en baissant les

---

[1] *O world, thou wast the forest to this hart*
And this, indeed, O world, the heart of thee.

Hart, cerf, et heart, cœur, se prononcent de la même manière : ainsi la phrase d'Antoine signifiera également, il était *ton cœur* ou *ton centre*, et il était *ton cerf*.

yeux sur César. Je suis de vos amis à tous, et tous je vous aime, dans l'espérance que vous me donnerez des raisons qui me feront comprendre comment et en quoi César était dangereux.

BRUTUS. — S'il en était autrement, ce serait un atroce spectacle. Les explications que nous avons à vous donner abondent tellement en considérations légitimes que fussiez-vous, vous Antoine, le fils de César, vous devriez en être satisfait.

ANTOINE. — C'est tout ce que je désire; et de plus, je voudrais obtenir de vous qu'il me fût permis de présenter son corps sur la place du marché, et de parler à la tribune, lors de la cérémonie de ses funérailles, comme il convient à un ami.

BRUTUS. Vous le pourrez, Marc-Antoine.

CASSIUS. Brutus, un mot. (*A part.*) Vous ne savez pas ce que vous accordez là. Ne consentez point qu'Antoine parle à ses funérailles : savez-vous à quel point ce qu'il dira ne sera pas capable d'émouvoir le peuple?

BRUTUS. — Permettez... Je monterai le premier à la tribune : j'exposerai les motifs de la mort que nous avons donnée à César; tout ce qu'Antoine dira, je déclarerai qu'Antoine le dit de notre aveu, par notre permission, et que nous consentons qu'on accomplisse pour César tous les rites réguliers, toutes les cérémonies légales. Cela nous sera plutôt avantageux que contraire.

CASSIUS. — Je ne sais ce qui en peut arriver : cela me déplaît.

BRUTUS. — Approchez, Marc-Antoine ; disposez du corps de César. Dans votre harangue funéraire, vous vous abstiendrez de nous blâmer; mais dites de César tout le bien qui vous viendra en pensée, et ajoutez que vous le faites par notre permission ; autrement vous n'aurez aucune espèce de part dans ses funérailles.

ANTOINE. — Soit; je n'en désire pas davantage.

BRUTUS. — Préparez donc le corps et suivez-nous.

(Tous sortent, excepté Antoine.)

ANTOINE. — O pardonne-moi, masse de terre encore saignante, si je parais doux et pacifique avec ces bouchers !

Tu es le débris du plus grand homme qui ait jamais vécu dans la durée des âges. Malheur à la main qui répandit ce sang précieux! Je le prédis en ce moment sur tes blessures, qui, comme autant de bouches muettes, ouvrent leurs lèvres rougies pour me demander la voix et les paroles de ma langue. La malédiction va fondre sur la tête des hommes ; les fureurs intestines, la terrible guerre civile vont envahir toutes les parties de l'Italie. Le sang, la destruction seront des choses si communes, et les objets effroyables deviendront si familiers, que les mères ne feront plus que sourire à la vue de leurs enfants déchirés des mains de la guerre. Toute pitié sera étouffée par l'habitude des actions atroces ; et conduisant avec elle Até, sortie brûlante de l'enfer, l'ombre de César promènera sa vengeance, criant d'une voix puissante dans l'intérieur de nos frontières : Carnage[1] ! et alors seront lâchés les chiens de la guerre, jusqu'à ce qu'enfin l'odeur de cette action exécrable s'élève au-dessus de la terre avec les exhalaisons des cadavres pourris, gémissant après la sépulture. (*Entre un serviteur.*) Vous servez Octave César, n'est-il pas vrai ?

LE SERVITEUR.—Je le sers, Marc-Antoine.

ANTOINE.—César lui a écrit de se rendre à Rome.

LE SERVITEUR.—Il a reçu les lettres de César. Il est en chemin, et il m'a chargé de vous dire de vive voix.... (*Il aperçoit le corps de César.*) O César !

ANTOINE.—Ton cœur se gonfle : retire-toi à l'écart et pleure. La douleur, je le sens, est contagieuse ; et mes yeux, en voyant rouler dans les tiens ces marques de ton affliction, commencent à se remplir de larmes.—Ton maître vient-il ?

LE SERVITEUR. — Il couche cette nuit à sept lieues de Rome.

ANTOINE.—Retourne sur tes pas en diligence, et dis-lui ce qui est arrivé. Il n'y a plus ici qu'une Rome en deuil,

---

[1] *Havock!* (dévastation, carnage) était en Angleterre, dans les anciens temps, le cri par lequel on ordonnait aux combattants de ne faire aucun quartier.

une Rome dangereuse, et non point une Rome où Octave puisse encore trouver la sûreté[1]. Hâte-toi de partir et de lui donner cet avis.—Non, demeure encore : tu ne partiras point que je n'aie porté ce corps sur la place du marché. Là, dans ma harangue, je pressentirai les dispositions du peuple sur le cruel succès de ces hommes de sang, et, selon l'événement, tu rendras compte au jeune Octave de l'état des choses. — Prêtez-moi la main.

(Ils sortent, emportant le corps de César.)

SCÈNE II

Toujours à Rome.—Le Forum.

Entrent BRUTUS ET CASSIUS, *et une foule de citoyens.*

LES CITOYENS.—Nous voulons qu'on nous rende raison de ce qui a été fait : rendez-nous-en raison.

BRUTUS.—Suivez-moi donc et prêtez l'oreille à mon discours, amis.—Vous, Cassius, passez dans la rue voisine et partageons le peuple entre nous.—Ceux qui voudront m'entendre parler, qu'ils demeurent ici ; que ceux qui veulent écouter Cassius aillent avec lui, et il va être rendu un compte public des motifs de la mort de César.

PREMIER CITOYEN.—Je veux entendre parler Brutus.

SECOND CITOYEN. —Je veux entendre Cassius, afin de comparer leurs raisons quand nous les aurons écoutés séparément l'un et l'autre.

(Cassius sort avec une partie du peuple. Brutus monte dans le rostrum.)

TROISIÈME CITOYEN. — Le noble Brutus est monté; silence.

BRUTUS.—Écoutez patiemment jusqu'à la fin. Romains, compatriotes, amis, entendez-moi dans ma cause, et faites silence pour que vous puissiez entendre. Croyez-

---

[1] *No Rome of safety.* Shakspeare a eu probablement ici l'intention de renouveler le jeu de mots entre *Rome* et *room*, déjà employé dans la première scène, entre Cassius et Brutus.

moi pour mon honneur, et ayez égard à mon honneur, afin que vous puissiez me croire. Jugez-moi dans votre sagesse, et faites usage de votre raison afin de pouvoir mieux juger. S'il est dans cette assemblée quelque ami sincère de César, je lui dis que l'amour de Brutus pour César n'était pas moindre que le sien. Si cet ami demande pourquoi Brutus s'est élevé contre César, voici ma réponse : ce n'est pas que j'aimasse moins César, mais j'aimais Rome davantage. Aimeriez-vous mieux voir César vivant et mourir tous esclaves, que de voir César mort, et de vivre tous libres? César m'aimait, je le pleure ; il fut heureux, je m'en réjouis ; il était vaillant, je l'honore : mais il fut ambitieux, et je l'ai tué. Il y a des larmes pour son amitié, du respect pour sa vaillance, de la joie pour sa fortune, et la mort pour son ambition.—Quel est ici l'homme assez abject pour vouloir être esclave? S'il en est un, qu'il parle, car pour lui je l'ai offensé. Quel est ici l'homme assez stupide pour ne vouloir pas être un Romain? S'il en est un, qu'il parle, car pour lui je l'ai offensé. Quel est ici l'homme assez vil pour ne pas aimer sa patrie? S'il en est un, qu'il parle, car pour lui je l'ai offensé.—Je m'arrête pour attendre une réponse.

PLUSIEURS CITOYENS *parlant à la fois*.—Personne, Brutus, personne.

BRUTUS.—Je n'ai donc offensé personne. Je n'ai pas fait plus contre César que vous n'avez droit de faire contre Brutus. Les motifs de sa mort sont enregistrés au Capitole, sans atténuer la gloire qu'il méritait, sans appuyer sur ses fautes, pour lesquelles il a subi la mort. (*Entrent Antoine et plusieurs autres conduisant le corps de César.*) —Voici son corps qui s'avance accompagné de signes de deuil par les soins de Marc-Antoine, qui, sans avoir participé à sa mort, recueillera les fruits de son trépas, une place dans la république. Et qui de vous n'en recueillera pas une? Voici ce que j'ai à vous dire en vous quittant : Ainsi que j'ai tué mon meilleur ami pour le bien de Rome, de même je garde ce poignard pour moi dès que ma patrie jugera ma mort nécessaire.

LES CITOYENS.—Vivez, Brutus, vivez, vivez !

PREMIER CITOYEN.—Reconduisons-le en triomphe jusque dans sa maison.

SECOND CITOYEN.—Élevons-lui une statue parmi ses ancêtres.

TROISIÈME CITOYEN.—Qu'il soit fait César.

QUATRIÈME CITOYEN.—Les meilleures qualités de César seront couronnées dans Brutus.

PREMIER CITOYEN.—Il faut le conduire à sa maison avec de bruyantes acclamations.

BRUTUS.—Mes concitoyens !

SECOND CITOYEN.—Paix, silence ; Brutus parle.

PREMIER CITOYEN.—Holà, silence.

BRUTUS.—Bons concitoyens, laissez-moi me retirer seul, et, pour l'amour de moi, demeurez ici avec Antoine. Accueillez le corps de César, et accueillez aussi sa harangue à la gloire de César.—C'est notre permission qui autorise Marc-Antoine à la faire. Je vous conjure, que personne ne sorte d'ici que moi seul, jusqu'à ce qu'Antoine ait parlé.

(Il sort.)

PREMIER CITOYEN.—Holà, restez ; écoutons Marc-Antoine.

TROISIÈME CITOYEN.—Qu'il monte dans la tribune, nous l'écouterons. Noble Antoine, montez.

ANTOINE.—Je suis reconnaissant de ce que vous m'accordez pour l'amour de Brutus.

QUATRIÈME CITOYEN.—Que dit-il de Brutus ?

TROISIÈME CITOYEN.—Il dit qu'il est reconnaissant envers nous tous de ce que nous lui accordons pour l'amour de Brutus.

QUATRIÈME CITOYEN.—Il ferait bien de ne pas parler mal de Brutus.

PREMIER CITOYEN.—Ce César était un tyran.

TROISIÈME CITOYEN.—Oui, cela est certain : nous sommes bien heureux que Rome en soit délivrée.

SECOND CITOYEN.—Paix : écoutons ce qu'Antoine pourra dire.

ANTOINE.—Généreux Romains...

LES CITOYENS.—Silence ! holà ! écoutons-le.

ANTOINE.—Amis, Romains, compatriotes, prêtez-moi l'oreille. — Je viens pour inhumer César, non pour le louer. Le mal que font les hommes vit après eux ; le bien est souvent enterré avec leurs os. Qu'il en soit ainsi de César.—Le noble Brutus vous a dit que César était ambitieux : s'il l'était, ce fut une faute grave, et César en a été gravement puni.—Ici par la permission de Brutus et des autres (car Brutus est un homme honorable : ils le sont tous, tous des hommes honorables), je viens pour parler aux funérailles de César. Il était mon ami, il fut fidèle et juste envers moi ; mais Brutus dit qu'il était ambitieux, et Brutus est un homme honorable. — Il a ramené dans Rome une foule de captifs dont les rançons ont rempli les coffres publics : César en ceci parut-il ambitieux ? Lorsque les pauvres ont gémi, César a pleuré : l'ambition devrait être formée d'une matière plus dure. —Cependant Brutus dit qu'il était ambitieux, et Brutus est un homme honorable. — Vous avez tous vu qu'aux Lupercales, trois fois je lui présentai une couronne de roi, et que trois fois il la refusa. Était-ce là de l'ambition ? —Cependant Brutus dit qu'il était ambitieux, et sûrement Brutus est un homme honorable. Je ne parle point pour contredire ce que Brutus a dit, mais je suis ici pour dire ce que je sais. — Vous l'aimiez tous autrefois, et ce ne fut pas sans cause : quelle cause vous empêche donc de pleurer sur lui ? O discernement, tu as fui chez les brutes grossières, et les hommes ont perdu leur raison !—Soyez indulgents pour moi ; mon cœur est dans ce cercueil avec César : il faut que je m'arrête jusqu'à ce qu'il me soit revenu.

PREMIER CITOYEN.—Il y a, ce me semble, beaucoup de raison dans ce qu'il dit.

SECOND CITOYEN.—Si tu examines sensément cette affaire, César a essuyé une grande injustice.

TROISIÈME CITOYEN.—Serait-il vrai, compagnons ? Je crains qu'il n'en vienne à sa place un plus mauvais que lui.

QUATRIÈME CITOYEN.—Avez-vous remarqué ces mots : « Il ne voulut pas prendre la couronne ? » Donc il est certain qu'il n'était pas ambitieux.

premier citoyen.—Si cela est prouvé, il en coûtera cher à quelques-uns.

second citoyen. — Pauvre homme! ses yeux sont rouges comme le feu à force de pleurer.

troisième citoyen.—Il n'est pas dans Rome un homme d'un plus grand cœur qu'Antoine.

quatrième citoyen.—Attention maintenant, il recommence à parler.

antoine.—Hier encore la parole de César aurait pu résister à l'Univers : aujourd'hui le voilà étendu, et parmi les plus misérables, il n'en est pas un qui croie avoir à lui rendre quelque respect! O citoyens, si j'avais envie d'exciter vos cœurs et vos esprits à la révolte et à la fureur, je pourrais faire tort à Brutus, faire tort à Cassius, qui, vous le savez tous, sont des hommes honorables. Je ne veux pas leur faire tort : j'aime mieux faire tort au mort, à moi-même, et à vous aussi, que de faire tort à des hommes si honorables. — Mais voici un parchemin scellé du sceau de César; je l'ai trouvé dans son cabinet. Si le peuple entendait seulement ce testament, que, pardonnez-le-moi, je n'ai pas dessein de vous lire, tous courraient baiser les blessures du corps de César, et tremper leurs mouchoirs dans son sang sacré; oui, je vous le dis, tous solliciteraient en souvenir de lui un de ses cheveux qu'à leur mort ils mentionneraient dans leurs testaments, le léguant à leur postérité comme un précieux héritage.

quatrième citoyen.—Nous voulons entendre le testament : lisez-le, Marc-Antoine.

les citoyens.—Le testament! le testament! nous voulons entendre le testament de César.

antoine.—Modérez-vous, mes bons amis; je ne dois pas le lire. Il n'est pas à propos que vous sachiez combien César vous aimait. Vous n'êtes pas de bois, vous n'êtes pas de pierre, vous êtes des hommes; et puisque vous êtes des hommes, si vous entendiez le testament de César, il vous rendrait frénétiques. Il est bon que vous ne sachiez pas que vous êtes ses héritiers; car si vous le saviez, oh! qu'en arriverait-il?

QUATRIÈME CITOYEN.—Lisez le testament; nous voulons l'entendre, Antoine. Vous nous lirez le testament, le testament de César.

ANTOINE.—Voulez-vous avoir de la patience? voulez-vous différer quelque temps?—Je me suis laissé entraîner trop loin en parlant du testament. Je crains de faire tort à ces hommes honorables dont les poignards ont massacré César; je le crains.

QUATRIÈME CITOYEN.—Ce furent des traîtres. Eux, des hommes honorables!

LES CITOYENS.—Le testament! les dispositions de César!

SECOND CITOYEN.—Ce sont des scélérats, des assassins. —Le testament! le testament!

ANTOINE.—Vous voulez donc me contraindre à lire le testament? Puisqu'il en est ainsi, formez un cercle autour du corps de César, et laissez-moi vous montrer celui qui fit le testament.—Descendrai-je? y consentez-vous?

LES CITOYENS.—Venez, venez.

SECOND CITOYEN.—Descendez.

TROISIÈME CITOYEN.—Nous y consentons.
(Antoine descend de la tribune.)

QUATRIÈME CITOYEN. — Formons un cercle, mettons-nous autour de lui.

PREMIER CITOYEN.—Écartez-vous du cercueil, écartez-vous du corps.

SECOND CITOYEN.—Place pour Antoine, le noble Antoine.

ANTOINE.—Ne vous jetez pas ainsi sur moi, tenez-vous éloignés.

LES CITOYENS.—En arrière, place, reculons en arrière.

ANTOINE.—Si vous avez des larmes, préparez-vous à les répandre maintenant.—Vous connaissez tous ce manteau.—Je me souviens de la première fois où César le porta : c'était un soir d'été dans sa tente, le jour même qu'il vainquit les Nerviens.—Regardez; à cet endroit il a été traversé par le poignard de Cassius. Voyez quelle large déchirure y a faite le haineux Casca! C'est à travers celle-ci que le bien-aimé Brutus a poignardé César; et lorsqu'il retira son détestable fer, voyez jusqu'où le sang de César l'a suivi, se précipitant au dehors comme pour s'assurer si c'était bien Brutus qui frappait si cruellement; car Brutus, vous le savez, était un ange pour César. Jugez, ô vous, grands dieux, avec quelle tendresse César l'aimait : cette blessure fut pour lui la plus cruelle de toutes ; car lorsque le noble César vit Brutus le poignarder, l'ingratitude, plus forte que les bras des traîtres, acheva de le vaincre : alors son cœur puissant se brisa, et de son manteau enveloppant son visage, au pied même de la statue de Pompée qui ruisselait de son sang, le grand César tomba.—Oh! quelle a été cette chute, mes concitoyens! Alors vous et moi, et chacun de nous, tombâmes avec lui, tandis que la trahison sanguinaire brandissait triomphante son glaive sur nos têtes. —Oh! maintenant vous pleurez ; je le vois, vous sentez le pouvoir de la pitié. Ce sont de généreuses larmes. Bons cœurs, quoi, vous pleurez, en ne voyant encore que les plaies du manteau de notre César! Regardez-ici : le voici lui-même déchiré, comme vous le voyez, par des traîtres !

PREMIER CITOYEN.—O lamentable spectacle!

SECOND CITOYEN.—O noble César!

TROISIÈME CITOYEN.—O jour de malheur!

QUATRIÈME CITOYEN.—O traîtres! scélérats!

PREMIER CITOYEN.—O sanglant, sanglant spectacle!

SECOND CITOYEN.—Nous voulons être vengés. Vengeance!—Courons, cherchons.—Brûlons.—Du feu!— Tuons, massacrons. — Ne laissons pas vivre un des traîtres.

ANTOINE.—Arrêtez, concitoyens.

PREMIER CITOYEN.—Paix ; écoutez le noble Antoine.

SECOND CITOYEN.—Nous l'écouterons, nous le suivrons ; nous mourrons avec lui.

ANTOINE.—Bons amis, chers amis, que ce ne soit point moi qui vous précipite dans ce soudain débordement de révolte.—Ceux qui ont fait cette action sont des hommes honorables. Quels griefs personnels ils ont eu pour la faire, hélas! je ne le sais pas : ils sont sages et honorables, et sans doute ils auront des raisons à vous donner. —Je ne viens point, amis, surprendre insidieusement vos cœurs; je ne suis point, comme Brutus un orateur; je suis tel que vous me connaissez tous, un homme simple et sans art qui aime son ami, et ceux qui m'ont donné la permission de parler de lui en public le savent bien; car je n'ai ni esprit, ni talent de parole, ni autorité, ni grâce d'action, ni organe, ni aucun de ces pouvoirs d'éloquence qui émeuvent le sang des hommes. Je ne sais qu'exprimer la vérité; je ne vous dis que ce que vous savez vous-mêmes : je vous montre les blessures du bon César (pauvres, pauvres bouches muettes!), et je les charge de parler pour moi. Mais si j'étais Brutus, et que Brutus fût Antoine, il y aurait alors un Antoine qui porterait le trouble dans vos esprits, et donnerait à chaque blessure de César une langue qui remuerait les pierres de Rome et les soulèverait à la révolte.

LES CITOYENS.—Nous nous soulèverons.

PREMIER CITOYEN. — Nous brûlerons la maison de Brutus.

TROISIÈME CITOYEN.—Courons à l'instant, venez, cherchons les conspirateurs.

ANTOINE.—Écoutez-moi encore, compatriotes; écoutez encore ce que j'ai à vous dire.

LES CITOYENS.—Holà, silence; écoutons Antoine, le très-noble Antoine.

ANTOINE.—Quoi, mes amis, savez-vous ce que vous allez faire? En quoi César a-t-il mérité de vous tant d'amour? Hélas! vous l'ignorez : il faut donc que je vous le dise. Vous avez oublié le testament dont je vous ai parlé.

LES CITOYENS.—C'est vrai!—Le testament; restons et écoutons le testament.

ANTOINE.—Le voici, le testament, et scellé du sceau de César.—A chaque citoyen romain, à chacun de vous tous, il donne soixante-quinze drachmes.

SECOND CITOYEN.—O noble César!—Nous vengerons sa mort.

TROISIÈME CITOYEN.—O royal César!

ANTOINE.—Écoutez-moi avec patience.

LES CITOYENS.—Silence donc.

ANTOINE. — En outre il vous a légué tous ses jardins, ses bocages fermés, et ses vergers récemment plantés de ce côté du Tibre. Il vous les a laissés, à vous et à vos héritiers à perpétuité, pour en faire des jardins publics destinés à vos promenades et à vos amusements. — C'était là un César : quand en naîtra-t-il un pareil ?

PREMIER CITOYEN. — Jamais, jamais. — Venez, partons, partons ; allons brûler son corps sur la place sacrée, et avec les tisons incendier toutes les maisons des traîtres. — Enlevez le corps.

SECOND CITOYEN. — Allez, apportez du feu.

TROISIÈME CITOYEN. — Jetez bas les sièges.

QUATRIÈME CITOYEN. — Enlevez les bancs, les fenêtres, tout.

(Le peuple sort emportant le corps.)

ANTOINE, *à part*. — Maintenant laissons faire. — Génie du mal ! te voilà lancé ; suis le cours qu'il te plaira. — (*Entre un serviteur.*) Qu'y a-t-il, camarade ?

LE SERVITEUR. — Seigneur, Octave est déjà arrivé dans Rome.

ANTOINE. — Où est-il ?

LE SERVITEUR. — Lépidus et lui sont dans la maison de César.

ANTOINE. — Je vais l'y voir à l'instant ; il arrive à souhait. — La Fortune est en belle humeur, et dans ce caprice elle nous accordera tout.

LE SERVITEUR. — Octave a dit devant moi que Brutus et Cassius étaient sortis au galop hors des portes de Rome, comme des hommes qui ont la tête perdue.

ANTOINE. — Sans doute ils auront reçu du peuple quelque nouvelle de la manière dont je l'ai animé. — Conduis-moi vers Octave.

(Antoine sort, suivi du serviteur.)

SCÈNE III

Toujours à Rome. — Une rue.

Entre CINNA *le poëte.*

CINNA. — J'ai rêvé cette nuit que j'étais à un banquet avec César, et mon imagination est obsédée d'idées funestes. Je me sens de la répugnance à sortir de ma maison; cependant quelque chose m'entraîne.

(Entrent des citoyens.)

PREMIER CITOYEN.—Quel est votre nom?

SECOND CITOYEN.—Où allez-vous?

TROISIÈME CITOYEN.—Où demeurez-vous?

QUATRIÈME CITOYEN.—Êtes-vous marié ou garçon?

SECOND CITOYEN. — Répondez sans détour à chacun de nous.

PREMIER CITOYEN.—Oui, et brièvement.

QUATRIÈME CITOYEN.—Oui, et sagement.

TROISIÈME CITOYEN.—Oui, et véridiquement; vous ferez bien.

CINNA.—Quel est mon nom, où je vais, où je demeure, si je suis marié ou garçon? Eh bien! pour répondre à chacun de vous sans détour, brièvement, véridiquement et sagement, je dis sagement : Je suis garçon.

SECOND CITOYEN.—Autant dire : Il n'y a que les imbéciles qui se marient. Vous pourriez bien être rossé pour ça, j'en ai peur. Poursuivez et sans détour.

CINNA.—Sans détour? J'allais aux funérailles de César.

PREMIER CITOYEN.—Comme ami, ou comme ennemi?

CINNA.—Comme ami.

SECOND CITOYEN.—C'est répondre sans détour.

QUATRIÈME CITOYEN.—Et votre demeure? Brièvement.

CINNA.—Brièvement? Je demeure près du Capitole.

TROISIÈME CITOYEN.—Et votre nom, s'il vous plaît? véridiquement.

CINNA.—Véridiquement? Mon nom est Cinna.

PREMIER CITOYEN.—Mettons-le en pièces : c'est un conspirateur.

CINNA.—Je suis Cinna le poëte, je suis Cinna le poëte.

QUATRIÈME CITOYEN.—Mettons-le en pièces pour ses mauvais vers, mettons-le en pièces pour ses mauvais vers.

CINNA.—Je ne suis point Cinna le conspirateur.

QUATRIÈME CITOYEN.—N'importe, il se nomme Cinna; arrachons seulement son nom de son cœur, et puis nous le laisserons aller.

TROISIÈME CITOYEN. — Déchirons-le, déchirons-le, — Allons, des brandons, holà, des brandons de feu!—Chez Brutus, chez Cassius, brûlons tout.—Quelques-uns à la maison de Décius, quelques-uns chez Ligarius : partons, courons.

(Ils sortent.)

FIN DU TROISIÈME ACTE.

ACTE QUATRIÈME

SCÈNE I

Toujours à Rome.—Une pièce de la maison d'Antoine.

ANTOINE, OCTAVE, LÉPIDUS, *assis autour d'une table.*

ANTOINE.—Ainsi, tous ceux-là périront. Leurs noms sont pointés.

OCTAVE.—Votre frère aussi doit mourir. Y consentez-vous, Lépidus?

LÉPIDUS.—J'y consens.

OCTAVE.—Pointez-le, Antoine.

LÉPIDUS.—A condition que Publius[1] ne vivra pas, le fils de votre sœur, Marc-Antoine.

ANTOINE.—Il ne vivra pas : voyez, de ce trait, je le condamne.—Mais vous, Lépidus, allez à la maison de César, rapportez-nous le testament, et nous verrons à faire quelques coupures dans les charges qu'il nous a léguées.

LÉPIDUS.—Mais vous retrouverai-je ici?

OCTAVE.—Ou ici, ou au Capitole.

(Lépidus sort.)

ANTOINE, *regardant aller Lépidus.*—C'est là un homme nul et sans mérite, bon à être envoyé en message. Lorsqu'il se fait trois parts de l'univers, convient-il qu'il soit l'un des trois copartageants?

OCTAVE.—Vous le jugiez ainsi, et vous avez pris sa voix sur ceux qui doivent être désignés à la mort dans notre noire sentence de proscription!

---

[1] Ce ne fut point Publius, mais Lucius César, son oncle, qu'Antoine abandonna à la proscription. PLUTARQUE, *Vie d'Antoine.*

antoine.—Octave, j'ai vu plus de jours que vous ; et si nous plaçons ces honneurs sur cet homme en vue de nous soulager nous-mêmes de divers fardeaux odieux, il ne fera que les porter comme l'âne porte l'or, gémissant et suant sous sa charge, tantôt conduit, tantôt chassé dans la voie que nous lui indiquerons ; et quand il aura voituré notre trésor au lieu qui nous convient, alors nous lui reprendrons son fardeau, et nous le renverrons, comme l'âne déchargé, secouer ses oreilles et paître dans les prés du commun.

octave.—Vous pouvez faire ce qu'il vous plaira ; mais c'est un soldat intrépide et éprouvé.

antoine.—Comme mon cheval, Octave ; et à cause de cela je lui assigne sa ration de fourrage. C'est un animal que j'instruis à combattre, à volter, à s'arrêter ou à courir en avant. Ses mouvements physiques sont gouvernés par mon intelligence, et à certains égards Lépidus n'est rien de plus ; il a besoin d'être instruit, dressé et averti de se mettre en marche. C'est un esprit stérile n'ayant pour pâture que les objets, les arts, les imitations, qui, déjà usés et vieillis pour les autres hommes, deviennent ses modèles. Ne t'en occupe que comme d'une chose qui nous appartient ; maintenant, Octave, de grands intérêts réclament notre attention.—Brutus et Cassius lèvent des armées ; il faut nous préparer à leur tenir tête. Songeons donc à combiner notre alliance, à nous assurer de nos meilleurs amis, à déployer nos plus puissantes ressources ; et allons de ce pas nous réunir pour délibérer sur les moyens les plus efficaces de découvrir les choses cachées, sur les plus sûrs moyens de faire face aux périls connus.

octave.—J'en suis d'avis ; car nous sommes comme la bête attachée au poteau, entourés d'ennemis qui aboient et nous harcèlent ; et plusieurs qui nous sourient renferment, je le crains bien, dans leurs cœurs des millions de projets perfides.

(Ils sortent.)

SCÈNE II

Le devant de la tente de Brutus, au camp de Sardes.

Tambours. *Entrent* BRUTUS, LUCILIUS, LUCIUS *et des soldats;* TITINIUS ET PINDARUS *viennent à leur rencontre.*

BRUTUS.—Holà, halte !

LUCILIUS.—Le mot d'ordre ; holà ! halte !

BRUTUS.—Qu'y a-t-il, Lucilius ? Cassius est-il près d'ici ?

LUCILIUS.—Tout près ; et Pindarus vient vous saluer de la part de son maître.

(Pindarus donne une lettre à Brutus.)

BRUTUS.—Je reçois son salut avec plaisir. Pindarus, votre maître, soit par son propre changement, soit par la faute de ses subordonnés, m'a donné quelques sujets de souhaiter que des choses faites ne le fussent pas. Mais puisqu'il arrive, il me satisfera lui-même.

PINDARUS.—Je ne doute point que mon noble maître ne se montre tel qu'il est, plein d'égards et de considération pour vous.

BRUTUS.—Je n'en fais aucun doute.—Lucilius, un mot. Je voudrais savoir comment il vous a reçu. Éclairez-moi à ce sujet.

LUCILIUS.—Avec civilité et assez d'égards, mais non pas avec cet air de familiarité, avec ce ton de conversation franche et amicale qui lui étaient ordinaires autrefois.

BRUTUS.—Tu viens de peindre un ami chaud qui se refroidit. Remarque, Lucilius, que toujours l'amitié, quand elle commence à s'affaiblir et à décliner, a recours à un redoublement de politesses cérémonieuses. Il n'y a point d'art dans la franche et simple bonne foi ; mais les hommes doubles, semblables à des chevaux ardents à la main, se montrent si vigoureux, qu'à les voir on doit tout attendre de leur courage ; puis au moment où il faudrait savoir supporter l'éperon sanglant, ils laissent tomber leur tête, et, comme une bête usée qui n'a que l'apparence, ils succombent dans l'épreuve. — Vient-il avec toutes ses troupes ?

LUCILIUS. — Elles comptent prendre cette nuit leurs quartiers dans Sardes. Le gros de l'armée, la cavalerie entière, arrivent avec Cassius.

(Une marche derrière le théâtre.)

BRUTUS. — Écoutons, il approche. Marchons sans bruit à sa rencontre.

(Entrent Cassius et des soldats.)

CASSIUS. — Holà, halte !

BRUTUS. — Holà, halte ! Faites passer l'ordre le long des files.

(Derrière le théâtre.)

Halte ! halte ! halte !

CASSIUS *à Brutus*. — Mon noble frère, vous avez eu des torts envers moi.

BRUTUS. — O dieux que j'atteste, jugez-moi. — Ai-je jamais eu des torts envers mes ennemis ? Comment donc voudrais-je avoir des torts envers mon frère ?

CASSIUS. — Brutus, cette réserve cache des torts, et quand vous en avez.....

BRUTUS. — Cassius, assez, exposez vos griefs sans violence. Je vous connais bien. Ne nous querellons point ici sous les yeux de nos deux armées qui ne devraient apercevoir entre nous que de l'amitié. Faites retirer vos soldats ; et alors, Cassius, venez dans ma tente, détaillez vos griefs, et je vous écouterai.

CASSIUS. — Pindarus, commande à nos chefs de conduire leurs troupes à quelque distance.

BRUTUS. — Donne le même ordre, Lucilius ; et tant que durera notre conférence, ne laisse personne approcher de la tente. Que Lucius et Titinius en gardent l'entrée.

(Ils sortent.)

SCÈNE III

L'intérieur de la tente de Brutus. — Lucius et Titinius à une certaine distance.

Entrent BRUTUS ET CASSIUS.

CASSIUS. — Que vous ayez des torts envers moi, cela est manifeste en ceci : vous avez condamné et noté Lucius Pella [1] pour s'être ici laissé corrompre par les Sardiens, et n'avez ainsi tenu aucun compte des lettres que je vous écrivais en sa faveur parce que je le connaissais.

BRUTUS. — C'était vous faire tort à vous-même que d'écrire pour une pareille affaire.

CASSIUS. — Dans le temps où nous sommes, il n'est pas à propos que la plus légère faute entraîne ainsi ses conséquences.

BRUTUS. — Mais vous, Cassius, vous-même, souffrez que je vous le dise : on vous reproche d'avoir une main avide, de trafiquer des emplois qui dépendent de vous, et de les vendre pour de l'or à des hommes sans mérite.

CASSIUS. — Moi une main avide !.... Vous savez bien que vous êtes Brutus lorsque vous me parlez ainsi ; ou, par les dieux, ce discours eût été pour vous le dernier.

BRUTUS. — La corruption s'honore ainsi du nom de Cassius, et le châtiment est obligé de cacher sa tête.

CASSIUS. — Le châtiment !

BRUTUS. — Souvenez-vous du mois de mars, souvenez-vous des ides de mars. Le sang du grand César ne coula-t-il pas au nom de la justice? Parmi ceux qui portèrent la main sur lui, quel était le scélérat qui l'eût poignardé pour une autre cause que la justice ? Quoi!

---

[1] Ce ne fut que le lendemain de cette querelle que Brutus *condamna judiciellement en public, et nota d'infamie Lucius Pella*, ce qui « dépleut merveilleusement à Cassius, à cause que peu de jours auparavant avoit seulement admonesté de paroles en privé, deux de ses amis atteincts et convaincus de mesmes crimes, et en public, les avoit absouts, et ne laissoit pas de les employer et de s'en servir comme devant. » PLUTARQUE, *Vie de Brutus.*

nous qui n'avons frappé le premier homme de l'Univers que pour avoir protégé des voleurs, nous souillerons aujourd'hui nos doigts de présents infâmes? nous vendrons la magnifique carrière qu'ouvrent les honneurs les plus élevés, nous la vendrons pour cette poignée de vils métaux que peut contenir ma main? J'aimerais mieux être un chien et aboyer à la lune, que d'être un pareil Romain.

CASSIUS.—Brutus, ne vous mêlez pas de me gourmander, je ne l'endurerai point : vous vous oubliez vous-même ; vous me poussez à bout. Je suis un soldat, moi, plus ancien que vous dans le métier, plus capable que vous de faire des conditions.

BRUTUS. — Allons donc! vous ne l'êtes nullement, Cassius.

CASSIUS.—Je le suis.

BRUTUS.—Je vous dis que vous ne l'êtes pas.

CASSIUS.—Ne continuez pas à m'irriter ainsi, ou je m'oublierai. Songez à votre vie ; ne me tentez pas davantage.

BRUTUS.—Laissez-moi, homme sans consistance.

CASSIUS.—Est-il possible ?

BRUTUS. — Écoutez-moi, car je veux parler. Suis-je obligé de laisser un libre cours à votre fougueuse colère? Serai-je effrayé parce qu'un fou me regarde?

CASSIUS.—O dieux! O dieux! me faudra-t-il endurer tout cela ?

BRUTUS.—Oui, tout cela, et plus encore. Agitez-vous jusqu'à ce que votre cœur orgueilleux en éclate. Allez montrer à vos esclaves combien vous êtes colérique, et faire trembler vos vilains. Faudra-t-il que je m'écarte ? Faudra-t-il que je vous observe? Faudra-t-il que je subisse en rampant les caprices de votre humeur maussade? Par les dieux, vous dévorerez tout le fiel de votre bile, dussiez-vous en crever, car désormais je veux que vos accès de fureur servent à m'égayer, oui, à me faire rire.

CASSIUS.—Quoi! nous en sommes là!

BRUTUS.—Vous dites que vous êtes un meilleur soldat, faites-le voir; justifiez votre bravade, et ce sera me faire un vrai plaisir. Je serai bien aise, pour mon compte, de m'instruire à l'école des hommes supérieurs.

CASSIUS.—Vous me faites injure sur tous les points; vous me faites injure, Brutus! J'ai dit un plus ancien soldat, et non un meilleur. Ai-je dit meilleur?

BRUTUS.—Quand vous l'auriez dit, peu m'importe.

CASSIUS.—César, lorsqu'il vivait, n'eût pas osé m'irriter à ce point.

BRUTUS.—Paix, paix; vous n'auriez pas osé le provoquer ainsi.

CASSIUS.—Je n'eusse pas osé?

BRUTUS.—Non.

CASSIUS.—Quoi! pas osé le provoquer?

BRUTUS.—Non, sur votre vie, vous ne l'eussiez pas osé.

CASSIUS.—Ne présumez pas trop de mon amitié; je pourrais faire ce qu'après je serais fâché d'avoir fait.

BRUTUS.—Vous l'avez fait ce que vous devriez être fâché d'avoir fait. Cassius, il n'y a point pour moi de terreur dans vos menaces; je suis si solidement armé de ma probité, qu'elles passent près de moi comme le vain souffle du vent, sans que j'y fasse attention. Je vous ai envoyé demander quelques sommes d'or que vous m'avez refusées; car moi, je ne puis me procurer d'argent par d'indignes moyens. Par le ciel, j'aimerais mieux monnayer mon cœur, et livrer chaque goutte de mon sang pour en faire des drachmes que d'extorquer, par des voies illégitimes, de la main durcie des paysans, leur misérable portion de vil métal. Je vous ai envoyé demander de l'or pour payer mes légions; vous me l'avez refusé. Cette action était-elle de Cassius? Quand Marcus Brutus deviendra assez sordide pour tenir sous clé ces misérables jetons et les interdire à ses amis, soyez prêts, vous dieux, à le réduire en cendres.

CASSIUS.—Je ne vous ai point refusé.

BRUTUS.—Mais si.

CASSIUS.—Je ne l'ai pas fait.—Celui qui vous a rapporté ma réponse n'était qu'un imbécile. — Brutus a déchiré mon cœur. Un ami devrait supporter les faiblesses de son ami; mais Brutus exagère les miennes.

BRUTUS.—Non, en vérité, tant que vous m'en faites ressentir l'effet.

CASSIUS.—Vous ne m'aimez point.

BRUTUS.—Je n'aime point vos défauts.

CASSIUS.—De pareils défauts, l'œil d'un ami ne les verrait jamais.

BRUTUS.—L'œil d'un flatteur ne voudrait pas les voir, fussent-ils aussi énormes que le haut Olympe.

CASSIUS.—Viens, Antoine; jeune Octave, viens. Vengez-vous sur Cassius seul; Cassius est las du monde : haï d'un homme qu'il aime, insulté par son frère, maltraité comme un esclave, tous ses défauts remarqués, enregistrés, étudiés, appris par cœur pour me les jeter au visage. Oh! mes larmes pourraient tant couler que d'anéantir mon courage. Tiens, voilà mon poignard, et voici mon sein nu, et dedans est un cœur plus précieux que les mines de Plutus, plus riche que l'or. Si tu es un Romain, arrache-le : moi qui te refusai de l'or, je t'offre mon cœur; frappe comme tu frappais César, car je sais que, lors même que tu l'as le plus haï, tu l'aimais plus encore que tu n'aimas jamais Cassius.

BRUTUS.—Mettez votre poignard dans son fourreau; emportez-vous quand vous voudrez, je vous en laisserai entière liberté. Faites ce que vous voudrez; d'une action honteuse je dirai : c'est son humeur. O Cassius, vous êtes attelé avec un agneau qui porte en lui la colère comme le caillou porte le feu : le plus grand effort en fait apparaître une rapide étincelle, et aussitôt il est refroidi.

CASSIUS.—Cassius a-t-il vécu jusqu'ici pour ne fournir à son Brutus que des sujets de gaieté et des occasions de rire quand il est triste et mal disposé?

BRUTUS.—Quand j'ai parlé ainsi, j'étais mal disposé moi-même.

CASSIUS.—Vous en convenez? Donnez-moi votre main.

BRUTUS.—Et aussi mon cœur.

CASSIUS.—O Brutus!

BRUTUS.—Eh bien! quoi?

CASSIUS.—N'avez-vous pas assez de tendresse pour me

supporter quand cette humeur fougueuse, que je tiens de ma mère, me fait tout oublier?

BRUTUS.—Oui, Cassius; et désormais quand vous vous emporterez contre votre Brutus, il pensera que c'est votre mère qui gronde, et il vous laissera faire.

(Bruit derrière le théâtre.)

LE POËTE (*derrière le théâtre*).—Laissez-moi entrer, je veux voir les généraux : il y a de la discorde entre eux; il n'est pas prudent de les laisser seuls.

LUCIUS (*derrière le théâtre*).—Vous ne pénétrerez point jusqu'à eux.

LE POËTE (*derrière le théâtre*).—Rien ne peut m'arrêter que la mort.

(Entre le poëte.)

CASSIUS.—Qu'est-ce que c'est? de quoi s'agit-il?

LE POËTE.—Quelle honte à vous, généraux! que prétendez-vous? Aimez-vous; soyez amis comme doivent l'être deux hommes tels que vous : j'ai vu, soyez-en sûrs, plus d'années que vous[1].

CASSIUS.—Ah! ah! ah! que ce cynique fait de mauvais vers.

BRUTUS.—Sortez d'ici, faquin, insolent; hors d'ici!

CASSIUS.—Ne vous fâchez pas, Brutus; c'est sa manière.

BRUTUS.—J'apprendrai à me faire à ses manières quand il apprendra à choisir son temps. Qu'a-t-on besoin à l'armée de ces sots faiseurs de vers? Hors d'ici, compagnon.

CASSIUS.—Allons, allons, va-t'en.

(Le poëte sort.)

(Entrent Lucilius et Titinius.)

BRUTUS.—Lucilius et Titinius, commandez aux chefs

---

[1] Imitation de ce vers d'Homère :

Ἀλλὰ πίθεσθ'. ἄμφω δὲ νεωτέρω ἐστὸν ἐμεῖο.

Ce personnage n'était pas un poëte, mais un cynique nommé Marcus Faonius, « qui avait été, par manière de dire, amoureux de Caton en son vivant, et se mêlait de contrefaire le philosophe, non tant avec discours et raison qu'avec une impétuosité et une furieuse et passionnée affection. » PLUTARQUE, *Vie de Brutus*.

de préparer le logement de leurs troupes pour cette nuit.

CASSIUS.—Revenez ensuite sur-le-champ tous les deux, et amenez avec vous Messala.

(Lucilius et Titinius sortent.)

BRUTUS.—Lucius, une coupe de vin.

CASSIUS.—Je n'aurais pas cru que vous fussiez capable de tant de colère.

BRUTUS.—O Cassius, je suis accablé de bien des chagrins.

CASSIUS.—Vous ne faites pas usage de votre philosophie, si vous laissez votre âme ouverte aux maux accidentels.

BRUTUS.—Nul homme ne supporte mieux la douleur. Porcia est morte[1].

CASSIUS.—Ah! Porcia!—

BRUTUS.—Elle est morte.

CASSIUS.—Comment ne m'avez-vous pas tué quand je vous ai tourmenté ainsi? O perte sensible, insupportable!—De quelle maladie?

BRUTUS.—De n'avoir pu soutenir mon absence, et du chagrin de voir grossir à ce point les forces de Marc-Antoine et du jeune Octave; car j'ai reçu cette nouvelle avec celle de sa mort : sa raison en fut altérée; et dans l'absence de ceux qui la servaient, elle avala du feu.

CASSIUS.—Et elle en est morte?

BRUTUS.—Elle en est morte.

CASSIUS.—O dieux immortels!

(Lucius entre, tenant une coupe et des flambeaux.)

BRUTUS.—Ne me parle plus d'elle.—Donne-moi une

---

[1] Nicolaüs le Philosophe et Valère Médime placent la mort de Porcia après celle de Brutus, et l'attribuent à la douleur de cette perte : « Toutefois, dit Plutarque, on trouve une lettre missive de Brutus à ses amis, par laquelle il se plaint de leur nonchalance d'avoir tenu si peu de compte de sa femme, qu'elle avoit mieux aimé mourir que de languir plus longtemps malade. Ainsi sembleroit-il que ce philosophe n'auroit pas bien cogneu le temps, car l'épistre, au moins si elle est véritablement de Brutus, donne assez à entendre la maladie et l'amour de cette dame, et aussi la manière de sa mort. » PLUTARQUE, *Vie de Brutus*.

coupe de vin.—Cassius, j'ensevelis ici tout sentiment d'aigreur.
(Il boit.)

CASSIUS.—Mon cœur a soif de la noble coupe [1] qui va vous faire raison. Remplis, Lucius, jusqu'à ce que le vin déborde : je ne puis trop boire de l'amitié de Brutus.
(Rentre Titinius avec Messala.)

BRUTUS.—Entre, Titinius.—Sois le bienvenu, brave Messala. — Maintenant prenons place, serrons-nous autour de ce flambeau, et délibérons sur ce que nous avons à faire.

CASSIUS.—O Porcia, as-tu donc cessé de vivre?

BRUTUS.—Cessez, je vous conjure.—Messala, ces lettres que j'ai reçues, m'apprennent que le jeune Octave et Marc-Antoine viennent à nous avec une puissante armée, et dirigent leur marche sur Philippes.

MESSALA.—J'ai aussi des lettres qui annoncent absolument la même chose.

BRUTUS.—Qu'y ajoute-t-on?

MESSALA.—Que par des décrets de proscription et de mise hors la loi [2], Octave, Antoine et Lépidus ont fait périr cent sénateurs.

BRUTUS.—En cela nos lettres ne s'accordent pas bien. Les miennes ne parlent que de soixante-dix sénateurs morts par l'effet de cette proscription : Cicéron en est un.

CASSIUS.—Cicéron en est?

MESSALA.—Oui, Cicéron est mort, il était sur la liste de proscription.—Brutus, avez-vous reçu des lettres de votre femme?

BRUTUS.—Non, Messala.

MESSALA.—Et dans vos lettres, ne vous mande-t-on rien sur elle?

BRUTUS.—Rien, Messala.

MESSALA.—Cela me paraît étrange.

---

[1] *My heart is thirsty for that noble pledge.* Pledge, coup de vin destiné à faire raison à celui qui boit à votre santé. La formule usitée autrefois en français était : *Je bois à vous*, à quoi le convive répondait : *Je vous pleige d'autant.*

[2] *Outlawry.*

BRUTUS.—Pourquoi me le demandez-vous? En avez-vous appris quelque chose dans les vôtres?

MESSALA.—Non, mon seigneur.

BRUTUS.—Si vous êtes Romain, dites-moi la vérité.

MESSALA.—Supportez donc en Romain la vérité que je vous annonce. Il est certain qu'elle est morte, et d'une manière étrange.

BRUTUS.—Eh bien! adieu, Porcia.—Il nous faut mourir, Messala : c'est pour avoir pensé qu'elle devait mourir un jour que j'ai la patience de supporter aujourd'hui ce coup.

MESSALA.—C'est ainsi que les grands hommes devraient toujours supporter les grandes pertes.

CASSIUS.—J'en ai là-dessus appris tout autant que vous, et cependant ma nature ne pourrait jamais s'y soumettre de même.

BRUTUS.—Soit.—A notre tâche qui est vivante.—Si nous marchions à l'instant vers Philippes? qu'en pensez-vous?

CASSIUS.—Je ne crois pas que ce fût bien fait.

BRUTUS.—La raison?

CASSIUS.—La voici : il vaut mieux que l'ennemi nous cherche; par-là il consumera ses ressources, fatiguera ses soldats, et se nuira ainsi à lui-même; tandis que nous, qui n'aurons pas changé de place, nous nous trouverons pleins de repos, entiers et prêts à tout.

BRUTUS.—De bonnes raisons doivent nécessairement céder à de meilleures. Les peuples qui sont entre Philippes et ce camp ne sont contenus que par une affection forcée, car ils ne nous ont accordé qu'à regret des subsides. L'ennemi, en traversant leur pays, complétera chez eux ses troupes; il s'avancera rafraîchi, recruté et plein d'un nouveau courage, avantages que nous lui intercepterons si nous allons le rencontrer à Philippes, tenant ces peuples sur nos derrières.

CASSIUS.—Mon bon frère, écoutez-moi.

BRUTUS.—Permettez; il faut de plus faire attention à ceci. Nous savons à présent le compte de nos amis jusqu'au dernier. Nos légions sont complètes; notre cause est mûre ; de jour en jour l'ennemi s'élève ; tandis que nous, arrivés à notre plus haut période, nous sommes près de décliner. Les affaires humaines ont leurs marées, qui, saisies au moment du flux, conduisent à la fortune ; l'occasion manquée, tout le voyage de la vie se poursuit au milieu des bas-fonds et des misères. En ce moment, la mer est pleine et nous sommes à flot : il faut prendre le courant tandis qu'il nous est favorable, ou perdre toutes nos chances.

CASSIUS.—Eh bien ! vous le voulez, marchez. Nous vous accompagnerons et nous irons les trouver à Philippes.

BRUTUS.—Les heures les plus profondes de la nuit sont insensiblement arrivées sur notre entretien, et la nature doit obéir à la nécessité à laquelle nous ne concéderons qu'un peu de repos. Il ne nous reste rien de plus à dire?

CASSIUS.—Rien de plus. Bonne nuit. Demain de grand matin nous serons prêts et en marche.

(Entre Lucius.)

BRUTUS.—Lucius, ma robe.—Adieu, digne Messala.—Bonne nuit, Titinius.—Noble, noble Cassius, bonne nuit et bon repos.

CASSIUS.—O mon cher frère, elle a bien mal commencé, cette nuit.—Que jamais semblable discorde ne se mette entre nos âmes! Ne le permets pas, Brutus.

BRUTUS.—Tout est bien.

CASSIUS.—Bonne nuit, mon maître.

BRUTUS.—Bonne nuit, mon bon frère.

TITINIUS ET MESSALA.—Bonne nuit, Brutus, notre maître à tous.

BRUTUS.—Adieu, tous. (*Cassius, Titinius et Messala se retirent.—Rentre Lucius, avec la robe de Brutus.*)—Donne-moi cette robe. Où est ton instrument?

LUCIUS.—Ici dans la tente.

BRUTUS.—Tu réponds d'une voix assoupie. Pauvre garçon, je ne t'en fais point un reproche, tu es harassé de veilles. Appelle Claudius et quelques autres de mes gens : je veux qu'ils restent là; ils dormiront sur des coussins dans ma tente.

LUCIUS.—Varron! Claudius!
(Entrent Varron et Claudius.)

VARRON.—Appelez-vous, mon seigneur?

BRUTUS.—Je vous prie, mes amis, couchez et dormez dans ma tente : il est possible que je vous éveille bientôt pour porter quelque message à mon frère Cassius.

VARRON.—Permettez-nous de rester debout, seigneur, et de veiller en attendant vos ordres.

BRUTUS.—Non, je ne veux pas que vous veilliez; couchez-vous, mes amis. Il peut se faire que je change de pensée.—Vois, Lucius, voici le livre que j'ai tant cherché; je l'avais mis dans la poche de ma robe.
(Les serviteurs se couchent.)

LUCIUS.—J'étais bien sûr que vous ne me l'aviez pas donné, seigneur.

BRUTUS.—Excuse-moi, mon bon garçon, je suis sujet à oublier.—Peux-tu tenir ouverts un moment tes yeux appesantis, et jouer sur ton instrument un air ou deux?

LUCIUS.—Oui, mon seigneur, si cela vous fait plaisir.

BRUTUS.—J'en serai bien aise, mon garçon. Je te fatigue trop, mais tu as bonne volonté.

LUCIUS.—C'est mon devoir, seigneur.

BRUTUS.—Je ne devrais pas étendre tes devoirs au delà de tes forces. Je sais qu'un jeune sang demande son temps de sommeil.

LUCIUS.—J'ai dormi, mon seigneur.

BRUTUS.—Tu as bien fait, et tu dormiras encore : je ne te retiendrai pas longtemps. Si je vis, je te ferai du bien. (*Musique accompagnée de chant.*) C'est un chant à endormir. O sommeil meurtrier! tu appesantis donc ta massue de plomb sur ce garçon qui te jouait un air! Honnête serviteur, dors bien; je ne veux pas te faire le tort de t'éveiller. Si tu laisses tomber ta tête, tu briseras ton instrument : je vais te l'ôter, et bonne nuit, mon bon garçon.—Voyons, voyons; n'ai-je pas plié le feuillet en quittant ma lecture? C'est ici, je crois. (*Il s'assied.*) Que ce flambeau éclaire mal! (*Entre l'ombre de Jules*

ACTE IV, SCÈNE III.

César.) Ah! qui entre ici? C'est apparemment la faiblesse de mes yeux qui produit cette horrible vision! —Il s'avance sur moi!—Es-tu quelque chose? es-tu quelque dieu, quelque ange ou quelque démon, toi qui glaces mon sang et fais dresser mes cheveux? Parle-moi, qu'es-tu?

L'OMBRE DE CÉSAR.—Ton mauvais génie, Brutus.

BRUTUS.—Pourquoi viens-tu?

L'OMBRE DE CÉSAR.—Pour te dire que tu me verras à Philippes.

BRUTUS.—A la bonne heure. Je te reverrai donc encore?

L'OMBRE DE CÉSAR.—Oui, à Philippes.

BRUTUS.—Eh bien! je te reverrai à Philippes. (*L'ombre disparaît.*) Quand je retrouvais mon courage, tu t'évanouis: mauvais génie, j'aurais voulu t'entretenir plus longtemps.—Garçon! Lucius! Varron! Claudius! amis! éveillez-vous. Claudius!

LUCIUS.—Il y a des cordes fausses, mon seigneur.

BRUTUS.—Il croit être encore à son instrument.— Lucius, réveille-toi.

LUCIUS.—Mon seigneur.

BRUTUS.—Est-ce un songe, Lucius, qui t'a fait pousser ce cri?

LUCIUS.—Seigneur, je ne crois pas avoir crié.

BRUTUS.—Oui, tu as crié.—As-tu vu quelque chose?

LUCIUS.—Rien, mon seigneur.

BRUTUS.—Rendors-toi, Lucius!—Allons, Claudius; et toi mon ami, éveille-toi.

VARRON.—Seigneur.

CLAUDIUS.—Seigneur.

BRUTUS.—Pourquoi donc, je vous en prie, avez-vous tous deux crié dans votre sommeil?

VARRON ET CLAUDIUS.—Nous, seigneur?

BRUTUS.—Oui, vous. Avez-vous vu quelque chose?

VARRON.—Non, mon seigneur, je n'ai rien vu.

CLAUDIUS.—Ni moi, mon seigneur.

BRUTUS.—Allez, saluez de ma part mon frère Cassius:

dites-lui qu'il mette de bonne heure ses troupes en marche; nous le suivrons.

VARRON ET CLAUDIUS.—Vous serez obéi, mon seigneur.
(Ils sortent.)

FIN DU QUATRIÈME ACTE.

ACTE CINQUIÈME

SCÈNE I

Les plaines de Philippes.

Entrent ANTOINE, OCTAVE *et leur armée*

OCTAVE.—Vous le voyez, Antoine, l'événement a répondu à nos espérances. Vous disiez que l'ennemi ne descendrait point en plaine, mais qu'il tiendrait les collines et le haut pays. Le contraire arrive; leurs armées sont en vue. Leur intention est de venir ici nous provoquer au combat, et ils répondent avant que nous les ayons demandés.

ANTOINE.—Bah! je suis dans leur âme, et je sais bien pourquoi ils le font. Ils consentiraient volontiers à se trouver ailleurs; c'est la peur qui les fait descendre pour nous braver, s'imaginant par cette parade nous donner une ferme conviction de leur courage; mais ils n'en ont aucun.

(Entre un messager.)

LE MESSAGER.—Préparez-vous, généraux : l'ennemi vient en belle ordonnance; il a déployé l'enseigne sanglante de la bataille. Il faut à l'instant faire quelques dispositions.

ANTOINE.—Octave, menez au pas votre armée sur la gauche de la plaine.

OCTAVE.—C'est moi qui tiendrai la droite; prenez vous-même la gauche.

ANTOINE.—Pourquoi me contrecarrer dans un moment aussi critique?

octave.—Je ne cherche pas à vous contrecarrer, mais je le veux ainsi.

>   (Marche.—Tambour.—Entrent Brutus et Cassius, avec leur armée; Lucius, Titinius, Messala et plusieurs autres.)

brutus.—Ils s'arrêtent, et voudraient parlementer.

cassius.—Faites halte, Titinius; nous allons sortir des lignes pour conférer avec eux.

octave.—Marc-Antoine, donnerons-nous le signal du combat?

antoine.—Non, César; nous attendrons leur attaque. Les généraux voudraient s'aboucher un moment.

octave.—Ne vous ébranlez point jusqu'au signal.

brutus.—Les paroles avant les coups, n'est-il pas vrai, compatriotes?

octave.—Non que nous préférions les paroles, comme vous le faites.

brutus.—De bonnes paroles, Octave, valent mieux que de mauvais coups.

antoine.—En portant vos mauvais coups, Brutus, vous donnez de bonnes paroles : témoin l'ouverture que vous avez faite dans le cœur de César, en criant : « Salut et longue vie à César. »

cassius.—Antoine, la place où vous portez vos coups est encore inconnue; mais pour vos paroles, elles vont dépouiller les abeilles d'Hybla, et les laissent privées de miel.

antoine.—Mais non pas d'aiguillon.

brutus.—Oh vraiment! d'aiguillon et de voix; car vous leur avez dérobé leur bourdonnement, Antoine, et très-prudemment vous avez soin de menacer avant de frapper.

antoine.—Traîtres, vous n'en fîtes pas de même, quand de vos lâches poignards vous vous blessâtes l'un l'autre dans les flancs de César : vous lui montriez vos dents comme des singes, vous rampiez devant lui comme des lévriers, et, prosternés comme des captifs, vous baisiez les pieds de César; tandis que le détestable Casca, venant par derrière comme un chien abâtardi, perça le cou de César. O flatteurs!

CASSIUS.—Flatteurs. Rends-toi grâces, Brutus. Si Cassius en avait été cru, cette langue ne nous outragerait pas ainsi aujourd'hui.

OCTAVE.—Finissons, allons au fait. Si le débat nous met en sueur, elle coulera plus rouge au moment de la preuve.—Voyez, je tire l'épée contre les conspirateurs : quand pensez-vous que l'épée rentrera dans le fourreau? Jamais, jusqu'à ce que les vingt-trois blessures de César soient pleinement vengées, ou que le meurtre d'un second César se soit accumulé sur l'épée des traîtres.

BRUTUS.—César, tu ne peux pas mourir de la main des traîtres, à moins que tu ne les amènes avec toi.

OCTAVE.—Je l'espère bien; je ne suis pas né pour mourir par l'épée de Brutus.

BRUTUS.—O fusses-tu le plus noble de ta race, jeune homme, tu ne pourrais périr d'une main plus honorable.

CASSIUS.—Écolier mal appris, indigne d'un tel honneur! l'associé d'un farceur et d'un débauché!

ANTOINE.—Toujours le vieux Cassius!

OCTAVE.—Venez, Antoine; éloignons-nous. Au défi, traîtres! nous vous le jetons par la face. Si vous osez combattre aujourd'hui, venez en plaine; sinon, venez quand vous en aurez le cœur.

(Octave et Antoine sortent avec leur armée.)

CASSIUS.—Allons, vents, soufflez maintenant; vagues, enflez-vous, et vogue la barque! La tempête est soulevée, et tout est à la merci du hasard.

BRUTUS.—Lucilius, écoutez un mot.

LUCILIUS.—Mon seigneur.

(Brutus et Lucilius s'entretiennent à part.)

CASSIUS.—Messala.

MESSALA.—Que veut mon général?

CASSIUS.—Messala, ce jour est celui de ma naissance; ce même jour vit naître Cassius. Donne-moi ta main, Messala : sois-moi témoin que c'est malgré moi que je suis forcé, comme le fut Pompée, de confier au hasard d'une bataille toutes nos libertés. Tu sais combien je fus attaché à la secte d'Épicure et à ses principes : aujourd'hui mes pensées ont changé, et j'ajoute quelque foi aux signes qui prédisent l'avenir. Dans notre marche depuis Sardes, deux puissants aigles se sont abattus sur notre enseigne avancée ; ils s'y sont posés, et là, prenant leur pâture de la main de nos soldats, ils nous ont accompagnés jusqu'à ces champs de Philippes. Ce matin ils ont pris leur vol, et ont disparu : à leur place une nuée de corbeaux et de vautours planent sur nos têtes ; du haut des airs ils fixent la vue sur nous, comme sur une proie déjà mourante, et, nous couvrant de leur ombre, ils semblent former un dais fatal sous lequel s'étend notre armée près de rendre l'âme.

MESSALA.—Ne croyez point à tout cela.

CASSIUS.—Je n'y crois que jusqu'à un certain point, car je me sens plein d'ardeur, et déterminé à affronter avec constance tous les périls.

BRUTUS.—Qu'il en soit ainsi, Lucilius.

CASSIUS. —Maintenant, noble Brutus, que les dieux nous soient aujourd'hui assez favorables pour que nous puissions, toujours amis, conduire nos jours jusqu'à la vieillesse. Mais puisqu'il reste toujours quelque incertitude dans les choses humaines, raisonnons sur ce qui peut arriver de pis. Si nous perdons cette bataille, cet instant est le dernier où nous converserons ensemble : qu'avez-vous résolu de faire alors ?.

BRUTUS.—De me régler sur cette philosophie qui me fit blâmer Caton pour s'être donné la mort à lui-même. Je ne puis m'empêcher de trouver qu'il est lâche de prévenir ainsi, par crainte de ce qui peut arriver, le terme assigné à la vie : je m'armerai de patience, attendant ce que voudront ordonner ces puissances suprêmes, quelles qu'elles soient, qui nous gouvernent ici-bas [1].

---

[1] Brutus lui répondit : « Estant encore jeune et non assez expérimenté ès affaires de ce monde, je fis, ne sçay comment, un discours de philosophie par lequel je reprenois et blasmois fort Caton de s'estre desfait soy-mesme, comme n'estant point acte licite ny religieux, quant aux dieux ny quant aux hommes vertueux, de ne point céder à l'ordonnance divine, et ne prendre pas constamment en gré tout ce qui lui plaist nous envoyer, ains

cassius.—Ainsi donc, si nous perdons cette bataille, vous consentez à être conduit en triomphe à travers les rues de Rome?

brutus.—Non, Cassius, non. Ne pense pas, noble Romain, que jamais Brutus soit conduit enchaîné à Rome; il porte un cœur trop grand. Il faut que ce jour même consomme l'ouvrage commencé aux ides de mars, et je ne sais si nous devons nous revoir encore : faisons-nous donc notre éternel adieu. Pour jamais, et pour jamais adieu, Cassius. Si nous nous revoyons, eh bien! ce sera avec un sourire; sinon, nous aurons eu raison de nous dire adieu.

cassius. Pour jamais, et pour jamais adieu, Brutus. Si nous nous revoyons, oui, sans doute, ce sera avec un sourire; sinon, tu as dit vrai, nous aurons eu raison de nous dire adieu.

brutus.—Allons, en marche.—Oh! si l'on pouvait connaître la fin des événements de ce jour avant le moment qui doit l'amener. Mais il suffit, le jour finira; et alors nous le saurons.—Allons, ho! partons.

(Ils sortent.)

faire le restif et s'en retirer : mais maintenant me trouvant au milieu du péril, je suis de toute autre résolution, tellement que s'il ne plaist à Dieu que l'issue de cette bataille soit heureuse pour nous, je ne veux plus tenter d'autres esperances, ni tâcher à remettre sus de rechef autre équipage de guerre, ains me délivreray des misères de ce monde, car je donnai aux ides de mars ma vie à mon pays, pour laquelle j'en vivrai une autre libre et glorieuse. » Plutarque, *Vie de Brutus.*
Shakspeare, qui n'a jamais mis en récit que ce qui lui est impossible de mettre en action, renferme ici en une seule scène le changement que plusieurs années ont opéré dans l'esprit de Brutus. C'est d'ailleurs une explication donnée d'avance des raisons pour lesquelles Brutus ne se tuera pas après la mort de Cassius et l'événement très-incertain de la bataille. Il s'annonce comme déterminé à tout supporter avec résignation, excepté le malheur auquel il ne croit pas qu'il soit permis à un homme d'honneur de se soumettre, la honte d'être mené en triomphe. Cette intention de l'auteur est évidente; les commentateurs anglais qui ont multiplié les notes sur ce passage, auraient dû la faire remarquer.

SCÈNE II

Toujours près de Philippes. — Le champ de bataille. — Une alarme.

Entrent BRUTUS ET MESSALA.

BRUTUS *vivement*.—A cheval, à cheval, Messala ! cours, remets ces billets aux légions de l'autre aile. (*Une vive alarme.*) Qu'elles donnent à la fois ; car je vois que l'aile d'Octave va mollement : un choc soudain la culbutera. Vole, vole, Messala : qu'elles fondent toutes ensemble !

(Ils sortent.)

SCÈNE III

Toujours près de Philippes. — Une autre partie du champ de bataille.—Une alarme.

Entrent CASSIUS ET TITINIUS.

CASSIUS.—Oh ! regarde, Titinius, regarde ; les lâches fuient. Je me suis fait l'ennemi de mes propres soldats : cette enseigne que voilà, je l'ai vue tourner en arrière ; j'ai tué le lâche, et je l'ai reprise de sa main.

TITINIUS.—O Cassius ! Brutus a donné trop tôt le signal. Se voyant quelque avantage sur Octave, il s'y est abandonné avec trop d'ardeur ; ses soldats se sont livrés au pillage, tandis qu'Antoine nous enveloppait tous.

PINDARUS.—Fuyez plus loin, seigneur, fuyez plus loin : Marc-Antoine est dans vos tentes. Fuyez donc, mon seigneur ; noble Cassius, fuyez au loin.

CASSIUS.—Cette colline est assez loin. — Vois, vois, Titinius : est-ce dans mes tentes que j'aperçois cette flamme ?

TITINIUS.—Ce sont elles, mon seigneur.

CASSIUS.—Titinius, si tu m'aimes, monte mon cheval, et enfonce-lui les éperons dans les flancs jusqu'à ce que tu sois arrivé à ces troupes là-bas, et de là ici : que je puisse être assuré si ces troupes sont amies ou ennemies.

TITINIUS. — Je serai de retour ici dans l'espace d'une pensée.

(Il sort.)

CASSIUS.—Toi, Pindarus, monte plus haut vers ce sommet : ma vue fut toujours trouble ; suis de l'œil Titinius, et dis-moi ce que tu remarques sur le champ de bataille. (*Pindarus sort.*) Ce jour fut le premier où je respirai : le temps a décrit son cercle, et je finirai au point où j'ai commencé : le cours de ma vie est révolu.—Eh bien ! dis-moi, quelles nouvelles?

PINDARUS, *de la hauteur.*—Oh ! mon seigneur !

CASSIUS.—Quelles nouvelles?

PINDARUS.—Voilà Titinius investi par la cavalerie, qui le poursuit à toute bride.—Cependant il galope encore.— Les voilà près de l'atteindre.—Maintenant Titinius..... maintenant quelques-uns mettent pied à terre.—Oh ! il met pied à terre aussi.—Il est pris ! —Écoutez, ils poussent un cri de joie.

(On entend des cris lointains.)

CASSIUS. — Descends, ne regarde pas davantage. — O lâche que je suis, de vivre assez longtemps pour voir mon fidèle ami pris sous mes yeux ! (*Entre Pindarus.*) Toi, viens ici : je t'ai fait prisonnier chez les Parthes, et, en conservant ta vie, je te fis jurer que quelque chose que je pusse te commander, tu l'entreprendrais : maintenant remplis ton serment. De ce moment sois libre ; prends cette fidèle épée qui se plongea dans les flancs de César, et traverses-en mon sein. Ne t'arrête point à me répliquer : obéis, prends cette poignée, et dès que j'aurai couvert mon visage comme je le fais en ce moment, toi, dirige le fer.—César, tu es vengé avec la même épée qui te donna la mort.

(Il meurt.)

PINDARUS.—Me voilà donc libre ! Si j'avais osé faire ma volonté, je n'eusse pas voulu le devenir ainsi. — O Cassius ! Pindarus fuira si loin de ces contrées que jamais Romain ne pourra le reconnaître.

(Il sort.)

(Rentrent Titinius et Messala.)

MESSALA.—Ce n'est qu'un échange, Titinius; car Octave est renversé par l'effort du noble Brutus, comme les légions de Cassius le sont par Antoine.

TITINIUS.—Ces nouvelles vont bien consoler Cassius.

MESSALA.—Où l'avez-vous laissé?

TITINIUS.—Tout désespéré, avec son esclave Pindarus, ici, sur cette colline.

MESSALA.—N'est-ce point lui qui est couché sur l'herbe?

TITINIUS.—Il n'est pas couché comme un homme vivant.—Oh ! mon cœur frémit !

MESSALA.—N'est-ce pas lui ?

TITINIUS.—Non, ce fut lui, Messala ! Cassius n'est plus ! O soleil couchant, de même que tu descends dans la nuit au milieu de tes rayons rougeâtres, de même le jour de Cassius s'est couché rougi de sang. Le soleil de Rome est couché, notre jour est fini : viennent les nuages, les vapeurs de la nuit, les dangers ; notre tâche est faite. C'est la crainte que je ne pusse réussir qui l'a conduit à cette action.

MESSALA.—C'est la crainte de ne pas réussir qui l'a conduit à cette action. O détestable erreur, fille de la mélancolie, pourquoi montres-tu à la vive imagination des hommes des choses qui ne sont pas ? O erreur si promptement conçue, tu n'arrives jamais à une heureuse naissance; mais tu donnes la mort à la mère qui t'engendra.

TITINIUS.—Holà, Pindarus ! Pindarus, où es-tu ?

MESSALA.—Cherchez-le, Titinius, tandis que je vais au-devant du noble Brutus, foudroyer son oreille de cette nouvelle. Je puis bien dire foudroyer, car l'acier perçant et les flèches empoisonnées seraient aussi bien reçues de Brutus que le récit de ce que nous venons de voir.

TITINIUS.— Hâtez-vous, Messala ; et moi pendant ce temps je chercherai Pindarus. (*Messala sort.*) Pourquoi m'avais-tu envoyé loin de toi, brave Cassius ? N'ai-je pas trouvé tes amis? n'ont-ils pas mis sur mon front cette couronne de victoire, me chargeant de te la donner? n'as-tu pas entendu leurs acclamations? Hélas! tu as mal interprété toutes ces choses. Mais attends, reçois cette guirlande sur ta tête. Ton Brutus me recommanda de te la donner; je veux accomplir son ordre. —Viens, approche, Brutus, et vois ce qu'était pour moi Caïus Cassius. — Vous me le permettez, grands dieux! j'accomplis le devoir d'un Romain. Viens, épée de Cassius, et trouve le cœur de Titinius.

(Il meurt.)

(Une alarme.—Rentre Messala, avec Brutus, le jeune Caton, Straton, Volumnius et Lucilius.)

BRUTUS.—Où est-il? où est-il? Où est son corps, Messala?

MESSALA.—Là-bas, là; et Titinius gémissant près de lui.

BRUTUS.—Le visage de Titinius est tourné vers le ciel!

CATON.—Il s'est tué!

BRUTUS.—O Jules César, tu es puissant encore! ton ombre se promène sur la terre, et tourne nos épées contre nos propres entrailles.

(Bruit d'alarme éloigné.)

CATON.—Brave Titinius! Voyez, n'a-t-il pas couronné Cassius mort?

BRUTUS.—Est-il encore au monde deux Romains semblables à ceux-là? Toi le dernier de tous les Romains, adieu, repose en paix : il est impossible que jamais Rome enfante ton égal.—Amis, je dois plus de larmes à cet homme mort que vous ne me verrez lui en donner.— J'en trouverai le temps, Cassius, j'en trouverai le temps! —Venez donc, et faites porter ce corps à Thasos. Ses obsèques ne se feront point dans notre camp; elles pourraient nous abattre.—Suivez-moi, Lucilius; venez aussi, jeune Caton : retournons au champ de bataille. Labéon, Flavius, faites avancer nos lignes. La troisième heure finit : avant la nuit, Romains, nous tenterons encore la fortune dans un nouveau combat [1].

(Ils sortent.)

---

[1] Ce ne fut pas le même jour, mais trois semaines après, que Brutus donna la seconde bataille dans ces mêmes plaines de Phi-

SCÈNE IV

Une autre partie du champ de bataille.

Une mêlée—*Entrent en combattant des soldats des deux armées; puis* BRUTUS, CATON, LUCILIUS, *et plusieurs autres.*

BRUTUS.—Encore, compatriotes ! oh ! tenez encore un moment.

CATON.—Quel bâtard le refusera? Qui veut me suivre ? Je veux proclamer mon nom dans tout le champ de bataille.—Je suis le fils de Marcus Caton, l'ennemi des tyrans, l'ami de ma patrie. Soldats, je suis le fils de Marcus Caton.
(Il charge l'ennemi.)

BRUTUS.—Et moi je suis Brutus, Marcus Brutus, l'ami de mon pays : connaissez-moi pour Brutus.
(Il sort en chargeant l'ennemi. — Le jeune Caton est accablé par le nombre et tombe.)

LUCILIUS.—O jeune et noble Caton, te voilà tombé ! Eh bien ! tu meurs aussi courageusement que Titinius; tu mérites qu'on t'honore comme le fils de Caton.

PREMIER SOLDAT.—Cède, ou tu meurs.

LUCILIUS.—Je ne cède qu'à condition de mourir. Tiens, prends tout cet or pour me tuer à l'instant. (*Il lui présente de l'or*). Tue Brutus, et deviens fameux par sa mort.

PREMIER SOLDAT.—Il ne faut pas le tuer : c'est un illustre prisonnier.

SECOND SOLDAT.—Place, place. Dites à Antoine que Brutus est pris.

PREMIER SOLDAT.—C'est moi qui lui dirai cette nouvelle. Le général vient. (*Entre Antoine*). Brutus est pris, Brutus est pris, mon seigneur.

ANTOINE.—Où est-il?

LUCILIUS.—En sûreté, Antoine ; Brutus est toujours en

lippes où les deux armées demeurèrent tout ce temps en présence.

sûreté. Jamais, j'ose t'en répondre, jamais ennemi ne prendra vivant le noble Brutus. Les dieux le préservent d'une telle ignominie ! En quelque lieu que tu le trouves, vivant ou mort, tu le trouveras toujours semblable à Brutus, semblable à lui-même.

ANTOINE.—Amis, ce n'est point là Brutus ; mais je vous assure que je ne regarde pas cette prise comme moins importante. Ayez soin qu'il ne soit fait aucun mal à cet homme ; traitez-le avec toute sorte d'égards. J'aimerais mieux avoir ses pareils pour amis que pour ennemis. Avancez, voyez si Brutus est mort ou en vie, et revenez à la tente d'Octave nous rendre compte de ce qui est arrivé.

(Ils sortent.)

SCÈNE V

Une partie de la plaine.

Entrent BRUTUS, DARDANIUS, CLITUS, STRATON ET VOLUMNIUS.

BRUTUS.—Venez, tristes restes de mes amis : reposons-nous sur ce rocher.

CLITUS.—Statilius a montré au loin sa torche allumée : cependant, mon seigneur, il ne revient point ; il est captif ou tué.

BRUTUS.—Assieds-toi là, Clitus : tuer est le mot ; c'est l'action appropriée au moment. Écoute, Clitus.
(Il lui parle à l'oreille.)

CLITUS.—Quoi ! moi, mon seigneur ? Non, pas pour le monde entier.

BRUTUS.—Silence donc, pas de paroles.

CLITUS.—J'aimerais mieux me tuer moi-même.

BRUTUS—Dardanius, écoute.
(Il lui parle bas.)

DARDANIUS.—Moi ! commettre une pareille action ?

CLITUS.—O Dardanius !

DARDANIUS.—O Clitus !

CLITUS.—Quelle funeste demande Brutus t'a-t-il faite?

DARDANIUS.—De le tuer, Clitus. Regarde, le voilà qui médite.

CLITUS.—Maintenant ce noble vase est si plein de douleur, qu'il déborde jusque par ses yeux.

BRUTUS.—Approche, bon Volumnius. Un mot, écoute.

VOLUMNIUS.—Que veut mon maître?

BRUTUS.—Ceci, Volumnius. L'ombre de César m'est apparue la nuit à deux reprises différentes, une fois à Sardes, et la nuit dernière ici, dans les champs de Philippes. Je sais que mon heure est venue.

VOLUMNIUS.—Non, seigneur, non.

BRUTUS.—Elle est venue, j'en suis certain, Volumnius. Tu vois ce monde, Volumnius, et comment tout s'y passe. Nos ennemis nous ont battu, jusqu'au bord de l'abîme. Il est plus noble de nous y lancer nous-mêmes, que d'hésiter jusqu'à ce qu'ils nous y poussent. Bon Volumnius, tu sais que nous fûmes aux écoles ensemble. Au nom de cette vieille amitié qui nous unit, tiens, je t'en prie, la poignée de mon épée, tandis que je me jetterai sur le fer.

VOLUMNIUS.—Ce n'est pas là l'office d'un ami, mon seigneur.

(Une nouvelle alarme.)

CLITUS.—Fuyez, fuyez, mon seigneur! il n'y a pas un instant à perdre

BRUTUS.—Adieu, vous, et vous, et vous Volumnius.—Straton, tu es resté tout ce temps endormi : adieu, toi aussi, Straton.—Compatriotes, mon cœur se réjouit parce que dans toute ma vie je n'ai pas trouvé un homme qui ne me fût fidèle. Je recueillerai plus de gloire dans ce jour de désastre, qu'Octave et Marc-Antoine n'en obtiendront par cette vile conquête. Ainsi, adieu tous à la fois, car la langue de Brutus a presque terminé l'histoire de sa vie. La nuit est suspendue sur mes yeux ; et mes membres, qui n'ont travaillé que pour atteindre à cette heure, demandent le repos. *(Alarme. — Cris derrière le théâtre.)* Fuyez, fuyez, fuyez.

CLITUS.—Fuyez, mon seigneur, fuyez.

BRUTUS.— Pars, je vais te suivre.—*(Sortent Clitus, Dar-*

ACTE V, SCÈNE V.

danius et Volumnius). Straton, je t'en prie, reste auprès de ton maître. Tu es un homme plein d'attachement, ta vie n'a point été sans honneur : prends donc mon épée, et détourne ton visage, tandis que je me précipiterai dessus. Veux-tu, Straton ?

STRATON. — Auparavant, donnez-moi votre main. Mon maître, adieu !

BRUTUS. — Adieu, bon Straton. — César, maintenant apaise-toi : je ne te tuai pas la moitié d'aussi bon cœur.

(Il se précipite sur son épée, et meurt.)
(Une alarme. — Une retraite.) (Entrent Antoine, Octave et leur armée ; Messala et Lucius.)

OCTAVE, *regardant Straton.* — Quel est cet homme ?

MESSALA. — Il appartient à mon général. — Straton, où est ton maître ?

STRATON. — Hors des chaînes que vous portez, Messala. Les vainqueurs n'ont plus que le pouvoir de le réduire en cendres. Brutus seul a triomphé de Brutus, et nul autre homme que lui n'a l'honneur de sa mort.

LUCILIUS. — Et c'était ainsi qu'on devait trouver Brutus. — Je te rends grâces, Brutus, d'avoir prouvé que Lucilius disait la vérité.

OCTAVE. — Tous ceux qui servirent Brutus, je les retiens auprès de moi. — Mon ami, veux-tu passer avec moi ta vie ?

STRATON. — Oui, si Messala veut vous répondre de moi.

OCTAVE. — Fais-le, Messala.

MESSALA. — Comment est mort mon général, Straton ?

STRATON. — J'ai tenu son épée, il s'est jeté sur le fer.

MESSALA. — Octave, prends donc à ta suite celui qui a rendu le dernier service à mon maître.

ANTOINE. — Ce fut là le plus noble Romain d'entre eux tous. Tous les conspirateurs, hors lui seul, n'ont fait ce qu'ils ont fait que par jalousie du grand César : lui seul entra dans leur ligue par un principe vertueux et de bien public. Sa vie fut douce ; les éléments de son être étaient si heureusement combinés, que la nature put se lever et dire à l'Univers : *C'était un homme*[1].

Plutarque rapporte dans la *Vie d'Antoine* que celui-ci ayant

OCTAVE.—Rendons-lui le respect et les devoirs funèbres que mérite sa vertu. Son corps reposera cette nuit dans ma tente, environné de tous les honneurs qui conviennent à un soldat. Rappelons l'armée sous les tentes, et allons jouir ensemble de la gloire de cette heureuse journée.

(Ils sortent.)

trouvé le corps de Brutus, lui dit d'abord quelques injures, « mais ensuite il le couvrit de sa propre cotte d'armes, et donna ordre à l'un de ses serfs affranchis qu'il meist ordre à sa sépulture : et depuis ayant entendu que le serf affranchi n'avoit pas fait brûler la cotte d'armes avec le corps pour autant qu'elle valoit beaucoup d'argent, et qu'il avoit substrait une bonne partie des deniers ordonnés pour ses funérailles et pour sa sépulture, il l'en feit mourir. »

FIN DU CINQUIÈME ET DERNIER ACTE.

ANTOINE
ET
CLÉOPATRE

TRAGÉDIE

NOTICE SUR ANTOINE ET CLEOPATRE

On critiquera sans doute, dans cette pièce, le peu de liaison des scènes entre elles, défaut qui tient à la difficulté de rassembler une succession rapide et variée d'événements dans un même tableau ; mais cette variété et ce désordre apparent tiennent la curiosité toujours éveillée, et un intérêt toujours plus vif émeut les passions du lecteur jusqu'au dernier acte. Il ne faut cependant commencer la lecture d'*Antoine et Cléopâtre* qu'après s'être pénétré de la *Vie d'Antoine* par Plutarque : c'est encore à cette source que le poète a puisé son plan, ses caractères et ses détails.

Peut-être les caractères secondaires de cette pièce sont-ils plus légèrement esquissés que dans les autres grands drames de Shakspeare ; mais tous sont vrais, et tous sont à leur place. L'attention en est moins distraite des personnages principaux qui ressortent fortement, et frappent l'imagination.

On voit dans Antoine un mélange de grandeur et de faiblesse ; l'inconstance et la légèreté sont ses attributs ; généreux, sensible, passionné, mais volage, il prouve qu'à l'amour extrême du plaisir, un homme de son tempérament peut joindre, quand les circonstances l'exigent, une âme élevée, capable d'embrasser les plus nobles résolutions, mais qui cède toujours aux séductions d'une femme.

Par opposition au caractère aimable d'Antoine, Shakspeare nous peint Octave César faux, sans courage, d'une âme étroite, hautaine et vindicative. Malgré les flatteries des poëtes et des historiens, Shakspeare nous semble avoir deviné le vrai caractère de ce prince, qui avoua lui-même, en mourant, qu'il avait porté un masque depuis son avénement à l'empire.

Lépide, le troisième triumvir, est l'ombre au tableau à côté d'Antoine et de César; son caractère faible, indécis et sans couleur, est tracé d'une manière très-comique dans la scène où Énobarbus et Agrippa s'amusent à singer son ton et ses discours. Son plus bel exploit est dans la dernière scène de l'acte précédent, où il tient bravement tête à ses collègues, le verre à la main, encore est-on obligé d'emporter ivre-mort ce TROISIÈME PILIER DE L'UNIVERS.

On regrette que le jeune Pompée ne paraisse qu'un instant sur la scène; peut-être oublie-t-il trop facilement sa mission sacrée, de venger un père, après la noble réponse qu'il adresse aux triumvirs; et l'on est presque tenté d'approuver le hardi projet de ce Ménécrate qui dit avec amertume : Ton père, ô Pompée, n'eût jamais fait un traité semblable. Mais Shakspeare a suivi ici l'histoire scrupuleusement. D'ailleurs l'art exige que l'intérêt ne soit pas trop dispersé dans une composition dramatique; voilà pourquoi l'aimable Octavie ne nous est aussi montrée qu'en passant; cette femme si douce, si pure, si vertueuse, dont les grâces modestes sont éclipsées par l'éclat trompeur et l'ostentation de son indigne rivale.

Cléopâtre est dans Shakspeare cette courtisane voluptueuse et rusée que nous peint l'histoire; comme Antoine, elle est remplie de contrastes : tour à tour vaniteuse comme une coquette et grande comme une reine, volage dans sa soif des voluptés, et sincère dans son attachement pour Antoine; elle semble créée pour lui et lui pour elle. Si sa passion manque de dignité tragique, comme le malheur l'ennoblit, comme elle s'élève à la hauteur de son rang par l'héroïsme qu'elle déploie à ses derniers instants! Elle se montre digne, en un mot, de partager la tombe d'Antoine.

Une scène qui nous a semblé d'un pathétique profond, c'est celle où Énobarbus, bourrelé de remords de sa trahison, adresse à la Nuit une protestation si touchante, et meurt de douleur en invoquant le nom d'Antoine, dont la générosité l'a rappelé au sentiment de ses devoirs.

Johnson prétend que cette pièce n'avait point été divisée en actes par l'auteur, ou par ses premiers éditeurs. On pourrait donc altérer arbitrairement la division que nous avons adoptée d'après le texte anglais; peut-être, d'après cette observation de Johnson, Letourneur s'était-il cru autorisé à renvoyer deux ou trois scènes à la fin, comme oiseuses ou trop longues; nous les avons scrupuleusement rétablies.

Selon le docteur Malone, la pièce d'*Antoine et Cléopâtre* a été composée en 1608, et après celle de *Jules César* dont elle est en quelque sorte une suite, puisqu'il existe entre ces deux tragédies la même connexion qu'entre les tragédies historiques de l'histoire anglaise.

ANTOINE ET CLÉOPATRE

TRAGÉDIE

PERSONNAGES

MARC-ANTOINE, \
OCTAVE CÉSAR, } triumvirs. \
M. EMILIUS LEPIDUS, \
SEXTUS POMPEIUS. \
DOMITIUS ENOBARBUS, \
VENTIDIUS, \
EROS, \
SCARUS, } amis d'Antoine \
DERCETAS, \
DEMETRIUS, \
PHILON, \
MÉCÈNE, \
AGRIPPA, \
DOLABELLA, } amis de César. \
PROCULEIUS, \
THYREUS, \
GALLUS, \
MÉNAS, \
MENECRATE, } amis de Pompée. \
VARIUS,

TAURUS, lieutenant de César. \
CASSIDIUS, lieutenant d'Antoine. \
SILIUS, officier de l'armée de Ventidius. \
EUPHRODIUS, député d'Antoine à César. \
ALEXAS, MARDIAN, SELEUCUS et DIOMÈDE, serviteurs de Cléopâtre. \
Un devin. \
Un paysan. \
CLÉOPATRE, reine d'Égypte. \
OCTAVIE, sœur de César, femme d'Antoine. \
CHARMIANE, } femmes de Cléopâtre. \
IRAS, \
Officiers. \
Soldats. \
Messagers et serviteurs.

La scène se passe dans diverses parties de l'empire romain.

ACTE PREMIER

SCÈNE I

Alexandrie. — Un appartement du palais de Cléopâtre.

Entrent DÉMÉTRIUS ET PHILON.

PHILON. — En vérité, ce fol amour de notre généra passe la mesure. Ses beaux yeux, qu'on voyait, au milieu de ses légions rangées en bataille, étinceler, comme ceux de Mars armé, maintenant tournent leurs regards, fixent leur attention sur un front basané. Son cœur de guerrier, qui, plus d'une fois, dans la mêlée des grandes batailles, brisa sur son sein les boucles de sa cuirasse, dément sa trempe. Il est devenu le soufflet et l'éventail qui apaisent les impudiques désirs d'une Égyptienne[1]. Regarde, les voilà qui viennent. (*Fanfares. Entrent Antoine et Cléopâtre avec leur suite. Des eunuques agitent des éventails devant Cléopâtre*).—Observe-le bien, et tu verras en lui la troisième colonne de l'univers[2] devenue le jouet d'une prostituée. Regarde et vois.

CLÉOPATRE.—Si c'est de l'amour, dites-moi, quel degré d'amour?

ANTOINE.—C'est un amour bien pauvre, celui que l'on peut calculer.

CLÉOPATRE.—Je veux établir, par une limite, jusqu'à quel point je puis être aimée.

ANTOINE.—Alors il te faudra découvrir un nouveau ciel et une nouvelle terre.

(Entre un serviteur.)

LE SERVITEUR.—Des nouvelles, mon bon seigneur, des nouvelles de Rome!

ANTOINE.—Ta présence m'importune : sois bref.

CLÉOPATRE.—Non; écoute ces nouvelles, Antoine, Fulvie peut-être est courroucée. Ou qui sait, si l'imberbe César ne vous envoie pas ses ordres suprêmes : *Fais ceci ou fais cela; empare-toi de ce royaume et affranchis cet autre : obéis, ou nous te réprimanderons.*

ANTOINE.—Comment, mon amour?

CLÉOPATRE.—Peut-être, et même cela est très-probable, peut-être que vous ne devez pas vous arrêter plus longtemps ici; César vous donne votre congé. Il faut donc l'entendre, Antoine.—Où sont les ordres de Fulvie? de César, veux-je dire? ou de tous deux?—Faites entrer les messagers.—Aussi vrai que je suis reine d'Égypte, tu rougis, Antoine : ce sang qui te monte au visage rend hommage à César; ou c'est la honte qui colore ton front, quand l'aigre voix de Fulvie te gronde.—Les messagers!

---

[1] Gipsy est ici employé dans ses deux sens d'*Égyptienne* et de *Bohémienne.*

[2] Allusion au Triumvirat.

ANTOINE.—Que Rome se fonde dans le Tibre, que le vaste portique de l'empire s'écroule ! C'est ici qu'est mon univers. Les royaumes ne sont qu'argile. Notre globe fangeux nourrit également la brute et l'homme. Le noble emploi de la vie, c'est ceci (*il l'embrasse*), quand un tendre couple, quand des amants comme nous peuvent le faire. Et j'invite le monde sous peine de châtiment à reconnaître que nous sommes incomparables !

CLÉOPATRE.—O rare imposture ! Pourquoi a-t-il épousé Fulvie s'il ne l'aimait pas ? Je semblerai dupe, mais je ne le suis pas.—Antoine sera toujours lui-même.

ANTOINE.—S'il est inspiré par Cléopâtre. Mais au nom de l'amour et de ses douces heures, ne perdons pas le temps en fâcheux entretiens. Nous ne devrions pas laisser écouler maintenant sans quelque plaisir une seule minute de notre vie... Quel sera l'amusement de ce soir ?

CLÉOPATRE.—Entendez les ambassadeurs.

ANTOINE.—Fi donc ! reine querelleuse, à qui tout sied : gronder, rire, pleurer : chaque passion brigue à l'envi l'honneur de paraître belle et de se faire admirer sur votre visage. Point de députés ! Je suis à toi, et à toi seule, et ce soir, nous nous promènerons dans les rues d'Alexandrie, et nous observerons les mœurs du peuple... Venez, ma reine : hier au soir vous en aviez envie. (*Au messager.*) Ne nous parle pas.

(Ils sortent avec leur suite.)

DÉMÉTRIUS.—Antoine fait-il donc si peu de cas de César ?.

PHILON.—Oui, quelquefois, quand il n'est plus Antoine, il s'écarte trop de ce caractère qui devrait toujours accompagner Antoine.

DÉMÉTRIUS.—Je suis vraiment affligé de voir confirmer tout ce que répète de lui à Rome la renommée, si souvent menteuse : mais j'espère de plus nobles actions pour demain... Reposez doucement !

SCÈNE II
Un autre appartement du palais.

Entrent CHARMIANE, ALEXAS, IRAS et un Devin.

CHARMIANE.—Seigneur Alexas, cher Alexas, incomparable, presque tout-puissant Alexas, où est le devin que vous avez tant vanté à la reine? Oh! que je voudrais connaître cet époux, qui, dites-vous, doit couronner ses cornes de guirlandes[1]!

ALEXAS.—Devin!

LE DEVIN.—Que désirez-vous?

CHARMIANE.—Est-ce cet homme?... Est-ce vous, monsieur, qui connaissez les choses?

LE DEVIN.—Je sais lire un peu dans le livre immense des secrets de la nature.

ALEXAS.—Montrez-lui votre main.

(Entre Énobarbus.)

ÉNOBARBUS.—Qu'on serve promptement le repas : et du vin en abondance, pour boire à la santé de Cléopâtre.

CHARMIANE.—Mon bon monsieur, donnez-moi une bonne fortune.

LE DEVIN.—Je ne la fais pas, mais je la devine.

CHARMIANE.—Eh bien! je vous prie, devinez-m'en une bonne.

LE DEVIN.—Vous serez encore plus belle que vous n'êtes.

CHARMIANE.—Il veut dire en embonpoint.

IRAS.—Non; il veut dire que vous vous farderez quand vous serez vieille.

CHARMIANE.—Que les rides m'en préservent!

ALEXAS.—Ne troublez point sa prescience, et soyez attentive.

CHARMIANE.—Chut!

---

[1] Être déshonoré en se faisant gloire de l'être, *charge his horns with garlands*; il y a des commentateurs qui lisent *change* au lieu de *charge*.

LE DEVIN.—Vous aimerez plus que vous ne serez aimée.

CHARMIANE.—J'aimerais mieux m'échauffer le foie avec le vin.

ALEXAS.—Allons, écoutez.

CHARMIANE. — Voyons, maintenant, quelque bonne aventure ; que j'épouse trois rois dans une matinée, que je devienne veuve de tous trois, que j'aie à cinquante ans un fils auquel Hérode[1] de Judée rende hommage. Trouve-moi un moyen de me marier avec Octave César, et de marcher l'égale de ma maîtresse.

LE DEVIN.—Vous survivrez à la reine que vous servez.

CHARMIANE.—Oh ! merveilleux ! J'aime bien mieux une longue vie que des figues[2].

LE DEVIN.—Vous avez éprouvé dans le passé une meilleure fortune que celle qui vous attend.

CHARMIANE.—A ce compte, il y a toute apparence que mes enfants n'auront pas de nom[3]. Je vous prie, combien dois-je avoir de garçons et de filles ?

LE DEVIN.—Si chacun de vos désirs avait un sein fécond, vous auriez un million d'enfants.

CHARMIANE.—Tais-toi, insensé ! Je te pardonne, parce que tu es un sorcier.

---

[1] Hérode rendit hommage aux Romains pour conserver le royaume de Judée. Steevens pense qu'il y a ici une allusion au personnage de ce monarque dans les *Mystères* de l'origine du théâtre. Hérode y était toujours représenté comme un tyran sombre et cruel, et son nom devint une expression proverbiale pour peindre la fureur dans ses excès.

C'est ainsi qu'Hamlet dit d'un comédien qu'il outre le caractère d'Hérode, *out-Herods Herod*.

Dans cette tragédie (*Antoine et Cléopâtre*), Alexas dit à la reine qu'Hérode de Judée lui-même n'ose pas la regarder quand elle est de mauvaise humeur. Charmiane désire donc un fils qui soit respecté d'Hérode, c'est-à-dire des monarques les plus fiers et les plus cruels.

[2] Expression proverbiale. Warburton croit qu'il y a ici un rapport mystérieux entre ce mot de *figues* prononcé sans intention, et la corbeille de figues, qui, au cinquième acte, renferme l'aspic dont la morsure abrège les jours de Cléopâtre.

[3] C'est-à-dire je n'aurai point d'enfants.

ALEXAS.—Vous croyez que votre couche est la seule confidente de vos désirs.

CHARMIANE.—Allons, viens. Dis aussi à Iras sa bonne aventure.

ALEXAS.—Nous voulons tous savoir notre destinée.

ÉNOBARBUS.—Ma destinée, comme celle de la plupart de vous, sera d'aller nous coucher ivres ce soir.

LE DEVIN.—Voilà une main qui présage la chasteté, si rien ne s'y oppose d'ailleurs.

CHARMIANE.—Oui, comme le Nil débordé présage la famine...

IRAS.—Allez, folâtre compagne de lit, vous ne savez pas prédire.

CHARMIANE.—Oui, si une main humide n'est pas un pronostic de fécondité, il n'est pas vrai que je puisse me gratter l'oreille.—Je t'en prie, dis-lui seulement une destinée tout ordinaire.

LE DEVIN.—Vos destinées se ressemblent.

IRAS.—Mais comment, comment? Citez quelques particularités.

LE DEVIN.—J'ai dit.

IRAS.—Quoi! n'aurai-je pas seulement un pouce de bonne fortune de plus qu'elle?

CHARMIANE.—Et si vous aviez un pouce de bonne fortune de plus que moi, où le choisiriez-vous?

IRAS.—Ce ne serait pas au nez de mon mari.

CHARMIANE.—Que le ciel corrige nos mauvaises pensées!—Alexas! allons, sa bonne aventure, à lui, sa bonne aventure. Oh! qu'il épouse une femme qui ne puisse pas marcher. Douce Isis[1], je t'en supplie, que cette femme meure! et alors donne-lui-en une pire encore, et après celle-là d'autres toujours plus méchantes, jusqu'à ce que la pire de toutes le conduise en riant à sa tombe, cinquante fois déshonoré. Bonne Isis, exauce ma prière, et, quand tu devrais me refuser dans des occa-

---

[1] Les Égyptiens adoraient la lune sous le nom d'Isis, qu'ils représentaient tenant dans sa main une sphère et une amphore pleine de blé.

sions plus importantes, accorde-moi cette grâce ; bonne Isis, je t'en conjure !

IRAS.—Ainsi soit-il ; chère déesse, entends la prière que nous t'adressons toutes ! car si c'est un crève-cœur de voir un bel homme avec une mauvaise femme, c'est un chagrin mortel de voir un laid malotru sans cornes : ainsi donc, chère Isis, par bienséance, donne-lui la destinée qui lui convient.

CHARMIANE.—Ainsi soit-il.

ALEXAS.—Voyez-vous ; s'il dépendait d'elles de me déshonorer, elles se prostitueraient pour en venir à bout.

ÉNOBARBUS.—Silence : voici Antoine.

CHARMIANE.—Ce n'est pas lui ; c'est la reine.

(Entre Cléopâtre.)

CLÉOPATRE.—Avez-vous vu mon seigneur ?

ÉNOBARBUS.—Non, madame.

CLÉOPATRE.—Est-ce qu'il n'est pas venu ici ?

CHARMIANE.—Non, madame.

CLÉOPATRE.—Il était d'une humeur gaie... Mais tout à coup un souvenir de Rome a saisi son âme.—Énobarbus !

ÉNOBARBUS.—Madame ?

CLÉOPATRE.—Cherchez-le, et l'amenez ici...—Où est Alexas ?

ALEXAS.—Me voici, madame, à votre service.—Mon seigneur s'avance.

(Antoine entre avec un messager et sa suite.)

CLÉOPATRE.—Nous ne le regarderons pas.—Suivez-moi.

(Sortent Cléopâtre, Énobarbus, Alexas, Iras Charmiane, le devin et la suite.)

LE MESSAGER.—Fulvie, votre épouse, s'est avancée sur le champ de bataille...

ANTOINE.—Contre mon frère Lucius ?

LE MESSAGER.—Oui : mais cette guerre a bientôt été terminée. Les circonstances les ont aussitôt réconciliés, et ils ont réuni leurs forces contre César. Mais, dès le premier choc, la fortune de César dans la guerre les a chassés tous deux de l'Italie.

ANTOINE. — Bien : qu'as-tu de plus funeste encore à m'apprendre ?

LE MESSAGER. — Les mauvaises nouvelles sont fatales à celui qui les apporte.

ANTOINE. — Oui, quand elles s'adressent à un insensé, ou à un lâche; poursuis. — Avec moi, ce qui est passé est passé, voilà mon principe. Quiconque m'apprend une vérité, dût la mort être au bout de son récit, je l'écoute comme s'il me flattait.

LE MESSAGER. — Labiénus, et c'est une sinistre nouvelle, a envahi l'Asie Mineure depuis l'Euphrate avec son armée de Parthes; sa bannière triomphante a flotté depuis la Syrie, jusqu'à la Lydie et l'Ionie; tandis que...

ANTOINE. — Tandis qu'Antoine, voulais-tu dire...

LE MESSAGER. — Oh! mon maître!

ANTOINE. — Parle-moi sans détour : ne déguise point les bruits populaires : appelle Cléopâtre comme on l'appelle à Rome; prends le ton d'ironie avec lequel Fulvie parle de moi ; reproche-moi mes fautes avec toute la licence de la malignité et de la vérité réunies. — Oh! nous ne portons que des ronces quand les vents violents demeurent immobiles ; et le récit de nos torts est pour nous une culture. — Laisse-moi un moment.

LE MESSAGER. — Selon votre plaisir, seigneur.

(Il sort.)

ANTOINE. — Quelles nouvelles de Sicyone ? Appelle le messager de Sicyone.

PREMIER SERVITEUR. — Le messager de Sicyone? y en a-t-il un?

SECOND SERVITEUR. — Seigneur, il attend vos ordres.

ANTOINE. — Qu'il vienne. — Il faut que je brise ces fortes chaînes égyptiennes, ou je me perds dans ma folle passion. (*Entre un autre messager.*) Qui êtes-vous?

LE SECOND MESSAGER. — Votre épouse Fulvie est morte.

ANTOINE. — Où est-elle morte ?

LE MESSAGER. — A Sicyone : la longueur de sa maladie, et d'autres circonstances plus graves encore, qu'il vous importe de connaître, sont détaillées dans cette lettre.

(Il lui donne la lettre.)

ANTOINE.—Laissez-moi seul. (*Le messager sort.*) Voilà une grande âme partie ! Je l'ai pourtant désiré.—L'objet que nous avons repoussé avec dédain, nous voudrions le posséder encore ! Le plaisir du jour diminue par la révolution des temps et devient une peine.—Elle est bonne parce qu'elle n'est plus. La main qui la repoussait voudrait la ramener !—Il faut absolument que je m'affranchisse du joug de cette reine enchanteresse. Mille maux plus grands que ceux que je connais déjà sont près d'éclore de mon indolence.—Où es-tu, Énobarbus ?

(Énobarbus entre.)

ÉNOBARBUS.—Que voulez-vous, seigneur ?

ANTOINE.—Il faut que je parte sans délai de ces lieux.

ÉNOBARBUS.—En ce cas, nous tuons toutes nos femmes. Nous voyons combien une dureté leur est mortelle : s'il leur faut subir notre départ, la mort est là pour elles.

ANTOINE.—Il faut que je parte.

ÉNOBARBUS.—Dans une occasion pressante, que les femmes meurent !—Mais ce serait pitié de les rejeter pour un rien, quoique comparées à un grand intérêt elles doivent être comptées pour rien. Au moindre bruit de ce dessein, Cléopâtre meurt, elle meurt aussitôt ; je l'ai vue mourir vingt fois pour des motifs bien plus légers. Je crois qu'il y a de l'amour pour elle dans la mort, qui lui procure quelque jouissance amoureuse, tant elle est prompte à mourir.

ANTOINE.—Elle est rusée à un point que l'homme ne peut imaginer.

ÉNOBARBUS.—Hélas, non, seigneur ! Ses passions ne sont formées que des plus purs éléments de l'amour. Nous ne pouvons comparer ses soupirs et ses larmes aux vents et aux flots. Ce sont de plus grandes tempêtes que celles qu'annoncent les almanachs, ce ne peut être une ruse chez elle. Si c'en est une, elle fait tomber la pluie aussi bien que Jupiter.

ANTOINE.—Que je voudrais ne l'avoir jamais vue !

ÉNOBARBUS.—Ah ! seigneur, vous auriez manqué de voir une merveille ; et n'avoir pas été heureux par elle, c'eût été décréditer votre voyage.

ANTOINE.—Fulvie est morte.

ÉNOBARBUS.—Seigneur?

ANTOINE.—Fulvie est morte.

ÉNOBARBUS.—Fulvie?

ANTOINE.—Morte!

ÉNOBARBUS.—Eh bien! seigneur, offrez aux dieux un sacrifice d'actions de grâces! Quand il plaît à leur divinité d'enlever à un homme sa femme, ils lui montrent les tailleurs de la terre, pour le consoler en lui faisant voir que lorsque les vieilles robes sont usées, il reste des gens pour en faire de neuves. S'il n'y avait pas d'autre femme que Fulvie, alors vous auriez une véritable blessure et des motifs pour vous lamenter; mais votre chagrin porte avec lui sa consolation; votre vieille chemise vous donne un jupon neuf. En vérité, pour verser des larmes sur un tel chagrin, il faudrait les faire couler avec un oignon.

ANTOINE.—Les affaires qu'elle a entamées dans l'État ne peuvent supporter mon absence.

ÉNOBARBUS.—Et les affaires que vous avez entamées ici ne peuvent se passer de vous, surtout celle de Cléopâtre, qui dépend absolument de votre présence.

ANTOINE.—Plus de frivoles réponses.—Que nos officiers soient instruits de ma résolution. Je déclarerai à la reine la cause de notre expédition, et j'obtiendrai de son amour la liberté de partir. Car ce n'est pas seulement la mort de Fulvie, et d'autres motifs plus pressants encore, qui parlent fortement à mon cœur: des lettres aussi de plusieurs de nos amis qui travaillent pour nous dans Rome, pressent mon retour dans ma patrie. Sextus Pompée a défié César, et il tient l'empire de la mer. Notre peuple inconstant, dont l'amour ne s'attache jamais à l'homme de mérite, que lorsque son mérite a disparu, commence à faire passer toutes les dignités et la gloire du grand Pompée sur son fils, qui, grand déjà en renommée et en puissance, plus grand encore par sa naissance et son courage, passe pour un grand guerrier; si ses avantages vont en croissant, l'univers pourrait être en danger. Plus d'un germe se développe, qui, semblable au poil d'un coursier¹, n'a pas encore le venin du serpent, mais est déjà doué de la vie. Apprends à ceux dont l'emploi dépend de nous, que notre bon plaisir est de nous éloigner promptement de ces lieux.

ÉNOBARBUS.—Je vais exécuter vos ordres.

(Ils sortent.)

SCÈNE III

CLÉOPATRE, CHARMIANE, ALEXAS, IRAS.

CLÉOPATRE.—Où est-il?

CHARMIANE.—Je ne l'ai pas vu depuis.

CLÉOPATRE.—Voyez où il est; qui est avec lui, et ce qu'il fait. Je ne vous ai pas envoyée.—Si vous le trouvez triste, dites que je suis à danser; s'il est gai, annoncez que je viens de me trouver mal. Volez, et revenez.

CHARMIANE.—Madame, il me semble que si vous l'aimez tendrement, vous ne prenez pas les moyens d'obtenir de lui le même amour.

CLÉOPATRE.—Que devrais-je faire,... que je ne fasse?

CHARMIANE.—Cédez-lui en tout; ne le contrariez en rien.

CLÉOPATRE. — Tu parles comme une folle; c'est le moyen de le perdre.

CHARMIANE.—Ne le poussez pas ainsi à bout, je vous en prie, prenez garde : nous finissons par haïr ce que nous craignons trop souvent. (*Antoine entre.*) Mais voici Antoine.

CLÉOPATRE.—Je suis malade et triste.

ANTOINE.—Il m'est pénible de lui déclarer mon dessein.

CLÉOPATRE.—Aide-moi, chère Charmiane, à sortir de ce lieu. Je vais tomber. Cela ne peut durer longtemps : la nature ne peut le supporter.

ANTOINE.—Eh bien! ma chère reine...

---

¹ Une vieille superstition populaire disait que la crinière d'un cheval tombant dans de l'eau corrompue se changeait en animaux vivants.

CLÉOPATRE.—Je vous prie, tenez-vous loin de moi.

ANTOINE.—Qu'y a-t-il donc?

CLÉOPATRE.—Je lis dans vos yeux que vous avez reçu de bonnes nouvelles. Que vous dit votre épouse?—Vous pouvez partir. Plût aux dieux qu'elle ne vous eût jamais permis de venir!—Qu'elle ne dise pas surtout que c'est moi qui vous retiens : je n'ai aucun pouvoir sur vous. Vous êtes tout à elle.

ANTOINE.—Les dieux savent bien...

CLÉOPATRE.—Non, jamais reine ne fut si indignement trahie... Cependant, dès l'abord, j'avais vu poindre ses trahisons.

ANTOINE.—Cléopâtre!

CLÉOPATRE.—Quand tu ébranlerais de tes serments le trône même des dieux, comment pourrais-je croire que tu es à moi, que tu es sincère, toi, qui as trahi Fulvie? Quelle passion extravagante a pu me laisser séduire par ces serments des lèvres aussitôt violés que prononcés?

ANTOINE.—Ma tendre reine...

CLÉOPATRE.—Ah! de grâce, ne cherche point de prétexte pour me quitter : dis-moi adieu, et pars. Lorsque tu me conjurais pour rester, c'était alors le temps des paroles : tu ne parlais pas alors de départ.—L'éternité était dans nos yeux et sur nos lèvres. Le bonheur était peint sur notre front ; aucune partie de nous-mêmes qui ne nous fît goûter la félicité du ciel. Il en est encore ainsi, ou bien toi, le plus grand guerrier de l'univers, tu en es devenu le plus grand imposteur!

ANTOINE.—Que dites-vous, madame?

CLÉOPATRE. — Que je voudrais avoir ta taille.—Tu apprendrais qu'il y avait un cœur en Égypte.

ANTOINE.—Reine, écoutez-moi. L'impérieuse nécessité des circonstances exige pour un temps notre service ; mais mon cœur tout entier reste avec vous. Partout, notre Italie étincelle des épées de la guerre civile. Sextus Pompée s'avance jusqu'au port de Rome. L'égalité de deux pouvoirs domestiques engendre les factions. Le parti odieux, devenu puissant, redevient le parti chéri. Pompée proscrit, mais riche de la gloire de son père, s'insinue insensiblement dans les cœurs de ceux qui n'ont point gagné au gouvernement actuel : leur nombre s'accroît et devient redoutable, et les esprits fatigués du repos aspirent à en sortir par quelque résolution désespérée.—Un motif plus personnel pour moi, et qui doit surtout vous rassurer sur mon départ, c'est la mort de Fulvie.

CLÉOPATRE.—Si l'âge n'a pu affranchir mon cœur de la folie de l'amour, il l'a guéri du moins de la crédulité de l'enfance!—Fulvie peut-elle mourir?

ANTOINE.—Elle est morte, ma reine. Jetez ici les yeux et lisez à votre loisir tous les troubles qu'elle a suscités. La dernière nouvelle est la meilleure ; voyez en quel lieu, en quel temps elle est morte.

CLÉOPATRE.—O le plus faux des amants! Où sont les fioles[1] sacrées que tu as dû remplir des larmes de ta douleur? Ah! je vois maintenant, je vois par la mort de Fulvie comment la mienne sera reçue !

ANTOINE.—Cessez vos reproches, et préparez-vous à entendre les projets que je porte en mon sein, qui s'accompliront ou seront abandonnés selon vos conseils. Je jure par le feu qui féconde le limon du Nil, que je pars de ces lieux votre guerrier, votre esclave, faisant la paix ou la guerre au gré de vos désirs.

CLÉOPATRE. — Coupe mon lacet, Charmiane, viens ; mais non.... laisse-moi : je me sens mal, et puis mieux dans un instant : c'est ainsi qu'aime Antoine !

ANTOINE.—Reine bien-aimée, épargnez-moi : rendez justice à l'amour d'Antoine, qui supportera aisément une juste procédure.

CLÉOPATRE.—Fulvie doit me l'avoir appris. Ah! de grâce, détourne-toi, et verse des pleurs pour elle; puis, fais-moi tes adieux, et dis que ces pleurs coulent pour l'Égypte. Maintenant, joue devant moi une scène de dissimulation profonde et qui imite l'honneur parfait.

ANTOINE.—Vous m'échaufferez le sang.—Cessez.

---

[1] Allusion aux fioles de larmes que les Romains déposaient dans les mausolées.

CLÉOPATRE.—Tu pourrais faire mieux, mais ceci est bien déjà.

ANTOINE.—Je jure par mon épée!...

CLÉOPATRE.—Jure aussi par ton bouclier... Son jeu s'améliore; mais il n'est pas encore parfait.—Vois, Charmiane, vois, je te prie, comme cet emportement sied bien à cet Hercule romain[1].

ANTOINE.—Je vous laisse, madame.

CLÉOPATRE.—Aimable seigneur, un seul mot... « Seigneur, il faut donc nous séparer... » Non, ce n'est pas cela : « Seigneur, nous nous sommes aimés. » Non, ce n'est pas cela; vous le savez assez!... C'est quelque chose que je voudrais dire... Oh! ma mémoire est un autre Antoine; j'ai tout oublié!

ANTOINE.—Si votre royauté ne comptait la nonchalance parmi ses sujets, je vous prendrais vous-même pour la nonchalance.

CLÉOPATRE.—C'est un pénible travail que de porter cette nonchalance aussi près du cœur que je la porte! Mais, seigneur, pardonnez, puisque le soin de ma dignité me tue dès que ce soin vous déplaît. Votre honneur vous rappelle loin de moi; soyez sourd à ma folie, qui ne mérite pas la pitié; que tous les dieux soient avec vous! Que la victoire, couronnée de lauriers, se repose sur votre épée, et que de faciles succès jonchent votre sentier !

ANTOINE.—Sortons, madame, venez. Telle est notre séparation, qu'en demeurant ici vous me suivez pourtant, et que moi, en fuyant, je reste avec vous.—Sortons.

(Ils sortent.)

---

[1] Suivant une antique tradition, les Antonius descendaient d'Hercule par son fils Antéon. Plutarque observe qu'il y avait dans le maintien d'Antoine une certaine grandeur qui lui donnait quelque ressemblance avec les statues et les médailles d'Hercule, dont Antoine affectait de contrefaire de son mieux le port et la contenance.

SCÈNE IV

Rome.—Un appartement dans la maison de César.

Entrent OCTAVE, CÉSAR, LÉPIDE *et leur suite.*

césar.—Vous voyez, Lépide, et vous saurez à l'avenir que ce n'est point le vice naturel de César de haïr un grand rival.—Voici les nouvelles d'Alexandrie. Il pêche, il boit, et les lampes de la nuit éclairent ses débauches. Il n'est pas plus homme que Cléopâtre, et la veuve de Ptolémée n'est pas plus efféminée que lui. Il a donné à peine audience à mes députés, et daigne difficilement se rappeler qu'il a des collègues. Vous reconnaîtrez dans Antoine l'abrégé de toutes les faiblesses dont l'humanité est capable.

lépide.—Je ne puis croire qu'il ait des torts assez grands pour obscurcir toutes ses vertus. Ses défauts sont comme les taches du ciel, rendues plus éclatantes par les ténèbres de la nuit. Ils sont héréditaires plutôt qu'acquis ; il ne peut s'en corriger, mais il ne les a pas cherchés.

césar.—Vous êtes trop indulgent. Accordons que ce ne soit pas un crime de se laisser tomber sur la couche de Ptolémée, de donner un royaume pour un sourire, de s'asseoir pour s'enivrer avec un esclave ; de chanceler, en plein midi, dans les rues, et de faire le coup de poing avec une troupe de drôles trempés de sueur. Dites que cette conduite sied bien à Antoine, et il faut que ce soit un homme d'une trempe bien extraordinaire pour que ces choses ne soient pas des taches dans son caractère... Mais du moins Antoine ne peut excuser ses souillures, quand sa légèreté [1] nous impose un si pesant fardeau : encore s'il ne consumait dans les voluptés que ses moments de loisir, le dégoût et son corps exténué lui en demanderaient compte ; mais sacrifier un temps si

---

[1] Le mot *light* est un de ceux sur lesquels Shakspeare joue le plus volontiers. *Light* est ici pour *frivole*.

précieux qui l'appelle à quitter ses divertissements, et parle si haut pour sa fortune et pour la nôtre, c'est mériter d'être grondé comme ces jeunes gens, qui, déjà dans l'âge de connaître leurs devoirs, immolent leur expérience au plaisir présent, et se révoltent contre le bon jugement.

(Entre un messager.)

LÉPIDE.—Voici encore des nouvelles.

LE MESSAGER, *à César.*—Vos ordres sont exécutés, et d'heure en heure, très-noble César, vous serez instruit de ce qui se passe. Pompée est puissant sur mer, et il paraît aimé de tous ceux que la crainte seule attachait à César. Les mécontents se rendent dans nos ports ; et le bruit court qu'on lui a fait grand tort.

CÉSAR.—Je ne devais pas m'attendre à moins. L'histoire, dès son origine, nous apprend que celui qui est au pouvoir a été bien-aimé jusqu'au moment où il l'a obtenu ; et que l'homme tombé dans la disgrâce, qui n'avait jamais été aimé, qui n'avait jamais mérité l'amour du peuple, lui devient cher dès qu'il tombe. Cette multitude ressemble au pavillon flottant sur les ondes, qui avance ou recule, suit servilement l'inconstance du flot, et s'use par son mouvement continuel.

LE MESSAGER.—César, je t'annonce que Ménécrate et Ménas, deux fameux pirates, exercent leur empire sur les mers, qu'ils fendent et sillonnent de vaisseaux de toute espèce. Ils font de fréquentes et vives incursions sur les côtes d'Italie. Les peuples qui habitent les rivages pâlissent à leur nom seul, et la jeunesse ardente se révolte. Nul vaisseau ne peut se montrer qu'il ne soit pris aussitôt qu'aperçu. Le nom seul de Pompée inspire plus de terreur que n'en inspirerait la présence même de toute son armée.

CÉSAR.—Antoine, quitte tes débauches et tes voluptés ! Lorsque repoussé de Mutine, après avoir tué les deux consuls, Hirtius et Pansa, tu fus poursuivi par la famine, tu la combattis, malgré ta molle éducation, avec une patience plus grande que celle des sauvages. Tu bus l'urine de tes chevaux, et des eaux fangeuses que les animaux mêmes auraient rejetées avec dégoût. Ton palais ne dédaignait pas alors les fruits les plus sauvages des buissons épineux. Tel que le cerf affamé, lorsque la neige couvre les pâturages, tu mâchais l'écorce des arbres. On dit que sur les Alpes tu te repus d'une chair étrange, dont la vue seule fit périr plusieurs des tiens; et toi (ton honneur souffre maintenant de ces récits) tu supportas tout cela en guerrier si intrépide, que ton visage même n'en fut pas altéré.

LÉPIDE.—C'est bien dommage.

CÉSAR.—Que la honte le ramène promptement à Rome. Il est temps que nous nous montrions tous deux sur le champ de bataille. Assemblons, sans tarder, notre conseil, pour concerter nos projets. Pompée prospère par notre indolence.

LÉPIDE. — Demain, César, je serai en état de vous instruire, avec exactitude, de ce que je puis exécuter sur mer et sur terre, pour faire face aux circonstances présentes.

CÉSAR.—C'est aussi le soin qui m'occupera jusqu'à demain. Adieu.

LÉPIDE.—Adieu, seigneur. Tout ce que vous apprendrez d'ici là des mouvements qui se passent au dehors, je vous conjure de m'en faire part.

CÉSAR.—N'en doutez pas, seigneur; je sais que c'est mon devoir.

(Ils sortent.)

SCÈNE V

Alexandrie.—Appartement du palais.

Entrent CLÉOPATRE, CHARMIANE, IRAS, *l'eunuque* MARDIAN.

CLÉOPATRE.—Charmiane.

CHARMIANE.—Madame?

CLÉOPATRE.—Ah! ah! donne-moi une potion de mandragore[1].

Plante narcotique.

CHARMIANE.—Pourquoi donc, madame?

CLÉOPATRE.—Afin que je puisse dormir pendant tout le temps que mon Antoine sera absent.

CHARMIANE.—Vous songez trop à lui.

CLÉOPATRE.—O trahison!...

CHARMIANE.—Madame, j'espère qu'il n'en est point ainsi.

CLÉOPATRE.—Eunuque! Mardian!

MARDIAN.—Quel est le bon plaisir de Votre Majesté?

CLÉOPATRE.—Je ne veux pas maintenant t'entendre chanter. Je ne prends aucun plaisir à ce qui vient d'un eunuque.—Il est heureux pour toi que ton impuissance empêche tes pensées les plus libres d'aller errer hors de l'Égypte. As-tu des inclinations?

L'EUNUQUE.—Oui, gracieuse reine.

CLÉOPATRE.—En vérité?

MARDIAN.—Pas en *vérité*[1], madame, car je ne puis rien faire en vérité que ce qu'il est honnête de faire; mais j'ai de violentes passions, et je pense à ce que Mars fit avec Vénus.

CLÉOPATRE.—O Charmiane, où crois-tu qu'il soit à présent? Est-il debout ou assis? Se promène-t-il à pied ou est-il à cheval? Heureux coursier, qui porte Antoine, conduis-toi bien, cheval; car sais-tu bien qui tu portes? L'Atlas qui soutient la moitié de ce globe, le bras et le casque de l'humanité.—Il dit maintenant ou murmure tout bas : Où est mon *serpent* du vieux Nil? car c'est le nom qu'il me donne.—Oh! maintenant, je me nourris d'un poison délicieux.—Penses-tu à moi qui suis brunie par les brûlants baisers du soleil, et dont le temps a déjà sillonné le visage de rides profondes?—O toi, César au large front, dans le temps que tu étais ici à terre, j'étais un morceau de roi! et le grand Pompée s'arrêtait, et fixait ses regards sur mon front; il eût voulu y attacher à jamais sa vue, et mourir en me contemplant!

---

[1] *En vérité, indeed et in deed ; en effet, dans le fait, en réalité. Le jeu de mots est plus complet en anglais.*

ALEXAS *entre*.—Souveraine d'Égypte, salut !

CLÉOPATRE.—Que tu es loin de ressembler à Marc-Antoine ! Et cependant, venant de sa part, il me semble que cette pierre philosophale t'a changé en or. Comment se porte mon brave Marc-Antoine ?

ALEXAS.—La dernière chose qu'il ait faite, chère reine, a été de baiser cent fois cette perle orientale.—Ses paroles sont encore gravées dans mon cœur.

CLÉOPATRE.—Mon oreille est impatiente de les faire passer dans le mien.

ALEXAS.—« Ami, m'a-t-il dit, va : dis que le fidèle « Romain envoie à la reine d'Égypte ce trésor de » l'huître, et que, pour rehausser la mince valeur du « présent, il ira bientôt à ses pieds décorer de royaumes « son trône superbe ; dis-lui que bientôt tout l'Orient la » nommera sa souveraine. » Là-dessus, il me fit un signe de tête, et monta d'un air grave sur son coursier fougueux, qui alors a poussé de si grands hennissements, que, lorsque j'ai voulu parler, il m'a réduit au silence.

CLÉOPATRE.—Dis-moi, était-il triste ou gai ?

ALEXAS.—Comme la saison de l'année qui est placée entre les extrêmes de la chaleur et du froid ; il n'était ni triste ni gai.

CLÉOPATRE. — O caractère bien partagé ! Observe-le bien, observe-le bien, bonne Charmiane ; c'est bien lui, mais observe-le bien ; il n'était pas triste, parce qu'il voulait montrer un front serein à ceux qui composent leur visage sur le sien ; il n'était pas gai, ce qui semblait leur dire qu'il avait laissé en Égypte son souvenir et sa joie, mais il gardait un juste milieu. O céleste mélange ! Que tu sois triste ou gai, les transports de la tristesse et de la joie te conviennent également, plus qu'à aucun autre mortel !—As-tu rencontré mes courriers ?

ALEXAS.—Oui, madame, au moins vingt. Pourquoi les dépêchez-vous si près l'un de l'autre ?

CLÉOPATRE.—Il périra misérable, l'enfant qui naîtra le jour où j'oublierai d'envoyer vers Antoine.—Charmiane, de l'encre et du papier.—Sois le bienvenu, cher Alexas. —Charmiane, ai-je jamais autant aimé César ?

CHARMIANE.—O ce brave César !

CLÉOPATRE.—Que ton exclamation t'étouffe ! Dis, le brave Antoine.

CHARMIANE.—Ce vaillant César !

CLÉOPATRE.—Par Isis, je vais ensanglanter ta joue, si tu oses encore comparer César avec le plus grand des hommes.

CHARMIANE.—Sauf votre bon plaisir, je ne fais que répéter ce que vous disiez vous-même.

CLÉOPATRE.—Temps de jeunesse quand mon jugement n'était pas encore mûr.—Cœur glacé de répéter ce que je disais alors.—Mais viens, sortons : donne-moi de l'encre et du papier ; il aura chaque jour plus d'un message, dussé-je dépeupler l'Égypte.

FIN DU PREMIER ACTE.

ACTE DEUXIÈME

SCÈNE I

Messine.—Appartement de la maison de Pompée.

Entrent POMPÉE, MÉNÉCRATE et MÉNAS.

POMPÉE.—Si les grands dieux sont justes, ils seconderont les armes du parti le plus juste.

MÉNÉCRATE.—Vaillant Pompée, songez que les dieux ne refusent pas ce qu'ils diffèrent d'accorder.

POMPÉE.—Tandis qu'au pied de leur trône nous les implorons, la cause que nous les supplions de protéger dépérit.

MÉNÉCRATE.—Nous nous ignorons nous-mêmes, et nous demandons souvent notre ruine, leur sagesse nous refuse pour notre bien, et nous gagnons à ne pas obtenir l'objet de nos prières.

POMPÉE.—Je réussirai : le peuple m'aime, et la mer est à moi ; ma puissance est comme le croissant de la lune, et mon espérance me prédit qu'elle parviendra à son plein. Marc-Antoine est à table en Égypte ; il n'en sortira jamais pour faire la guerre. César, en amassant de l'argent, perd les cœurs ; Lépide les flatte tous deux, et tous deux flattent Lépide : mais il n'aime ni l'un ni l'autre, et ni l'un ni l'autre ne se soucie de lui.

MÉNÉCRATE. — César et Lépide sont en campagne, amenant avec eux des forces imposantes.

POMPÉE.—D'où tenez-vous cette nouvelle? Elle est fausse.

MÉNÉCRATE.—De Silvius, seigneur.

POMPÉE.—Il rêve ; je sais qu'ils sont encore tous deux à Rome, où ils attendent Antoine.—Voluptueuse Cléopâtre, que tous les charmes de l'amour prêtent leur douceur à tes lèvres flétries! Joins à la beauté les arts magiques et la volupté; enchaîne le débauché dans un cercle de fêtes; échauffe sans cesse son cerveau. Que les cuisiniers épicuriens aiguisent son appétit par des assaisonnements toujours renouvelés, afin que le sommeil et les banquets lui fassent oublier son honneur dans la langueur du Léthé.—Qu'y a-t-il, Varius?

(Varius paraît.)

VARIUS.—Comptez sur la vérité de la nouvelle que je vous annonce. Marc-Antoine est d'heure en heure attendu à Rome : depuis qu'il est parti d'Égypte il aurait eu le temps de faire un plus long voyage.

POMPÉE.—J'aurais écouté plus volontiers une nouvelle moins sérieuse... Ménas, je n'aurais jamais pensé que cet homme insatiable de voluptés eût mis son casque pour une guerre aussi peu importante. C'est un guerrier qui vaut à lui seul plus que les deux autres ensemble... Mais concevons de nous-mêmes une plus haute opinion, puisque le bruit de notre marche peut arracher des genoux de la veuve d'Égypte cet Antoine qui n'est jamais las de débauches.

MÉNAS.—Je ne puis croire que César et Antoine puissent s'accorder ensemble. Sa femme, qui vient de mourir, a offensé César; son frère lui a fait la guerre, quoiqu'il n'y fût pas, je crois, poussé par Antoine.

POMPÉE.—Je ne sais pas, Ménas, jusqu'à quel point de légères inimitiés peuvent céder devant de plus grandes. S'ils ne nous voyaient pas armés contre eux tous, ils ne tarderaient pas à se disputer ensemble : car ils ont assez de sujets de tirer l'épée les uns contre les autres : mais jusqu'à quel point la crainte que nous leur inspirons concilie-t-elle leurs divisions et enchaîne-t-elle leurs petites discordes, c'est ce que nous ne savons pas encore. Au reste, qu'il en arrive ce qu'il plaira aux dieux : il y va de notre vie de déployer toutes nos forces. Viens, Ménas.

(Ils sortent.)

SCÈNE II

Rome.—Appartement dans la maison de Lépide.

LÉPIDE, ÉNOBARBUS.

LÉPIDE.—Cher Énobarbus, tu feras une action louable et qui te siéra bien en engageant ton général à s'expliquer avec douceur et ménagement.

ÉNOBARBUS.—Je l'engagerai à répondre comme lui-même. Si César l'irrite, qu'Antoine regarde par-dessus la tête de César, et parle aussi fièrement que Mars. Par Jupiter, si je portais la barbe d'Antoine je ne me ferais pas raser aujourd'hui[1].

LÉPIDE.—Ce n'est pas ici le temps des ressentiments particuliers.

ÉNOBARBUS.—Tout temps est bon pour les affaires qu'il fait naître.

LÉPIDE.—Les moins importantes doivent céder aux plus graves.

ÉNOBARBUS.—Non, si les moins importantes viennent les premières.

LÉPIDE.—Tu parles avec passion : mais de grâce ne remue pas les tisons.—Voici le noble Antoine.

(Entrent Antoine et Ventidius.)

ÉNOBARBUS.—Et voilà César là-bas.

(Entrent César, Mécène et Agrippa.)

ANTOINE.—Si nous pouvons nous entendre, marchons contre les Parthes.—Ventidius, écoute.

CÉSAR.—Je ne sais pas, Mécène ; demande à Agrippa.

LÉPIDE.—Nobles amis, il n'est point d'objet plus grand que celui qui nous a réunis ; que des causes plus légères ne nous séparent pas. Les torts peuvent être rappelés avec douceur ; en discutant avec violence des différends peu importants, nous rendons mortelles les blessures que nous voulons guérir : ainsi donc, nobles collègues

---

[1] Je paraîtrais en négligé devant lui, sans aucune marque de respect.

(je vous en conjure avec instances), traitez les questions les plus aigres dans les termes les plus doux, et que la mauvaise humeur n'aggrave pas nos querelles.

antoine.—C'est bien parlé ; si nous étions à la tête de nos armées et prêts à combattre, j'agirais ainsi.

césar.—Soyez le bienvenu dans Rome.

antoine.—Merci !

césar.—Asseyez-vous.

antoine. —Asseyez-vous, seigneur.

césar.—Ainsi donc...

antoine.—J'apprends que vous vous offensez de choses qui ne sont point blâmables, ou qui, si elles le sont, ne vous regardent pas.

césar.—Je serais ridicule, si je me prétendais offensé pour rien ou pour peu de chose ; mais avec vous surtout : plus ridicule encore si je vous avais nommé avec des reproches, lorsque je n'avais point affaire de prononcer votre nom.

antoine.—Que vous importait donc, César, mon séjour en Égypte ?

césar.—Pas plus que mon séjour à Rome ne devait vous inquiéter en Égypte : cependant, si de là vous cherchiez à me nuire, votre séjour en Égypte pouvait m'occuper.

antoine. — Qu'entendez-vous par chercher à vous nuire ?

césar.—Vous pourriez bien saisir le sens de ce que je veux dire par ce qui m'est arrivé ici ; votre femme et votre frère ont pris les armes contre moi, leur attaque était pour vous un sujet de vous déclarer contre moi, votre nom était leur mot d'ordre.

antoine.—Vous vous méprenez. Jamais mon frère ne m'a mis en avant dans cette guerre. Je m'en suis instruit, et ma certitude est fondée sur les rapports fidèles de ceux mêmes qui ont tiré l'épée pour vous ! N'attaquait-il pas plutôt mon autorité que la vôtre ? ne dirigeait-il pas également la guerre contre moi puisque votre cause est la mienne ? là-dessus mes lettres vous ont déjà satisfait. Si vous voulez trouver un prétexte de querelle, comme vous n'en avez pas de bonne raison, il ne faut pas compter sur celui-ci.

CÉSAR.—Vous faites-là votre éloge, en m'accusant de défaut de jugement : mais vous déguisez mal vos torts.

ANTOINE.—Non, non ! Je sais, je suis certain que vous ne pouviez pas manquer de faire cette réflexion naturelle, que moi, votre associé dans la cause contre laquelle mon frère s'armait, je ne pouvais voir d'un œil satisfait une guerre qui troublait ma paix. Quant à ma femme, je voudrais que vous trouvassiez une autre femme douée du même caractère.—Le tiers de l'univers est sous vos lois ; vous pouvez, avec le plus faible frein, le gouverner à votre gré, mais non pas une pareille femme.

ÉNOBARBUS.—Plût au ciel que nous eussions tous de pareilles épouses ! les hommes pourraient aller à la guerre avec les femmes.

ANTOINE.—Les embarras qu'a suscités son impatience et son caractère intraitable qui ne manquait pas non plus des ruses de la politique, vous ont trop inquiété, César ; je vous l'accorde avec douleur ; mais vous êtes forcé d'avouer qu'il n'était pas en mon pouvoir de l'empêcher.

CÉSAR.—Je vous ai écrit pendant que vous étiez plongé dans les débauches, à Alexandrie ; vous avez mis mes lettres dans votre poche, et vous avez renvoyé avec mépris mon député de votre présence.

ANTOINE.—César, il est entré brusquement, avant qu'on l'eût admis. Je venais de fêter trois rois, et je n'étais plus tout à fait l'homme du matin : mais le lendemain, j'en ai fait l'aveu moi-même à votre député ; ce qui équivalait à lui en demander pardon. Que cet homme n'entre pour rien dans notre différend. S'il faut que nous contestions ensemble, qu'il ne soit plus question de lui.

CÉSAR.—Vous avez violé un article de vos serments, ce que vous n'aurez jamais à me reprocher.

LÉPIDE.—Doucement, César.

ANTOINE.—Non, Lépide, laissez-le parler, l'honneur dont il parle maintenant est sacré, en supposant que j'en ai manqué; voyons, César, l'article de mon serment.....

césar.—C'était de me prêter vos armes et votre secours à ma première réquisition ; vous m'avez refusé l'un et l'autre.

antoine.—Dites plutôt négligé, et cela pendant ces heures empoisonnées qui m'avaient ôté la connaissance de moi-même. Je vous en témoignerai mon repentir autant que je le pourrai; mais ma franchise n'avilira point ma grandeur, comme ma puissance ne fera rien sans ma franchise. La vérité est que Fulvie, pour m'attirer hors d'Égypte, vous a fait la guerre ici. Et moi, qui étais sans le savoir le motif de cette guerre, je vous en fais toutes les excuses où mon honneur peut descendre en pareille occasion.

lépide.—C'est noblement parler.

mécène.—S'il pouvait vous plaire de ne pas pousser plus loin vos griefs réciproques, de les oublier tout à fait, pour vous souvenir que le besoin présent vous invite à vous réconcilier?

lépide.—Sagement parlé, Mécène.

énobarbus.—Ou bien empruntez-vous l'un à l'autre, pour le moment, votre affection; et quand vous n'entendrez plus parler de Pompée, alors vous vous la rendrez : vous aurez tout le loisir de vous disputer, quand vous n'aurez pas autre chose à faire.

antoine.—Tu n'es qu'un soldat : tais-toi.

énobarbus.—J'avais presque oublié que la vérité devait se taire.

antoine.—Tu manques de respect à cette assemblée; ne dis plus rien.

énobarbus.—Allons, poursuivez. Je suis muet comme une pierre.

césar.—Je ne désapprouve point le fond, mais bien la forme de son discours.—Il n'est pas possible que nous restions amis, nos principes et nos actions différant si fort. Cependant, si je connaissais un lien assez fort pour nous tenir étroitement unis, je le chercherais dans le monde entier.

AGRIPPA.—Permettez-moi, César...

CÉSAR.—Parle, Agrippa.

AGRIPPA.—Vous avez du côté maternel une sœur, la belle Octavie. Le grand Marc-Antoine est veuf maintenant.

CÉSAR.—Ne parle pas ainsi, Agrippa ; si Cléopâtre t'entendait, elle te reprocherait, avec raison, ta témérité.....

ANTOINE.—Je ne suis pas marié, César ; laissez-moi entendre Agrippa.

AGRIPPA.— Pour entretenir entre vous une éternelle amitié, pour faire de vous deux frères, et unir vos cœurs par un nœud indissoluble, il faut qu'Antoine épouse Octavie : sa beauté réclame pour époux le plus illustre des mortels ; ses vertus et ses grâces en tout genre disent ce qu'elles peuvent seules exprimer. Cet hymen dissipera toutes ces petites jalousies, qui maintenant vous paraissent si grandes ; et toutes les grandes craintes qui vous offrent maintenant des dangers sérieux s'évanouiront. Les vérités même ne vous paraîtront alors que des fables, tandis que la moitié d'une fable passe maintenant pour la vérité. Sa tendresse pour tous les deux vous enchaînerait l'un à l'autre et vous attirerait à tous deux tous les cœurs. Pardonnez ce que je viens de dire : ce n'est pas la pensée du moment, mais une idée étudiée et méditée par le devoir.

ANTOINE.—César veut-il parler ?

CÉSAR.—Non, jusqu'à ce qu'il sache comment Antoine reçoit cette proposition.

ANTOINE.—Quels pouvoirs aurait Agrippa, pour accomplir ce qu'il propose, si je disais : *Agrippa, j'y consens ?*

CÉSAR.—Le pouvoir de César, et celui qu'a César sur Octavie.

ANTOINE.—Loin de moi la pensée de mettre obstacle à ce bon dessein, qui offre tant de belles espérances ! (*A César.*) Donnez-moi votre main, accomplissez cette gracieuse ouverture, et qu'à compter de ce moment un cœur fraternel inspire notre tendresse mutuelle et préside à nos grands desseins.

CÉSAR.—Voilà ma main. Je vous cède une sœur aimée

comme jamais sœur ne fut aimée de son frère. Qu'elle vive pour unir nos empires et nos cœurs, et que notre amitié ne s'évanouisse plus !

lépide.—Heureuse réconciliation ! Ainsi soit-il.

antoine.—Je ne songeais pas à tirer l'épée contre Pompée : il m'a tout récemment accablé des égards les plus grands et les plus rares ; il faut qu'au moins je lui en exprime ma reconnaissance, pour me dérober au reproche d'ingratitude : immédiatement après, je lui envoie un défi.

lépide.—Le temps presse ; il nous faut chercher tout de suite Pompée, ou il va nous prévenir.

antoine.—Et où est-il ?

césar.—Près du mont Misène.

antoine.—Quelles sont ses forces sur terre ?

césar.—Elles sont grandes et augmentent tous les jours : sur mer, il est maître absolu.

antoine.—C'est le bruit qui court. Je voudrais avoir eu une conférence avec lui : hâtons-nous de nous la procurer ; mais avant de nous mettre en campagne, dépêchons l'affaire dont nous avons parlé.

césar.—Avec la plus grande joie, et je vous invite à venir voir ma sœur ; je vais de ce pas vous conduire chez elle.

antoine.—Lépide, ne nous privez pas de votre compagnie.

lépide.—Noble Antoine, les infirmités mêmes ne me retiendraient pas.

(Fanfares ; Antoine, César, Lépide sortent.)

mécène.—Soyez le bienvenu d'Égypte, seigneur Énobarbus.

énobarbus.—Seconde moitié du cœur de César, digne Mécène !—Mon honorable ami Agrippa !

agrippa.—Bon Énobarbus !

mécène.—Nous devons être joyeux, en voyant tout si heureusement terminé.—Vous vous êtes bien trouvé en Égypte ?

énobarbus.—Oui, Mécène. Nous dormions tant que le jour durait, et nous passions les nuits à boire jusqu'à la pointe du jour.

mécène.—Huit sangliers rôtis pour un déjeuner [1] ! et douze convives seulement ! Le fait est-il vrai ?

énobarbus.—Ce n'était là qu'une mouche pour un aigle ; nous avions, dans nos festins, bien d'autres plats monstrueux et dignes d'être remarqués.

mécène.—C'est une reine bien magnifique, si la renommée dit vrai.

énobarbus.—Dès sa première entrevue avec Marc-Antoine sur le fleuve Cydnus, elle a pris son cœur dans ses filets.

agrippa.—En effet, c'est sur ce fleuve qu'elle s'est offerte à ses yeux, si celui qui m'en a fait le récit n'a pas inventé.

énobarbus.—Je vais vous raconter cette entrevue :
La galère où elle était assise, ainsi qu'un trône éclatant, semblait brûler sur les eaux. La poupe était d'or massif, les voiles de pourpre, et si parfumées, que les vents venaient s'y jouer avec amour. Les rames d'argent frappaient l'onde en cadence au son des flûtes, et les flots amoureux se pressaient à l'envi à la suite du vaisseau. Pour Cléopâtre, il n'est point d'expression qui puisse la peindre. Couchée sous un pavillon de tissu d'or, elle effaçait cette Vénus fameuse où nous voyons l'imagination surpasser la nature ; à ses côtés étaient assis de jeunes et beaux enfants, comme un groupe de riants amours, qui agitaient des éventails de couleurs variées, dont le vent semblait colorer les joues délicates qu'ils rafraîchissaient comme s'ils eussent produit cette chaleur qu'ils diminuaient.

agrippa.—O spectacle admirable pour Antoine !...

énobarbus.—Ses femmes, comme autant de Néréides et de Sirènes, cherchaient à deviner ses ordres dans ses regards et s'inclinaient avec grâce. Une d'elles, telle qu'une vraie sirène, assise au gouvernail, dirige le vaisseau : les cordages de soie obéissent à ces mains douces comme les fleurs, qui manœuvrent avec dextérité. Du

---

[1] On peut voir dans Plutarque quel était le luxe des repas d'Antoine.

sein de la galère s'exhalent d'invisibles parfums qui frappent les sens, sur les quais adjacents. La ville envoie tous ses habitants au-devant d'elle : Antoine, assis sur un trône au milieu de la place publique, est resté seul, haranguant l'air, qui, sans son horreur pour le vide, eût aussi été contempler Cléopâtre et eût abandonné sa place dans la nature.

AGRIPPA.—O merveille de l'Egypte !

ÉNOBARBUS.—Aussitôt qu'elle fut débarquée, Antoine envoya vers elle et l'invita à souper. Elle répondit qu'il vaudrait mieux qu'il devînt son hôte, et qu'elle l'en conjurait. Notre galant Antoine, à qui jamais femme n'entendit prononcer le mot *non*, va au festin après s'être fait raser dix fois, et, selon sa coutume, il paye de son cœur ce que ses yeux seuls ont dévoré.

AGRIPPA.—Prostituée royale ! elle fit déposer au grand César son épée sur son lit; il la cultiva, et elle porta un fruit.

ÉNOBARBUS.—Je l'ai vue une fois sauter à cloche-pied pendant quarante pas, dans les rues d'Alexandrie ; et bientôt, perdant haleine, elle parla, tout essoufflée; elle se fit une nouvelle perfection de ce manque de forces, et de sa bouche sans haleine il s'exhalait un charme tout-puissant.

MÉCÈNE.—A présent, voilà Antoine obligé de la quitter pour toujours.

ÉNOBARBUS.—Jamais, il ne la quittera pas. L'âge ne peut la flétrir, ni l'habitude épuiser l'infinie variété de ses appas. Les autres femmes rassasient les désirs qu'elles satisfont; mais elle, plus elle donne, plus elle affame; car les choses les plus viles ont de la grâce chez elle : tellement, que les prêtres sacrés la bénissent au milieu de ses débauches.

MÉCÈNE.—Si la beauté, la sagesse et la modestie peuvent fixer le cœur d'Antoine, Octavie est pour lui un heureux lot.

AGRIPPA.—Allons-nous-en. Cher Énobarbus, deviens mon hôte pendant ton séjour ici.

ÉNOBARBUS.—Seigneur, je vous remercie humblement.

(Ils sortent.)

SCÈNE III

Rome.—Appartement de la maison de César.

CÉSAR, ANTOINE, OCTAVIE *au milieu d'eux*, *suite et un* DEVIN.

ANTOINE.—Le monde et ma charge importante m'arracheront quelquefois de vos bras.

OCTAVIE.—Tout le temps de votre absence j'irai fléchir les genoux devant les dieux et les prier pour vous.

ANTOINE.—Adieu, seigneur... — Mon Octavie, ne jugez point mes torts sur les récits du monde. J'ai quelquefois passé les bornes, je l'avoue ; mais, à l'avenir, ma conduite ne s'écartera plus de la règle. Adieu, chère épouse.

OCTAVIE.—Adieu, seigneur.

CÉSAR.—Adieu, Antoine.

(César et Octavie sortent.)

ANTOINE.—Eh bien ! maraud, voudrais-tu être encore en Égypte ?

LE DEVIN.—Plût aux dieux que je n'en fusse jamais sorti, et que vous ne fussiez jamais venu ici !

ANTOINE.—La raison, si tu peux la dire ?

LE DEVIN.—Je la devine par mon art ; mais ma langue ne peut l'exprimer : retournez au plus tôt en Égypte.

ANTOINE.—Dis-moi qui, de César ou de moi, élèvera le plus haut sa fortune.

LE DEVIN.—César.—O Antoine, ne reste donc point à ses côtés. Ton démon, c'est-à-dire l'esprit qui te protége est noble, courageux, fier, sans égal partout où celui de César n'est pas ; mais près de lui ton ange se change en Terreur[1], comme s'il était dompté. Ainsi donc, mets toujours assez de distance entre lui et toi.

ANTOINE.—Ne me parle plus de cela.

LE DEVIN.—Je n'en parle qu'à toi ; je n'en parlerai jamais qu'à toi seul.—Si tu joues avec lui à quelque jeu

---

[1] *A fear.* La Peur était un personnage dans les anciennes *Moralités;* quelques commentateurs ont voulu lire *a feard*, *effrayé*, le sens est le même, mais l'allusion n'existe plus.

que ce soit, tu es sûr de perdre. Il a tant de bonheur, qu'il te battra malgré tous tes avantages. Dès qu'il brille près de toi, ton éclat s'éclipse. Je te le répète encore : ton génie ne te gouverne qu'avec terreur, quand il te voit près de lui. Loin de César, il reprend toute sa grandeur.

ANTOINE. — Va-t'en et dis à Ventidius que je veux lui parler. (*Le devin sort.*) — Il marchera contre les Parthes... Soit science ou hasard, cet homme a dit la vérité. Les dés même obéissent à César, et, dans nos jeux, il gagne ; ma plus grande adresse échoue contre son bonheur, si nous tirons au sort ; ses coqs sont toujours vainqueurs des miens, quand toutes les chances sont pour moi, et ses cailles battent toujours les miennes dans l'enceinte où nous les excitons entre elles. — Je veux retourner en Égypte. Si j'accepte ce mariage, c'est pour assurer ma paix ; mais tous mes plaisirs sont dans l'Orient. (*Ventidius paraît.*) Oh ! viens, Ventidius ; il faut marcher contre les Parthes : ta commission est prête ; suis-moi, et viens la recevoir.

(Ils sortent.)

SCÈNE IV

Une rue de Rome.

LÉPIDE, MÉCÈNE, AGRIPPA.

LÉPIDE. — Qu'aucun soin ne vous retienne plus longtemps : hâtez-vous de suivre vos généraux.

AGRIPPA. — Seigneur, Marc-Antoine ne demande que le temps d'embrasser Octavie, et nous partons.

LÉPIDE. — Adieu donc, jusqu'à ce que je vous voie revêtus de votre armure guerrière, qui vous sied si bien à tous deux.

MÉCÈNE. — Si je ne me trompe sur ce voyage, Lépide, nous serons avant vous au mont de Misène.

LÉPIDE. — Votre route est la plus courte : mes desseins m'obligent de prendre des détours, et vous gagnerez deux journées sur moi.

AGRIPPA ET MÉCÈNE. — Bon succès, seigneur !

LÉPIDE. — Adieu.

SCÈNE V

Alexandrie.—Appartement du palais.

CLÉOPATRE, CHARMIANE, IRAS, ALEXAS.

CLÉOPATRE.—Faites-moi de la musique. La musique est l'aliment mélancolique de ceux qui ne vivent que d'amour.

LES SUIVANTES.—La musique ! Eh !

(Mardian entre.)

CLÉOPATRE.—Non, point de musique ; allons plutôt jouer au billard. Viens, Charmiane.

CHARMIANE.—Mon bras me fait mal ; vous ferez mieux de jouer avec Mardian.

CLÉOPATRE.—Autant jouer avec un eunuque qu'avec une femme. Allons, Mardian, veux-tu faire ma partie ?

MARDIAN.—Aussi bien que je pourrai, madame.

CLÉOPATRE.—Dès que l'acteur montre de la bonne volonté, quand il ne réussirait pas, il a droit à notre indulgence.— Mais je ne jouerai pas à présent. — Donnez-moi mes lignes ; nous irons à la rivière, et là, tandis que ma musique se fera entendre dans le lointain, je tendrai des piéges aux poissons dorés : mon hameçon courbé percera leurs molles ouïes..... et à chaque poisson que je tirerai hors de l'eau, m'imaginant prendre un Antoine, je m'écrierai : *Ah! vous voilà pris.*

CHARMIANE.—C'était un tour bien plaisant, lorsque vous fîtes une gageure avec Antoine sur votre pêche, et qu'il tira de l'eau avec transport un poisson salé que votre plongeur avait attaché à sa ligne [1].

CLÉOPATRE.—Ce temps-là ! O temps ! Je le plaisantai jusqu'à lui faire perdre patience ; la nuit suivante, ma gaieté lui rendit la patience, et le lendemain matin, avant la neuvième heure, je l'enivrai au point qu'il alla se mettre au lit : je le couvris de mes robes et de mes

---

[1] La fameuse Nelly Gwyn amusa Charles II par une espièglerie semblable.

manteaux, et moi je ceignis son épée Philippine[1].…
(*Entre un messager.*) Oh! des nouvelles d'Italie! Introduis
tes fécondes nouvelles dans mes oreilles, qui ont été si
longtemps à sec.

LE MESSAGER.—Madame…. madame….

CLÉOPATRE.—Antoine est mort? Si tu le dis, misérable,
tu assassines ta maîtresse. Mais s'il est libre et bien portant, si c'est là ce que tu viens m'apprendre, voilà de
l'or, et baise les veines azurées de cette main, de cette
main que des rois ont pressée de leurs lèvres, et n'ont
baisée qu'en tremblant.

LE MESSAGER.—D'abord, madame : il se porte bien.

CLÉOPATRE.—Tiens, voilà encore de l'or; mais prends
garde, coquin. Nous disons ordinairement que les morts
vont bien. Si c'est là ce que tu veux dire, cet or que je te
donne, je le ferai fondre et le verserai tout brûlant dans
la gorge qui annonce des malheurs.

LE MESSAGER.—Grande reine, daignez m'écouter.

CLÉOPATRE.—Allons, j'y consens; poursuis : mais il n'y
a rien de bon dans ta figure. Si Antoine est libre et plein
de santé, pourquoi cette physionomie si sombre, pour
annoncer des nouvelles si heureuses? S'il n'est pas bien,
tu devrais te présenter devant moi comme une furie couronnée de serpents, et non sous la forme d'un homme.

LE MESSAGER.—Vous plaît-il de m'entendre?

CLÉOPATRE.—J'ai envie de te frapper avant que tu
parles. Cependant, si tu me dis qu'Antoine vit et se porte
bien, ou qu'il est ami de César, et non pas son esclave,
je verserai sur ta tête une pluie d'or et une grêle de
perles.

LE MESSAGER.—Madame, il se porte bien.

CLÉOPATRE.—C'est bien parlé.

LE MESSAGER.—Et il est ami de César.

CLÉOPATRE.—Tu es un brave homme.

LE MESSAGER.—César et lui sont plus amis que jamais.

CLÉOPATRE.—Tu feras ta fortune avec moi.

---

[1] Shakspeare donne ce nom à l'épée d'Antoine en mémoire
de ses exploits à Philippes.

LE MESSAGER.—Mais cependant, madame...

CLÉOPATRE.—Je n'aime point ce *mais cependant*, il gâte les bonnes nouvelles ; j'abhorre ce *mais* qui précède *cependant*. *Mais cependant* est comme un geôlier qui va traîner après lui quelque monstrueux malfaiteur. De grâce, ami, verse tout ce que tu portes dans mon oreille, le bien et le mal à la fois... Il est ami de César, il est en pleine santé, dis-tu? il est libre, dis-tu encore ?

LE MESSAGER.—*Libre*, madame, non ; je ne vous ai rien dit de semblable. Il est lié à Octavie.

CLÉOPATRE.—Pour quel service ?

LE MESSAGER.—Pour le meilleur service, celui du lit.

CLÉOPATRE.—Je pâlis, Charmiane.

LE MESSAGER.—Madame, il est marié à Octavie.

CLÉOPATRE.—Que la peste la plus contagieuse t'atteigne !

LE MESSAGER.—Madame, de la patience.

CLÉOPATRE.—Que dis-tu? Sors d'ici, horrible scélérat ! (*Elle le frappe*) ou avec mon pied je repousserai tes yeux comme des billes ; j'arracherai tous les cheveux de ta tête. (*Elle le maltraite.*) Tu seras fouetté avec des verges de fer trempées dans de l'eau salée ; tes plaies, imprégnées de saumure, seront cuisantes.

LE MESSAGER. — Gracieuse reine, je vous apporte ces nouvelles, mais je n'ai pas fait le mariage.

CLÉOPATRE.—Dis que ce n'est pas vrai, et je te donnerai une province ; tu parviendras à la fortune la plus brillante. Le coup que tu as reçu te fera pardonner de m'avoir mise en fureur, et je t'accorderai, en outre, tout ce que tu jugeras à propos de demander.

LE MESSAGER.—Il est marié, madame.

CLÉOPATRE.—Scélérat, tu as trop vécu.

(Elle tire un poignard.)

LE MESSAGER.—Ah ! alors, je me sauve. Madame, que prétendez-vous ? Je ne suis coupable d'aucune faute.

CHARMIANE.—Madame, contenez-vous ; cet homme est innocent.

CLÉOPATRE.—Il est des innocents qui n'échappent pas à la foudre !... Que l'Égypte s'ensevelisse dans le Nil, et que toutes les créatures bienfaisantes se transforment en serpents!... Rappelez cet esclave : malgré ma rage, je ne le mordrai point; rappelez-le.

CHARMIANE.—Il a peur de revenir.

CLÉOPATRE.—Je ne le maltraiterai point : ces mains s'avilissent en frappant un malheureux au-dessous de moi, sans autre sujet que celui que je me suis donné moi-même. Approche, mon ami. (*Le messager revient.*) Il n'y a pas de crime; mais il y a toujours du danger à être porteur de mauvaises nouvelles. Emprunte cent voix pour un message agréable, mais laisse les nouvelles fâcheuses s'annoncer elles-mêmes en se faisant sentir.

LE MESSAGER.—J'ai rempli mon devoir.

CLÉOPATRE.—Il est marié ? Il ne m'est pas possible de te haïr plus que je ne fais, si tu dis encore *oui*.

LE MESSAGER.—Il est marié, madame.

CLÉOPATRE.—Que les dieux te confondent! tu oses donc persister?

LE MESSAGER.—Dois-je mentir, madame?

CLÉOPATRE.—Oh! je voudrais que tu m'eusses menti; dût la moitié de mon Égypte être submergée et changée en citerne pour les serpents écailleux! Va, va-t'en. Eusses-tu la beauté de Narcisse, tu me paraîtrais hideux... Il est marié?...

LE MESSAGER.—Je demande pardon à Votre Majesté.

CLÉOPATRE.—Il est marié ?

LE MESSAGER.—Ne soyez point offensée de ce que je ne voulais pas vous déplaire. Me punir, pour obéir à vos ordres, ne me paraît pas juste. Il est marié à Octavie.

CLÉOPATRE.—Oh! pourquoi son crime fait-il de toi, à mes yeux, un scélérat que tu n'es pas! Quoi! es-tu bien sûr de ce que tu dis?... Va-t-en, la marchandise que tu as apportée de Rome est trop chère pour moi. Qu'elle repose sur ta tête, et qu'elle cause ta perte.

(*Le messager sort.*)

CHARMIANE.—Noble reine, de la patience.

CLÉOPATRE.—En louant Antoine, j'ai déprécié César.

CHARMIANE.—Bien, bien des fois, madame.

CLÉOPATRE.—J'en suis punie aujourd'hui. Qu'on m'em-

mène de ce lieu. Je succombe. Oh! Iras, Charmiane.—
N'importe.—Cher Alexas, va trouver cet homme, dis-lui
de te rendre compte des traits d'Octavie, de son âge, de
ses inclinations ; qu'il n'oublie pas de dire la couleur de
ses cheveux. Reviens promptement m'en instruire.
(*Alexas sort.*) Qu'il m'abandonne à jamais !—Mais non.—
Charmiane, quoique sous une face il m'offre les traits de
Gorgone, sous les autres il me paraît un dieu Mars.—
Recommande à Alexas de me rapporter de quelle taille
elle est.—Aie pitié de moi, Charmiane ; mais ne me parle
pas, conduis-moi à ma chambre.

(Elles sortent.)

SCÈNE VI

Les côtes d'Italie, près de Misène.

POMPÉE et MÉNAS *entrent d'un côté au son du tambour et des trompettes ; de l'autre* CÉSAR, ANTOINE, LÉPIDE, ÉNOBARBUS, MÉCÈNE et AGRIPPA *paraissent avec leurs soldats.*

POMPÉE.—J'ai reçu vos otages, vous avez les miens, et nous causerons avant de nous battre.

CÉSAR.—Il convient que nous commencions par conférer ensemble, et c'est pourquoi nous vous avons envoyé nos propositions par écrit. Si vous les avez examinées, faites-nous savoir si elles enchaîneront votre épée mécontente, et renverront en Sicile une foule de belle jeunesse, qui autrement doit périr ici.

POMPÉE.—C'est à vous trois que je parle, vous les seuls sénateurs de ce vaste univers et les illustres agents des dieux.—Je ne vois pas pourquoi mon père manquerait de vengeurs, puisqu'il laisse un fils et des amis ; tandis que Jules César, dont le fantôme apparut à Philippes au vertueux Brutus, vous vit alors travailler pour lui. Quel motif engagea le pâle Cassius à conspirer ? Et ce Romain vénéré de tous les hommes, le vertueux Brutus, quel motif le porta, avec les autres guerriers de son parti, amants de la belle liberté, à ensanglanter le Capitole ? Ils ne voulaient voir qu'un homme dans un homme, et rien de plus. C'est le même motif qui m'a porté à équiper ma flotte, dont le poids fait écumer l'Océan indigné ; avec elle, je veux châtier l'ingratitude que l'injuste Rome a montrée à mon illustre père.

César.—Prenez votre temps.

Antoine.—Pompée, tu ne peux nous intimider avec tes vaisseaux. Nous te répondrons sur mer. Sur terre, tu sais combien nos forces dépassent les tiennes.

Pompée.—Sur terre, en effet, tes biens dépassent les miens, tu as la maison de mon père ; mais puisque le coucou prend le nid des autres oiseaux, reste-s-y tant que tu pourras.

Lépide.—Ayez la bonté de nous dire, car tout ceci s'éloigne de la question présente, ce que vous décidez sur les offres que nous vous avons envoyées?

César.—Oui, voilà le point.

Antoine.—On ne te prie pas de consentir. C'est à toi de peser les choses, et de voir quel parti tu dois embrasser.

César.—Et quelles suites peut avoir l'envie de tenter une plus grande fortune.

Pompée.—Vous m'offrez la Sicile et la Sardaigne, sous la condition que je purgerai la mer des pirates, et que j'enverrai du froment à Rome ; ceci convenu, nous nous séparerons avec nos épées sans brèche et nos boucliers sans traces de combat?

César, Antoine et Lépide.—C'est ce que nous offrons.

Pompée.—Sachez donc que je suis ici devant vous, en homme disposé à accepter vos offres. Mais Marc-Antoine m'a un peu impatienté. Quand je devrais perdre le prix du bienfait en le rappelant, vous devez vous souvenir, Antoine, que, lorsque César et votre frère étaient en guerre, votre mère se réfugia en Sicile, et qu'elle y trouva un accueil amical.

Antoine.—J'en suis instruit, Pompée, et je me préparais à vous exprimer toute la reconnaissance que je vous dois.

Pompée.—Donnez-moi votre main.—Je ne m'attendais pas, seigneur, à vous rencontrer en ces lieux.

ANTOINE.—Les lits d'Orient sont bien doux ! et je vous dois des remerciements, car c'est vous qui m'avez fait revenir ici plus tôt que je ne comptais, et j'y ai beaucoup gagné.

CÉSAR.—Vous me paraissez changé depuis la dernière fois que je vous ai vu.

POMPÉE.—Peut-être ; je ne sais pas quelles marques la fortune trace sur mon visage ; mais elle ne pénétrera jamais dans mon sein pour asservir mon cœur.

LÉPIDE.—Je suis bien satisfait de vous voir ici.

POMPÉE.—Je l'espère, Lépide.—Ainsi, nous voilà d'accord. Je désire que notre traité soit mis par écrit et scellé par nous.

CÉSAR.—C'est ce qu'il faut faire tout de suite.

POMPÉE.—Il faut nous fêter mutuellement avant de nous séparer. Tirons au sort à qui commencera.

ANTOINE.—Moi, Pompée.

POMPÉE.—Non, Antoine, il faut que le sort en décide. Mais, que vous soyez le premier ou le dernier, votre fameuse cuisine égyptienne aura toujours la supériorité. J'ai ouï dire que Jules César acquit de l'embonpoint dans les banquets de cette contrée.

ANTOINE.—Vous avez ouï dire bien des choses.

POMPÉE.—Mon intention est innocente.

ANTOINE.—Et vos paroles aussi.

POMPÉE.—Voilà ce que j'ai ouï dire, et aussi qu'Appollodore porta...

ÉNOBARBUS.—N'en parlons plus. Le fait est vrai.

POMPÉE.—Quoi, s'il vous plaît ?

ÉNOBARBUS.—Une certaine reine à César dans un matelas.

POMPÉE.—Je te reconnais à présent. Comment te portes-tu, guerrier ?

ÉNOBARBUS.—Fort bien ; et il y a apparence que je continuerai, car j'aperçois à l'horizon quatre festins.

POMPÉE.—Donne-moi une poignée de main : je ne t'ai jamais haï ; je t'ai vu combattre, et tu m'as rendu jaloux de ta valeur.

ÉNOBARBUS.—Moi, seigneur, je ne vous ai jamais beaucoup aimé; mais j'ai fait votre éloge, quand vous méritiez dix fois plus de louanges que je ne le disais.

POMPÉE.—Conserve ta franchise, elle te sied bien.—Je vous invite tous à bord de ma galère. Voulez-vous me précéder, seigneurs ?

TOUS.—Montrez-nous le chemin.

POMPÉE.—Allons, venez.

(Pompée, César, Antoine, Lépide, les soldats et la suite sortent.)

MÉNAS, *à part*.—Ton père, Pompée, n'eût jamais fait ce traité. (*A Énobarbus.*) Nous nous sommes connus, seigneur ?

ÉNOBARBUS.—Sur mer, je crois.

MÉNAS.—Oui, seigneur.

ÉNOBARBUS.—Vous avez fait des prouesses sur mer.

MÉNAS.—Et vous sur terre.

ÉNOBARBUS.—Je louerai toujours qui me louera. Mais on ne peut nier mes exploits sur terre.

MÉNAS.—Ni mes exploits de mer non plus.

ÉNOBARBUS.—Oui, mais il y a quelque chose que vous pouvez nier, pour votre sûreté.—Vous avez été un grand voleur sur mer.

MÉNAS.—Et vous sur terre.

ÉNOBARBUS.—A ce titre, je nie mes services de terre.—Mais donnez-moi votre main, Ménas : si nos yeux avaient quelque autorité, ils pourraient surprendre deux voleurs qui s'embrassent.

MÉNAS.—Le visage des hommes est sincère, quoi que fassent leurs mains.

ÉNOBARBUS.—Mais il n'y eut jamais une belle femme dont le visage fût sincère.

MÉNAS.—Ce n'est pas une calomnie : elles volent les cœurs.

ÉNOBARBUS.—Nous sommes venus ici pour vous combattre.

MÉNAS.—Quant à moi, je suis fâché que cela soit changé en débauche. Pompée, aujourd'hui, perd sa fortune en riant.

ÉNOBARBUS.—Si cela est, il est sûr que ses larmes ne la rappelleront pas.

MÉNAS.—Vous l'avez dit, seigneur.—Nous ne nous attendions pas à trouver Marc-Antoine ici. Mais, je vous prie, est-il marié à Cléopâtre ?

ÉNOBARBUS.—La sœur de César se nomme Octavie.

MÉNAS.—Oui ; elle était femme de Caïus Marcellus.

ÉNOBARBUS.—Mais elle est maintenant la femme de Marc-Antoine.

MÉNAS.—Plaît-il, seigneur?

ÉNOBARBUS.—Rien de plus vrai.

MÉNAS.—Les voilà donc, César et lui, liés ensemble pour jamais.

ÉNOBARBUS.—Si j'étais obligé de deviner le sort de cette union, je ne prédirais pas ainsi.

MÉNAS.—Je présume que la politique a eu plus de part que l'amour à cette alliance?

ÉNOBARBUS.—Je le crois comme vous. Vous verrez que le nœud qui semble aujourd'hui resserrer leur amitié étranglera l'affection. Octavie est d'une humeur chaste, froide et tranquille.

MÉNAS. Qui ne voudrait que sa femme fût ainsi ?

ÉNOBARBUS.—Celui qui n'a lui-même aucune de ces qualités ; c'est-à-dire Marc-Antoine. Il retournera à son plat égyptien. Alors les soupirs d'Octavie enflammeront la colère de César; et, comme je viens de le dire, ce qui paraît faire la force de leur amitié, sera précisément la cause de leur rupture. Antoine laissera toujours son cœur où il l'a placé ; il n'a épousé ici que les circonstances.

MÉNAS.—Cela pourrait bien être. Allons, seigneur, voulez-vous venir à bord? j'ai une santé à vous faire boire.

ÉNOBARBUS.—Je l'accepterai. Nous avons utilisé nos gosiers en Égypte.

MÉNAS.—Allons, venez.

(Ils sortent.)

SCÈNE VII

A bord de la galère de Pompée, près de Messine.

Symphonie. *Entrent deux ou trois serviteurs avec un dessert.*

Premier serviteur.— C'est ici qu'ils se placeront, camarade. La plante [1] des pieds de quelques-uns ne tient plus guère à la terre, le plus faible vent du monde les renversera.

Second serviteur.—Lépide est haut en couleur.

Premier serviteur.—Ils lui ont fait boire les coups de charité [2].

Second serviteur.—Quand ils se disent leurs vérités, il leur crie : *Allons, laissez cela*, les réconcilie par ses prières, et puis se réconcilie avec la liqueur.

Premier serviteur.—Ce qui élève une guerre violente entre lui et sa tempérance.

Second serviteur.—Et voilà ce que c'est de mettre son nom dans la compagnie des hommes supérieurs .: J'aimerais autant avoir dans mes mains un inutile roseau, qu'une pertuisane que je ne pourrais soulever.

Premier serviteur.—Être élevé dans une vaste sphère pour s'y mouvoir sans y être vu, c'est n'avoir que les cavités où les yeux devraient être ; ce qui déforme cruellement le visage.

(Les trompettes sonnent : arrivent Octave, Antoine, Pompée, Lépide, Agrippa, Mécène, Énobarbus, Ménas et autres capitaines.)

Antoine, *à César*.—Voilà comme ils font, seigneur; ils mesurent la crue du Nil par certains degrés marqués sur les pyramides : ils connaissent, par la hauteur plus ou moins grande des eaux, si la disette ou l'abondance suivront. Plus les eaux du Nil montent, plus il promet;

---

[1] *Some of their plants are ill rooted already.*

[2] *Coup de charité, alms-drink.* La boisson d'aumône, terme usité parmi les buveurs, pour signifier la portion du verre que boit un convive, pour soulager son compagnon. C'est ainsi que Lépide se charge volontiers de ce qui répugne à ses collègues.

quand il se retire, le laboureur sème son grain sur le limon et la vase, et bientôt les champs sont couverts d'épis.

LÉPIDE.—Vous avez là de prodigieux serpents.

ANTOINE.—Oui, Lépide.

LÉPIDE.—Vos serpents d'Égypte naissent du limon par l'opération de votre soleil : il en est de même de vos crocodiles ?

ANTOINE.—Tout comme vous le dites.

POMPÉE.—Asseyons-nous, et qu'on apporte du vin. Une santé à Lépide.

LÉPIDE.—Je ne suis pas aussi bien que je devrais être, mais jamais je ne reculerai.

ÉNOBARBUS, *à part.*— Non, jusqu'à ce que vous ayez dormi. Jusque-là, je crains bien que vous n'avanciez.

LÉPIDE.—Oui, j'ai entendu dire que les pyramides de Ptolémée étaient bien belles. En vérité, je l'ai entendu dire.

MÉNAS, *à part, à Pompée.*— Pompée, un mot....

POMPÉE.—Parle-moi à l'oreille. Que veux-tu ?

MÉNAS, *à part, à Pompée.*—Levez-vous, mon général, je vous en conjure, et daignez m'entendre.

POMPÉE.—Laisse-moi ; tout à l'heure...— Cette coupe pour Lépide.

LÉPIDE. — Quelle espèce d'animal est-ce que votre crocodile ?

ANTOINE.—Il a la forme d'un crocodile ; il est large de toute sa largeur et haut de toute sa hauteur. Il se meut avec ses propres organes ; il vit de ce qui le nourrit ; et quand ses éléments se décomposent, la transmigration s'opère.

LÉPIDE.—De quelle couleur est-il ?

ANTOINE.—De sa couleur naturelle.

LÉPIDE.—C'est un étrange serpent !

ANTOINE.—Oui ! et les pleurs qu'il verse sont humides.

CÉSAR.—Sera-t-il satisfait de cette description ?

ANTOINE.—Il le sera de la santé que Pompée lui propose, ou sinon c'est un véritable Épicure.

POMPÉE, *à Ménas.*—Allons, va te faire pendre. Tu viens

me parler de cela? Va-t-en ; fais ce que je te dis.—Où est la coupe que j'ai demandée?

MÉNAS, *à part.*—Si, au nom de mes services, vous daignez m'entendre, levez-vous de votre siége.

POMPÉE. (*Il se lève, et se retire à l'écart.*)—Je crois que tu es fou. Qu'y a-t-il?

MÉNAS.—Pompée, j'ai toujours servi, chapeau bas, ta fortune.

POMPÉE.—Tu m'as servi avec une grande fidélité. Qu'as-tu encore à me dire?—Allons, seigneurs, de la gaieté.

ANTOINE.—Lépide, garde-toi de ces sables mouvants, car tu t'enfonces.

MÉNAS, *à Pompée*. Veux-tu être le seul maître de l'univers ?

POMPÉE.—Que veux-tu dire?

MÉNAS.—Encore une fois, veux-tu être le seul maître de l'univers ?

POMPÉE.—Comment cela se pourrait-il?

MÉNAS.—Consens-y seulement ; et, quelque faible que tu puisses me croire, je suis l'homme qui te fera don de l'univers.

POMPÉE.—As-tu bien bu?

MÉNAS.—Non, Pompée ; je me suis abstenu de boire.—Tu es, si tu oses l'être, le Jupiter de la terre : tout ce que l'Océan embrasse, tout ce que la voûte du ciel enferme est à toi, si tu veux le saisir.

POMPÉE.—Montre-moi par quel moyen?

MÉNAS.—Ces trois maîtres du monde, ces rivaux sont dans ton vaisseau : laisse-moi couper le câble, et, quand nous serons en mer, leur trancher la tête, et tout est à toi.

POMPÉE.—Ah! tu aurais dû le faire et non pas me le dire. Ce serait en moi une trahison ; de ta part, c'était un bon service. Tu dois savoir que ce n'est pas mon intérêt qui conduit mon honneur, mais mon honneur mon intérêt. Repens-toi de ce que ta langue ait ainsi trahi ton projet. Si tu l'avais exécuté à mon insu, j'aurais approuvé ensuite l'action ; mais à présent, je dois la condamner : renonce à ton idée et va boire.

MÉNAS, *à part*.—Eh bien! moi, je ne veux plus suivre ta fortune sur son déclin. Quiconque cherche l'occasion et ne la saisit pas, lorsqu'elle s'offre une fois, ne la retrouvera jamais.

POMPÉE.—A la santé de Lépide!

ANTOINE.—Qu'on le porte sur le rivage; je vous ferai raison pour lui, Pompée.

ÉNOBARBUS, *tenant une coupe*.—A ta santé, Ménas.

MÉNAS.—Bien volontiers, Énobarbus.

POMPÉE, *à l'esclave*.—Remplis, jusqu'à cacher les bords.

ÉNOBARBUS, *montrant l'esclave qui emporte Lépide*.—Voilà un homme robuste, Ménas.

MÉNAS.—Pourquoi?

ÉNOBARBUS.—Il porte la troisième partie du monde, ne vois-tu pas?

MÉNAS.—En ce cas, la troisième partie du monde est ivre: je voudrais qu'il le fût tout entier, pour qu'il pût aller sur des roulettes.

ÉNOBARBUS.—Allons, bois, et augmente les tours de roues.

MÉNAS.—Allons.

POMPÉE, *à Antoine*.—Ce n'est pas encore là une fête d'Alexandrie.

ANTOINE.—Elle en approche bien.—Heurtons les coupes, holà! à la santé de César.

CÉSAR.—Je voudrais bien refuser. C'est un terrible travail pour moi que de laver mon cerveau, et il n'en devient que plus trouble.

ANTOINE.—Soyez l'enfant de la circonstance.

- CÉSAR.—Buvez, je vous en rendrai raison; mais j'aimerais mieux jeûner de tout pendant quatre jours que de tant boire en un seul.

ÉNOBARBUS, *à Antoine*.—Eh bien! mon brave empereur, danserons-nous à présent les bacchanales égyptiennes, et célébrerons-nous notre orgie?

POMPÉE.—Volontiers, brave soldat.

ANTOINE.—Allons, entrelaçons nos mains jusqu'à ce que le vin victorieux plonge nos sens dans le doux et voluptueux Léthé.

ÉNOBARBUS.—Prenons-nous tous par la main. Faites retentir à nos oreilles la plus bruyante musique. Moi, je vais vous placer : ce jeune homme va chanter, chacun répétera le refrain de toute la force de ses poumons.

(Musique. Énobarbus place les convives.)

AIR.

Viens, monarque du vin,
Joufflu Bacchus à l'œil enflammé :
Noyons nos soucis dans tes cuves,
Couronnons nos cheveux de tes grappes.
Verse-nous, jusqu'à ce que le monde tourne autour de nous:
Verse-nous jusqu'à ce que le monde tourne autour de nous.

CÉSAR.—Que voulez-vous de plus? Bonsoir, Pompée. Mon bon frère, laissez-moi vous prier de partir. Nos affaires sérieuses s'indignent de cette légèreté. Aimables seigneurs, séparons-nous. Vous voyez comme nos joues sont enflammées. Le vin a triomphé du robuste Énobarbus, et ma langue entrecoupe tout ce qu'elle dit. Cette folle débauche nous a tous vieillis, en quelque sorte. Qu'est-il besoin de plus de paroles? Bonne nuit. Cher Antoine, ta main.

POMPÉE.—Je vous mettrai à l'épreuve sur le rivage.

ANTOINE.—Vous nous y verrez, seigneur. Donnez-moi votre main.

POMPÉE.—Oh! Antoine, tu possèdes la maison de mon père! — Mais, n'importe : nous sommes amis. Allons, descendez dans la chaloupe.

(Sortent Pompée, César, Antoine et leur suite.)

ÉNOBARBUS.—Prenez garde de tomber.—Ménas, je n'irai point à terre.

MÉNAS.—Non, venez à ma cabine.—Ces tambours, ces trompettes, ces flûtes! — comment donc! Que Neptune entende le bruyant adieu que nous disons à ces grands personnages ; sonnez et soyez pendus, sonnez comme il faut.

(Fanfares et tambours. Lépide et Octave s'embarquent.)

ÉNOBARBUS. Holà! voilà mon chapeau.

MÉNAS.—Ah! noble capitaine, venez.

(Ils sortent.)

FIN DU DEUXIÈME ACTE.

ACTE TROISIÈME

SCÈNE I

Une plaine en Syrie.

VENTIDIUS *arrive en triomphe avec* SILIUS *et d'autres Romains, officiers et soldats. On porte devant lui le corps de Pacorus, fils d'Orodes, roi des Parthes.*

VENTIDIUS.—Enfin, Parthes habiles à lancer le dard, vous voilà frappés ; et c'est moi que la fortune a voulu choisir pour le vengeur de Crassus. Qu'on porte en tête de l'armée le corps du jeune prince. Ton fils Pacorus, Orodes, a payé la mort de Marcus Crassus !

SILIUS.—Noble Ventidius, tandis que ton épée fume encore du sang des Parthes, poursuis les Parthes fugitifs : pénètre dans la Médie, la Mésopotamie, dans tous les asiles où fuient leurs soldats en déroute. Alors ton grand général Antoine te fera monter sur un char de triomphe et mettra des guirlandes sur la tête.

VENTIDIUS.—Oh ! Silius, Silius, j'en ai fait assez. Souviens-toi bien qu'un subalterne peut faire une action trop éclatante ; car, apprends ceci, Silius, qu'il vaut mieux laisser une entreprise inachevée que d'acquérir par ses succès une renommée trop brillante, lorsque le chef que nous servons est absent. César et Antoine ont toujours remporté plus de victoires par leurs officiers qu'en personne. Sossius, comme moi lieutenant d'Antoine en Syrie, pour avoir accumulé trop de victoires, qu'il remportait en quelques minutes, perdit la faveur d'Antoine. Quiconque fait dans la guerre plus que son général ne peut faire, devient le général de son général ;

et l'ambition, vertu des guerriers, fait préférer une défaite à une victoire qui ternit la renommée du chef. Je pourrais faire davantage pour Antoine, mais je l'offenserais ; et son ressentiment détruirait tout le mérite de mes services.

SILIUS.—Ventidius, tu possèdes ces qualités sans lesquelles il n'y a presque point de différence entre un guerrier et son épée. Tu écriras à Antoine ?

VENTIDIUS.—Je vais lui mander humblement tout ce que nous avons exécuté *en son nom*, mot magique dans la guerre. Je lui dirai comment, avec ses étendards et ses troupes bien payées, nous avons chassé du champ de bataille et lassé la cavalerie parthe, jusqu'alors invaincue.

SILIUS.—Où est-il maintenant ?

VENTIDIUS. — Il doit se rendre à Athènes. C'est là que nous allons nous hâter de le rejoindre, autant que le permettra le poids de tout ce que nous traînons après nous. Allons, en marche... Que l'armée défile.

(Ils sortent.)

SCÈNE II

Rome.—Antichambre de la maison de César.

Entrent AGRIPPA ET ÉNOBARBUS *qui se rencontrent.*

AGRIPPA.—Quoi ! nos frères se sont-ils déjà séparés ?

ÉNOBARBUS.—Ils ont terminé avec Pompée, qui vient de partir ; et actuellement ils sont tous les trois à sceller le traité. Octavie pleure de quitter Rome. César est triste et Lépide, depuis le festin de Pompée, à ce que dit Ménas, est attaqué de la maladie verte [1].

AGRIPPA.—C'est un noble Romain que Lépide !

ÉNOBARBUS.—Un excellent homme. Oh ! comme il aime César !

AGRIPPA.—Oui, et avec quelle tendresse il adore Antoine !

---

[1] Chlorose, pâles couleurs.

ÉNOBARBUS.—César ? mais c'est le Jupiter des hommes.

AGRIPPA.—Et Antoine ? Le dieu de ce Jupiter ?

ÉNOBARBUS, *contrefaisant Lépide.*—Vous parlez de César ? Comment, de ce *sans pareil* ?

AGRIPPA.—O Antoine ! ô oiseau d'Arabie [1] !

ÉNOBARBUS.—Voulez-vous vanter César ? dites César, et restez-en là.

AGRIPPA.—Vraiment, il leur a appliqué à tous deux d'excellentes louanges.

ÉNOBARBUS.—Mais c'est César qu'il aime le mieux : cependant il aime Antoine. Oh ! le cœur, la langue, les chiffres, les scribes, les bardes, les poëtes ne peuvent penser, exprimer, peindre, écrire, chanter, calculer son amour pour Antoine. Mais pour César : à genoux, à genoux, et admirez.

AGRIPPA.—Il les aime tous deux.

ÉNOBARBUS.—Ils sont les ailes et lui l'escarbot; ainsi... (*Fanfares.*) Mais voici le signal pour monter à cheval... Adieu, noble Agrippa.

AGRIPPA.—Bonne fortune, brave soldat ; adieu.

(Entrent Antoine, César, Lépide, Octavie.)

ANTOINE.—Seigneur, n'allez pas plus loin.

CÉSAR.—Vous m'enlevez la plus chère portion de moi-même. Songez à me bien traiter dans sa personne.—Ma sœur, soyez une épouse telle que ma pensée vous peint à mes yeux, et que votre conduite justifie tout ce que je garantirais de vous.—Noble Antoine, que ce modèle de vertu, qui est placé entre nous comme le ciment de notre amitié pour la soutenir, ne devienne jamais le bélier qui en renverse l'édifice ; car il aurait été plus aisé de nous aimer sans ce nouveau lien, si nous ne le soignons pas chacun de notre côté.

ANTOINE.—Ne m'offensez pas par votre défiance.

CÉSAR.—J'ai dit.

ANTOINE.—Quelque scrupuleux que vous soyez sur ce point, vous ne trouverez pas le moindre sujet aux craintes qui paraissent vous alarmer. Que les dieux vous gar-

---

[1] Le Phénix.

dent et fassent obéir le cœur des Romains à vos desseins; nous allons nous séparer ici.

CÉSAR.—Adieu, ma chère sœur : sois heureuse. Que tous les éléments te soient propices et ne donnent à ton esprit que des jouissances ! Adieu.

OCTAVIE.—O mon noble frère !

ANTOINE.—Le mois d'avril est dans ses yeux ; c'est le printemps de l'amour, et ces larmes, la pluie qui favorise son retour.—Consolez-vous.

OCTAVIE.—Seigneur, veillez sur la maison de mon époux, et...

CÉSAR.—Quoi, ma sœur ?

OCTAVIE.—Je vais vous le dire à l'oreille.

ANTOINE.—Sa langue refuse d'obéir à son cœur, et son cœur ne peut exprimer ce qu'il sent à sa langue, comme le duvet du cygne qui flotte sur l'onde à la marée haute, sans incliner ni d'un côté ni de l'autre.

ÉNOBARBUS, *à part, à Agrippa.*—César pleurera-t-il ?

AGRIPPA.—Il a un nuage sur le front.

ÉNOBARBUS.—Ce serait un mauvais signe s'il était un cheval ; à plus forte raison, étant un homme [1].

AGRIPPA.—Pourquoi, Énobarbus ? Antoine rugit presque de douleur lorsqu'il vit Jules César mort, et à Philippes, il pleura sur le corps de Brutus.

ÉNOBARBUS.—Cette année-là, il est vrai, il était incommodé d'un rhume, il pleurait l'homme qu'il aurait de bon cœur détruit lui-même. Crois à ses larmes jusqu'à ce que tu m'aies vu pleurer aussi.

CÉSAR.—Non, chère Octavie, vous recevrez encore des nouvelles de votre frère ; jamais le temps ne vous fera oublier de moi.

ANTOINE.—Allons, seigneur, allons ; je disputerai avec vous de tendresse pour elle. Je vous embrasse ici, et je vous quitte en vous recommandant aux dieux.

CÉSAR.— Adieu, soyez heureux.

---

[1] On dit qu'un cheval a un nuage sur la tête, lorsqu'il a une ligne noire entre les deux yeux. Cet accident de couleur lui donne un air soucieux, et indique un mauvais caractère.

LÉPIDE.—Que tous les astres du firmament éclairent votre route !

CÉSAR *embrasse sa sœur.*—Adieu, adieu !

ANTOINE.—Adieu !

(Ils partent au son des trompettes.)

SCÈNE III

Alexandrie.—Appartement du palais.

Entrent CLÉOPATRE, CHARMIANE, IRAS, ALEXAS.

CLÉOPATRE.—Où est ce messager ?

ALEXAS.—Il a un peu peur de paraître devant vous.

CLÉOPATRE.—Qu'il vienne, qu'il vienne... (*Le messager paraît.*) Approche.

ALEXAS.—Grande reine, Hérode de Judée n'oserait lever les yeux sur Votre Majesté que lorsque vous êtes satisfaite.

CLÉOPATRE.—Je veux un jour avoir la tête de cet Hérode ; mais quoi ! depuis qu'Antoine est parti, qui pourrais-je charger de me l'apporter ?—Approche-toi.

LE MESSAGER.—Très-gracieuse reine...

CLÉOPATRE.—As-tu vu Octavie ?

LE MESSAGER.—Oui, redoutable reine.

CLÉOPATRE.—Où ?

LE MESSAGER.—A Rome, madame. Je l'ai regardée en face, et je l'ai vue marcher entre son frère et Marc-Antoine.

CLÉOPATRE.—Est-elle aussi grande que moi[1] ?

LE MESSAGER.—Non, madame.

CLÉOPATRE.—L'as-tu entendue parler ? A-t-elle la voix aiguë ou basse ?

LE MESSAGER.—Madame, je l'ai entendue parler ; elle a la voix basse.

---

[1] Cette scène est une allusion évidente aux questions adressées par Élisabeth à sir James Melvil sur la malheureuse Marie Stuart; en consultant les *Mémoires* de sir James Melvil on s'apercevra que ce rapprochement n'est pas imaginaire.

CLÉOPATRE. — Ce son de voix n'est pas si agréable ! il ne peut l'aimer longtemps.

CHARMIANE. — L'aimer ? Oh ! par Isis, cela est impossible.

CLÉOPATRE. — Je le crois, Charmiane. Une langue épaisse et une taille de naine. — Quelle majesté a-t-elle dans sa démarche ? Souviens-t'en, si tu as jamais vu de la majesté.

LE MESSAGER. — Elle se traîne : qu'elle marche ou qu'elle s'arrête, c'est la même chose; elle a un corps, mais sans vie ; c'est une statue, plutôt qu'une créature qui respire.

CLÉOPATRE. — En es-tu bien sûr ?

LE MESSAGER. — Oui, ou je ne m'y connais pas.

CHARMIANE. — Il n'y a pas trois hommes en Égypte plus en état que lui d'en juger.

CLÉOPATRE. — Il est plein d'intelligence, je m'en aperçois. — Il n'y a encore rien en elle. — Cet homme a un bon jugement.

CHARMIANE. — Excellent.

CLÉOPATRE. — Devine son âge, je te prie ?

LE MESSAGER. — Madame, elle était veuve.

CLÉOPATRE. — Veuve ? Tu l'entends, Charmiane.

LE MESSAGER. — Et je pense qu'elle a trente ans.

CLÉOPATRE. — As-tu son visage dans ta mémoire ? Est-il long ou rond ?

LE MESSAGER. — Rond à l'excès.

CLÉOPATRE. — Des femmes qui ont ce visage, la plupart n'ont aucun esprit. — Ses cheveux, quelle est leur couleur ?

LE MESSAGER. — Bruns, madame ; et son front est aussi bas qu'il soit possible de le désirer.

CLÉOPATRE. — Tiens, prends cet or. Il ne faut pas t'offenser de mes premières vivacités. Je veux t'employer ; je te trouve très-propre aux affaires ; va te préparer à partir ; nos lettres sont prêtes.

CHARMIANE. — Un homme de sens.

CLÉOPATRE. — Oui, en vérité ; je me repens bien de l'avoir ainsi maltraité. — Eh bien ! il me semble, d'après ce qu'il en dit, que cette créature n'est pas grand'chose.

CHARMIANE. — Rien du tout, madame.

CLÉOPATRE. — Cet homme a vu parfois de la majesté et doit s'y connaître.

CHARMIANE. — S'il en a vu ? Bonne Isis ! Lui qui a été si longtemps à votre service ?

CLÉOPATRE. — J'aurais encore une question à lui faire, chère Charmiane ; mais peu importe : tu me l'amèneras là où j'écrirai. Je crois que tout ira bien.

CHARMIANE. — J'en réponds, madame.

(Elles sortent.)

SCÈNE IV

Athènes. — Appartement de la maison d'Antoine.

Entrent ANTOINE, OCTAVIE.

ANTOINE. — Non, non, Octavie, j'excuserais ce tort-là et mille autres de ce genre ; mais il a rallumé la guerre contre Pompée, il a fait son testament et l'a rendu public. Il a parlé de moi avec dédain ; et, lors même qu'il ne pouvait s'empêcher de me rendre un témoignage honorable, c'était avec froideur et dégoût ; il m'a fait bien petite mesure. Toutes les fois qu'on a ouvert sur mon compte une opinion favorable, il a fait la sourde oreille, ou ne s'est expliqué que du bout des dents.

OCTAVIE. — Ah ! mon cher seigneur, ne croyez pas tout ; ou, si vous croyez tout, ne vous offensez pas de tout. S'il faut que cette rupture arrive, jamais femme plus malheureuse que moi ne se trouva, entre les partis, obligée de prier pour tous deux. Les dieux se moqueront désormais de mes prières, lorsque je leur dirai : *Ah ! protégez mon seigneur et mon époux !* et que, démentant aussitôt cette prière, je leur crierai de la même voix : *Ah ! protégez mon frère ! La victoire pour mon époux, la victoire pour mon frère !* Je prierai et je contredirai ma prière. Point de milieu entre ces deux extrémités.

ANTOINE. — Douce Octavie, que votre amour préfère celui qui se montrera plus jaloux de le conserver. Si je perds mon honneur, je me perds moi-même. Il vaudrait

mieux que je ne fusse pas à vous, que d'être à vous sans
honneur. Mais, comme vous l'avez demandé, vous pouvez être médiatrice entre nous deux. Pendant ce temps,
je vais faire des préparatifs de guerre capables d'arrêter
votre frère. Faites toute la diligence que vous voudrez,
vos désirs sont accomplis.

OCTAVIE.—J'en rends grâce à mon seigneur.— Que le
tout-puissant Jupiter fasse de moi, femme faible, bien
faible, votre réconciliatrice ! La guerre entre vous deux,
c'est comme si le globe s'entr'ouvrait et qu'il fallût combler le gouffre avec des cadavres.

ANTOINE.—Dès que vous reconnaîtrez où commencent
ces maux, tournez de ce côté votre déplaisir ; car nos
fautes ne peuvent jamais être si égales, que votre amour
puisse se diriger également des deux côtés. Disposez tout
pour votre départ ; nommez ceux qui doivent vous accompagner, et faites toutes les dépenses que vous voudrez.

(Ils se séparent.)

SCÈNE V

Athènes : un autre appartement de la maison d'Antoine.

ÉNOBARBUS ET ÉROS *se rencontrent.*

ÉNOBARBUS.—Eh bien ! ami Éros ?
ÉROS.—Il y a d'étranges nouvelles, seigneur.
ÉNOBARBUS.—Quoi donc ?
ÉROS.—César et Lépide ont fait la guerre à Pompée.
ÉNOBARBUS.—Ceci est vieux ; qu'elle en a été l'issue ?
ÉROS.— César, après avoir profité des services de Lépide
dans la guerre contre Pompée, lui a refusé ensuite l'égalité du rang, n'a pas voulu qu'il partageât la gloire du
combat, et, ne s'arrêtant pas là, il l'accuse d'avoir entretenu auparavant une correspondance avec Pompée. Sur sa
propre accusation, il a fait arrêter Lépide. Ainsi, voilà le
pauvre triumvir à bas, jusqu'à ce que la mort élargisse
sa prison.

ÉNOBARBUS.—Alors, ô univers, de trois loups, tu n'en

as plus que deux ; jette au milieu d'eux toute la nourriture que tu possèdes, et ils se dévoreront l'un l'autre.— Où est Antoine ?

ÉROS.—Il se promène dans les jardins,—comme ceci— et il foule aux pieds les joncs qu'il rencontre devant lui, en s'écriant : *O imbécile Lépide!* Et il menace la tête de son officier, celui qui a assassiné Pompée.

ÉNOBARBUS.—Notre belle flotte est équipée.

ÉROS.—Elle est destinée pour l'Italie et contre César. D'autres nouvelles : Domitius..... Mais Antoine vous attend. J'aurais pu vous dire mes nouvelles plus tard.

ÉNOBARBUS.—Ce sera peu de chose ; mais n'importe. Conduis-moi près d'Antoine.

ÉROS.—Venez, seigneur.

(Ils sortent.)

SCÈNE VI

Rome.—Appartement de César.

CÉSAR, AGRIPPA, MÉCÈNE.

CÉSAR.—Au mépris de Rome, il a fait tout ceci, et plus encore dans Alexandrie ; et voilà comment, dans la place publique, Cléopâtre et lui se sont assis publiquement sur des trônes d'or, dans une tribune d'argent ; à leurs pieds était placé le jeune Césarion, qu'ils appellent le fils de mon père avec tous les enfants illégitimes issus depuis lors de leurs débauches. Antoine a fait don de l'Égypte à Cléopâtre, il l'a proclamée reine absolue de la basse Syrie, de l'île de Chypre et de la Libye.

MÉCÈNE.—Quoi ! aux yeux du public ?

CÉSAR. — Au milieu même de la grande place, où le peuple fait tous ses exercices. C'est là qu'il a proclamé ses fils rois des rois ; il a donné à Alexandre la vaste Médie, le pays des Parthes et l'Arménie ; il a assigné à Ptolémée la Syrie, la Cilicie et la Phénicie. Cléopâtre, ce jour-là, a paru en public vêtue comme la déesse Isis, et souvent auparavant elle avait, dit-on, donné ses audiences dans cet appareil.

MÉCÈNE.—Il faut que Rome soit instruite de toutes ces choses.

AGRIPPA.—Rome, déjà lassée de son insolence, lui retirera sa bonne opinion.

CÉSAR.—Le peuple en est instruit, et cependant il vient de recevoir les accusations d'Antoine !

AGRIPPA.—Qui donc accuse-t-il !

CÉSAR.—César. Il se plaint de ce qu'ayant dépouillé Sextus Pompée de la Sicile, je l'ai frustré de sa part de cette île ; et il dit ensuite m'avoir prêté quelques vaisseaux qui ne lui ont pas été rendus. Enfin, il se montre indigné de ce que Lépide a été déposé du triumvirat, et de ce qu'une fois déposé j'ai retenu tous ses revenus.

AGRIPPA.—Seigneur, il faut lui répondre.

CÉSAR.—C'est déjà fait, et le messager est parti. Je lui mande que Lépide était devenu trop cruel, qu'il abusait de son autorité, et qu'il a mérité d'être déposé. Quant à mes conquêtes, je lui en accorde une portion ; mais, en retour, je lui demande ma part de l'Arménie et des autres royaumes qu'il a conquis.

MÉCÈNE.—Jamais il ne vous la cédera.

CÉSAR.—Alors, je ne dois pas lui céder, moi, ce qu'il demande.

(Entre Octavie.)

OCTAVIE.—Salut, César, mon seigneur, salut, mon cher César.

CÉSAR.—Que je sois obligé de t'appeler une femme répudiée !

OCTAVIE.—Vous ne m'avez pas appelée ainsi, et vous n'en avez pas sujet.

CÉSAR. — Pourquoi donc venez-vous me surprendre ainsi ? Vous ne revenez point comme la sœur de César : l'épouse d'Antoine devrait être précédée d'une armée, son approche devait être annoncée par les hennissements des chevaux, longtemps avant qu'elle parût ; les arbres de la route auraient dû être chargés de peuple, impatient et fatigué d'attendre votre passage désiré ; il fallait que la poussière élevée sous les pas de votre nombreux cortége montât jusqu'à la voûte des cieux. Mais vous êtes venue à Rome comme une vendeuse de marché : vous avez prévenu les démonstrations de notre amitié, ce sentiment qui s'éteint souvent si on néglige de le témoigner. Nous aurions été à votre rencontre par mer et par terre, et à chaque pas nous aurions redoublé d'éclat.

OCTAVIE.—Mon bon frère, rien ne me forçait à revenir ainsi : je n'ai fait que suivre mon libre penchant. Mon époux, Marc-Antoine, ayant appris que vous vous prépariez à la guerre, a affligé mon oreille de cette fâcheuse nouvelle ; et moi aussitôt je l'ai prié de m'accorder la liberté de revenir vers vous.

CÉSAR.—Ce qu'il vous a accordé sans peine : vous étiez un obstacle à ses débauches.

OCTAVIE.—N'en jugez pas ainsi, seigneur.

CÉSAR.—J'ai les yeux sur lui, et les vents m'apportent des nouvelles de toutes ses démarches. Où est-il maintenant ?

OCTAVIE.—A Athènes, seigneur.

CÉSAR.—Non, ma sœur, trop indignement outragée, Cléopâtre, d'un coup d'œil, l'a rappelé à ses pieds. Il a abandonné son empire à une prostituée, et maintenant ils s'occupent tous deux à soulever contre moi tous les rois de la terre. Il a rassemblé Bocchus, roi de Libye ; Archélaüs, roi de Cappadoce ; Philadelphe, roi de Paphlagonie ; le roi de Thrace, Adellas ; Malchus, roi d'Arabie ; le roi de Pont ; Hérode, de Judée ; Mithridate, roi de Comagène ; Polémon et Amintas, rois des Mèdes et de Lycaonie ; et encore une foule d'autres sceptres !

OCTAVIE.—Hélas ! que je suis malheureuse d'avoir le cœur partagé entre deux hommes que j'aime et qui se haïssent !

CÉSAR.—Soyez ici la bienvenue. Vos lettres ont retardé longtemps notre rupture : jusqu'à ce que je me sois aperçu à quel point vous étiez abusée, et combien une plus longue négligence devenait dangereuse pour moi. Consolez-vous ; ne vous agitez pas des circonstances qui amènent sur votre bonheur ces terribles nécessités, et laissez les invariables décrets du destin suivre leur cours, sans vous répandre en gémissements. Rome vous reçoit avec joie : rien ne m'est plus cher que vous. Vous avez été trompée au delà de tout ce qu'on peut imaginer, et les puissants dieux, pour vous faire justice, ont choisi pour ministres de leur vengeance, votre frère et ceux qui vous aiment. Vous êtes la plus douce de nos consolations, et toujours la bienvenue auprès de nous.

AGRIPPA.—Soyez la bienvenue, madame.

MÉCÈNE.—Soyez la bienvenue, chère dame; tous les cœurs, dans Rome, vous aiment et vous plaignent. L'adultère Antoine, sans frein dans ses désordres, est le seul qui vous rejette pour livrer sa puissance à une prostituée qui la tourne avec bruit contre nous.

OCTAVIE.—Est-il bien vrai, seigneur?

CÉSAR.—Rien n'est plus certain, vous êtes la bienvenue, ma sœur; je vous prie, ne perdez pas patience, ma chère sœur!

(Ils sortent.)

SCÈNE VII

Le camp d'Antoine près du promontoire d'Actium.

Entrent CLÉOPATRE, ÉNOBARBUS.

CLÉOPATRE.—Je m'acquitterai envers toi, n'en doute pas.

ÉNOBARBUS.—Mais pourquoi? pourquoi? pourquoi?

CLÉOPATRE.—Tu t'es opposé à ce que j'assistasse à cette guerre, en disant que ce n'était pas convenable.

ÉNOBARBUS.—Eh bien! est-ce convenable, dites-moi?

CLÉOPATRE.—Pourquoi pas? La guerre est déclarée contre moi, pourquoi n'y serais-je pas en personne?

ÉNOBARBUS.—Je sais bien ce que je pourrais répondre : si nous nous servions en même temps de chevaux et de cavales, les chevaux seraient absolument superflus, car chaque cavale porterait un soldat et son cheval.

CLÉOPATRE.—Que murmures-tu là?

ÉNOBARBUS.—Votre présence doit nécessairement embarrasser Antoine : elle prendra de son cœur, de sa tête, de son temps, ce dont il n'a rien à perdre en cette circonstance. On le raille déjà sur sa légèreté, et l'on dit dans Rome que c'est l'eunuque Photin et vos femmes qui dirigent cette guerre.

CLÉOPATRE.—Que Rome s'abîme! et périssent toutes les langues qui parlent contre nous! Je porte ma part du fardeau dans cette guerre, et, comme souveraine de mes États, je dois y remplir le rôle d'un homme. N'objecte plus rien, je ne resterai pas en arrière.

ÉNOBARBUS.—Je me tais, madame.—Voici l'empereur.
(Entrent Antoine et Canidius.)

ANTOINE.—Ne te paraît-il pas étrange, Canidius, que César ait pu, de Tarente et de Brindes, traverser si rapidement la mer d'Ionie et emporter Toryne?—Vous l'avez appris, mon cœur?

CLÉOPATRE.—La diligence n'est jamais plus admirée que par les paresseux.

ANTOINE.—Bonne satire de notre indolence, et qui ferait honneur au plus brave guerrier.—Canidius, nous le combattrons sur mer.

CLÉOPATRE.—Oui, sur mer, sans doute.

CANIDIUS.—Pourquoi mon général a-t-il ce projet?

ANTOINE.—Parce qu'il nous en a défié.

ÉNOBARBUS.—Mon seigneur l'a aussi défié en combat singulier?

CANIDIUS. — Oui, et vous lui avez offert le combat à Pharsale, où César vainquit Pompée; mais toutes les propositions qui ne servent pas à son avantage, il les rejette. Vous devriez en faire autant.

ÉNOBARBUS.—Vos vaisseaux sont mal équipés, vos matelots ne sont que des muletiers, des moissonneurs, des gens levés à la hâte et par contrainte. La flotte de César est montée par des marins qui ont souvent combattu Pompée: leurs vaisseaux sont légers, les vôtres sont pesants; il n'y a pour vous aucun déshonneur à refuser le combat sur mer, puisque vous êtes prêt à l'attaquer sur terre.

ANTOINE.—Sur mer, sur mer.

ÉNOBARBUS.—Mon digne seigneur, vous perdez par là toute la supériorité que vous avez sur terre: vous démembrez votre armée, qui, en grande partie, est composée d'une infanterie aguerrie ; vous laissez sans emploi votre habileté si justement renommée ; vous abandonnez le parti qui vous promet un succès assuré : vous vous exposez au simple caprice du hasard.

ANTOINE.—Je veux combattre sur mer.

CLÉOPATRE.—J'ai soixante vaisseaux ; César n'en a pas de meilleurs.

ANTOINE.—Nous brûlerons le surplus de notre flotte ; et avec les autres vaisseaux bien équipés, nous battrons César, s'il ose avancer vers le promontoire d'Actium. Si la fortune nous trahit, nous pourrons alors prendre notre revanche sur terre. (*A un messager qui arrive.*) Ton message ?

LE MESSAGER. — Les nouvelles sont vraies, seigneur, César est signalé ; il a pris Toryne.

ANTOINE.—Peut-il y être en personne ? Cela est impossible ; il est même étrange que son armée y soit arrivée. Canidius, tu commanderas sur terre nos dix-neuf légions et nos douze mille chevaux ; nous, nous allons à notre flotte. Partons, ma Thétis. (*Un soldat paraît.*) Que veux-tu, brave soldat ?

LE SOLDAT.—O noble empereur, ne combattez point sur mer ; ne vous fiez pas à des planches pourries. Est-ce que vous vous défiez de cette épée et de ces blessures ? Laissez aux Égyptiens et aux Phéniciens l'art de nager comme les oisons : nous, Romains, nous avons l'habitude de vaincre sur terre, et en combattant de pied ferme.

ANTOINE.—Allons, allons, partons.

(Antoine, Cléopâtre, Énobarbus sortent.)

LE SOLDAT.—Par Hercule, je crois que j'ai raison.

CANIDIUS.—Oui, soldat ; mais Antoine ne se repose plus sur ce qui fait sa force. C'est ainsi que notre chef se laisse mener, et nous sommes les soldats de ces femmes.

LE SOLDAT.—Vous gardez à terre les légions et toute la cavalerie, n'est-ce pas ?

CANIDIUS.—Marcus Octavius, Marcus Justéius, Publicola et Cælius sont pour la mer ; mais nous restons tranquilles à terre. — Cette diligence de César passe toute croyance.

LE SOLDAT.—Pendant qu'il était encore à Rome, son armée marchait par légers détachements, qui ont trompé tous les espions.

CANIDIUS.—Quel est son lieutenant, le sais-tu ?

LE SOLDAT.—On dit que c'est un certain Taurus.

CANIDIUS.—Oh ! je connais l'homme !

(Un messager arrive.)

LE MESSAGER.—L'empereur demande Canidius.

CANIDIUS.—Le temps est gros d'événements, et en enfante à chaque minute.

(Ils sortent.)

SCÈNE VIII

Une plaine près d'Actium.

Entrent CÉSAR, TAURUS, *officiers et autres.*

CÉSAR.—Taurus !

TAURUS.—Seigneur !

CÉSAR.—N'agis point sur terre ; reste tranquille, et ne provoque pas le combat que l'affaire ne soit décidée sur mer : ne dépasse pas les ordres de ce parchemin, notre fortune en dépend.

(Ils sortent.)

(Entrent Antoine et Énobarbus.)

ANTOINE.—Plaçons nos escadrons de ce côté de la montagne, en face de l'armée de César ; de ce poste, nous pourrons découvrir le nombre de ses vaisseaux et agir en conséquence.

(Ils sortent.)

(Canidius traverse le théâtre d'un côté avec son armée de terre, et Taurus, lieutenant de César, passe de l'autre côté, dès qu'ils ont disparu on entend le bruit d'un combat naval.)

ÉNOBARBUS *rentre.*—Tout est perdu ! tout est perdu ! Je n'en puis voir davantage. L'*Antoniade*[1], le vaisseau ami-

---

[1] « La galère capitainesse de Cléopâtre s'appelait *Antoniade*, en laquelle il advint une chose de sinistre présage ; des arondelles avaient fait leurs nids dessoubs la pouppe : il y en vint d'autres puis après qui chassèrent ces premières, et démolirent leurs nids. » PLUTARQUE.

ral de la flotte égyptienne tourne son gouvernail et fuit avec les soixante autres vaisseaux. Ce spectacle a foudroyé mes yeux.

(Entre Scarus.)

SCARUS.—Dieux et déesses, et tout ce qu'il y a de puissances dans l'Olympe !

ÉNOBARBUS.—Quel est ce transport ?

SCARUS.—La plus belle part de l'univers est perdue par pure ignorance. Nous avons perdu royaumes et provinces pour des baisers.

ÉNOBARBUS.—Où en est le combat ?

SCARUS.—De notre côté, comme la peste lorsqu'on a vu les boutons et que la mort est certaine. Cette infâme prostituée d'Égypte, que la lèpre saisisse, au fort de l'action, lorsque les avantages semblaient jumeaux, tous deux semblables, et que nous semblions même être l'aîné, je ne sais quel taon[1] la pique comme une génisse au mois de juin, mais elle fait hausser les voiles et fuit.

ÉNOBARBUS. — J'en ai été témoin ; mes yeux, rendus malades par ce spectacle, n'ont pu en soutenir plus longtemps la vue.

SCARUS.—A peine a-t-elle cinglé, en s'enfuyant, qu'Antoine, noble victime de ses enchantements, déploie les ailes de son vaisseau, et, comme un insensé, abandonne le combat au fort de la mêlée, et fuit sur ses traces. Je n'ai jamais vu d'action si honteuse. Jamais l'expérience, la bravoure et l'honneur ne se sont aussi indignement trahis.

ÉNOBARBUS.—Hélas ! hélas !

CANIDIUS *arrive*.—Notre fortune sur mer est aux abois et s'abîme de la manière la plus lamentable. Si notre général s'était souvenu de ce qu'il fut jadis, tout allait à merveille. Oh ! il nous a donné bien lâchement l'exemple de la fuite !

ÉNOBARBUS, *à part*.—Oui. Ah ! en êtes vous là ? En ce cas, bonsoir ; adieu.

---

[1] *Taon*, mouche qui fait affoler les bœufs en été par la violence de sa piqûre.

CANIDIUS.—Ils fuient vers le Péloponèse.

SCARUS.—Cela est aisé ; et j'irai aussi attendre là l'événement.

CANIDIUS.—Je vais me rendre à César avec mes légions et ma cavalerie ; déjà six rois m'ont donné l'exemple de la soumission.

ÉNOBARBUS.—Je veux suivre encore la fortune chancelante d'Antoine, quoique la prudence me conseille le contraire.

(Ils sortent par différents côtés.)

SCÈNE IX

Alexandrie.—Appartement du palais.

ANTOINE *et sa suite.*

ANTOINE.—Écoutez, la terre me défend de la fouler plus longtemps. Elle a honte de me porter ! Approchez, mes amis ; je me suis si fort *attardé*[1] dans le monde que j'ai perdu ma route pour jamais. — Il me reste un vaisseau chargé d'or, prenez-le ; partagez-le entre vous. Fuyez, et allez faire votre paix avec César.

TOUS.—Fuir ? Non, pas nous.

ANTOINE.—J'ai bien fui moi-même, et j'ai appris aux lâches à se sauver et à montrer leur dos à l'ennemi. Amis, quittez-moi ; je suis décidé à suivre une voie dans laquelle je n'ai aucun besoin de vous. Allez. Mon trésor est dans le port ; prenez-le.—Oh ! j'ai suivi celle que je rougis maintenant d'envisager ! Mes cheveux eux-mêmes se révoltent, car mes cheveux blancs reprochent aux cheveux bruns leur imprudence, et ceux-ci reprochent aux autres leur lâcheté et leur folie.—Mes amis, quittez-moi ; je vous donnerai des lettres pour quelques amis, qui vous faciliteront l'accès auprès de César. Je vous en conjure, ne vous affligez point : ne me parlez pas de votre répugnance, suivez le conseil que mon désespoir

---

[1] *Benighted*, surpris par la nuit ; nous avons conservé le mot *attardé*, qui rend assez bien le mot anglais.

vous donne bien haut ; abandonnez ceux qui s'abandonnent eux-mêmes. Descendez tout droit au rivage. Je vais dans un instant vous mettre en possession de ce trésor et de ce vaisseau.—Laissez-moi, je vous prie, un moment.—Je vous en conjure, laissez-moi ; je vous en prie, car j'ai perdu le droit de vous commander. Je vous rejoindrai tout à l'heure.

(Il s'assied.)

(Entrent Éros, et Cléopâtre soutenue par Charmiane et Iras.)

ÉROS.—Oui, madame, approchez-vous ; venez, consolez-le.

IRAS.—Consolez-le, chère reine.

CHARMIANE.—Le consoler ! Oui, sans doute.

CLÉOPATRE.—Laissez-moi m'asseoir. O Junon !

ANTOINE.—Non, non, non, non.

ÉROS.—La voyez-vous, seigneur ?

ANTOINE, *détournant les yeux*.—Oh ! loin de moi, loin, loin !

CHARMIANE.—Madame.....

IRAS.—Madame, chère souveraine.....

ÉROS.—Seigneur, seigneur !

ANTOINE.—Oui, mon seigneur, oui, vraiment.—Il portait à Philippes son épée dans le fourreau, comme un danseur, tandis que je frappais le vieux et maigre Cassius, et ce fut moi qui donnai la mort au frénétique Brutus[1]. Lui, il n'agissait que par des lieutenants et n'avait aucune expérience des grands exploits de la guerre ; et aujourd'hui...—N'importe.

CLÉOPATRE.—Ah ! restez-là.

ÉROS.—La reine, seigneur, la reine !

IRAS.—Avancez vers lui, madame. Parlez-lui. Il est hors de lui, il est accablé par la honte.

CLÉOPATRE.—Allons, soutenez-moi donc.—Oh !

ÉROS.—Noble seigneur, levez-vous : la reine s'approche ; sa tête est penchée et la mort va la saisir ; mais vous pouvez la consoler et la rappeler à la vie.

---

[1] « C'est ainsi que le débauché Antoine traitait le sublime patriotisme de Brutus. » WARBURTON.

ANTOINE.—J'ai porté un coup mortel à ma réputation ! le coup le plus lâche.....

ÉROS.—Seigneur, la reine...

ANTOINE.—O Égyptienne, où m'as-tu conduit ? Vois, je cherche à dérober mon ignominie à tes yeux, en jetant mes regards en arrière, sur ce que j'ai laissé derrière moi, plongé dans le déshonneur.

CLÉOPATRE.—Ah ! seigneur, seigneur, pardonnez à mes timides vaisseaux; j'étais loin de prévoir que vous me suivriez.

ANTOINE.—Égyptienne, tu savais trop bien que mon cœur était attaché au gouvernail de ton vaisseau, et que tu me traînerais à la remorque. Tu connaissais ton empire absolu sur mon âme, et tu savais qu'un signe de toi m'eût fait désobéir aux ordres des dieux mêmes.

CLÉOPATRE.—Oh ! pardonne-moi !

ANTOINE.—Maintenant il faut que j'envoie d'humbles propositions à ce jeune homme. Il faut que je supplie, que je rampe dans tous les détours de l'humiliation ; moi qui gouvernais, en me jouant, la moitié de l'univers, qui créais et anéantissais, à mon gré, les fortunes ! Tu savais trop à quel point tu avais asservi mon âme, et que mon épée, affaiblie par ma passion, lui obéirait toujours.

CLÉOPATRE.—Oh ! pardon.

ANTOINE.—Ah ! ne pleure pas ; une seule de tes larmes vaut tout ce que j'ai jamais pu gagner ou perdre : donne-moi un baiser, il me paye de tout.—Nous avons envoyé notre maître d'école[1].—Est-il de retour?—Ma bien-aimée, je me sens abattu. Un peu de vin là-dedans et quelques aliments.—La fortune sait que plus elle me menace, et plus je la brave.

[1] Euphronius.

SCÈNE X

Le camp de César en Égypte.

CÉSAR, AGRIPPA, DOLABELLA, THYRÉUS, *suite.*

CÉSAR.—Qu'on fasse entrer l'envoyé d'Antoine. Le connaissez-vous ?

DOLABELLA.—César, c'est son maître d'école ; preuve qu'il est bien déplumé, puisqu'il envoie ici une si petite plume de son aile, lui qui avait tant de rois pour messagers, il n'y a que quelques mois.

(Entre Euphronius.)

CÉSAR.—Approche et parle.

EUPHRONIUS.—Tel que je suis, je viens de la part d'Antoine ; j'étais, il n'y a pas longtemps, aussi petit dans ses desseins que la goutte de rosée sur une feuille de myrte en comparaison de l'Océan.

CÉSAR.—Soit ; remplis ta commission.

EUPHRONIUS.—Il salue en toi le maître de sa destinée et demande à vivre en Égypte. Si tu refuses, il abaisse ses prétentions et te prie de le laisser respirer entre la terre et le ciel, en simple citoyen, dans Athènes. Voilà pour ce qui le regarde.—Quant à Cléopâtre, elle rend hommage à ta grandeur ; elle se soumet à ta puissance et te demande, pour ses enfants, le diadème des Ptolémées, qui maintenant est assujetti à ta volonté suprême.

CÉSAR.—Pour Antoine, je n'écoute point sa requête.— Quant à la reine, je ne lui refuse point ni de l'entendre, ni de la satisfaire ; mais c'est à condition qu'elle chassera de l'Égypte son amant déshonoré ou qu'elle lui ôtera la vie. Si elle m'obéit en ce point, sa prière ne sera point rebutée. Annonce à tous deux ma réponse.

EUPHRONIUS.—Que la fortune continue de te suivre !

CÉSAR.—Faites-lui traverser le camp. (*Euphronius sort.* — *A Thyréus.*) Voici le moment d'essayer ton éloquence. pars, détache Cléopâtre des intérêts d'Antoine ; promets-lui, en mon nom, tout ce qu'elle te demandera; ajoute toi-même des offres de ton invention. Les femmes dans la meilleure fortune ne sont pas fortes; mais l'infortune rendrait parjure les vestales mêmes. Essaye ton adresse, Thyréus, fixe toi-même ta récompense, tes désirs seront obéis comme des lois.

THYRÉUS.—César, je pars.

CÉSAR.—Observe comment Antoine soutient son malheur; apprends-moi ce que tu conjectures de sa manière d'agir et de ses démarches.

THYRÉUS.—César, je le ferai.

SCÈNE XI

Alexandrie.—Appartement du palais.

Entrent CLÉOPATRE, ÉNOBARBUS, CHARMIANE, IRAS.

CLÉOPATRE.—Que faut-il faire, Énobarbus?

ÉNOBARBUS.—Penser et mourir[1].

CLÉOPATRE.—La faute est-elle à Antoine ou à moi?

ÉNOBARBUS.—A Antoine seul : lui qui permet à sa volonté de maîtriser sa raison. Eh! qu'importe que vous ayez fui loin de ce grand spectacle de la guerre, où la terreur passait alternativement d'une flotte à l'autre! Pourquoi vous a-t-il suivie? L'ardeur de son affection n'aurait pas dû porter un coup fatal à sa réputation de grand capitaine, au moment où la moitié de l'univers combattait l'autre, lui, étant le seul sujet de la querelle. Ce fut une honte égale à sa perte d'aller suivre vos pavillons fuyants et d'abandonner sa flotte étonnée de sa fuite.

[1] Les uns veulent qu'il y ait *drink and die*, boire et mourir, parce que Énobarbus est ami des festins; mais la plus ancienne version porte *think and die*; et d'ailleurs Énobarbus est indigné et cherche à justifier la trahison qu'il médite; naturellement généreux, ce n'est pas avec une gaieté hypocrite qu'il se prépare à déserter.

CLÉOPATRE.—Tais-toi, je t'en prie.
(Entrent Antoine et Euphronius.)
ANTOINE.—Et c'est là sa réponse?
EUPHRONIUS.—Oui, seigneur.
ANTOINE.—Ainsi, la reine sera bien accueillie si elle veut me sacrifier.
EUPHRONIUS.—C'est ce qu'il a dit.
ANTOINE.—Qu'elle le sache.—Envoyez au jeune César cette tête grise, et il remplira de royaumes, jusqu'aux bords, la coupe de vos désirs.
CLÉOPATRE.—Votre tête, seigneur!
ANTOINE.—Retourne vers lui.—Dis-lui qu'il porte sur son visage les roses de la jeunesse, que l'univers attend de lui plus que des actions ordinaires; dis-lui qu'il serait possible que son or, ses vaisseaux, ses légions, appartinssent à un lâche; que des généraux subalternes peuvent triompher au service d'un enfant aussi bien que sous les ordres de César : et que je le défie de venir, mettant de côté l'inégalité de nos fortunes, se mesurer avec moi, qui suis déjà sur le déclin de l'âge, fer contre fer et seul à seul. Je vais lui écrire. (*Au député.*) Suis-moi.
(Antoine sort avec Euphronius.)
ÉNOBARBUS.—Oui, cela est bien vraisemblable que César, entouré d'une armée victorieuse, ira mettre en jeu son bonheur, et se donner en spectacle comme un spadassin!—Je vois bien que les jugements des hommes ressemblent à leur fortune, et que les objets extérieurs entraînent les qualités de l'âme et les font en même temps déchoir. Qu'il puisse rêver, lui qui connaît la valeur des choses, que César dans l'abondance répondra à son dénûment! César, tu as aussi vaincu sa raison.
(Un esclave entre.)
L'ESCLAVE.—Voici un envoyé de César.
CLÉOPATRE.—Quoi! pas plus de cérémonies?—Voyez, mes femmes!—On se bouche le nez près de la rose épanouie dont on venait à genoux admirer les boutons!
ÉNOBARBUS, *à part.*—Mon honneur et moi nous commençons à nous quereller. La loyauté gardée à des fous

change notre constance en vraie folie ; cependant, celui qui persiste à suivre avec fidélité un maître déchu est le vainqueur du vainqueur de son maître, et acquiert une place dans l'histoire.

(Entre Thyréus.)

CLÉOPATRE.—Que veut César ?

THYRÉUS.—Venez l'entendre à l'écart.

CLÉOPATRE.—Il n'y a ici que des amis : parle hardiment.

THYRÉUS.—Mais peut-être sont-ils aussi les amis d'Antoine.

ÉNOBARBUS.—Il aurait besoin d'avoir autant d'amis que César, sans quoi nous lui sommes fort inutiles. S'il plaisait à César, Antoine volerait au-devant de son amitié : pour nous, vous le savez, nous sommes les amis de ses amis, j'entends de César.

THYRÉUS.—Allons ! Ainsi donc, illustre reine, César vous exhorte à ne pas tenir compte de votre situation, mais à vous souvenir seulement qu'il est César.

CLÉOPATRE.—Poursuis.—C'est agir loyalement.

THYRÉUS.—Il sait que vous restez attachée à Antoine moins par amour que par crainte.

CLÉOPATRE.—Oh !

THYRÉUS.—Il plaint donc les atteintes portées à votre honneur comme des taches forcées, mais non méritées.

CLÉOPATRE.—Il est un dieu qui sait démêler la vérité. Mon honneur n'a point cédé, il a été conquis par la force.

ÉNOBARBUS, *à part*.—Pour m'assurer de ce fait, je le demanderai à Antoine.—Seigneur, seigneur, tu es un vaisseau qui prend tellement l'eau qu'il faut te laisser couler à fond, car ce que tu as de plus cher t'abandonne.

(Enobarbus sort.)

THYRÉUS.—Dirai-je à César ce que vous désirez de lui ; car il souhaite surtout qu'on lui demande pour pouvoir accorder. Il serait enchanté que vous fissiez de sa fortune un bâton pour vous appuyer. Mais ce qui enflammerait encore plus son zèle pour vous, ce serait d'apprendre de moi que vous avez quitté Antoine, et que vous vous réfugiez sous l'abri de sa puissance, lui le maître de l'univers.

CLÉOPATRE.—Quel est ton nom ?

THYRÉUS.—Mon nom est Thyréus.

CLÉOPATRE.— Gracieux messager, dis au grand César que je baise sa main victorieuse en la personne de son député ; dis-lui que je m'empresse de déposer ma couronne à ses pieds et de lui rendre hommage à genoux. Dis-lui que j'attends de sa voix souveraine la sentence de l'Égypte.

THYRÉUS.—C'est le parti le plus honorable pour vous. Quand la prudence et la fortune sont aux prises, si la première n'ose que ce qu'elle peut, nul hasard ne peut l'ébranler. — Accordez-moi la faveur de déposer mon hommage sur votre main.

CLÉOPATRE.—Plus d'une fois le père de votre César, après avoir rêvé à la conquête des royaumes, posa ses lèvres sur cette main indigne de lui, et la couvrit d'une pluie de baisers.

(Antoine entre avec Énobarbus.)

ANTOINE.—Des faveurs !... par Jupiter tonnant ! — Qui es-tu ?

THYRÉUS.—Un homme qui exécute les ordres du plus puissant des hommes et du plus digne d'être obéi.

ÉNOBARBUS.—Tu seras fouetté !

ANTOINE, à ses esclaves.—Approchez ici.—(A Cléopâtre.) —Et toi, milan !—Eh bien ! dieux et diables ! mon autorité s'évanouit ! Naguère, quand je criais holà ! des rois accouraient aussitôt, comme une troupe d'enfants dans une course, et me répondaient : Que me voulez-vous ? —N'avez-vous point d'oreilles ? Je suis encore Antoine. (Ses gens entrent.) Saisissez-moi cet insolent, et fouettez-le.

ÉNOBARBUS. — Il vaut mieux se jouer à un jeune lionceau qu'à un vieux lion mourant.

ANTOINE.—Par la lune et les étoiles !—Qu'il soit fouetté ! Fussent-ils vingt des plus puissants tributaires qui rendent hommage à César, si je les surprenais ayant l'insolence de baiser la main de cette... Comment s'appelle-t-elle ? Jadis, c'était Cléopâtre! Fouettez-le jusqu'à ce que vous le voyiez vous regarder d'un air suppliant comme un écolier et vous demander miséricorde par ses gémissements. Qu'on l'emmène.

THYRÉUS.—Marc-Antoine...

ANTOINE.—Qu'on l'entraîne, et quand il sera fouetté, qu'on le ramène. Ce valet de César lui reportera un message. (*On emmène Thyréus. — A Cléopâtre.*) Vous étiez à moitié flétrie quand je vous ai connue.—Ai-je laissé dans Rome ma couche vierge encore? Ai-je renoncé à être le père d'une postérité légitime, et par la perle des femmes, pour être trompé par une femme qui regarde des valets?

CLÉOPATRE.—Mon cher seigneur...

ANTOINE.—Vous avez toujours été perfide. Mais quand nous nous endurcissons dans nos penchants dépravés, ô malheur! les justes dieux ferment nos yeux, laissent perdre notre raison dans notre propre infamie, nous font adorer nos erreurs, et rient de nous voir marcher fièrement à notre perte.

CLÉOPATRE.—Oh! en sommes-nous là?

ANTOINE.—Je vous ai trouvée comme un mets refroidi sur la table de Jules-César mort; de plus, vous étiez aussi un reste de Cnéius Pompée; sans compter toutes les heures souillées de vos débauches clandestines, et qui n'ont pas été enregistrées dans le livre de la Renommée; car je suis sûr, quoique vous puissiez deviner, que vous ne savez pas ce que c'est, ce que ce doit être que la vertu.

CLÉOPATRE.—Pourquoi tout cela?

ANTOINE.—Souffrir qu'un malheureux qui reçoit un salaire et dit: *Dieu vous le rende*, prenne des libertés familières avec cette main qui s'enchaîne à la mienne dans nos jeux, avec cette main, sceau royal et gage des grands cœurs! Oh! que ne suis-je sur la montagne de Basçan, pour couvrir de mes cris le mugissement des bêtes à cornes! car j'ai un motif terrible de fureur; et m'exprimer avec courtoisie, ce serait être comme un homme qui, se voyant la corde au cou, remercie le bourreau de l'adresse qu'il montre. (*Thyréus rentre avec les gens d'Antoine.*) Est-il fouetté?

L'ESCLAVE.—Solidement, seigneur.

ANTOINE.—A-t-il jeté des cris ? A-t-il demandé grâce ?

L'ESCLAVE.—Oui, seigneur.

ANTOINE, *à Thyréus.*— Si ton père vit encore, qu'il regrette de n'avoir pas eu une fille au lieu de toi. Repens-toi d'avoir suivi César dans ses triomphes, puisque tu as été fouetté pour l'avoir suivi. Désormais, que la blanche main d'une dame te donne la fièvre, tremble à sa seule vue.—Retourne à César ; apprends-lui ta réception. Vois et dis-lui à quel point il m'irrite contre lui ; car il affecte l'orgueil et le dédain, et s'arrête à ce que je suis, sans se souvenir de ce que je fus. Il m'irrite, et, dans ce moment, cela est fort aisé, à présent que les astres favorables qui jadis étaient mes guides ont fui de leur orbite et ont précipité leur feu dans l'abîme de l'enfer. Si mon langage et ce que j'ai fait lui déplaisent, dis-lui qu'Hipparchus, mon affranchi, est en sa puissance et qu'il peut, à son plaisir, le fouetter, le pendre ou le torturer comme il voudra, pour s'acquitter avec moi. Presse-le de le faire ; maintenant, toi et tes coups, allez-vous-en.

(Thyréus sort.)

CLÉOPATRE.—Avez-vous fini ?

ANTOINE.—Hélas ! notre lune terrestre est éclipsée ; ce présage seul annonce la chute d'Antoine.

CLÉOPATRE.—Il faut que j'attende qu'il puisse m'écouter.

ANTOINE.—Pour flatter César, avez-vous pu échanger des regards avec un homme qui lui lace ses chaussures ?

CLÉOPATRE.—Vous ne me connaissez pas encore ?

ANTOINE.—Je vous connais un cœur glacé pour moi.

CLÉOPATRE.—Ah ! cher amant, si cela est, que le ciel change mon cœur glacé en grêle et l'empoisonne dans sa source ! que le premier grêlon s'arrête dans mon gosier et s'y dissolve avec ma vie ! que le second frappe Césarion jusqu'à ce que, l'un après l'autre, tous les fruits de mes entrailles, et mes braves Égyptiens écrasés sous cet orage de grêle, gisent tous sans tombeau et deviennent la proie des mouches et des moucherons du Nil !

ANTOINE.—Je suis satisfait. César veut s'établir dans Alexandrie ; c'est là que je lutterai contre sa fortune. Nos troupes de terre ont tenu ferme ; notre flotte dispersée s'est ralliée et vogue encore sous un appareil menaçant.

Où étais-tu, mon cœur? Entends-tu, reine, si je reviens encore une fois du champ de bataille pour baiser ces lèvres, je reviendrai tout couvert de sang. Mon épée et moi, nous allons gagner notre place dans l'histoire. J'espère encore.

CLÉOPATRE.—Je reconnais mon héros.

ANTOINE.—Je veux que mes muscles, que mon cœur, que mon haleine, déploient une triple force, et je combattrai à toute outrance. Quand mes heures coulaient dans la prospérité, les hommes rachetaient de moi leur vie pour un bon mot; mais maintenant je serrerai les dents et j'enverrai dans les ténèbres tout ce qui tentera de m'arrêter.—Viens, passons encore une nuit dans la joie. Qu'on appelle autour de moi tous mes sombres officiers; qu'on remplisse nos coupes; et, pour la dernière fois, oublions en buvant la cloche de minuit.

CLÉOPATRE.—C'est aujourd'hui le jour de ma naissance. Je m'attendais à le passer dans la tristesse. Mais puisque mon seigneur est encore Antoine, je veux être Cléopâtre.

ANTOINE.—Nous goûterons encore le bonheur.

CLÉOPATRE.—Qu'on appelle auprès de mon Antoine tous ses braves officiers.

ANTOINE.—Oui. Je leur parlerai; et ce soir je veux que le vin enlumine leurs cicatrices.—Venez, ma reine, il y a encore de la séve. Au premier combat que je livrerai, je forcerai la mort à me chérir, car je veux rivaliser avec sa faux homicide.

(Ils sortent tous les deux.)

ÉNOBARBUS.—Allons, le voilà qui veut surpasser la foudre. Être furieux, c'est être vaillant par excès de peur; et, dans cette disposition, la colombe attaquerait l'épervier. Je vois cependant que mon général ne regagne du cœur qu'aux dépens de sa tête. Quand le courage usurpe sur la raison du guerrier, il ronge l'épée avec laquelle il combat.—Je vais chercher les moyens de le quitter.

FIN DU TROISIÈME ACTE.

ACTE QUATRIÈME

SCÈNE I

Le camp de César près d'Alexandrie.

CÉSAR *entre, lisant une lettre avec* **AGRIPPA, MÉCÈNE** *et autres.*

CÉSAR.—Il me traite d'*enfant*; il me menace, comme s'il avait le pouvoir de me chasser de l'Égypte. Il a fait battre de verges mon député; il me provoque à un combat singulier; César contre Antoine!—Que le vieux débauché sache que j'ai bien d'autres moyens de mourir. En attendant, je me ris de son défi.

MÉCÈNE.—César doit penser que lorsqu'un aussi grand homme qu'Antoine entre en furie, c'est qu'il est aux abois. Ne lui donnez aucun relâche, profitez de son égarement; jamais la fureur n'a su se bien garder elle-même.

CÉSAR.—Annoncez à nos braves officiers que demain nous livrerons la dernière de nos nombreuses batailles. Nous avons dans notre camp des gens qui servaient encore dernièrement Antoine pour l'envelopper et le prendre lui-même.—Voyez à ce que ce soit fait et qu'on régale l'armée. Nous regorgeons de provisions, et ils ont bien mérité qu'on les traite avec profusion. — Pauvre Antoine! *(Ils sortent.)*

SCÈNE II

Alexandrie.—Appartement du palais.

ANTOINE, CLÉOPATRE, ÉNOBARBUS, CHARMIANE, IRAS, ALEXAS, *et autres officiers.*

ANTOINE.—Il ne veut pas se battre avec moi, Domitius.

ÉNOBARBUS.—Non, seigneur.

ANTOINE.—Pourquoi ne se battrait-il pas ?

ÉNOBARBUS.—C'est qu'il pense qu'étant vingt fois plus fortuné que vous, ce serait vingt hommes contre un seul.

ANTOINE.—Demain, guerrier, nous combattrons sur mer et sur terre. Ou je survivrai, ou je laverai mon affront en mourant dans tant de sang, que je ferai revivre ma gloire. Es-tu disposé à te bien battre ?

ÉNOBARBUS.—Je frapperai en criant : tout ou rien.

ANTOINE.— Bien dit. Allons, appelez mes serviteurs, et n'épargnons rien pour notre repas de ce soir. (*Ses serviteurs entrent.*) Donne-moi ta main, tu m'as toujours fidèlement servi ; et toi aussi., et toi... et toi ; vous m'avez tous bien servi, et vous avez eu des rois pour compagnons.

CLÉOPATRE.—Que veut dire cela ?

ÉNOBARBUS, *à part*.—C'est une de ces bizarreries que le chagrin fait naître dans l'esprit.

ANTOINE.—Et toi aussi, tu es honnête. —Je voudrais être multiplié en autant d'hommes que vous êtes, et que vous formassiez à vous tous un Antoine pour vous pouvoir servir comme vous m'avez servi.

TOUS.—Aux dieux ne plaise !

ANTOINE.—Allons, mes bons amis, servez-moi encore ce soir. Ne ménagez pas le vin dans ma coupe, et traitez-moi avec autant de respect que lorsque l'empire du monde, encore à moi, obéissait comme vous à mes lois.

CLÉOPATRE.—Que prétend-il ?

ÉNOBARBUS.—Faire pleurer ses amis.

ANTOINE. — Servez-moi ce soir. Peut-être est-ce la fin de votre service ; peut-être ne me reverrez-vous plus, ou ne reverrez-vous plus qu'une ombre défigurée ; peut-être demain vous servirez un autre maître.—Je vous regarde comme un homme qui prend congé.—Mes fidèles amis, je ne vous congédie pas ; non, inséparablement attaché à vous, votre maître ne vous quittera qu'à la mort. Servez-moi ce soir deux heures encore ; je ne vous en demande pas davantage, et que les dieux vous en récompensent !

énobarbus.—Seigneur, que voulez-vous dire? Pourquoi les affliger ainsi? Voyez, ils pleurent, et moi, imbécile, mes yeux se remplissent aussi de larmes, comme s'ils étaient frottés avec un ognon. Par grâce, ne nous transformez pas en femmes.

antoine. — Ah! arrêtez! arrêtez, que la sorcière m'enlève si telle est mon intention! Que le bonheur croisse sur le sol qu'arrosent ces larmes! Mes dignes amis, vous prêtez à mes paroles un sens trop sinistre; je ne vous parlais ainsi que pour vous consoler, et je vous priais de brûler cette nuit avec des torches. Sachez, mes amis, que j'ai bon espoir de la journée de demain, et je veux vous conduire où je crois trouver la victoire et la vie, plutôt que l'honneur et la mort. Allons souper; venez, et noyons dans le vin toutes les réflexions.

(Ils sortent.)

SCÈNE III

Alexandrie.—Devant le palais.

Entrent deux soldats qui vont monter la garde.

premier soldat.—Bonsoir, camarade; c'est demain le grand jour.

sedond soldat.—Il décidera tout. Bonsoir. N'as-tu rien entendu d'étrange dans les rues?

premier soldat.—Rien. Quelles nouvelles?

second soldat.—Il y a apparence que ce n'est qu'un bruit; bonne nuit.

premier soldat.—Camarade, bonne nuit.

(*Entrent deux autres soldats.*)

second soldat.—Soldats, faites bonne garde.

troisième soldat.—Et vous aussi; bonsoir, bonsoir.

(*Les deux premiers soldats se placent à leur poste.*)

quatrième soldat. —Nous, ici. (*Ils prennent leur poste.*) Et si demain notre flotte a l'avantage, je suis bien certain que nos troupes de terre ne lâcheront pas pied.

troisième soldat.—C'est une brave armée et pleine de résolution.

(On entend une musique de hautbois sous le théâtre.)

QUATRIÈME SOLDAT.—Silence ! Quel est ce bruit ?
PREMIER SOLDAT.—Chut, chut !
SECOND SOLDAT.—Écoutez.
PREMIER SOLDAT.—Une musique aérienne.
TROISIÈME SOLDAT.—Souterraine.
QUATRIÈME SOLDAT.—C'est bon signe, n'est-ce pas ?
TROISIÈME SOLDAT.—Non.
PREMIER SOLDAT —Paix, vous dis-je. Que signifie ceci ?
SECOND SOLDAT. — C'est le dieu Hercule, qu'Antoine aimait, et qui l'abandonne aujourd'hui.
PREMIER SOLDAT.—Avançons, voyons si les autres sentinelles entendent la même chose que nous.
(Ils s'avancent à l'autre poste.)
SECOND SOLDAT.—Eh bien ! camarades !
PLUSIEURS, *parlant à la fois*. — Eh bien ! eh bien ! entendez-vous ?
PREMIER SOLDAT.—Oui. N'est-ce pas étrange ?
TROISIÈME SOLDAT.—Entendez-vous, camarades, entendez-vous ?
PREMIER SOLDAT. — Suivons ce bruit jusqu'aux limites de notre poste. Voyons ce que cela donnera.
PLUSIEURS *à la fois*. — Volontiers. C'est une chose étrange.

SCÈNE IV

Alexandrie.—Appartement du palais.

ANTOINE, CLÉOPATRE, CHARMIANE, *suite.*

ANTOINE.—Éros ! Éros ! mon armure.
CLÉOPATRE.—Dormez un moment.
ANTOINE.—Non, ma poule... Éros, allons, mon armure, Éros ! (*Éros paraît avec l'armure.*) Viens, mon brave serviteur, ajuste-moi mon armure. — Si la fortune ne nous favorise pas aujourd'hui, c'est que je la brave. Allons.
CLÉOPATRE.—Attends, Éros, je veux t'aider. A quoi sert ceci ?
ANTOINE.—Allons, soit, soit, j'y consens. C'est toi qui armes mon cœur... A faux, à faux. — Bon, l'y voilà, l'y voilà.

CLÉOPATRE. — Doucement, je veux vous aider ; voilà comme cela doit être.

ANTOINE.—Bien, bien, nous ne pouvons manquer de prospérer ; vois-tu, mon brave camarade ! Allons, va t'armer aussi.

ÉROS.—A l'instant, seigneur.

CLÉOPATRE.—Ces boucles ne sont-elles pas bien attachées ?

ANTOINE.—A merveille, à merveille. Celui qui voudra déranger cette armure avant qu'il nous plaise de nous en dépouiller nous-mêmes pour nous reposer, essuiera une terrible tempête.—Tu es un maladroit, Éros ; et ma reine est un écuyer plus habile que toi. Hâte-toi.—O ma bien-aimée, que ne peux-tu me voir combattre aujourd'hui, et si tu connaissais cette tâche royale, tu verrais quel ouvrier est Antoine ! (*Entre un officier tout armé.*) Bonjour, soldat, sois le bienvenu ; tu te présentes en homme qui sait ce que c'est que la journée d'un guerrier. Nous nous levons avant l'aurore pour commencer les affaires que nous aimons, et nous allons à l'ouvrage avec joie.

L'OFFICIER.—Mille guerriers, seigneur, ont devancé le jour, et vous attendent au port couverts de leur armure.

(Cris de guerre, bruit de trompettes. Entrent plusieurs capitaines suivis de leurs soldats.)

UN CAPITAINE.—La matinée est belle. Salut, général !

TOUS.—Salut, général !

ANTOINE.—Voilà une belle musique, mes enfants ! Cette matinée, comme le génie d'un jeune homme qui promet un avenir brillant, commence de bonne heure ; oui, oui. —Allons, donne-moi cela ; — par ici ;..... fort bien. — Adieu, reine, et soyez heureuse, quel que soit le sort qui m'attende. (*Il l'embrasse.*) Voilà le baiser d'un guerrier : je mériterais vos mépris et vos reproches si je perdais le temps à vous faire des adieux plus étudiés ; je vous quitte maintenant comme un homme couvert d'acier. (*Antoine, Éros, les officiers et les soldats sortent.*) Vous, qui voulez vous battre, suivez-moi de près ; je vais vous y conduire. Adieu.

CHARMIANE. — Voulez-vous vous retirer dans votre appartement ?

CLÉOPATRE.—Oui, conduis-moi.—Il me quitte en brave. Plût aux dieux que César et lui pussent, dans un combat singulier, décider cette grande querelle! Alors, Antoine... Mais, hélas!... Allons, sortons.

(Elles sortent.)

SCÈNE V

Le camp d'Antoine, près d'Alexandrie.

Les trompettes sonnent; entrent ANTOINE ET ÉROS; *un soldat vient à eux.*

LE SOLDAT.—Plaise aux dieux que cette journée soit heureuse pour Antoine!

ANTOINE.—Je voudrais à présent en avoir cru tes conseils et tes blessures, et n'avoir combattu que sur terre.

LE SOLDAT.—Si vous l'aviez fait, les rois qui se sont révoltés, et ce guerrier qui vous a quitté ce matin, suivraient encore aujourd'hui vos pas.

ANTOINE.—Qui m'a quitté ce matin?

ÉROS.—Qui? quelqu'un qui était toujours auprès de vous. Appelez maintenant Énobarbus, il ne vous entendra pas; ou du camp de César il vous criera: Je ne suis plus des tiens.

ANTOINE.—Que dis-tu?

LE SOLDAT.—Seigneur, il est avec César.

ÉROS.—Ses coffres, son argent, il a tout laissé, seigneur.

ANTOINE.—Est-il parti?

LE SOLDAT.—Rien n'est plus certain.

ANTOINE.—Éros, va; envoie-lui son trésor: n'en retiens pas une obole, je te le recommande. Écris-lui, je signerai la lettre; et fais-lui mes adieux dans les termes les plus honnêtes et les plus doux: dis-lui que je souhaite qu'il n'ait jamais de plus fortes raisons pour changer de maître.—Oh! ma fortune a corrompu les cœurs honnêtes.—Éros, hâte-toi.

SCÈNE VI

Le camp de César devant Alexandrie.

Fanfares. CÉSAR *entre avec* AGRIPPA, ÉNOBARBUS, *et autres*.

césar. — Agrippa, marche en avant, et engage le combat. Notre volonté est qu'Antoine soit pris vivant; instruis-en nos soldats.

agrippa. — J'y vais, César.

césar. — Enfin le jour de la paix universelle est proche. Si cette journée est heureuse, l'olivier va croître de lui-même dans les trois parties du monde.

(Entre un messager.)

le messager. — Antoine est arrivé sur le champ de bataille.

césar. — Va; recommande à Agrippa de placer à l'avant-garde de notre armée ceux qui ont déserté, afin qu'Antoine fasse tomber en quelque sorte sa fureur sur lui-même.

(César et sa suite sortent.)

énobarbus. — Alexas s'est révolté : il était allé en Judée pour les affaires d'Antoine; là il a persuadé au puissant Hérode d'abandonner son maître et de pencher du côté de César; et pour sa peine César l'a fait pendre. — Canidius et les autres officiers qui ont déserté ont obtenu de l'emploi, mais non une confiance honorable. — J'ai mal fait, et je me le reproche moi-même, avec un remords si douloureux qu'il n'est plus désormais de joie pour moi.

(Entre un soldat d'Antoine.)

le soldat. — Énobarbus, Antoine vient d'envoyer sur tes pas tous tes trésors, et de plus des marques de sa générosité. Son messager m'a trouvé de garde, et il est maintenant dans ta tente, où il décharge ses mulets.

énobarbus. — Je t'en fais don.

le soldat. — Ne plaisante pas, Énobarbus, je te dis la vérité. Il serait à propos que tu vinsses escorter le mes-

sager jusqu'à la sortie du camp : je suis obligé de retourner à mon poste, sans quoi je l'aurais escorté moi-même... Votre général est toujours un autre Jupiter.
(Le soldat sort.)

ÉNOBARBUS. — Je suis le seul lâche de l'univers; et je sens mon ignominie. O Antoine! mine de générosité, comment aurais-tu donc payé mes services et ma fidélité, toi qui couronnes d'or mon infamie! Ceci me fait gonfler le cœur; et si le remords ne le brise pas bientôt, un moyen plus prompt préviendra le remords... Mais le remords s'en chargera, je le sens. — Moi, combattre contre toi! Non : je veux aller chercher quelque fossé pour y mourir; le plus sale est celui qui convient le mieux à la dernière heure de ma vie.
(Il sort au désespoir.)

SCÈNE VII

Champ de bataille entre les deux camps.

(On sonne la marche. Bruits de tambours et de trompettes.)

Entrent AGRIPPA *et autres.*

AGRIPPA. — Battons en retraite : nous nous sommes engagés trop avant. César lui-même a payé de sa personne, et nous avons trouvé plus de résistance que nous n'en attendions.
(Agrippa et les siens sortent.)
(Bruit d'alarme. Entrent Antoine et Scarus blessés.)

SCARUS. — O mon brave général! voilà ce qui s'appelle combattre. Si nous avions commencé par là, nous les aurions renvoyés chez eux avec des torchons autour de la tête.

ANTOINE. — Ton sang coule à grands flots.

SCARUS. — J'avais ici une blessure comme un T, maintenant c'est une H.

ANTOINE. — Ils battent en retraite.

SCARUS. — Nous les repousserons jusque dans des trous. — J'ai encore de la place pour six blessures.
(Éros entre.)

ÉROS. — Ils sont battus, seigneur; et notre avantage peut passer pour une victoire complète.

SCARUS. — Tirons-leur des lignes sur le dos, prenons-les par derrière comme des lièvres; c'est une chasse d'assommer un fuyard.

ANTOINE. — Je veux te donner une récompense pour cette saillie, et dix pour ta bravoure... Suis-moi.

SCARUS. — Je vous suis en boitant.

(Ils sortent.)

SCÈNE VIII

Sous les murs d'Alexandrie.

FANFARES. ANTOINE *revient au son d'une marche guerrière, accompagné de Scarus et de l'armée.*

ANTOINE. — Nous l'avons chassé jusqu'à son camp. — Que quelqu'un coure en avant et annonce nos hôtes à la reine. Demain, avant que le soleil nous voie, nous achèverons de verser le sang qui nous échappe aujourd'hui. — Je vous rends grâces à tous; vous avez des bras de héros. Vous avez combattu, non pas en hommes qui servent les intérêts d'un autre, mais comme si chacun de vous eût défendu sa propre cause. Vous vous êtes tous montrés des Hectors. Rentrez dans la ville; allez serrer dans vos bras vos femmes, vos amis; racontez-leur vos exploits, tandis que, versant des larmes de joie, ils essuieront le sang figé dans vos plaies, et baiseront vos blessures. (*A Scarus.*) Donne-moi ta main. (*Cléopâtre arrive avec sa suite.*) C'est à cette puissante fée que je veux vanter tes exploits; je veux te faire goûter la douceur de ses louanges. O toi, astre de l'univers, enchaîne dans tes bras ce cou bardé de fer : franchis tout entière l'acier de cette armure à l'épreuve; viens sur mon sein pour y être soulevée par les élans de mon cœur triomphant.

CLÉOPATRE. — Seigneur des seigneurs, courage sans bornes, reviens-tu en souriant après avoir échappé au grand piège où le monde va se précipiter[1]?

---

[1] *The world's great snare,* le grand piége du monde est la guerre.

ANTOINE. — Mon rossignol, nous les avons repoussés jusque dans leurs lits. Eh bien! ma fille, malgré ces cheveux gris, qui viennent se mêler à ma brune chevelure, nous avons un cerveau qui nourrit nos nerfs, et peut arriver au but aussi bien que la jeunesse. — Regarde ce soldat, présente à ses lèvres ta gracieuse main; baise-la, mon guerrier. — Il a combattu aujourd'hui, comme si un dieu, ennemi de l'espèce humaine, avait emprunté sa forme pour la détruire.

CLÉOPATRE. — Ami, je veux te faire présent d'une armure d'or; c'était l'armure d'un roi.

ANTOINE.—Il l'a méritée, fût-elle tout étincelante de rubis comme le char sacré d'Apollon.—Donne-moi ta main; traversons Alexandrie dans une marche triomphante; portons devant nous nos boucliers, hachés comme leurs maîtres. Si notre grand palais était assez vaste pour contenir toute cette armée, nous souperions tous ensemble, et nous boirions à la ronde au succès de demain, qui nous promet des dangers dignes des rois. Trompettes, assourdissez la ville avec le bruit de vos instruments d'airain, mêlé aux roulements de nos tambourins; que le ciel et la terre confondent leurs sons pour applaudir à notre retour.

SCÈNE IX

Le camp de César.

Sentinelles à leur poste; entre ÉNOBARBUS.

PREMIER SOLDAT. — Si dans une heure nous ne sommes pas relevés, il nous faut retourner au corps-de-garde. La nuit est étoilée; et l'on dit que nous serons rangés en bataille vers la seconde heure du matin.

SECOND SOLDAT. — Cette dernière journée a été cruelle pour nous.

ÉNOBARBUS. — O nuit! sois-moi témoin...

SECOND SOLDAT. — Quel est cet homme?

PREMIER SOLDAT. — Ne bougeons pas, et prêtons l'oreille.

ÉNOBARBUS. — O lune paisible! lorsque l'histoire dénoncera à la haine de la postérité les noms des traîtres, sois-moi témoin que le malheureux Énobarbus s'est repenti à ta face.

PREMIER SOLDAT. — Énobarbus!

TROISIÈME SOLDAT. — Silence! écoutons encore.

ÉNOBARBUS. — O souveraine maîtresse de la véritable mélancolie, verse sur moi les humides poisons de la nuit; et que cette vie rebelle, qui résiste à mes vœux, ne pèse plus sur moi; brise mon cœur contre le dur rocher de mon crime : desséché par le chagrin, qu'il soit réduit en poudre, et termine toutes mes sombres pensées! O Antoine, mille fois plus généreux que ma désertion n'est infâme! ô toi, du moins, pardonne-moi, et qu'alors le monde m'inscrive dans le livre de mémoire sous le nom d'un fugitif, déserteur de son maître! O Antoine! Antoine!

(Il meurt.)

SECOND SOLDAT. — Parlons lui.

PREMIER SOLDAT. — Écoutons-le; ce qu'il dit pourrait intéresser César.

TROISIÈME SOLDAT. — Oui, écoutons; mais il dort.

PREMIER SOLDAT. — Je crois plutôt qu'il se meurt, car jamais on n'a fait une pareille prière pour dormir.

SECOND SOLDAT. — Allons à lui.

TROISIÈME SOLDAT. — Éveillez-vous, éveillez-vous, seigneur; parlez-nous.

SECOND SOLDAT. — Entendez-vous, seigneur?

PREMIER SOLDAT. — Le bras de la mort l'a atteint. (*Roulement de tambour dans l'éloignement.*) Écoutez, les tambours réveillent l'armée par leurs roulements solennels. Portons-le au corps-de-garde; c'est un guerrier de marque. Notre heure de faction est bien passée.

SECOND SOLDAT. — Allons, viens; peut-être reviendra-t-il à lui.

SCÈNE X

La scène se passe entre les deux camps.

ANTOINE, SCARUS *et l'armée.*

ANTOINE. — Leurs dispositions annoncent un combat sur mer ; nous ne leur plaisons guère sur terre.

SCARUS. — On combattra sur mer et sur terre, seigneur.

ANTOINE. — Je voudrais qu'ils pussent nous attaquer aussi dans l'air, dans le feu, nous y combattrions aussi. Mais voici ce qu'il faut faire. Notre infanterie restera avec nous sur les collines qui rejoignent la ville. Les ordres sont donnés sur mer. La flotte est sortie du port ; avançons afin de pouvoir aisément reconnaître leur ordre de bataille et observer leurs mouvements.

(Ils sortent.)

CÉSAR *entre avec son armée.* — A moins que nous ne soyons attaqués, nous ne ferons aucun mouvement sur terre ; et, suivant mes conjectures, il n'en sera rien ; car ses meilleures troupes sont embarquées sur ses galères. Gagnons les vallées, et prenons tous nos avantages.

(Ils sortent.)

(Rentrent Antoine et Scarus.)

ANTOINE. — Il ne se sont pas rejoints encore. De l'endroit où ces pins s'élèvent je pourrai tout voir, et dans un moment je reviens t'apprendre quelle est l'issue probable de la journée.

(Il sort.)

SCARUS. — Les hirondelles ont bâti leurs nids dans les voiles de Cléopâtre. — Les augures disent qu'ils ne savent pas, qu'ils ne peuvent pas dire... Ils ont un air consterné, et ils n'osent révéler ce qu'ils pensent. Antoine est vaillant et découragé ; par accès sa fortune inquiète lui donne l'espérance et la crainte de ce qu'il a et de ce qu'il n'a pas.

(Bruit dans l'éloignement, comme celui d'un combat naval.)

ANTOINE *rentre.* — Tout est perdu ! l'infâme Égyptienne m'a trahi ! ma flotte s'est rendue à l'ennemi ; j'ai vu mes soldats jeter leurs casques en l'air, et boire avec ceux de César, comme des amis qui se retrouvent après une longue absence; ô femme trois fois prostituée¹, c'est toi qui m'as vendu à ce jeune novice!... Ce n'est plus qu'avec toi seul que mon cœur est en guerre. Dis-leur à tous de fuir; car dès que je me serai vengé de mon enchanteresse, tout sera fini pour moi. Va-t'en. Dis-leur à tous de fuir. (*Scarus sort.*) O soleil! je ne verrai plus ton lever. C'est ici que nous nous disons adieu. Antoine et la fortune se séparent ici. — C'est donc là que tout en est venu! Ces cœurs qui suivaient mes pas comme des chiens, dont je comblais tous les désirs, se sont évanouis, et prodiguent leurs faveurs à César, qui est dans toute sa fleur. Le pin qui les couvrait de son ombre est dépouillé de toute son écorce. Je suis trahi! Perfide cœur d'Égyptienne! Cette fatale enchanteresse, dont le regard m'envoyait au combat ou me rappelait auprès d'elle, dont le sein était mon diadème et le but de mes travaux; telle qu'une véritable Égyptienne², elle m'a entraîné dans le fond de l'abîme par un tour de gibecière³. Éros! Éros!

(Entre Cléopâtre.)

ANTOINE. — Ah! magicienne! va-t'en!

CLÉOPATRE. — D'où vient ce courroux de mon seigneur contre son amante?

ANTOINE. — Disparais ou je vais te donner la récompense que tu mérites, et faire tort au triomphe de César. Qu'il s'empare de toi et te montre en spectacle à la po-

---

¹ *Triple turn'd whore.* Elle s'était donnée d'abord à Jules César, dont elle avait eu besoin, puis à Antoine, et enfin il voit qu'elle le trompe déjà pour Octave.

² *Gipsy* est encore employé ici pour signifier Égyptienne d'Égypte et Égyptienne moderne, cette caste vagabonde si bien peinte par l'auteur de *Tom Jones*, et de nos jours par sir Walter Scott dans *Guy Mannering*.

³ On plie une bourse de cuir ou une ceinture en plusieurs plis, on la pose sur une table, un des plis semble présenter le milieu de la ceinture, celui qui y enfonce un poinçon croit tenir bien ferme au milieu de la ceinture, tandis que celui avec qui il joue la prend par les deux bouts et l'enlève.

pulace de Rome; va suivre son char au milieu des huées, comme le plus grand opprobre de ton sexe. Tu seras exposée aux regards des rustres, comme un monstre étrange, pour quelque vile obole. Et puisse la patiente Octavie défigurer ton visage de ses ongles, qu'elle laisse croître pour sa vengeance! (*Cléopâtre sort.*) Tu as bien fait de fuir, s'il est bon de vivre. Mais tu aurais gagné à expirer sous ma rage; une mort eût pu éviter mille morts... — Éros, ici! — La chemise de Nessus m'enveloppe. Alcide, ô toi! mon illustre ancêtre, enseigne-moi tes fureurs, que je lance comme toi Lychas sur les cornes de la lune[1], et prête-moi ces mains robustes qui soulevaient ton énorme massue, que je m'anéantisse moi-même. La magicienne mourra. Elle m'a vendu à ce petit Romain, et je péris victime de ses complots. Elle mourra. — Éros, où es-tu?

(Il sort.)

SCÈNE XI

Alexandrie.—Appartement du palais.

CLÉOPATRE, CHARMIANE, IRAS, MARDIAN.

CLÉOPATRE. — Secourez-moi, mes femmes. Oh! il est plus furieux que ne le fut Télamon, frustré du bouclier d'Achille; et le sanglier de Thessalie ne se montra jamais plus menaçant.

CHARMIANE. — Venez au tombeau de Ptolémée. Enfermez-vous là, et envoyez lui annoncer que vous êtes morte. L'âme ne se sépare pas du corps avec plus de douleur que l'homme de sa grandeur.

CLÉOPATRE. — Allons au tombeau[2]... Mardian, va lui

---

[1] *Let me lodge Lychas on the horns of the moon*, ce que Letourneur traduit par lancer Lychas dans le sein des nuages ensanglantés, pour se rapprocher de l'expression de Sénèque, qui dans son *Hercule* peint Lychas lancé dans l'air teignant les nuages de son sang, et écrasé contre un rocher. C'est ce Lychas qui avait apporté à Hercule la chemise de Déjanire, qui l'avait reçue du centaure Nessus.

[2] Mausolée près du temple d'Isis, que Cléopâtre avait fait bâtir pour sa sépulture, selon la coutume des rois d'Égypte.

annoncer que je me suis tuée. Dis-lui que le dernier mot que j'ai prononcé était *Antoine*, et fais-lui, je t'en conjure, un récit attendrissant. Pars, Mardian, et reviens m'apprendre comment il prend ma mort... Au monument...

SCÈNE XII

Alexandrie.—Un autre appartement du palais.

ANTOINE, ÉROS.

ANTOINE. — Éros, tu me vois encore !

ÉROS. — Oui, mon noble maître.

ANTOINE. — Tu as vu quelquefois un nuage qui ressemble à un dragon, une vapeur qui nous représente un ours ou un lion, une citadelle avec des tours, un rocher pendant, un mont à double cime, ou un promontoire bleuâtre couronné de forêts qui se balancent sur nos têtes ; tu as vu ces images qui sont les spectacles que nous offre le sombre crépuscule ?

ÉROS. — Oui, seigneur.

ANTOINE. — Ce qui nous paraît un coursier est effacé en moins d'une pensée par la séparation des nuages, et se confond avec eux comme l'eau dans l'eau.

ÉROS. — Oui, seigneur.

ANTOINE. — Eh bien ! bon serviteur, cher Éros, ton général n'est plus qu'une de ces formes imaginaires. Je suis encore Antoine, mais je ne puis plus garder ce corps visible, mon serviteur. — C'est pour l'Égypte que j'ai entrepris cette guerre, et la reine, dont je croyais posséder le cœur, car elle possédait le mien, mon cœur qui, pendant qu'il était à moi, s'était attaché un million de cœurs, perdus maintenant ; elle, qui a arrangé les cartes avec César, et, par un jeu perfide, a livré ma gloire au triomphe de mon ennemi. — Non, ne pleure pas, cher Éros ; pour finir mes destins, je me reste à moi-même. (*Entre Mardian.*) Oh ! ta vile maîtresse ! elle m'a volé mon épée !

MARDIAN. — Non, Antoine, ma maîtresse vous aimait, et elle a associé sans réserve sa fortune à la vôtre.

ANTOINE. — Loin de moi, eunuque insolent; tais-toi. Elle m'a trahi, il faut qu'elle meure.

MARDIAN. — La mort est une dette que chacun ne peut payer qu'une fois, et elle l'a déjà acquittée. Ce que vous vouliez faire est fait; elle a prévenu votre bras; et le dernier mot qu'elle a prononcé, c'est: *Antoine, généreux Antoine!* Elle a voulu encore prononcer votre nom, mais un dernier gémissement l'a laissé à moitié prononcé entre ses lèvres et son cœur; elle a expiré avec votre nom enseveli dans son sein.

ANTOINE. — Elle est morte?

MARDIAN. — Morte.

ANTOINE. — Éros, ôte-moi mon armure : la tâche de la longue journée est finie, et il est temps de dormir. Tiens-toi pour bien payé de ton message, puisque tu sors vivant de ces lieux. Va-t'en. (*Mardian sort.*) Ote-moi cette armure, le septuple bouclier d'Ajax ne peut comprimer les battements de mon cœur. O mes flancs! brisez-vous; toi, mon cœur, sois une fois plus fort que la chair qui t'emprisonne. — Dépêche, Éros, dépêche. Je ne suis plus un guerrier. — Débris de mon armure, allez loin de moi, vous avez été portés avec honneur. — Laissez-moi seul un moment. — (*Éros sort.*) O Cléopâtre! je je vais te rejoindre, et implorer ton pardon par mes larmes. Allons, il faut finir, tout délai est un nouveau supplice. Puisque la torche est éteinte, couchons-nous et n'allons pas plus loin. Maintenant toute résistance serait inutile, et nuirait au lieu de servir. La force s'embarrasse de ses propres efforts; apposons notre sceau, et tout est fini. — Éros! — Je viens, ô ma reine! — Éros! — Attends-moi dans ces lieux, où les ombres reposent sur les fleurs. Là, les mains dans les mains, nous fixerons sur nous les regards des ombres attirées par l'héroïque majesté de nos mânes. Didon et son Énée verront leur cour déserte, et toute la foule nous suivra. — Éros! Viens donc!

(*Éros paraît.*)

ÉROS. — Que veut mon maître?

ANTOINE. — Depuis que Cléopâtre n'est plus, j'ai vécu avec tant de déshonneur que les dieux abhorrent ma bassesse. Moi, qui avec mon épée partageais l'univers, moi qui construisis sur le dos verdâtre de Neptune des cités avec mes vaisseaux, je m'accuse de manquer du courage d'une femme. Mon âme est moins noble que la sienne, elle qui par sa mort dit à notre César : Je n'ai d'autre vainqueur que moi-même. — Éros, tu m'as juré que, si jamais les circonstances l'exigeaient (et elles l'exigent bien maintenant), quand je me verrais poursuivi par une suite de malheurs et d'horreurs inévitables, alors, sur mon ordre, tu me donnerais la mort. Fais-le, le temps est venu. Ce n'est pas moi que tu frapperas; c'est César que tu vas priver du fruit de la victoire. Rappelle la couleur sur tes joues.

ÉROS. — Que les dieux m'en gardent! Ferais-je ce que n'ont pu faire tous les traits des Parthes ennemis, lancés vainement contre vous?

ANTOINE. — Cher Éros, voudrais-tu donc, des fenêtres de la vaste Rome, voir ton maître les bras croisés, courbant son front humilié et le visage dompté par une honte pénétrante, tandis que l'heureux César, marchant devant lui dans son char, raillerait la bassesse de celui qui le suit?

ÉROS. — Non, je ne voudrais pas le voir.

ANTOINE. — Approche donc : car il n'y a qu'une blessure qui puisse me guérir. Allons, tire ton épée fidèle, qui dans tes mains fut tant de fois utile à ta patrie.

ÉROS. — Ah! seigneur, pardonnez!

ANTOINE. — Quand je t'ai affranchi, ne juras-tu pas de faire ce que je te demande ici dès que je te l'ordonnerais? Obéis, ou je regarderai tous tes services passés comme des accidents involontaires; tire ton épée et approche.

ÉROS. — Détournez donc de moi ce noble visage, fait pour être adoré de l'univers entier.

ANTOINE, *détournant son visage.* — Allons.

ÉROS. — Mon épée est tirée.

ANTOINE. — Alors, fais tout de suite la chose pour laquelle tu l'as tirée.

ÉROS. — Mon cher maître, mon général, mon souverain, permettez qu'avant de frapper ce coup sanglant je vous dise adieu.

ANTOINE. — Tu l'as dit, ami. Adieu.

ÉROS. — Adieu, mon illustre chef. Frapperai-je?

ANTOINE. — A l'instant, Éros.

ÉROS.—Eh bien! ici alors... (*Il se jette sur son épée.*) C'est ainsi que j'échappe à la douleur d'immoler Antoine.

(Il expire.)

ANTOINE. — O toi! qui es trois fois plus noble que moi! brave Éros, tu m'apprends ce que je devrais et ce que tu n'as pu faire. Ma reine et le fidèle Éros ont, par leur courageux exemple, gagné sur moi de la gloire dans l'histoire. Mais je serai comme un nouvel époux pour la mort, et je vole dans ses bras comme au lit de mon amante. Allons, c'en est fait, Éros, ton maître meurt selon ton exemple. Voilà ce que tu m'as appris. (*Il se précipite sur son épée.*) Comment, pas mort encore? pas mort? Holà, gardes! Oh! achevez-moi!

(Entrent Dercétas et la garde).

PREMIER GARDE. — D'où viennent ces cris?

ANTOINE. — Amis, j'ai mal fait mon ouvrage... Oh! achevez ce que j'ai commencé.

SECOND GARDE. — L'astre est tombé.

PREMIER GARDE. — Sa période est achevée.

TOUS. — Hélas! ô malheur!

ANTOINE. — Que celui de vous qui m'aime achève ma mort.

PREMIER GARDE. — Pas moi.

SECOND GARDE. — Ni moi.

TROISIÈME GARDE. — Ni personne.

(Ils sortent.)

DERCÉTAS. — Ta fortune et ta mort font déserter tes amis. Que je montre seulement cette épée à César, et avec cette nouvelle je suis sûr d'être bien accueilli.

(Diomède entre.)

DIOMÈDE. — Où est Antoine?

DERCÉTAS. — Là, Diomède, là.

DIOMÈDE. — Est-il en vie? — Veux-tu répondre?

(Dercétas sort.)

ANTOINE. — Est-ce toi, Diomède? Tire ton épée et frappe; que j'achève de mourir.

DIOMÈDE. — Illustre souverain, ma maîtresse Cléopâtre m'envoie vers toi.

ANTOINE. — Quand t'a-t-elle envoyé?

DERCÉTAS. — Dans le moment, seigneur.

ANTOINE. — Où est-elle?

DIOMÈDE. — Elle est enfermée dans son monument: elle avait un pressentiment de ce qui est arrivé. Lorsqu'elle a vu que vous la soupçonniez, soupçon dont on ne trouvera jamais la preuve, de s'être arrangée avec César, et que rien ne pouvait apaiser vos fureurs, elle vous a fait annoncer qu'elle était morte; mais ensuite, craignant l'effet de cette nouvelle, elle m'envoie vous déclarer la vérité, et je viens, je le crains bien, trop tard.

ANTOINE. — Trop tard, bon Diomède. Appelle mes gardes, je te prie.

DIOMÈDE. — Holà! les gardes de l'empereur! Gardes, avancez, votre seigneur vous appelle.

(Les gardes entrent.)

ANTOINE. — Portez-moi, mes bons amis, aux lieux où est Cléopâtre; c'est le dernier service que je vous demanderai.

UN GARDE. — Nous sommes désolés, seigneur, que vous ne puissiez pas survivre au dernier de tous vos fidèles serviteurs.

TOUS. — O jour de calamité!

ANTOINE. — Allons, mes chers camarades, ne faites pas au sort barbare l'honneur de vos larmes; souhaitez la bienvenue aux coups qui viennent nous frapper. C'est se venger de lui que de les recevoir avec insouciance. Soulevez-moi; je vous ai conduit souvent : portez-moi à votre tour, mes bons amis, et recevez tous mes remerciements.

(Ils sortent, emportant Antoine.)

SCÈNE XIII

Alexandrie.—Un mausolée.

On voit sur une galerie CLÉOPATRE, CHARMIANE ET IRAS.

CLÉOPATRE. — O Charmiane! c'en est fait, je ne sors plus d'ici!

CHARMIANE. — Consolez-vous, madame.

CLÉOPATRE.—Non, je ne le veux pas... Les événements les plus étranges et les plus terribles seront les bienvenus; mais je dédaigne les consolations. L'étendue de ma douleur doit égaler la grandeur de sa cause. (*A Diomède, qui revient.*) Comment? est-il mort?

DIOMÈDE. — Pas encore, madame, mais la mort est sur lui. Regardez de l'autre côté du monument, ses gardes l'ont apporté jusqu'ici.

(*Antoine paraît, porté par ses gardes.*)

CLÉOPATRE. — O soleil! consume la sphère où tu te meus, et qu'une nuit éternelle couvre le visage changeant du monde! — O Antoine! Antoine! Antoine! — Aide-moi, Charmiane; aide-moi, Iras. Mes amis, secondez-nous; élevons-le jusqu'à moi.

ANTOINE. — Calmez-vous; ce n'est pas sous la valeur de César qu'Antoine succombe, Antoine seul a triomphé de lui-même.

CLÉOPATRE.—Il en devait être ainsi: nul autre qu'Antoine ne devait triompher d'Antoine; mais malheur à moi qu'il en soit ainsi!

ANTOINE.— Je meurs, reine d'Égypte, je meurs; cependant j'implore de la mort un moment pour que je puisse déposer sur tes lèvres encore un pauvre baiser, le dernier de tant de baisers.

CLÉOPATRE.—Je n'ose, cher amant; cher Antoine, pardonne; mais je n'ose descendre, je crains d'être surprise... Jamais ce César, que la fortune accable de ses dons, ne verra son orgueilleux triomphe décoré de ma personne... Si les poignards ont une pointe, les poisons de la force, les serpents un dard, je suis en sûreté. Jamais ta sage Octavie, avec son regard modeste et sa froide résolution, ne jouira du triomphe de me contempler; mais viens, viens, cher Antoine. Aidez-moi, mes femmes; il faut que nous le montions ici; bons amis, secondez-moi[1].

ANTOINE. — O hâtez-vous, ou je m'en vais!

CLÉOPATRE. — Ceci est un jeu, en vérité. Comme mon seigneur est lourd! La douleur a épuisé nos forces, et ajoute un nouveau poids à son corps. Ah! si j'avais la puissance de l'immortelle Junon, Mercure t'enlèverait sur ses robustes ailes, et te placerait à côté de Jupiter... Mais viens, viens. Ceux qui font des souhaits sont toujours fous. Oh! viens, viens, viens. (*Ils enlèvent et montent Antoine.*) Et sois le bienvenu, le bienvenu auprès de moi... Meurs là où tu as vécu; que mes baisers te raniment. Ah! si mes lèvres avaient ce pouvoir, je les userais à force de baisers.

TOUS. — O douloureux spectacle!

ANTOINE. — Je meurs, Égyptienne, je meurs... Donnez-moi un peu de vin pour que je puisse prononcer encore quelques paroles.

CLÉOPATRE. — Non, laisse-moi parler plutôt, laisse-moi accuser si hautement la fortune; que la fortune, perfide ouvrière, brise son rouet[2] dans le dépit que lui causeront mes outrages.

ANTOINE. — Un mot, chère reine; assurez auprès de César votre honneur et votre sûreté... Ah!

[1] « Toutefois Cléopâtre ne voulut pas ouvrir les portes; mais elle se vint mettre à des fenêtres hautes, et dévala en bas quelques chaînes et cordes, dedans lesquelles on empaqueta Antoine, et elle, avec deux de ses femmes, le tira amont. Ceux qui furent présents à ce spectacle, disent qu'il ne fut oncques chose si piteuse à voir. »

[2] *False housewife fortune break her wheel*; *wheel* veut dire *rouet* aussi bien que *roue*, et le rapport qui existe entre *housewife* et *wheel* (rouet) nous a décidé à adopter ce sens en dépit de la mythologie. Peut-être Shakspeare a-t-il confondu la Fortune avec la Destinée, qui file la vie des hommes, quoique ce ne soit pas non plus avec un rouet qu'on représente les Parques.

CLÉOPATRE. — Ces deux choses ne vont pas ensemble.

ANTOINE. — Chère Cléopâtre, écoutez-moi : de tous ceux qui entourent César, ne vous fiez qu'à Proculéius.

CLÉOPATRE. — Je me fierai à ma résolution et à mes mains, et non à aucun des amis de César.

ANTOINE. — N'allez point gémir, ni vous lamenter sur le déplorable changement qui m'arrive au terme de ma carrière ; charmez plutôt vos pensées par le souvenir de ma fortune passée, lorsque j'étais le plus noble, le plus grand prince de l'univers ; je ne meurs pas aujourd'hui honteusement ni lâchement, je ne cède pas mon casque à mon compatriote ; je suis un Romain vaincu avec honneur par un Romain. Ah ! mon âme s'envole. Je n'en puis plus.

(Antoine expire.)

CLÉOPATRE. — O le plus généreux des mortels, veux-tu donc mourir? Tu n'as donc plus souci de moi?... Resterai-je dans ce monde insipide, qui, sans toi, n'est plus qu'un bourbier fangeux. — O mes femmes, voyez ! Le roi de la terre s'anéantit... Mon seigneur !... Oui, le laurier de la guerre est flétri ; la colonne des guerriers est renversée. Désormais les enfants et les filles timides marcheront de pair avec les hommes. Les prodiges sont finis, et après Antoine il ne reste plus rien de remarquable sous la clarté de la lune.

(Elle s'évanouit.)

CHARMIANE. — Ah ! calmez-vous, madame.

IRAS. — Elle est morte aussi, notre maîtresse.

CHARMIANE. — Reine...

IRAS. — Madame...

CHARMIANE. — O madame ! madame ! madame !

IRAS. — Reine d'Égypte ! souveraine...

CHARMIANE. — Tais-toi, tais-toi, Iras...

CLÉOPATRE. — Non, je ne suis plus qu'une femme, et assujettie aux mêmes passions que la servante qui trait les vaches et exécute les plus obscurs travaux. Il m'appartiendrait de jeter mon sceptre aux dieux barbares, et de leur dire que cet univers fut égal à leur Olympe jusqu'au jour où ils m'ont enlevé mon trésor. — Tout n'est

plus que néant. La patience est une sotte et l'impatience
est devenue un chien enragé... Est-ce donc un crime de
se précipiter dans la secrète demeure de la mort avant
que la mort ose venir à nous? Comment êtes-vous, mes
femmes? Allons, allons, bon courage! Allons, voyons,
Charmiane! Mes chères filles!... Ah! femmes, femmes,
voyez, notre flambeau est éteint. (*Aux soldats d'Antoine.*)
— Bons amis, prenez courage, nous l'ensevelirons; ensuite, ce qui est brave, ce qui est noble, accomplissons-
le en digne Romaine, et que la mort soit fière de nous
prendre. Sortons: l'enveloppe qui renfermait cette
grande âme est glacée. O mes femmes, mes femmes!
suivez-moi, nous n'avons plus d'amis, que notre courage
et la mort la plus courte.

(Elles sortent; on emporte le corps d'Antoine.)

FIN DU QUATRIÈME ACTE.

ACTE CINQUIÈME

SCÈNE I

Le théâtre représente le camp de César.

CÉSAR, AGRIPPA, DOLABELLA, MÉCÈNE, GALLUS, *suite.*

César.—Va le trouver, Dolabella; dis-lui de se rendre, dis-lui que, dépouillé de tout comme il l'est, c'est se jouer de nous que de tant différer.

Dolabella.—J'y vais, César.

(Il sort.)

(Dercétas entre, tenant l'épée d'Antoine.)

César.—Pourquoi cette épée, et qui es-tu pour oser paraître ainsi devant nous?

Dercétas.—Je m'appelle Dercétas. Je servais Marc Antoine, le meilleur des maîtres, et qui méritait les meilleurs serviteurs. Je ne l'ai point quitté, tant qu'il a été debout et qu'il a parlé, et je ne supportais la vie que pour la dépenser contre ses ennemis. S'il te plaît de me prendre à ton service; ce que je fus pour Antoine, je le serai pour César. Si tu ne le veux pas, je t'abandonne ma vie.

César.—Qu'est-ce que tu dis?

Dercétas.—Je dis à César qu'Antoine est mort.

César.—La chute d'un si grand homme aurait dû faire plus de bruit. La terre aurait dû lancer les lions dans les rues des cités, et les habitans des cités dans les antres des lions.—La mort d'Antoine n'est pas le trépas d'un seul. Il y avait dans son nom la moitié de l'univers.

Dercétas.—Il est mort, César, non par la main d'un ministre public de la justice, non par un fer emprunté.

Mais ce même bras qui inscrivait son honneur sur toutes ses actions a déchiré le cœur qui lui prêtait ce courage invincible. Voilà son épée, je l'ai dérobée à sa blessure ; tu la vois teinte encore de son noble sang.

césar. — Vous avez l'air triste, mes amis. — Que les dieux me retirent leur faveur, si ces nouvelles ne sont pas faites pour mouiller les yeux des rois.

agrippa. — Et il est étrange que la nature nous force à gémir sur les actions que nous avons poursuivies avec le plus d'acharnement.

mécène. — Ses vices et ses vertus se balançaient également.

agrippa. — Jamais âme plus rare n'a gouverné l'humanité. Mais vous, dieux, vous voulez nous laisser toujours quelques faiblesses pour faire de nous des hommes. César s'attendrit.

mécène. — Quand un si grand miroir est offert à ses yeux, il faut bien qu'il se voie.

césar. — O Antoine, je t'ai poursuivi jusque-là !— Mais nous sommes nous-mêmes les auteurs de nos maux. Il fallait ou que je fusse offert moi-même à tes regards dans cet état d'abaissement, ou que je fusse spectateur du tien. Nous ne pouvions habiter ensemble dans l'univers. Mais laisse-moi pleurer avec des larmes de sang sur toi, mon frère, mon collègue dans toutes mes entreprises, mon associé à l'empire, mon ami et mon compagnon au premier rang des batailles ; le bras de mon propre corps, le cœur où le mien allumait son courage... Que nos inconciliables étoiles aient ainsi divisé nos égales fortunes, pour en venir là ! Écoutez-moi, mes dignes amis... Mais non, je vous dirai mes pensées dans un moment plus convenable.

(Entre un messager.)

césar. — Le message de cet homme se devine dans son air ; nous entendrons ce qu'il dira. — D'où viens-tu ?

le messager. — Je ne suis encore qu'un pauvre Égyptien : la reine, ma maîtresse, confinée dans le seul asile qui lui reste, dans son tombeau, désire être instruite de vos intentions pour pouvoir se préparer au parti que la nécessité la forcera d'embrasser.

CÉSAR.—Dis-lui d'avoir bon courage ; elle apprendra bientôt, par quelqu'un des nôtres, quel traitement honorable et doux nous lui réservons. César ne peut vivre que pour être généreux.

LE MESSAGER.—Que les dieux te gardent donc !

(Le messager sort.)

CÉSAR.—Approche, Proculéius ; pars, et dis à la reine qu'elle ne craigne de nous aucune humiliation ; donne-lui les consolations qu'exigera la nature de ses chagrins, de peur que dans le sentiment de sa grandeur elle ne déjoue nos intentions par quelque coup mortel. Cléopâtre, conduite vivante à Rome, éterniserait notre triomphe.— Va, et reviens en diligence m'apprendre ce qu'elle t'aura dit, et comment tu l'auras trouvée.

PROCULÉIUS.—J'obéis, César.

CÉSAR. — Gallus, accompagne-le. — Où est Dolabella, pour seconder Proculéius ?

(Gallus sort.)

AGRIPPA et MÉCÈNE.—Dolabella !

CÉSAR.—Laissez-le ; je me rappelle maintenant de quel emploi je l'ai chargé... Il sera prêt à temps.—Suivez-moi dans ma tente ; vous allez voir avec quelle répugnance j'ai été engagé dans cette guerre, quelle douceur et quelle modération j'ai toujours mises dans mes lettres. Venez vous en convaincre par toutes les preuves que je puis vous montrer.

SCÈNE II

Alexandrie.—Intérieur du mausolée.)

Entrent CLÉOPATRE, CHARMIANE et IRAS.

CLÉOPATRE.—Mon désespoir commence à se calmer. C'est un pauvre honneur que d'être César ; il n'est pas la fortune, mais seulement son esclave et un agent de ses volontés. Il est grand de faire ce qui met un terme à toutes les autres actions, ce qui enchaîne les accidents, emprisonne toutes les vicissitudes, ce qui endort et empêche désormais de sentir cette boue qui nourrit le mendiant et César.

(Proculéius, Gallus et des soldats viennent à la porte du mausolée.)

PROCULÉIUS.—César m'envoie saluer la reine d'Égypte, et vous demander de sa part quels désirs raisonnables vous voulez qu'il vous accorde.

CLÉOPATRE.—Quel est ton nom?

PROCULÉIUS.—Mon nom est Proculéius.

CLÉOPATRE, *de l'intérieur du mausolée.*—Antoine m'a parlé de toi, il m'a recommandé de te donner ma confiance; mais je ne m'embarrasse guère qu'on me trompe, je n'ai aucun usage à faire de la confiance. Si ton maître est jaloux de voir une reine à ses pieds, tu lui déclareras qu'une reine ne peut, sans avilir sa majesté, demander moins qu'un royaume. S'il lui plaît de me donner, pour mon fils, l'Égypte conquise, il me rendra ce qui m'appartient, et je fléchirai le genou devant lui avec reconnaissance.

PROCULÉIUS. — Ayez bon courage; vous êtes tombée dans des mains royales; ne craignez rien. Livrez votre sort à mon maître avec une pleine confiance, il est une source de bienfaits, si abondante qu'elle se répand sur tous ceux qui en ont besoin. Laissez-moi lui annoncer votre douce soumission, et vous trouverez un conquérant dont la générosité plaidera pour vous quand il se verra implorer à genoux.

CLÉOPATRE.—Je te prie, dis-lui que je suis la vassale de sa fortune, et que je lui envoie le diadème qu'il a conquis. Je prends à toute heure des leçons d'obéissance, et j'aurai du plaisir à voir son visage.

PROCULÉIUS.—Je lui dirai ceci, noble reine. Prenez courage, car je sais que votre sort touche celui qui l'a causé.

GALLUS.—Vous voyez combien il est aisé de la surprendre (*à Proculéius et aux soldats*) : gardez-la jusqu'à l'arrivée de César. (*Gallus sort.—Ici Proculéius et deux gardes escaladent le monument par une échelle, entrent par une fenêtre et surprennent Cléopâtre; quelques-uns des gardes forcent les portes.*)

IRAS.—O grande reine !

CHARMIANE.—O Cléopâtre ! tu es prise, reine.

CLÉOPATRE.—Vite, vite, ô ma main !
(Elle tire un poignard.)

PROCULÉIUS.—Arrêtez, grande reine, arrêtez, n'exercez pas sur vous cette fureur ; je ne veux que vous secourir, et non vous trahir.

CLÉOPATRE. — Quoi ! on veut me priver même de la mort qui empêche les chiens de languir ?

PROCULÉIUS.—Cléopâtre, ne trompez pas la générosité de mon maître, en vous détruisant vous-même ; que l'univers voie éclater sa grandeur d'âme ; votre mort l'empêcherait à jamais.

CLÉOPATRE.—O mort, où es-tu ? Viens à moi, viens ; oh ! viens, et frappe une reine qui vaut bien des enfants et des mendiants.

PROCULÉIUS.—Calmez-vous, madame.

CLÉOPATRE.—Seigneur, je ne prendrai aucune nourriture, je ne boirai pas, seigneur ; et s'il faut perdre ici le temps à déclarer mes résolutions, je ne dormirai pas non plus. César a beau faire, je saurai détruire cette prison mortelle. Sachez, seigneur, qu'on ne me verra jamais traînant des fers à la cour de votre maître, ni insultée par les calmes regards de la fade Octavie.... Me paradera-t-on pour me donner en spectacle à la valetaille de Rome, et pour essuyer ses sarcasmes et ses anathèmes ? Plutôt chercher un paisible tombeau dans quelque fossé de l'Égypte ! plutôt mourir toute nue sur la fange du Nil ! plutôt devenir la proie des insectes et un objet d'horreur ! plutôt prendre pour gibet les hautes Pyramides de mon pays et m'y faire suspendre par des chaînes !

PROCULÉIUS.—Vous portez ces pensées d'horreur plus loin que César ne vous en donnera de raisons.
(Entre Dolabella.)

DOLABELLA.—Proculéius, César, ton maître, sait ce que tu as fait, et il t'envoie chercher. Je prends la reine sous ma garde.

PROCULÉIUS.—Volontiers, Dolabella, j'en suis bien aise, traitez-la avec douceur.—Madame, si vous daignez vous servir de moi, je dirai à César tout ce dont vous me chargerez.

CLÉOPATRE.—Dis que je veux mourir.

(Proculéius et les soldats sortent.)

DOLABELLA.—Illustre reine, vous avez entendu parler de moi.

CLÉOPATRE.—Je n'en sais rien....

DOLABELLA.—Sûrement, vous me connaissez.

CLÉOPATRE.—Peu importe, seigneur, ce que j'ai connu ou entendu.—Vous souriez quand un enfant ou une femme vous racontent leurs songes, n'est-ce pas votre habitude ?

DOLABELLA.—Je ne vous comprends pas, madame.

CLÉOPATRE.—J'ai rêvé qu'il était un empereur nommé Antoine : Oh ! que le ciel m'accorde encore un pareil sommeil, où je puisse revoir encore un pareil mortel !

DOLABELLA.—S'il vous plaisait....

CLÉOPATRE.—Son visage était comme les cieux ; on y voyait un soleil et une lune, qui, dans leur cours, éclairaient le petit O qu'on appelle la terre.

DOLABELLA.—Parfaite créature....

CLÉOPATRE.—Ses jambes écartées touchaient les deux rives de l'océan ; son bras étendu servait de cimier au monde. Sa voix, quand il parlait à ses amis, avait la sublime harmonie des sphères ; mais quand il voulait menacer et ébranler le globe, elle ressemblait au roulement du tonnerre. Sa générosité ne connaissait point d'hiver ; c'était un automne qui devenait plus riche à chaque récolte. Ses plaisirs étaient comme le dauphin, dont le dos se montre toujours au-dessus de l'élément dans lequel il vit. Les couronnes et les diadèmes portaient sa livrée ; des royaumes et des îles tombaient de sa poche comme des pièces d'argent.

DOLABELLA.—Cléopâtre...

CLÉOPATRE.—Croyez-vous qu'il ait existé, ou qu'il puisse exister jamais, un homme comme celui que j'ai vu en songe ?

DOLABELLA.—Non, aimable reine.

CLÉOPATRE.—Vous mentez, et les dieux vous entendent.

Mais s'il existe, ou s'il a jamais existé, un homme semblable, c'est un prodige qui passe la puissance des songes. La nature manque ordinairement de pouvoir pour égaler les étranges créations de l'imagination ; et cependant, lorsqu'elle forma un Antoine, la nature remporta le prix, et rejeta bien loin tous les fantômes.

DOLABELLA.—Écoutez-moi, madame, votre perte est, comme vous, inestimable, et vos regrets en égalent la grandeur. Puissé-je ne jamais atteindre au succès que je poursuis, si le contre-coup de votre douleur ne me fait pas éprouver un chagrin qui pénètre jusqu'au fond de mon cœur!

CLÉOPATRE.—Je vous remercie, seigneur.... Savez-vous ce que César veut faire de moi?

DOLABELLA.—J'hésite à vous dire ce que je voudrais que vous sussiez.

CLÉOPATRE.—Parlez, seigneur, je vous prie.

DOLABELLA.—Quoique César soit généreux....

CLÉOPATRE.—Il veut me traîner en triomphe?

DOLABELLA.—Il le veut, madame, je le sais.

(On entend crier dans l'intérieur du théâtre.)

Faites place.—César!

(Entrent César, Gallus, Mécène, Proculéius, Séleucus et suite.)

CÉSAR.—Où est la reine d'Égypte?

DOLABELLA.—C'est l'empereur, madame.

(Cléopâtre se prosterne à genoux.)

CÉSAR.—Levez-vous, vous ne devez point fléchir les genoux ; je vous en prie, levez-vous, reine d'Égypte.

CLÉOPATRE.—Seigneur, les dieux le veulent ainsi ; il faut que j'obéisse à mon maître, à mon souverain.

CÉSAR.—N'ayez point de si sombres idées : le souvenir de tous les outrages que nous avons reçus de vous, quoique marqués de notre sang, est effacé, ou nous n'y voyons que des événements dont le hasard seul est coupable.

CLÉOPATRE.—Seul arbitre du monde, je ne puis défendre assez bien ma cause pour me justifier ; mais j'avoue que j'ai été gouvernée par ces faiblesses qui ont souvent avant moi déshonoré mon sexe.

césar.—Sachez, Cléopâtre, que nous sommes plus disposés à les excuser qu'à les aggraver. Si vous répondez à nos vues, qui sont pour vous pleines de bonté, vous trouverez de l'avantage dans ce changement; mais si vous cherchez à imprimer sur mon nom le reproche de cruauté en suivant les traces d'Antoine, vous vous priverez de mes bienfaits, vous précipiterez vous-même vos enfants dans une ruine dont je suis prêt à les sauver, si vous voulez vous reposer sur moi. Je prends congé de vous.

cléopatre.—L'univers est ouvert devant vos pas : il est à vous ; et nous, qui sommes vos écussons et vos trophées, nous serons attachés au lieu où il vous plaira... Seigneur, voici...

césar.—C'est de Cléopâtre même que je veux prendre conseil sur tout ce qui l'intéresse.

cléopatre.—Voilà l'état [1] de mes richesses, de l'argenterie et des bijoux que je possède. Il est exact; et jusqu'aux moindres effets, rien n'y est omis. Où est Séleucus?

séleucus.—Me voici, madame.

cléopatre.—Voilà mon trésorier, seigneur; qu'il dise, au péril de sa tête, si j'ai rien réservé pour moi; dis la vérité, Séleucus.

---

[1] « Elle lui tailla un bordereau des bagues et finances qu'elle pouvait avoir, mais il se trouva là d'adventure l'un de ses trésoriers nommé Séleucus, qui la vint devant César convaincre pour faire son bon valet, qu'elle n'y avait pas tout mis et qu'elle en recélait sciemment et retenait quelque chose; dont elle fut si fort pressée d'impatience et cholère, qu'elle l'alla prendre aux cheveux et luy donna plusieurs coups de poing sur le visage. César s'en prit à rire, et la fist cesser : Hélas! dit-elle, adonc, César, n'est-ce pas une grande indignité, que tu ayes bien daigné prendre la peine de venir vers moi, et m'ayes fait l'honneur de parler avec moi cheftive, réduite en si piteux et si misérable estat, et puis que mes serviteurs me viennent accuser, si j'ai peut-être mis à part et réservé quelques bagues et joyaux propres aux femmes, non point, hélas! pour moy malheureuse en parer, mais en intention d'en faire quelques petits présents à Octavia et à Livia, à cette fin, que par leur intercession et moyen tu me fusses plus doux et plus gracieux. »

séleucus.—Madame, j'aimerais mieux me coudre les lèvres que d'affirmer, au péril de ma tête, ce qui n'est pas.

cléopatre.—Qu'ai-je donc gardé?

séleucus.—Assez pour racheter tout ce que vous déclarez.

césar.—Ne rougissez pas, Cléopâtre, j'approuve votre prudence.

cléopatre.— O vois, César, considère comme la fortune est suivie! Mes serviteurs vont devenir les tiens; et si nous changions de sort, les tiens deviendraient les miens. —L'ingratitude de Séleucus me rend furieuse.—O lâche esclave, plus perfide que l'amour mercenaire!—Quoi! tu t'en vas?... Oh! tu t'en iras, je te le garantis! mais eusses-tu des ailes pour fuir ma vengeance, elle saura t'atteindre, vil esclave, scélérat sans âme, chien, ô le plus lâche des hommes!

césar.—Aimable reine, souffrez que je vous prie....

cléopatre.—O César, quel sanglant affront pour moi!... Lorsque vous, dans l'éclat de votre grandeur, vous daignez honorer de votre visite une infortunée, mon propre serviteur viendra augmenter le poids de mes disgrâces par sa lâche perfidie! Eh quoi! généreux César, quand je me serais réservé quelques frivoles parures de femme, quelques bagatelles sans valeur, de ces légers cadeaux qu'on offre à ses amis intimes; et encore quand j'aurais mis à part quelque objet d'une plus grande valeur pour Livie, pour Octavie, afin d'obtenir leur intercession, devrais-je être dévoilée par un homme que j'ai nourri? O dieux, cette noirceur me précipite encore plus bas que l'abîme où j'étais tombée! (*A Séleucus*) De grâce, va-t'en, ou je ferai voir que ma vivacité passée vit encore sous les cendres de mon infortune. Si tu étais un homme tu aurais pitié de moi!

césar.—Ne réplique pas, Séleucus.

cléopatre.—Que l'on sache que nous autres, grands de la terre, sommes accusés des fautes des autres; et que, lorsque nous tombons, nous répondons des crimes d'autrui. Nous sommes bien à plaindre!

CÉSAR.—Cléopâtre, rien de ce que vous avez mis en réserve, ni de ce que vous avez déclaré, n'entrera dans le registre de mes conquêtes. Que tout cela reste à vous, disposez-en à votre gré, et croyez que César n'est point un marchand, pour débattre avec vous le prix d'objets vendus par des marchands. Ainsi rassurez-vous ; cessez de vous voir captive de vos pensées. Non, chère reine, notre intention est de régler votre sort sur les avis que vous nous donnerez vous-même. Mangez et dormez, l'intérêt et la pitié que vous m'inspirez vous donnent un ami dans César ; ainsi, adieu.

CLÉOPATRE.—O mon maître et mon souverain !

CÉSAR.—Non, non, madame.—Adieu.

(César sort avec sa suite.)

CLÉOPATRE.—Il me flatte, mes filles, il me flatte de belles paroles pour me faire oublier ce que je dois à ma gloire. Mais écoute, Charmiane....

(Elle parle bas à Charmiane.)

IRAS. — Finissez, madame, le jour brillant est passé, et nous entrons dans les ténèbres.

CLÉOPATRE.—Va au plus vite.—J'ai déjà donné les ordres, tout est arrangé. Va, et dépêche-toi.

CHARMIANE.—J'y vais, madame.

(Dolabella revient.)

DOLABELLA.—Où est la reine ?

CHARMIANE.—La voici, seigneur.

(Charmiane sort.)

CLÉOPATRE.—Dolabella ?

DOLABELLA.—Madame, comme je vous l'ai juré sur vos ordres, auxquels mon attachement me fait un devoir religieux d'obéir, je viens vous annoncer que César a résolu de partir, en passant par la Syrie, et que dans trois jours il vous envoie devant lui, vous et vos enfants. Profitez de votre mieux de cet avis. J'ai rempli vos désirs et ma promesse.

CLÉOPATRE—Dolabella, je ne pourrai jamais m'acquitter envers vous.

DOLABELLA.—Je vous suis dévoué. Adieu, grande reine ; il faut que je me rende auprès de César.

CLÉOPATRE.—Adieu, et merci. (*Dolabella sort.*)—Iras, qu'en penses-tu? Tu seras donc promenée dans les rues de Rome comme une marionnette d'Égypte, ainsi que moi? Les esclaves artisans, avec leurs tabliers crasseux, leurs équerres et leurs marteaux, nous soulèveront dans leurs bras pour nous montrer : nous serons au milieu du nuage de leurs haleines épaisses, empestées par des mets grossiers, et nous serons obligées d'en respirer la vapeur fétide.

IRAS.—Que les dieux nous en préservent!

CLÉOPATRE.—Oui, voilà le sort qui nous attend, Iras. D'insolents licteurs nous montreront au doigt comme des courtisanes publiques; de misérables rimeurs nous chansonneront sur des airs discordants; les histrions, en improvisant, nous traduiront sur le théâtre, et étaleront aux yeux du peuple nos fêtes nocturnes d'Alexandrie : Antoine, ivre, sera amené sur la scène, et moi je verrai quelque écolier à la voix glapissante, représenter Cléopâtre, et avilir ma grandeur sous le rôle d'une prostituée.

IRAS.—O grands dieux!...

CLÉOPATRE.—Oui, cela est certain.

IRAS.—Jamais je ne verrai ces horreurs, car je suis bien sûre que mes ongles sont plus forts que mes yeux.

CLÉOPATRE.—C'est là, c'est là le moyen de déjouer tous ces préparatifs, et de déjouer leurs absurdes projets. (*Charmiane revient.*) C'est toi, Charmiane!—Allons, mes femmes, parez-moi en reine : allez, rapportez mes plus brillants atours; je vais encore sur les bords du Cydnus, au-devant de Marc-Antoine. Allons, Iras, obéis.—Oui, courageuse Charmiane, nous en finirons; et quand tu auras rempli cette dernière tâche, je te donnerai la permission de te reposer jusqu'au jour du jugement. Apporte ma couronne; n'oublie rien. Mais, pourquoi ce bruit?

(*Iras sort.—On entend un bruit dans l'intérieur.*)

UN GARDE.—Il y a un paysan qui veut absolument être introduit devant Votre Majesté; il vous apporte des figues.

CLÉOPATRE.—Qu'on le fasse entrer. (*Le garde sort.*) Quel faible instrument suffit pour exécuter une grande action!

Il m'apporte la liberté. Ma résolution est prise, et je ne sens plus rien en moi d'une femme. Des pieds à la tête je suis changée en marbre inflexible ; maintenant la lune inconstante n'est plus ma planète.

(Le garde revient avec un paysan portant une corbeille.)

LE GARDE.—Voilà cet homme.

CLÉOPATRE.—Éloigne-toi, et laisse-nous seuls. (*Le garde sort.*) (*Au paysan.*) As-tu là ce joli reptile du Nil qui tue sans douleur ?

LE PAYSAN.—Oui, vraiment, je l'ai : mais je ne voudrais pas être la cause que vous eussiez envie de le toucher ; car sa morsure est immortelle : ceux qui en meurent n'en reviennent jamais, ou bien rarement.

CLÉOPATRE.—Te rappelles-tu quelques personnes qui en soient mortes?

LE PAYSAN.—Plusieurs ; des hommes, et des femmes aussi ; pas plus tard qu'hier, j'ouïs parler d'une femme, une fort honnête femme, mais un peu sujette à mentir[1] ; ce qui ne convient pas à une femme, à moins que ce ne soit en tout honneur. On disait comment elle était morte de cette morsure, quelle douleur elle avait ressentie. Vraiment, elle rend un fort bon témoignage à cette bête ; mais qui croira la moitié de ce qu'on dit ne sera pas sauvé par la moitié de ce qu'on fait. Mais le plus dangereux, c'est que ce reptile est un étrange reptile.

CLÉOPATRE.—Va-t'en, adieu.

LE PAYSAN.—Je vous souhaite beaucoup de plaisir avec cette bête.

CLÉOPATRE.—Adieu.

LE PAYSAN.—N'oubliez pas, voyez-vous, que le ver fera son devoir de ver.

CLÉOPATRE.—Oui, oui, adieu.

LE PAYSAN.—Songez bien, madame, qu'il ne faut donner le ver à garder qu'à des personnes prudentes, car il n'y a, ma foi, rien de bon à attendre du ver.

---

[1] Le paysan plaisante ici sur le verbe *to lie*, mentir et se coucher, *to lie in the way of honesty* est *se coucher* en tout honneur avec son mari). Mentir en tout honneur serait plus difficile à expliquer.

CLÉOPATRE.—Ne t'inquiète pas ; on y prendra garde.

LE PAYSAN.—Très-bien, ne lui donnez rien, je vous en prie ; car il ne vaut pas la nourriture.

CLÉOPATRE.—Et moi, me mangerait-il?

LE PAYSAN.—Vous ne devez pas croire que je sois assez simple pour ne pas savoir que le diable lui-même ne voudrait pas manger une femme : je sais bien aussi que la femme est un mets digne des dieux, quand le diable ne l'assaisonne pas. Mais, en vérité, ces paillards de diables font un grand tort aux dieux dans les femmes; car sur dix femmes que font les dieux, les diables en corrompent cinq.

CLÉOPATRE.—Allons, laisse-moi ; adieu.

LE PAYSAN.—Oui, en vérité, je vous souhaite beaucoup de plaisir avec ce ver.

(Le paysan sort.)
(Iras rentre avec une robe, une couronne, etc., etc.)

CLÉOPATRE. — Donne-moi ma robe, mets-moi ma couronne. Je sens en moi des désirs impatients d'immortalité : c'en est fait; le jus de la grappe d'Égypte n'humectera plus ces lèvres. Vite, vite, bonne Iras, vite; il me semble que j'entends Antoine qui m'appelle : je le vois se lever pour louer mon acte de courage, je l'entends se moquer de la fortune de César. Les dieux commencent par donner le bonheur aux hommes, pour excuser le courroux à venir.—Mon époux, je viens !—Que mon courage prouve mes droits à ce titre. Je suis d'air et de feu, et je rends à la terre grossière mes autres éléments. —Bon, avez-vous fini?—Venez donc, et recueillez la dernière chaleur de mes lèvres. Adieu, tendre Charmiane. Iras, adieu pour jamais. (*Elle les embrasse. Iras tombe et meurt.*) Mes lèvres ont-elles donc le venin de l'aspic? Quoi, tu tombes? As-tu pu quitter la vie aussi doucement, le trait de la mort n'est donc pas plus redoutable que le pinçon d'un amant, qui blesse et qu'on désire encore. Es-tu tranquille! En disparaissant aussi rapidement du monde, tu lui dis qu'il ne vaut pas la peine de lui faire nos adieux.

CHARMIANE. — Dissous-toi, épais nuage, et change-toi

en pluie; que je puisse dire que les dieux eux-mêmes pleurent.

CLÉOPATRE. — Cet exemple m'accuse de lâcheté. — Si elle rencontre avant moi mon Antoine à la belle chevelure, il l'interrogera sur mon sort, et lui donnera ce baiser qui est le ciel pour moi. (*A l'aspic qu'elle applique sur son sein.*) Viens, mortel aspic, que ta dent aiguë tranche d'un seul coup ce nœud compliqué de la vie. Allons, pauvre animal venimeux, courrouce-toi et achève. Oh! que ne peux-tu parler pour que je puisse t'entendre appeler le grand César un âne impolitique!

CHARMIANE. — O astre de l'Orient!

CLÉOPATRE. — Cesse, cesse tes plaintes. Ne vois-tu pas mon enfant sur mon sein, qui endort sa nourrice en tetant?

CHARMIANE. — Oh! brise-toi, brise-toi, mon cœur!

CLÉOPATRE. — O toi! suave comme un baume, doux comme l'air, tendre... O Antoine! — (*Elle applique un autre aspic sur son bras.*) Allons, viens, toi aussi. — Pourquoi rester plus longtemps?...

(Elle meurt.)

CHARMIANE. — Dans ce monde odieux?... — Allons! adieu donc. — Maintenant, vante-toi, mort! tu as en ta possession une beauté sans égale. Beaux yeux, astres de lumière (*en lui fermant les yeux*), fermez-vous, et que jamais deux yeux si pleins de majesté n'envisagent le char doré de Phébus!... — Votre couronne est dérangée; je veux la redresser, et après jouer aussi mon rôle.

(Surviennent des gardes qui entrent brusquement.)

PREMIER GARDE. — Où est la reine?

CHARMIANE. — Parlez bas, ne l'éveillez point.

PREMIER GARDE. — César a envoyé...

CHARMIANE. — Un messager trop lent... (*Elle s'applique un aspic.*) Oh! viens, allons vite, hâte-toi; je commence à te sentir.

PREMIER GARDE. — Approchons. Oh! tout n'est pas en ordre; César est trompé.

SECOND GARDE. — Voilà Dolabella que César avait envoyé; appelez-le.

PREMIER GARDE. — Qu'est-ce que tout ceci? Est-ce bien fait, Charmiane?

CHARMIANE. — C'est bien fait, et c'est digne d'une princesse issue de tant de rois illustres... Ah! soldat!...
(Elle expire.)

DOLABELLA *entre*. — Comment cela va-t-il ici?

SECOND GARDE. — Tout est mort.

DOLABELLA. — César, tes conjectures ont rencontré juste : tu viens voir de tes yeux l'acte funeste que tu as tant cherché à prévenir.
(On entend crier derrière le théâtre.)

Place; faites place à César.
(Entrent César et sa suite.)

DOLABELLA. — Ah! seigneur, vous êtes un devin trop habile : ce que vous craigniez est arrivé.

CÉSAR. — Brave jusqu'à la fin, elle a pénétré notre dessein, et en souveraine elle a suivi sa volonté. — Le genre de leur mort? Je ne vois sur elle aucune trace de sang.

DOLABELLA. — Qui les a quittées le dernier?

PREMIER GARDE. — Un pauvre paysan qui leur a apporté des figues. Voilà encore sa corbeille.

CÉSAR. — Empoisonnées alors?

PREMIER GARDE. — César, Charmiane, que vous voyez là, vivait encore il n'y a qu'un moment. Elle était debout et parlait. Je l'ai trouvée arrangeant le diadème sur le front de sa maîtresse morte; elle tremblait en se tenant debout, et tout à coup elle est tombée.

CÉSAR. — O noble faiblesse!... Si elles avaient avalé du poison, on le reconnaîtrait à quelque enflure extérieure. Mais elle semble s'être endormie comme si elle voulait attirer encore un autre Antoine dans les filets de ses grâces.

DOLABELLA. — Là, sur son sein, paraît une trace de sang et un peu d'enflure; la même marque paraît sur son bras.

PREMIER GARDE. — C'est la trace d'un aspic; et ces feuilles de figuier ont sur elles une viscosité comme celle que les aspics laissent après eux dans les cavernes du Nil.

CÉSAR. — Il est probable que c'est ainsi qu'elle est

morte, car son médecin m'a dit qu'elle avait fait des
expériences sans fin sur les genres de mort les plus faciles. (*Aux gardes.*) Enlevez-la dans son lit, et emportez
ses femmes de ce tombeau. Elle sera ensevelie auprès
de son Antoine, et nulle tombe sur la terre n'aura renfermé un couple aussi fameux. D'aussi grandes catastrophes frappent ceux qui en sont les auteurs ; et la pitié
qu'inspire leur histoire rendra leur nom aussi célèbre
que celui du vainqueur qui les a réduits à cette extrémité. — Notre armée, dans une pompe solennelle, suivra leur convoi funèbre, et après cela, à Rome! Dolabella, ayez soin que le plus grand ordre préside à cette
solennité [1].

---

[1] Plusieurs poëtes ont travaillé le sujet d'*Antoine et Cléopâtre*
pour le théâtre. Parmi les pièces anglaises, après celle de Shakspeare, la plus remarquable est la tragédie de Dryden : *All for love
or the World well lost*. Elle a plus de régularité, plus d'égalité
dans la diction. On y trouve d'excellentes scènes détachées, et
des morceaux de la plus belle poésie : mais il s'en faut bien qu'on
y rencontre le feu de l'action, le caractère distinctif des personnages et de leur expression, ou ces sublimes beautés qui caractérisent le vrai génie dramatique. Dryden avoue lui-même qu'il
a imité le *divin* Shakspeare dans son style ; en conséquence il
s'est écarté comme lui de sa méthode ordinaire d'écrire en vers
rimés. On distingue aussi dans plus d'un endroit ces imitations,
et le lecteur qui connaît un peu Shakspeare aperçoit tout de suite
les passages imités de plusieurs de ses tragédies. Dryden se flatte,
par cette imitation, de s'être surpassé dans cette pièce, que les critiques anglais reconnaissent pour être la meilleure qu'il ait faite.

L'action commence après la bataille d'Actium, qui fut si funeste
à Antoine. Cléopâtre cherche à le distraire par les ressources du
luxe, et par les divertissements qu'elle a ordonnés pour célébrer
le jour de sa naissance. Une des plus belles scènes du premier
acte, à laquelle Dryden lui-même donne la préférence sur toutes
celles qu'il ait jamais faites, c'est la scène entre Antoine découragé et presque désespéré, et son ami, le vertueux et brave Ventidius, qui lui reproche ses débauches et sa passion pour le plaisir. D'abord il s'attire l'indignation d'Antoine, qui cependant
revient insensiblement au sentiment de reconnaissance qu'il doit
aux vertueuses intentions de son ami, et qui prend la résolution
de redevenir un homme et un héros, en hasardant une nouvelle
tentative contre Octave.

Cléopâtre, au commencement du second acte, est extrêmement
inquiète et mécontente de ce qu'Antoine veut l'abandonner. Elle

ménage encore un rendez-vous avec lui pour le faire renoncer à
son projet. En vain Ventidius cherche-t-il à empêcher cette dangereuse entrevue. Antoine se fait d'abord violence, et lui reproche tout ce qu'elle lui a fait négliger et perdre. Elle se justifie,
et lui apprend les offres séduisantes que César lui a fait faire,
et qu'elle a rejetées pour lui. Ce faible Romain se laisse enfin
tellement séduire qu'il renonce à tous ses projets héroïques, et
reste auprès d'elle.

Antoine se livre de nouveau à la débauche et aux plaisirs que
Cléopâtre lui prépare. Ventidius fait de nouveaux efforts pour
l'en arracher, et son ami Dolabella, qui revient de Rome, lui
apprend les conditions avantageuses d'un accommodement avec
César. Ventidius croit les devoir à sa médiation et à son amitié,
mais Dolabella lui apprend qu'il n'y a pas contribué, et dit qu'il
veut lui amener ses avocats : c'est Octavie son épouse, avec ses
deux enfants. Antoine leur montre d'abord beaucoup de froideur
et d'indifférence : mais leur générosité le subjugue et réveille en
lui sa première tendresse. Cléopâtre, inquiète de l'arrivée d'Octavie, lui témoigne son dépit avec beaucoup de hauteur dans
une scène très-courte qui finit le troisième acte.

Antoine se sent trop faible pour faire ses adieux à sa maîtresse ;
il en charge son ami Dolabella. Celui-ci est lui-même épris des
charmes de Cléopâtre. Sa commission lui fournit l'occasion de
lui déclarer son amour. Cléopâtre, d'après le conseil d'Alexas,
profite de cet aveu pour exciter la jalousie d'Antoine et ranimer
sa passion. Ventidius et Octavie ont épié la conversation de Cléopâtre avec Dolabella ; ils la racontent à Antoine, qui, indigné
contre eux, leur en fait les plus amers reproches. Ils se justifient
tous deux, et Cléopâtre en rejette toute la faute sur Alexas, qui
lui avait conseillé de piquer sa jalousie pour le retenir. Ils se
séparent.

Dans l'intervalle du quatrième au cinquième acte a lieu la bataille navale qui achève la perte d'Antoine, et pendant laquelle
toute la flotte d'Égypte eut la perfidie de se jeter du côté de
César. Cette perte confond Antoine, excite sa rage, et le plonge
dans le découragement. Cléopâtre, pour se soustraire à sa colère,
se retire dans son tombeau, et lui fait parvenir, par Alexas, la
nouvelle de sa feinte mort. Cette perte met le comble au désespoir d'Antoine ; il prie Ventidius de lui ôter la vie ; mais celui-ci
s'étant poignardé lui-même, Antoine se précipite sur son épée.
Cléopâtre accourt, le trouve mourant, et elle se donne aussi la
mort, comme dans Shakspeare.

Il ne faut que comparer ce plan abrégé de la tragédie de Dryden
avec celui de Shakspeare, pour voir que le premier a beaucoup
plus de situations, et que l'enchaînement en est mieux combiné.
Quiconque lira cette pièce de Dryden y verra partout les soins
et le travail du poëte, qui, avant de commencer son ouvrage, s'est
bien pénétré de son sujet et des plus petites circonstances qui y

avaient trait, par la lecture de Plutarque, d'Appien et de Dion-Cassius, sources où il a puisé. Il est vrai qu'on ne trouvera pas tous ces traits dans Shakspeare, bien qu'ils n'y manquent pas complétement : mais Shakspeare s'emparera tellement du lecteur, il entraînera et occupera si fort son cœur, qu'il lui fera oublier ou négliger toutes les froides réflexions de la critique.

L'*Antoine et Cléopâtre* de sir Carl Sedley est bien au-dessous de la tragédie de Dryden : elle ne fut imprimée qu'en 1677; je n'en connais que l'historique : mais j'ai lu une autre tragédie du même auteur, intitulée : *Beauty the Conqueror, or the death of Marc-Anthony, a tragedy in imitation of the Roman way of writing* : elle est imprimée avec une collection in-4 de quelques œuvres de Sedley, mise au jour par le capitaine Ayloffe, à Londres, 1702. Elle est en vers rimés et dans un style très-inégal, souvent très-enflé, quelquefois noble, et très-souvent faible. Les efforts de César pour engager Cléopâtre à quitter Antoine en font le principal sujet : cette princesse va même jusqu'à le trahir. En général le poëte s'est écarté en différentes occasions de la vérité de l'histoire; mais les épisodes de son invention n'ont pas une grande valeur. Il amène, par exemple, sur la scène un grand scélérat, Achillas, à qui il fait ourdir des trames secrètes pour s'emparer du trône d'Égypte, qu'il espère partager avec sa maîtresse Iras. L'imitation du *style romain*, qu'annonce le titre de la pièce, ne se trouve que dans les chœurs des quatre premiers actes; encore manquent-ils du vrai *style lyrique.*

FIN DU CINQUIÈME ET DERNIER ACTE.

MACBETH

TRAGÉDIE

NOTICE SUR MACBETH

En l'année 1034, Duncan succéda sur le trône d'Écosse à son grand-père Malcolm. Il tenait son droit de sa mère Béatrix, fille aînée de Malcolm : la cadette, Doada, était mère de Macbeth, qui se trouvait ainsi cousin-germain de Duncan. Le père de Macbeth était Finleg, thane de Glamis, désigné sous le nom de Sinell dans la tragédie et dans la chronique de Hollinshed, d'après l'autorité d'Hector Boëce, à qui a été emprunté le récit des événements concernant Duncan et Macbeth. Comme Shakspeare a suivi de point en point la chronique de Hollinshed, les faits contenus dans cette chronique sont nécessaires à rappeler; ils ont d'ailleurs en eux-mêmes un intérêt véritable.

Macbeth s'était rendu célèbre par son courage, et on l'eût jugé parfaitement digne de régner s'il n'eût été « de sa nature, » dit la chronique, « quelque peu cruel. » Duncan, au contraire, prince peu guerrier, poussait jusqu'à l'excès la douceur et la bonté; en sorte que si l'on eût pu fondre le caractère des deux cousins et les tempérer l'un par l'autre, on aurait eu, dit la chronique, « un digne roi et un excellent capitaine. »

Après quelques années d'un règne paisible, la faiblesse de Duncan ayant encouragé les malfaiteurs, Banquo, thane de Lochaber, chargé de recueillir les revenus du roi, se vit forcé de punir un peu sévèrement (*somewhat sharpelie*) quelques-uns des plus coupables, ce qui occasionna une révolte. Banquo, dépouillé de tout l'argent qu'il avait reçu, faillit perdre la vie, et ne s'échappa qu'avec peine et couvert de blessures. Aussitôt qu'elles lui permirent de se rendre à la cour, il alla porter plainte à Duncan et il détermina enfin celui-ci à faire sommer les coupables de comparaître ; mais ils tuèrent le sergent d'armes qu'on leur avait envoyé et se préparèrent à la défense, excités par Macdowald, le plus considéré d'entre eux, qui, réunissant autour de lui ses parents et ses amis, leur représenta Duncan comme un lâche au cœur faible (*taint hearted milksop*), plus propre à gouverner des moines qu'à régner sur une nation aussi guerrière que les Écossais. La révolte s'étendit particulièrement sur les îles de l'ouest, d'où une foule de guerriers vinrent dans le Lochaber se ranger autour de Macdowald ; l'espoir du butin attira aussi d'Irlande un grand nombre de Kernes et de Gallouglasses[1], prêts à suivre Macdowald partout où il voudrait les conduire. Au moyen de ces renforts, Macdowald battit les troupes que le roi avait envoyées à sa rencontre, prit leur chef Malcolm, et, après la bataille, lui fit trancher la tête.

Duncan, consterné de ces nouvelles, assembla un conseil où Macbeth lui ayant vivement reproché sa faiblesse et sa lenteur à punir, qui laissaient aux rebelles le temps de s'assembler, offrit cependant de se charger, avec Banquo, de la conduite de la guerre. Son offre ayant été acceptée, le seul bruit de son approche avec de nouvelles troupes effraya tellement les rebelles qu'un grand nombre déserta secrètement ; et Macdowald, ayant essayé avec le reste, de tenir tête à Macbeth, fut mis en déroute et forcé de s'enfuir dans un château où il avait renfermé sa femme et ses enfants ; mais, désespérant d'y pouvoir tenir, et dans la crainte des supplices, il se tua, après avoir tué d'abord sa femme et ses enfants. Macbeth entra sans obstacle dans le château, dont les portes étaient demeurées ouvertes. Il n'y trouva plus que le cadavre de Macdowald au milieu de ceux de sa famille ; et la barbarie de ce temps fut révoltée de ce qu'insensible à ce tragique spectacle, Macbeth fit couper la tête de Macdowald pour l'envoyer au roi, et attacher le reste du corps à un gibet. Il fit acheter très-cher aux habitants des îles le pardon de leur révolte, ce qui ne l'empêcha pas de faire exécuter tous ceux qu'il put prendre encore dans le Lochaber. Les habitants se récrièrent hautement contre cette violation de la foi promise, et les injures qu'ils proférèrent contre lui, à cette occasion, irritèrent tellement Macbeth qu'il fut près de passer dans les îles avec une armée pour se venger ; mais il fut détourné de ce projet par les conseils de ses amis, et surtout par les présents au moyen desquels les insulaires achetèrent une seconde fois leur pardon.

---

[1] Soldats d'infanterie, armés les premiers à la légère, les seconds d'armes pesantes.

Peu de temps après, Suénon, roi de Norwége, ayant fait une descente en Écosse, Duncan, pour lui résister, se mit à la tête de la portion la plus considérable de son armée, dont il confia le reste à Macbeth et à Banquo. Duncan, battu et près de s'enfuir, se réfugia dans le château de Perth, où Suénon vint l'assiéger. Duncan ayant secrètement instruit Macbeth de ses intentions, feignit de vouloir traiter et traîna la chose en longueur jusqu'à ce qu'enfin, averti que Macbeth avait réuni des forces suffisantes, il indiqua un jour pour livrer la place, et en attendant il offrit aux Norwégiens de leur envoyer des provisions de bouche, qu'ils acceptèrent avec d'autant plus d'empressement que depuis plusieurs jours ils souffraient beaucoup de la disette. Le pain et la bière qu'on leur livra avaient été mêlés du jus d'une baie extrêmement narcotique, en sorte que, s'en étant rassasiés avec avidité, ils tombèrent dans un sommeil dont il fut impossible de les tirer. Alors Duncan fit avertir Macbeth, qui, arrivant en diligence et entrant sans obstacle dans le camp, massacra tous les Norwégiens, dont la plupart ne se réveillèrent pas, et dont les autres se trouvèrent tellement étourdis par l'effet du soporifique qu'ils ne purent faire aucune défense. Un grand nombre de mariniers de la flotte norwégienne, qui étaient venus pour prendre leur part de l'abondance répandue dans le camp, partagèrent le sort de leurs compatriotes, et Suénon, qui se sauva, lui onzième, de cette boucherie, trouva à peine assez d'hommes pour conduire le vaisseau sur lequel il s'enfuit en Norwége. Ceux qu'il laissa derrière furent, trois jours après, tellement battus par un vent d'est qu'ils se brisèrent les uns contre les autres et s'enfoncèrent dans la mer, dans un lieu appelé les sables de Drownelow, où ils sont encore aujourd'hui (1574), dit la chronique, « au grand danger des vaisseaux qui viennent sur « la côte, la mer les couvrant entièrement pendant le flux, tandis « que le reflux en laisse paraître quelques parties au-dessus de l'eau. » Ce désastre causa une telle consternation en Norwége qu'encore plusieurs années après on n'y armait point un chevalier sans lui faire jurer de venger ses compatriotes tués en Écosse. Duncan, pour célébrer sa délivrance, ordonna de grandes processions ; mais, pendant qu'on les célébrait, on apprit le débarquement d'une armée de Danois, sous les ordres de Canut, roi d'Angleterre, qui venait venger son frère Suénon. Macbeth et Banquo allèrent au-devant d'eux, les défirent, les forcèrent à se rembarquer et à payer une somme considérable pour obtenir la permission d'enterrer leurs morts à Saint-Colmes-Inch, où, dit la chronique, on voit encore un grand nombre de vieux tombeaux sur lesquels sont gravés les armes des Danois.

Tels sont, dans les exploits de Macbeth et de Banquo, ceux dont Shakspeare, d'après Hollinshed, a fait usage dans sa tragédie Ce fut peu de temps après que Macbeth et Banquo, se rendant à Fores, où était le roi, et chassant en chemin à travers les bois et les champs, « sans autre compagnie que seulement eux-mêmes, » furent soudainement accostés, au milieu d'une lande, par trois femmes bizarrement vêtues et « semblables à des créatures de l'ancien monde » (*elder world*), qui saluèrent Macbeth précisément comme on le voit dans la tragédie. Sur quoi Banquo : « Quelle manière de femmes êtes-vous
« donc, dit-il, de vous montrer si peu favorables envers moi que vous
« assigniez à mon compagnon non-seulement de grands emplois, mais
« encore un royaume, tandis qu'à moi vous ne me donnez rien du
« tout?—Vraiment, dit la première d'entre elles, nous te promettons
« de plus grands biens qu'à lui, car il régnera en effet, mais avec une
« fin malheureuse, et il ne laissera aucune postérité pour lui succé-
« der; tandis qu'au contraire toi, à la vérité, ne régneras pas du
« tout, mais de toi sortiront ceux qui gouverneront l'Écosse par une
« longue suite de postérité non interrompue. » Aussitôt elles disparurent. Quelque temps après, le thane de Cawdor ayant été mis à mort pour cause de trahison, son titre fut conféré à Macbeth, qui commença, ainsi que Banquo, à ajouter grande foi aux prédictions des sorcières et à rêver aux moyens de parvenir à la couronne.

Il avait des chances d'y arriver légitimement, les fils de Duncan n'étant pas encore en âge de régner et la loi d'Écosse portant que si le roi mourait avant que ses fils ou descendants en ligne directe fussent assez âgés pour prendre le maniement des affaires, on élirait à leur place le plus proche parent du roi défunt. Mais Duncan ayant désigné, avant l'âge, son fils Malcolm pour prince de Cumberland et son successeur au trône, Macbeth, qui vit par là ses espérances renversées, se crut en droit de venger l'injustice qu'il éprouvait. Il y était d'ailleurs sans cesse excité par Guach, sa femme, qui, brûlant du désir de se voir reine, « et impatiente de tout délai, dit Boèce, comme le sont toutes les femmes, » ne cessait de lui reprocher son manque de courage. Macbeth ayant donc assemblé à Inverness, d'autres disent à Botgsvane, un grand nombre de ses amis auxquels il fit part de son projet, tua Duncan, et se rendit avec son parti à Scone, où il se mit sans difficulté en possession de la couronne.

La chronique de Hollinshed rapporte sans aucun détail le meurtre de Duncan. Les incidents qu'a mis en scène Shakspeare sont tirés d'une autre partie de cette même chronique concernant le meurtre du roi Duffe, assassiné, plus de soixante ans auparavant, par un seigneur écossais nommé Donwald. Voici les circonstances de ce meurtre telles que les rapporte la chronique.

Duffe s'était montré, dès le commencement de son règne, très-occupé de protéger le peuple contre les malfaiteurs et « personnes oisives qui ne voulaient vivre que sur les biens des autres, » Il en fit exécuter plusieurs, força les autres à se retirer en Irlande ou bien à apprendre quelque métier pour vivre. Bien qu'ils ne tinssent, à ce qu'il paraît, à la haute noblesse d'Écosse que par des degrés assez « éloignés, les nobles, dit la chronique, furent très-offensés de « cette extrême rigueur, regardant comme un déshonneur, pour des « gens descendus de noble parentage, d'être contraints de gagner « leur vie par le travail de leurs mains, ce qui n'appartient qu'aux « hommes de la glèbe et autres de la basse classe, nés pour travailler « à nourrir la noblesse et pour obéir à ses ordres. » Le roi fut, en conséquence, regardé par eux comme ennemi des nobles et indigne de les gouverner, étant, disaient-ils, uniquement dévoué aux intérêts du peuple et du clergé, qui faisaient, en ce temps, cause commune contre l'oppression des grands seigneurs. Le mécontentement s'accroissant tous les jours, il s'éleva plusieurs révoltes, dans l'une desquelles entrèrent quelques jeunes gentilshommes, parents de Donwald, lieutenant pour le roi du château de Fores. Ces jeunes gens furent pris, et Donwald, qui jusqu'alors avait servi fidèlement et utilement le roi, se flatta d'obtenir leur grâce ; mais n'ayant pu y parvenir, il en conçut un violent ressentiment. Sa femme, que des causes pareilles irritaient contre le roi, n'épargna rien pour l'aigrir et lui fit comprendre combien il lui serait facile de se venger lorsque Duffe viendrait, comme cela lui arrivait souvent, loger à Fores, sans autre garde que la garnison du château, qui était entièrement à leur dévotion, et elle lui en indiqua tous les moyens.

Duffe étant venu peu de temps après à Fores, la veille de son départ, lorsqu'il se fut couché après avoir prié Dieu beaucoup plus tard qu'à l'ordinaire, Donwald et sa femme se mirent à table avec les deux chambellans, dont ils avaient préparé avec soin « l'arrière-souper ou collation, » et les enivrèrent si bien qu'ils les firent tomber dans un sommeil léthargique. Alors Donwald, « quoique dans son cœur il abhorrât cette action, » excité par sa femme, appela quatre de ses domestiques instruits de son projet, et qu'il avait séduits par des présents. Ils entrèrent dans la chambre de Duffe, le tuèrent, emportèrent son corps hors du château par une poterne, et, le mettant sur un cheval préparé à cet effet, le transportèrent à deux milles de là, près d'une petite rivière qu'ils détournèrent avec l'aide de quelques paysans; puis, creusant une fosse dans le fond du lit de la rivière, ils y enterrèrent le cadavre et firent repasser les eaux par-dessus, dans la crainte que s'il venait à être découvert, ses blessures ne saignassent lorsque Donwald en approcherait, et ne le fissent ainsi reconnaître comme l'auteur du meurtre. Donwald, pendant ce temps, avait eu soin de se tenir parmi ceux qui faisaient la garde, et qu'il ne quitta pas pendant le reste de la nuit. Les circonstances subséquentes, relatives au meurtre des deux chambellans, sont telles que Shakspeare les a représentées dans Macbeth. Il en est de même des prodiges qu'il rapporte et qui eurent lieu à la mort de Duffe. Le soleil ne parut point durant six mois, jusqu'à ce qu'enfin les meurtriers ayant été découverts et exécutés, il brilla de nouveau sur la terre, et les champs se couvrirent de fleurs, bien que ce ne fût pas la saison.

Pour revenir à Macbeth, les dix premières années de son règne furent signalées par un gouvernement sage, équitable et vigoureux. On rapporte plusieurs de ses lois, dont voici quelques-unes:

« Celui qui en accompagnera un autre pour lui faire cortége, soit
« à l'église, au marché, ou à quelque autre lieu d'assemblée publique,
« sera mis à mort, à moins qu'il ne reçoive sa subsistance de celui
« qu'il accompagne. » La peine de mort était également portée contre celui qui prêtait serment à tout autre qu'au roi.

« Aucune sorte de seigneurs et de grands barons ne pourront, sous
« peine de mort, contracter mariage les uns avec les autres, surtout
« si leurs terres sont voisines. »

« Toute arme (*armour*) et toute épée portée pour un autre effet
« que la défense du roi et du royaume en temps de guerre sera con-
« fisquée à l'usage du roi, avec tous les autres biens meubles (*moveable*
« *goods*) de la personne délinquante. » Il est également défendu à tout homme du peuple d'entretenir un cheval pour aucun autre usage que l'agriculture, mais cela seulement sous peine de confiscation du cheval.

« Tous ceux qui, nommés gouverneurs ou (comme je puis les ap-
« peler) capitaines, achèteront quelques terres ou possessions dans
« les limites de leur commandement, perdront ces terres ou posses-
« sions, et l'argent qui aura servi à les payer. » Il leur est également défendu, sous peine de perdre leurs charges, sans pouvoir être remplacés par personne de leur famille, de marier leurs fils ou filles dans leur gouvernement.

« Personne ne pourra siéger dans une cour temporelle, sans y être
« autorisé par une convention du roi. » Tous les actes doivent être également passés au nom du roi.

Quelques autres lois ont pour objet d'assurer les immunités du clergé et l'autorité des censures de l'Église, de régler les devoirs de la chevalerie, les successions, etc. Plusieurs de ces lois, dont quelques-unes assez singulières pour le temps, sont faites par des motifs d'ordre et de règle ; d'autres sont destinées à maintenir l'indépendance civile contre le pouvoir des officiers de la couronne ; mais la plupart ont évidemment pour objet de diminuer la puissance des nobles et de concentrer toute l'autorité dans les mains du roi. Toutes sont rapportées par les historiens du temps comme des lois sages et bienfaisantes; et si Macbeth fût arrivé au trône par des moyens légitimes, s'il eût continué dans les voies de la justice comme il avait commencé, il aurait pu, dit la chronique de Hollinshed, « être compté au nombre des plus grands princes qui eussent jamais régné. »

Mais ce n'était, continue notre chronique, qu'un zèle d'équité contrefait et contraire à son inclination naturelle. Macbeth se montra enfin tel qu'il était; et le même sentiment de sa situation qui l'avait porté à rechercher la faveur publique par la justice changea la justice en cruauté; « car les remords de sa conscience le te-
« naient dans une crainte continuelle qu'on ne le servît de la
« même coupe qu'il avait administrée à son prédécesseur. » Dès lors commence le Macbeth de la tragédie. Le meurtre de Banquo, exécuté de la même manière et pour les mêmes motifs que ceux que lui attribue Shakspeare, est suivi d'un grand nombre d'autres crimes qui lui font « trouver une telle douceur à mettre ses nobles à mort
« que sa soif pour le sang ne peut plus être satisfaite, et le peuple
« n'est pas plus que la noblesse, à l'abri de ses barbaries et de ses
« rapines. » Des magiciens l'avaient averti de se garder de Macduff, dont la puissance d'ailleurs lui faisait ombrage, et sa haine contre lui ne cherchait qu'un prétexte. Macduff, prévenu du danger, forma le projet de passer en Angleterre pour engager Malcolm, qui s'y était réfugié, à venir réclamer ses droits. Macbeth en fut informé, « car
« les rois, dit la chronique, ont des yeux aussi perçants que le lynx
« et des oreilles aussi longues que Midas, » et Macbeth tenait chez tous les nobles de son royaume des espions à ses gages. La fuite de Macduff, le massacre de tout ce qui lui appartenait, sa conversation avec Malcolm, sont des faits tirés de la chronique. Malcolm opposa d'abord aux empressements de Macduff des raisons tirées de sa propre incontinence, et Macduff lui répondit comme dans Shakspeare, en ajoutant seulement : « Fais-toi toujours roi, et j'arrangerai
« les choses avec tant de prudence que tu pourras te satisfaire à ton
« plaisir, si secrètement que personne ne s'en apercevra. » Le reste

de la scène est fidèlement imité par le poëte ; et tout ce qui concerne la mort de Macbeth, les prédictions qui lui avaient été faites et la manière dont elles furent à la fois éludées et accomplies, est tiré presque mot pour mot de la chronique où nous voyons enfin comment « par « l'illusion du diable il déshonora, par la plus terrible cruauté, un « règne dont les commencements avaient été utiles à son peuple[1]. » Macbeth avait assassiné Duncan en 1040 ; il fut tué lui-même en 1057, après dix sept ans de règne.

Tel est l'ensemble de faits auquel Shakspeare s'est chargé de donner l'âme et la vie. Il se place simplement au milieu des événements et des personnages, et d'un souffle mettant en mouvement toutes ces choses inanimées, il nous fait assister au spectacle de leur existence. Loin de rien ajouter aux incidents que lui a fournis la relation à laquelle il emprunte son sujet, il en retranche beaucoup ; il élague surtout ce qui altérerait la simplicité de sa marche et embarrasserait l'action de ses personnages ; il supprime ce qui l'empêcherait de les pénétrer d'une seule vue et de les peindre en quelques traits. Macbeth, avec les crimes et les grandes qualités que lui attribue son histoire, serait un être trop compliqué ; il faudrait en lui trop d'ambition et trop de vertu à la fois pour que l'une de ses dispositions pût se soutenir quelque temps en présence de l'autre, et l'on aurait besoin de trop grandes machines pour faire pencher la balance de l'un ou l'autre côté. Le Macbeth de Shakspeare n'est brillant que par ses vertus guerrières, et surtout par sa valeur personnelle ; il n'a que les qualités et les défauts d'un barbare : brave, mais point étranger à la crainte du péril dès qu'il y croit, cruel et sensible par accès, perfide par inconstance, toujours prêt à céder à la tentation qui se présente, qu'elle soit de crime ou de vertu, il a bien, dans son ambition et dans ses forfaits, ce caractère d'irréflexion et de mobilité qui appartient à une civilisation presque sauvage ; ses passions sont impérieuses, mais aucune série de raisonnements et de projets ne les détermine et ne les gouverne ; c'est un arbre élevé, mais sans racines, que le moindre vent peut ébranler et dont la chute est un désastre. De là naît sa grandeur tragique ; elle est dans sa destinée

[1] Chroniques de Hollinshed, édit. in-fol. de 1586, t. Ier, p. 168 et suiv., et pour ce qui concerne le meurtre du roi Duffe, p. 150 et suiv. C'est probablement des faits fournis par Hector Boëce à cette chronique que Buchanan, en rapportant beaucoup plus sommairement l'histoire de Macbeth, a dit : *Multa hic fabulosè quidam nostrorum affingunt; sed quia theatris aut milesiis fabulis sunt aptiora quam historiæ, ea omitto.* (*Rerum Scot. Hist.*, t. VII.)

plus que dans son caractère. Macbeth, placé plus loin des espérances du trône, fût demeuré vertueux, et sa vertu eût été inquiète, car elle eût été seulement le fruit de la circonstance; son crime devient pour lui un supplice, parce que c'est la circonstance qui le lui a fait commettre : ce crime n'est pas sorti du fond de la nature de Macbeth ; et cependant il s'attache à lui, l'enveloppe, l'enchaîne, le déchire de toutes parts, et lui crée ainsi une destinée tourmentée et irrémissible, où le malheureux s'agite vainement, ne faisant rien qui ne l'enfonce toujours davantage, et avec plus de désespoir, dans la carrière que lui prescrit désormais son implacable persécuteur. Macbeth est un de ces caractères marqués dans toutes les superstitions pour devenir la proie et l'instrument de l'esprit pervers, qui prend plaisir à les perdre parce qu'ils ont reçu quelque étincelle de la nature divine, et qui en même temps n'y rencontre que peu de difficultés, car cette lumière céleste ne lance en eux que des rayons passagers, à chaque instant obscurcis par des orages.

Lady Macbeth est bien précisément la femme d'un tel homme, le produit d'un même état de civilisation, d'une même habitude de passions. Elle y joint de plus d'être une femme, c'est-à-dire sans prévoyance, sans généralité dans les vues, n'apercevant à la fois qu'une seule partie d'une seule idée, et s'y livrant tout entière sans jamais admettre ce qui pourrait l'en distraire et l'y troubler. Les sentiments qui appartiennent à son sexe ne lui sont point étrangers : elle aime son mari, connaît les joies d'une mère, et n'a pu tuer elle-même Duncan, parce qu'il ressemblait à son père endormi ; mais elle veut être reine. Il faut pour cela que Duncan périsse ; elle ne voit dans la mort de Duncan que le plaisir d'être reine ; son courage est facile, car elle n'aperçoit pas ce qui pourrait la faire reculer. Lorsque la passion sera satisfaite et l'action commise, alors seulement les autres conséquences lui en seront révélées comme une nouveauté dont elle n'avait pas eu la plus légère prévision. Ces craintes, cette nécessité de nouveaux forfaits, que son mari avait entrevus d'avance, elle n'y avait jamais songé. Elle voulait bien rejeter le crime sur les deux chambellans ; mais ce n'est pas elle qui songe à les tuer ; ce n'est pas elle qui prépare le meurtre de Banquo, le massacre de la famille de Macduff. Elle n'a pas vu si loin ; elle n'avait pas même deviné, en entrant dans la chambre de Duncan égorgé, l'effet que produirait sur elle un pareil spectacle. Elle en sort troublée, ne dédaignant plus les terreurs de son mari, mais l'engageant seulement à ne se pas trop arrêter sur des images, dont on voit qu'elle commence à se sentir elle-même obsédée. Le coup est porté et se révélera dans l'admirable et terrible scène du somnambulisme : c'est là que nous apprendrons ce que devient, lorsqu'il n'est plus soutenu par l'aveugle emportement de la passion, ce caractère en apparence si inébranlable. Macbeth s'est affermi dans le crime, après avoir hésité à le commettre, parce qu'il le comprenait ; nous verrons sa femme, succombant sous la connaissance qu'elle en a trop tard acquise, substituer une idée fixe à une autre, mourir pour s'en délivrer, et punir par la folie du désespoir le crime que lui a fait commettre la folie de l'ambition.

Les autres personnages, amenés seulement pour concourir à ce grand tableau de la marche et de la destinée du crime, n'ont d'autre couleur que celle de la situation que leur donne l'histoire. Les sorcières sont bien ce qu'elles doivent être, et je ne sais pourquoi il est d'usage de se récrier avec dégoût contre cette portion de la représentation de Macbeth : lorsqu'on voit ces viles créatures arbitres de la vie, de la mort, de toutes les chances et de tous les intérêts de l'humanité, et qui en disposent d'après les plus méprisables caprices de leur odieuse nature, à la terreur qu'inspire leur pouvoir se joint l'effroi que fait naître leur déraison, et le ridicule même d'un tel spectacle en augmente l'effet.

Le style de Macbeth est remarquable, dans son énergie sauvage, par une recherche qu'on aura raison de lui reprocher, mais qu'à tort on regarderait comme contraire à la vérité autant qu'elle l'est au naturel : la recherche n'est point incompatible avec la grossièreté des mœurs et des idées ; elle semble même assez ordinaire aux temps et aux situations où manquent les idées générales. L'esprit, qui ne peut demeurer oisif, s'attache alors aux plus petits rapports, s'y complaît et s'en fait une habitude que nous retrouvons dans toutes les situations analogues. Rien n'est plus alambiqué que l'esprit de la littérature du moyen âge. Ce que nous connaissons des discours des sauvages contient beaucoup d'idées recherchées ; la recherche est le caractère des beaux esprits de la classe inférieure ; les injures mêmes des gens du peuple sont composées quelquefois avec une recherche tout à fait singulière, comme si, dans ces moments où la colère exalte les facultés, leur esprit saisissait avec plus de facilité et d'abondance les rapports de ce genre, les seuls où il soit capable d'atteindre.

On croit que Macbeth fut représenté en 1606 ; l'idée de faire une tragédie sur ce sujet, nécessairement agréable au roi Jacques, qui venait de monter sur le trône d'Angleterre, fut probablement inspirée à Shakspeare par une pièce de vers en une petite scène, qu'en 1605, des étudiants d'Oxford récitèrent en latin devant le roi, et en anglais devant la reine qui l'avait accompagné dans la ville. Les étudiants étaient au nombre de trois et parlaient probablement tour à tour; leurs discours roulèrent sur la prédiction faite à Banquo ; et par une allusion au triple salut qu'avait reçu Macbeth, ils saluèrent Jacques roi d'Angleterre, d'Écosse et d'Irlande. Ils le saluèrent même roi de France, ce qui détruisait assez gratuitement la vertu du nombre *trois*.

MACBETH

TRAGÉDIE

PERSONNAGES

DUNCAN, roi d'Écosse.
MALCOLM, } fils du roi.
DONALBAIN,
MACBETH, } généraux de l'armée du roi
BANQUO,
MACDUFF,
LENOX,
ROSSE,
MENTEITH, } seigneurs écossais.
ANGUS,
CATHNESS,
FLEANCE, fils de Banquo.
SIWARD, comte de Northumberland, général de l'armée anglaise.
LE FILS DE SIWARD.
SEYTON, officier attaché à Macbeth.
LE FILS DE MACDUFF.
UN MÉDECIN ANGLAIS.
UN MÉDECIN ÉCOSSAIS.
LADY MACBETH.
LADY MACDUFF.
DAMES DE LA SUITE DE LADY MACBETH.
LORDS, GENTILSHOMMES, OFFICIERS, SOLDATS, MEURTRIERS, SUIVANTS ET MESSAGERS.
HÉCATE ET TROIS SORCIÈRES.
L'OMBRE DE BANQUO ET AUTRES APPARITIONS.

La scène est en Écosse, et surtout dans le château de Macbeth, excepté à la fin du quatrième acte, où elle se passe en Angleterre.

ACTE PREMIER

SCÈNE I

Un lieu découvert. — Tonnerre, éclairs.

Entrent LES TROIS SORCIÈRES.

PREMIÈRE SORCIÈRE.—Quand nous réunirons-nous maintenant toutes trois? Sera-ce par le tonnerre, les éclairs ou la pluie?

DEUXIÈME SORCIÈRE.—Quand le bacchanal aura cessé, quand la bataille sera gagnée et perdue.

TROISIÈME SORCIÈRE.—Ce sera avant le coucher du soleil.

PREMIÈRE SORCIÈRE.—En quel lieu?

DEUXIÈME SORCIÈRE.—Sur la bruyère.

TROISIÈME SORCIÈRE.—Pour y rencontrer Macbeth.

(Une voix les appelle.)

PREMIÈRE SORCIÈRE.—J'y vais, Grimalkin [1] !

LES TROIS SORCIÈRES, *à la fois.* — Paddock [2] appelle. — Tout à l'heure ! — Horrible est le beau, beau est l'horrible. Volons à travers le brouillard et l'air impur.

(Elles disparaissent.)

SCÈNE II

Un camp près de Fores.

Entrent LE ROI DUNCAN, MALCOLM, DONALBAIN, LENOX, *et leur suite. Il vont à la rencontre d'un soldat blessé et sanglant.*

DUNCAN.—Quel est cet homme tout couvert de sang ? Il me semble, d'après son état, qu'il pourra nous dire où en est actuellement la révolte.

MALCOLM.—C'est le sergent qui a combattu en brave et intrépide soldat pour me sauver de la captivité.—Salut, mon brave ami ; apprends au roi ce que tu sais de la mêlée : en quel état l'as-tu laissée ?

LE SERGENT.—Elle demeurait incertaine, comme deux nageurs épuisés qui s'accrochent l'un à l'autre et paralysent tous leurs efforts. L'impitoyable Macdowald (bien fait pour être un rebelle, car tout l'essaim [3] des vices de la nature s'est abattu sur lui pour l'amener là) avait reçu des îles de l'ouest un renfort de Kernes [4] et de Gallow-

---

[1] *Grimalkin*, nom d'un vieux chat. Grimalkin est très-souvent, en Angleterre, le nom propre d'un chat.

[2] *Paddock*, espèce de gros crapaud. Les chats et les crapauds jouaient, comme on sait, un rôle très-important dans la sorcellerie.

[3]
>   *For to that*
> *The multiplying villainies of nature,*
> *Do swarm upon him.*

M. Steevens explique *to that* par *in addition to that* (outre cela) ; je crois qu'il se trompe et que *to that* signifie ici *pour cela*. Le sergent, qui vient de combattre loyalement un rebelle, regarde le caractère du rebelle comme le plus monstrueux de tous, et comme l'assemblage de tous les vices de la nature. Dans la chronique d'Hollinshed, le rebelle porte le nom de Makdowald.

[4] Deux espèces de soldats, les premiers armés à la légère, les autres plus pesamment.

Glasses ; et la Fortune, souriant à sa cause maudite, semblait se faire la prostituée d'un rebelle. Mais tout cela n'a pas suffi. Le brave Macbeth (il a bien mérité ce nom) dédaignant la Fortune, comme le favori de la Valeur, avec son épée qu'il brandissait toute fumante d'une sanglante exécution, s'est ouvert un passage, jusqu'à ce qu'il se soit trouvé en face du traître, à qui il n'a pas donné de poignée de mains ni dit adieu, qu'il ne l'eût décousu du nombril à la mâchoire, et qu'il n'eût placé sa tête sur nos remparts.

DUNCAN.—O mon brave cousin! digne gentilhomme!

LE SERGENT.—De même que le point où le soleil commence à luire est celui d'où viennent éclater les tempêtes qui brisent nos vaisseaux, et les effroyables tonnerres, ainsi de la source d'où semblait devoir arriver le secours ont surgi de nouvelles détresses.—Écoute, roi d'Écosse, écoute.—A peine la justice, armée de la valeur, avait-elle forcé ces Kernes voltigeurs à se fier à leurs jambes, que le chef des Norwégiens, saisissant son avantage avec des bataillons tout frais et des armes bien fourbies, a commencé une seconde attaque.

DUNCAN.—Cela n'a-t-il pas affrayé nos généraux Macbeth et Banquo?

LE SERGENT.—Oui, comme les passereaux l'aigle, ou le lièvre le lion. Pour dire vrai, je ne les puis comparer qu'à deux canons chargés jusqu'à la gueule de doubles charges, tant ils redoublaient leurs coups redoublés sur les ennemis. A moins qu'ils n'eussent résolu de se baigner dans la fumée des blessures, ou de laisser à la mémoire le souvenir d'un autre Golgotha, je n'en sais rien. — Mais je me sens faible; mes plaies crient au secours.

DUNCAN.—Tes paroles te vont aussi bien que tes blessures : elles ont un parfum d'honneur.—Allez avec lui, amenez-lui les chirurgiens.—(*Le sergent sort accompagné.*) Qui s'avance vers nous?

(Entre Rosse.)

MALCOLM.—C'est le digne thane de Rosse.

LENOX.—Quel empressement peint dans ses regards! A

le voir, il aurait l'air de nous annoncer d'étranges choses.

ROSSE.—Dieu sauve le roi!

DUNCAN.—D'où viens-tu, digne thane?

ROSSE.—De Fife, grand roi, où les bannières des Norwégiens insultent les cieux et glacent nos gens du vent qu'elles agitent. Le roi de Norwége en personne, à la tête d'une armée terrible, et secondé par ce traître déloyal, le thane de Cawdor, avait engagé un combat funeste, lorsque le nouvel époux de Bellone, revêtu d'une armure éprouvée, s'est mesuré avec lui à forces égales, et son fer opposé contre un fer rebelle, bras contre bras, a dompté son farouche courage.—Pour conclure, la victoire nous est restée.

DUNCAN.—Quel bonheur!

ROSSE.—Maintenant Suénon, le roi de Norwége, demande à entrer en composition : nous n'avons pas daigné lui permettre d'enterrer ses morts, qu'il n'eût déposé d'avance à Saint-Colmes-Inch dix mille dollars pour notre usage général.

DUNCAN. — Le thane de Cawdor ne trahira plus nos intérêts confidentiels. Allez, ordonnez sa mort, et saluez Macbeth du titre qui lui a appartenu.

ROSSE.—Je vais faire exécuter vos ordres.

DUNCAN.—Ce qu'il a perdu, le brave Macbeth l'a gagné.

(Ils sortent.)

SCÈNE III

Une bruyère.—Tonnerre.

Entrent LES TROIS SORCIÈRES.

PREMIÈRE SORCIÈRE.—Où as-tu été, ma sœur.

DEUXIÈME SORCIÈRE.—Tuer les cochons[1].

TROISIÈME SORCIÈRE.—Et toi, ma sœur?

PREMIÈRE SORCIÈRE.—La femme d'un matelot avait des châtaignes dans son tablier; elle mâchonnait, mâchon-

---

[1] *Killing swine.* C'était une des grandes occupations des sorcières de faire mourir les cochons de ceux qui leur avaient déplu d'une façon quelconque.

naît, mâchonnait.—Donne-m'en, lui ai-je dit.—Arrière, sorcière! m'a répondu cette maigrichonne [1] nourrie de croupions.—Son mari est parti pour Alep, comme patron du *Tigre*; mais je m'embarquerai avec lui dans un tamis, et sous la forme d'un rat sans queue [2], je ferai, je ferai je ferai.

DEUXIÈME SORCIÈRE.—Je te donnerai un vent.

PREMIÈRE SORCIÈRE.—Tu es bien bonne.

TROISIÈME SORCIÈRE.—Et moi un autre.

PREMIÈRE SORCIÈRE.—J'ai déjà tous les autres, les ports vers lesquels ils soufflent, et tous les endroits marqués sur la carte des marins. Je le rendrai sec comme du foin, le sommeil ne descendra ni jour ni nuit sur sa paupière enfoncée; il vivra comme un maudit, pendant neuf fois neuf longues semaines; il maigrira, s'affaiblira, languira; et si sa barque ne peut périr, du moins sera-t-elle battue par la tempête.—Voyez ce que j'ai là.

DEUXIÈME SORCIÈRE.—Montre-moi, montre-moi.

PREMIÈRE SORCIÈRE.—C'est le ponce d'un pilote qui a fait naufrage en revenant dans son pays.

(Tambour derrière le théâtre.)

TROISIÈME SORCIÈRE.—Le tambour! le tambour! Macbeth arrive.

TOUTES TROIS ENSEMBLE. — Les sœurs du Destin [3] se

[1] La sorcière insulte ici la pauvreté de son ennemie qui vivait, disait-elle, des restes qu'on distribuait à la porte des couvents et des maisons opulentes.

[2] Lorsqu'une sorcière prenait la forme d'un animal, la queue lui manquait toujours, parce que, disait-on, il n'y a pas dans le corps humain de partie correspondante dont on puisse façonner une queue, comme on fait du nez le museau, des pieds et des mains les pattes, etc.

[3] *The weird sisters*. La chronique d'Hollinshed, en rapportant l'apparition des trois figures étranges qui prédirent à Macbeth sa future grandeur, dit que, d'après l'accomplissement de leurs prophéties, on fut généralement d'opinion que c'étaient ou *the weird sisters*, « comme qui dirait les déesses de la destinée, ou « quelques nymphes ou fées que leurs connaissances nécroman-« tiques douaient de la science de prophétie. » Warburton les prend pour les *walkyries*, nymphes du paradis d'Odin, chargées de conduire les âmes des morts et de verser à boire aux guerriers; et les fonctions que s'attribuent, dans leur chant magique, les

tenant par la main, parcourant les terres et les mers, ainsi tournent, tournent, trois fois pour le tien, trois fois pour le mien, et trois fois encore pour faire neuf. Paix! le charme est accompli.

(Macbeth et Banquo paraissent, traversant cette plaine de bruyères; ils sont suivis d'officiers et de soldats.)

MACBETH.—Je n'ai jamais vu de jour si sombre et si beau.

BANQUO.—Combien dit-on qu'il y a d'ici à Fores?—Quelles sont ces créatures si décharnées et vêtues d'une manière si bizarre? Elles ne ressemblent point aux habitants de la terre, et pourtant elles y sont.—Êtes-vous des êtres que l'homme puisse questionner? Vous semblez me comprendre, puisque vous placez toutes trois à la fois

---

sorcières de Shakspeare, étaient aussi, selon quelques auteurs, celles que la mythologie scandinave attribuait aux walkyries. Mais on oppose à cette opinion de Warburton, que les walkyries étaient très-belles, et ne peuvent être représentées par les sorcières de Shakspeare avec *leurs barbes;* que, d'ailleurs, les walkyries étaient plus de trois, ce qui paraît être le nombre fixe des *weird sisters.* Il y a lieu de croire que ces divinités avaient du rapport avec les Parques; et un ancien auteur anglais (Gawin Douglas), qui a donné une traduction de Virgile, y rend en effet le nom de *Parcæ* par ceux *weird sisters*, et on trouve le mot *wierd* ou *weird* employé dans le même sens par d'autres auteurs. D'autres en ont fait un substantif, et l'ont employé dans le sens de *prophétie*, d'après la signification du mot anglo-saxon *wyrd*, d'où il est dérivé. Ce qui paraît clair, c'est que Shakspeare, de même que dans *la Tempête*, au lieu de s'astreindre à suivre exactement un système de mythologie, a réuni sur un même personnage les diverses attributions appartenant à des êtres d'ordres fort différents, et a présenté comme identiques les sœurs du destin (*weird sisters*) et les *sorcières* (*witches*), que la chronique d'Hollinshed distingue positivement, attribuant la première prédiction faite à Macbeth et à Banquo aux *weird sisters*, tandis qu'elle attribue les prédictions subséquentes à *certains sorciers et sorcières* (*wizards* et *witches*), en qui Macbeth avait grande confiance, et qu'il consultait habituellement. Les *weird sisters* étaient des êtres surnaturels, de véritables déesses qui ne se communiquaient aux mortels que par des apparitions, tandis que les sorciers et les sorcières étaient simplement des hommes et des femmes initiés dans les mystères diaboliques de la sorcellerie. Shakspeare a de plus subordonné ses sorcières à *Hécate*, divinité du paganisme.

votre doigt décharné sur vos lèvres de parchemin. Je vous prendrais pour des femmes si votre barbe ne me défendait de le supposer.

MACBETH. —Parlez, si vous pouvez ; qui êtes-vous?

PREMIÈRE SORCIÈRE. —Salut, Macbeth ! salut à toi, thane de Glamis !

DEUXIÈME SORCIÈRE. —Salut, Macbeth ! salut à toi, thane de Cawdor !

TROISIÈME SORCIÈRE. —Salut, Macbeth, qui seras roi un jour !

BANQUO. — Mon bon seigneur, pourquoi tressaillez-vous, et semblez-vous craindre des choses dont le son vous doit être si doux?—Au nom de la vérité, êtes-vous des fantômes, ou êtes-vous en effet ce que vous paraissez être? Vous saluez mon noble compagnon d'un titre nouveau, de la haute prédiction d'une illustre fortune et de royales espérances, tellement qu'il en est comme hors de lui-même ; et moi, vous ne me parlez pas : si vos regards peuvent pénétrer dans les germes du temps, et démêler les semences qui doivent pousser et celles qui avorteront, parlez-moi donc à moi qui ne sollicite ni ne redoute vos faveurs ou votre haine.

PREMIÈRE SORCIÈRE. — Salut !

DEUXIÈME SORCIÈRE. — Salut !

TROISIÈME SORCIÈRE. — Salut !

PREMIÈRE SORCIÈRE. — Moindre que Macbeth et plus grand.

DEUXIÈME SORCIÈRE. — Moins heureux, et cependant beaucoup plus heureux.

TROISIÈME SORCIÈRE. — Tu engendreras des rois, quoique tu ne le sois pas. Ainsi salut, Macbeth et Banquo !

PREMIÈRE SORCIÈRE. — Banquo et Macbeth, salut !

MACBETH. — Demeurez ; vous dont les discours demeurent imparfaits, dites-m'en davantage. Par la mort de Sinel, je sais que je suis thane de Glamis ; mais comment le serais-je de Cawdor? Le thane de Cawdor est vivant, est un seigneur prospère ; et devenir roi n'entre pas dans la perspective de ma croyance, pas plus que d'être thane de Cawdor. Parlez, d'où tenez-vous ces étranges nouvelles, et pourquoi arrêtez-vous nos pas sur ces bruyères desséchées par vos prophétiques saluts? — Je vous somme de parler.

(Les sorcières disparaissent.)

BANQUO. — De la terre comme de l'eau s'élèvent des bulles d'air; c'est là ce que nous avons vu. — Où se sont-elles évanouies?

MACBETH. — Dans l'air; et ce qui paraissait un corps s'est dissipé comme l'haleine dans les vents. — Plût à Dieu qu'elles eussent demeuré plus longtemps!

BANQUO. — Étaient-elles réellement ici ces choses dont nous parlons, ou bien aurions-nous mangé de cette racine de folie[1] qui rend la raison captive?

MACBETH. — Vos enfants seront rois.

BANQUO. — Vous serez roi.

MACBETH. — Et thane de Cawdor aussi : cela ne s'est-il pas dit ainsi?

BANQUO. — Air et paroles. — Mais qui vient à nous?

(Entrent Rosse et Angus.)

ROSSE. — Macbeth, le roi a reçu avec joie la nouvelle de tes succès; et à la lecture de tes exploits dans le combat contre les rebelles, son étonnement et son admiration se disputaient en lui pour savoir ce qui devait lui rester ou t'appartenir[2]. Réduit par là au silence, en parcourant le reste des événements du même jour, il t'a trouvé au milieu des solides bataillons norwégiens, sans effroi au milieu de ces étranges spectacles de mort, ou-

---

[1] Probablement la ciguë; on lui attribuait autrefois la propriété de troubler la raison.

[2] *His wonders and his praises do contend*
  Which should be thine or his.

On a tâché de rendre ici exactement, mais sans espoir de la rendre clairement, une subtilité qui a d'autant plus embarrassé les commentateurs anglais, qu'ils ont voulu y trouver plus de sens qu'elle n'en a réellement. Shakspeare n'a prétendu dire autre chose, si ce n'est que Duncan ne savait s'il devait plus s'étonner des exploits de Macbeth ou l'en louer; en sorte que l'étonnement appartenant à Duncan, et les éloges à Macbeth, disputaient *which should be thine or his.*

vrage de ta main. Aussi pressés que la parole, les courriers succédaient aux courriers, chacun apportant et répandant devant lui les éloges que tu mérites pour cette étonnante défense de son royaume.

ANGUS. — Nous avons été envoyés pour te porter les remerciements de notre royal maître, pour te conduire en sa présence, non pour te récompenser.

ROSSE. — Et pour gage de plus grands honneurs, il m'a ordonné de te saluer de sa part *thane de Cawdor*. Ainsi, digne thane, salut sous ce nouveau titre, car il t'appartient.

BANQUO. — Quoi! le diable peut-il dire vrai?

MACBETH. — Le thane de Cawdor est vivant. Pourquoi venez-vous me revêtir de vêtements empruntés?

ANGUS. — Celui qui fut thane de Cawdor vit encore; mais sous le poids d'un jugement auquel est soumise cette vie qu'il a mérité de perdre. S'il était d'intelligence avec le roi de Norwége, ou s'il prêtait aux rebelles une aide et des secours clandestins, ou si, de concert avec tous deux, il travaillait à la ruine de son pays, c'est ce que j'ignore; mais des trahisons capitales, avouées et prouvées, l'ont perdu sans ressource.

MACBETH. — Thane de Glamis et thane de Cawdor! le plus grand est encore à venir. — Merci de votre peine. — N'espérez-vous pas à présent que vos enfants seront rois, puisque celles qui m'ont salué thane de Cawdor ne leur ont rien moins promis?

BANQUO. — Si vous le croyez sincèrement, cela pourrait bien aussi vous faire aspirer à obtenir la couronne, outre le titre de thane de Cawdor; mais c'est étrange; et souvent, pour nous attirer à notre perte, les ministres des ténèbres nous disent la vérité : ils nous amorcent par des bagatelles permises, pour nous précipiter ensuite dans les conséquences les plus funestes. — Mes cousins, un mot, je vous prie.

MACBETH. — Deux vérités m'ont été dites[1], favorables

---

[1] Les commentateurs sont assez embarrassés à expliquer comment Macbeth, déjà thane de Glamis, *par la mort de Sinel*, lors

prologues de la grande scène de ce royal sujet.—Je vous remercie, messieurs.—Cette instigation surnaturelle ne peut être mauvaise, ne peut être bonne. Si elle est mauvaise, pourquoi me donnerait-elle un gage de succès, en commençant ainsi par une vérité? Je suis thane de Cawdor. Si elle est bonne, pourquoi est-ce que je cède à cette suggestion, dont l'horrible image agite mes cheveux et fait que mon cœur, retenu à sa place, va frapper mes côtes par un mouvement contraire aux lois de la nature? Les craintes présentes sont moins terribles que d'horribles pensées. Mon esprit, où le meurtre n'est encore qu'un fantôme, ébranle tellement mon individu que toutes les fonctions en sont absorbées par les conjectures; et rien n'y existe que ce qui n'est pas.

BANQUO. — Voyez dans quelles réflexions est plongé notre compagnon.

MACBETH. — Si le hasard veut me faire roi, eh bien! le hasard peut me couronner sans que je m'en mêle.

BANQUO. — Ces nouveaux honneurs lui font l'effet de nos habits neufs : ils ne collent au corps qu'avec un peu d'usage.

MACBETH. — Arrive ce qui pourra; le temps et les heures avancent à travers la plus mauvaise journée.

BANQUO. — Digne Macbeth, nous attendons votre bon plaisir.

MACBETH. —Pardonnez-moi : ma mauvaise tête se tra-

---

de la rencontre des sorcières, peut regarder le salut qu'elles lui ont donné sous ce premier titre comme une preuve de leur science surnaturelle. Le traducteur écossais de Boëce semble faire entendre que Sinel ne mourut qu'après cette rencontre. Hollinshed dit, au contraire, que Macbeth, par la mort de son père, venait d'entrer *(had lately entered)* en possession du titre de thane de Glamis. C'est bien certainement la chronique d'Hollinshed que Shakspeare a suivie en ceci, comme dans tout le reste de la pièce; Macbeth, ayant soin de nous apprendre quel événement l'a rendu thane de Glamis, prouve clairement que la nouvelle en est si récente pour lui, que l'idée de ce titre ne lui est pas encore familière et ne se lie qu'à la circonstance qui l'en a rendu possesseur. Shakspeare a donc voulu indiquer un événement si nouveau que Macbeth peut s'étonner que des personnes qui lui sont étrangères en soient déjà instruites.

vaillait à retrouver des choses oubliées.—Nobles seigneurs, vos services sont consignés dans un registre dont chaque jour je tournerai la feuille pour les relire. — Allons trouver le roi. (*A Banquo.*) Réfléchissez à ce qui est arrivé; et, plus à loisir, après avoir tout bien pesé, dans l'intervalle, nous en parlerons à cœur ouvert.

BANQUO. — Très-volontiers.

MACBETH.—Jusque-là c'est assez.—Allons, mes amis...

(Ils sortent.)

SCÈNE IV

A Fores, un appartement dans le palais.—Fanfares.

Entrent DUNCAN, MALCOLM, DONALBAIN, LENOX
et leur suite.

DUNCAN. — A-t-on exécuté Cawdor? Ceux que j'en avais chargés ne sont-ils pas encore revenus?

MALCOLM. — Mon souverain, ils ne sont pas encore de retour; mais j'ai parlé à quelqu'un qui l'avait vu mourir. Il m'a rapporté qu'il avait très-franchement avoué sa trahison, imploré le pardon de Votre Majesté, et manifesté un profond repentir. Il n'y a rien eu dans sa vie d'aussi honorable que la manière dont il l'a quittée. Il est mort en homme qui s'est étudié, en mourant, à laisser échapper la plus chère de ses possessions comme une bagatelle sans importance.

DUNCAN. — Il n'y a point d'art qui apprenne à découvrir sur le visage les inclinations de l'âme : c'était un homme en qui j'avais placé une confiance absolue. — (*Entrent Macbeth, Banquo, Rosse et Angus.*) O mon très-digne cousin, je sentais déjà peser sur moi le poids de l'ingratitude. Tu as tellement pris les devants, que la plus rapide récompense n'a pour t'atteindre qu'une aile bien lente.—Je voudrais que tu eusses moins mérité, et que tu m'eusses ainsi laissé les moyens de régler moi-même la mesure de ton salaire et de ma reconnaissance. Il me reste seulement à te dire qu'il t'est dû plus qu'on ne pourrait acquitter en allant au delà de toute récompense possible.

MACBETH.—Le service et la fidélité que je vous dois, en s'acquittant, se récompensent eux-mêmes. Il appartient à Votre Majesté de recevoir le tribut de nos devoirs, et nos devoirs nous lient à votre trône et à votre État comme des enfants et des serviteurs, qui ne font que ce qu'ils doivent en faisant tout ce qui peut mériter votre affection et votre estime [1].

DUNCAN.—Sois ici le bienvenu : j'ai commencé à te planter, et travaillerai à te faire parvenir à la plus haute croissance.—Noble Banquo, tu n'as pas moins mérité, et cela ne doit pas être moins connu. Laisse-moi t'embrasser et te presser sur mon cœur.

BANQUO.—Si j'y acquiers du terrain, la moisson sera à vous.

DUNCAN.—Tant de joies accumulées, prêtes à déborder par leur plénitude, cherchent à se cacher dans les larmes de la tristesse. Mes fils, mes parents, vous, thanes, et vous, après eux les premiers en dignités, sachez aujourd'hui que nous voulons transmettre notre couronne à Malcolm, l'aîné de nos enfants, qui portera désormais le titre de prince de Cumberland, honneur qui ne lui doit pas profiter à lui seul, et sans en amener d'autres à sa suite, mais qui fera briller comme autant d'étoiles des distinctions nouvelles sur tous ceux qui les ont méritées. —Partons pour Inverness ; je veux vous avoir de nouvelles obligations.

MACBETH.—Le repos est une fatigue quand je ne vous le consacre pas. Je veux vous annoncer moi-même, et remplir ma femme de joie par la nouvelle de votre arrivée. Ainsi, je prends humblement congé de vous.

DUNCAN.—Mon digne Cawdor !

---

[1] *By doing every thing*
Safe toward your love and honour.

Les commentateurs ont voulu expliquer ce passage assez obscur par une subtilité qui le rendrait inintelligible. Toute la difficulté porte sur le sens du mot *safe*, qui me paraît évidemment signifier ici *entier*, *complet*, *à l'abri du reproche*.

MACBETH, *à part.*—Le prince de Cumberland! Voilà un obstacle sur lequel je dois trébucher si je ne saute par-dessus, car il se trouve dans mon chemin.—Étoiles, cachez vos feux; que la lumière ne puisse voir mes profonds et sombres désirs; l'œil se ferme devant la main. Mais il faut que cela se fasse, ce que mon œil craindra de voir lorsque ce sera fait.

(Il sort.)

DUNCAN.—C'est la vérité, digne Banquo, il est aussi vaillant que vous le dites : je me nourris des éloges qu'on lui donne; c'est pour moi un festin. Suivons-le tandis que ses soins nous devancent pour nous préparer un bon accueil. C'est un parent sans égal.

(Fanfares.—Ils sortent.)

SCÈNE V

A Inverness.—Un appartement du château de Macbeth.

Entre LADY MACBETH, *lisant une lettre.*

« Elles sont venues à moi au jour du succès, et j'ai
« appris par le plus incontestable témoignage qu'en elles
« résidait une intelligence plus qu'humaine. Lorsque je
« brûlais de leur faire d'autres questions, elles se sont
« confondues dans l'air et y ont disparu. J'étais encore
« éperdu de surprise lorsque des envoyés du roi sont
« venus me saluer *thane de Cawdor*. C'était sous ce titre
« que les sœurs du Destin m'avaient salué en me ren-
« voyant ensuite à l'avenir par ces paroles : *Salut, toi qui*
« *seras roi.* J'ai cru que cela était bon à te faire connaî-
« tre, chère compagne de ma grandeur : afin que tu ne
« perdisses pas la part de joie qui t'est due, par ignorance
« de la grandeur qui t'est promise. Place ceci dans ton
« cœur. Adieu. »

Tu es thane de Glamis et de Cawdor, et tu seras aussi ce qu'on t'a prédit.—Cependant je crains ta nature, elle est trop pleine du lait des tendresses humaines pour te conduire par le chemin le plus court. Tu voudrais être grand, tu n'es pas sans ambition; mais tu ne la voudrais pas accompagnée du crime : ce que tu veux de grand, tu le voudrais saintement ; tu ne voudrais pas jouer malhonnêtement, et cependant tu voudrais gagner déloyalement. Noble Glamis, tu voudrais obtenir ce qui te crie : « Voilà ce qu'il te faut faire si tu prétends obtenir ; ce que tu crains de faire plutôt que tu ne désires que cela ne soit pas fait. » Hâte-toi d'arriver, que je verse dans tes oreilles l'esprit qui m'anime, et dompte par l'énergie de ma langue tout ce qui pourrait arrêter ta route vers ce cercle d'or dont les destins et cette assistance surnaturelle semblent vouloir te couronner.—(*Entre un serviteur.*) Quelles nouvelles apportes-tu ?

LE SERVITEUR.—Le roi arrive ici ce soir.

LADY MACBETH.—Quelle jolie chose dis-tu là ? Ton maître n'est-il pas avec lui ? Si ce que tu dis était vrai, il m'aurait avertie de faire mes préparatifs.

LE SERVITEUR.—Avec votre permission rien n'est plus vrai ; notre thane est en chemin : un de mes camarades a été chargé de le devancer. Presque mort de fatigue, à peine lui est-il resté assez de souffle pour accomplir son message.

LADY MACBETH. — Prends soin de lui ; il apporte de grandes nouvelles ! (*Le serviteur sort.*) La voix est près de manquer au corbeau lui-même, dont les croassements annoncent l'entrée fatale de Duncan entre mes remparts. —Venez, venez, esprits qui excitez les pensées homicides ; changez à l'instant mon sexe, et remplissez-moi jusqu'au bord, du sommet de la tête jusqu'à la plante des pieds, de la plus atroce cruauté. Épaississez mon sang ; fermez tout accès, tout passage aux remords ; et que la nature, par aucun retour de componction, ne vienne ébranler mon cruel projet, ou faire trêve à son exécution [1]. Venez dans mes mamelles changer mon lait en

---

[1] *Nor keep peace between
The effect — and it.*

Johnson regarde ce passage comme inintelligible, et veut substituer à *keep peace*, *keep pace*, qui signifierait ici *intervenir*, tandis que *keep pace* signifie *marcher d'un pas égal avec*, et, selon l'aveu même de Johnson, n'a jamais été employé dans le sens qu'il

fiel, ministres du meurtre, quelque part que vous soyez, substances invisibles, prêtes à nuire au genre humain. — Viens, épaisse nuit ; enveloppe-toi des plus noires fumées de l'enfer, afin que mon poignard acéré ne voie pas la blessure qu'il va faire, et que le ciel ne puisse, perçant d'un regard ta ténébreuse couverture, me crier : *Arrête! Arrête!*—(*Entre Macbeth.*) Illustre Glamis, digne Cawdor, plus grand encore par le salut qui les a suivis, ta lettre m'a transportée au delà de ce présent rempli d'ignorance, et je sens déjà l'avenir exister pour moi.

MACBETH.—Mon cher amour, Duncan arrive ici ce soir.

LADY MACBETH.—Et quand part-il d'ici?

MACBETH.—Demain ; c'est son projet.

LADY MACBETH.—Oh! jamais le soleil ne verra ce lendemain.—Votre visage, mon cher thane, est un livre où l'on pourrait lire d'étranges choses. Pour cacher vos desseins dans cette circonstance, prenez le maintien de la circonstance ; que vos yeux, vos gestes, votre langue parlent de bienvenue ; ayez l'air d'une fleur innocente, mais soyez le serpent caché dessous. Il faut pourvoir à la réception de celui qui va arriver ; c'est moi que vous chargerez de dépêcher le grand ouvrage de cette nuit, qui donnera désormais à nos nuits et à nos jours la puissance et l'autorité souveraine.

MACBETH.—Nous en reparlerons.

LADY MACBETH.—Songez seulement à montrer un visage serein : changer de visage est toujours un signe de crainte.—Laissez-moi tout le reste.

(Ils sortent.)

veut lui donner. *Keep peace* me paraît correspondre littéralement à notre expression française *faire trêve*, qui présente ici le sens le plus naturel.

SCÈNE VI

Toujours à Inverness, devant le château de Macbeth.

(Hautbois.—Cortége composé des gens de Macbeth.)

Entrent DUNCAN, MALCOLM, DONALBAIN, BANQUO, LENOX, MACDUFF, ROSSE, ANGUS, *suite.*

DUNCAN.—Ce château occupe une agréable situation; l'air, suave et léger, calme doucement les sens.

BANQUO.—Cet hôte de l'été, le martinet, habitant des temples, cherchant en ces lieux son séjour favori, prouve que l'haleine des cieux les caresse avec amour. Pas une corniche, pas une frise, pas un créneau, pas un seul angle commode où cet oiseau n'ait suspendu son lit et le berceau de ses enfants. Partout où ces oiseaux nichent et abondent, j'ai remarqué que l'air est toujours pur.

(Entre lady Macbeth.)

DUNCAN.—Voyez, voilà notre honorable hôtesse.—L'affection qui nous suit nous cause quelquefois des embarras que nous accueillons encore avec des remerciements, comme des marques d'affection. Ainsi je suis pour vous une occasion d'apprendre à prier Dieu de vous récompenser de vos peines, et à vous remercier de l'embarras que nous vous donnons.

LADY MACBETH.—Tout notre effort, fût-il doublé ou redoublé, ne serait qu'une faible et solitaire offrande à opposer à ce vaste amas d'honneurs dont Votre Majesté accable notre maison. Vos anciens bienfaits, et les dignités nouvelles que vous venez d'accumuler sur les premières, nous laissent le devoir de prier pour vous[1].

DUNCAN.—Où est le thane de Cawdor? Nous courions sur ses talons, et voulions être son introducteur auprès

---

[1] *We rest your hermits.*

Hermit est pris ici pour *beadsman*. Le *beadsman* était, à ce qu'il paraît, un homme qui, sous certaines conditions, s'engageait à dire pour un autre un certain nombre de fois le chapelet (*beads*). C'étaient probablement des ermites qu'on chargeait le plus souvent de ce soin.

de vous ; mais il est bon cavalier, et la force de son amour, aussi aiguë que son éperon, lui a fait atteindre sa maison avant nous. Belle et noble dame, nous serons votre hôte pour cette nuit.

LADY MACBETH. — Vos serviteurs ne se regarderont jamais eux-mêmes, les leurs et tout ce qu'ils possèdent, que comme des biens reçus en dépôt pour en rendre compte, selon le bon plaisir de Votre Majesté, toutes les fois qu'elle voudra réclamer ce qui lui appartient.

DUNCAN. — Donnez-moi votre main, conduisez-moi vers mon hôte ; nous l'aimons grandement, et continuerons de répandre sur lui nos bienfaits.—Avec la permission de notre hôtesse.

(Ils sortent.)

SCÈNE VII

Toujours à Inverness.—Un appartement dans le château de Macbeth. Des hautbois, des flambeaux.

Un maître d'hôtel et plusieurs domestiques portant des plats et faisant le service entrent et passent sur le théâtre. Entre ensuite MACBETH.

MACBETH.—Si lorsque ce sera fait c'était fini, le plus tôt fait serait le mieux. Si l'assassinat tranchait à la fois toutes les conséquences, et que sa fin nous donnât le succès, ce seul coup, qui peut être tout et la fin de tout, au moins ici-bas, sur ce rivage, sur ce rocher du temps, nous hasarderions la vie à venir.—Mais en pareil cas, nous subissons toujours cet arrêt, que les sanglantes leçons enseignées par nous tournent, une fois apprises, à la ruine de leur inventeur. La Justice, à la main toujours égale, offre à nos propres lèvres le calice empoisonné que nous avons composé nous-mêmes.—Il est ici sous la foi d'une double sauvegarde. D'abord je suis son parent et son sujet, deux puissants motifs contre cette action ; ensuite je suis son hôte, et devrais fermer la porte à son meurtrier, loin de saisir moi-même le couteau. D'ailleurs ce Duncan a porté si doucement ses honneurs, il a rempli si justement ses grands devoirs, que ses vertus, comme des anges à la voix de trompette s'élèveront contre le crime damnable de son meurtre, et la pitié, semblable à un enfant nouveau-né tout nu, montée sur le tourbillon, ou portée comme un chérubin du ciel sur les invisibles courriers de l'air, frappera si vivement tous les yeux de l'horreur de cette action, que les larmes feront tomber le vent. Je n'ai pour presser les flancs de mon projet d'autre éperon que cette ambition qui, s'élançant et se retournant sur elle-même, retombe sans cesse sur lui [1].—(*Entre lady Macbeth.*) Eh bien! quelles nouvelles?

LADY MACBETH.—Il a bientôt soupé : pourquoi avez-vous quitté la salle?

MACBETH.—M'a-t-il demandé?

LADY MACBETH.—Ne le savez-vous pas?

MACBETH.—Nous n'irons pas plus loin dans cette affaire. Il vient de me combler d'honneurs, et j'ai acquis parmi les hommes de toutes les classes une réputation brillante comme l'or, dont je dois me parer dans l'éclat de sa première fraîcheur, au lieu de m'en dépouiller si vite.

[1]
> *I have no spur*
> *To prick the sides of my intent, but only*
> *Vaulting ambition, which overleaps itself,*
> *And falls on the other.*

Les commentateurs se sont inutilement donné beaucoup de peine pour expliquer cette phrase ; leur embarras est venu de ce qu'ils n'ont pas fait attention au sens du verbe *vault*, qui signifie ici *voltiger, faire des tours de force* (*to make postures*), d'où il résulte qu'au lieu de comparer, ainsi que l'a cru M. Steevens, son ambition à un cheval qui, se renversant sur lui-même, écrase son cavalier, Macbeth la représente comme un voltigeur (*vaulting ambition*) qui, s'élançant et se retournant sur lui-même (*overleaps itself*), retombe continuellement sur le dos de son cheval, et lui tient ainsi lieu d'éperon (*spur*), pour le forcer à courir. L'image est ainsi parfaitement d'accord dans toutes ses parties ; au lieu que, dans la signification supposée par M. Steevens, l'ambition, comme il le remarque lui-même, se trouverait jouer à la fois le rôle du cheval et celui de l'éperon. On est presque toujours sûr de se tromper lorsqu'on attribue à Shakspeare des images incohérentes ; il a au contraire le défaut d'abandonner rarement une image ou une comparaison, avant de l'avoir épuisée sous tous ses aspects.

LADY MACBETH. — Était-elle dans l'ivresse cette espérance dont vous vous étiez fait honneur? a-t-elle dormi depuis? et se réveille-t-elle maintenant pour paraître si pâle et si livide à l'aspect de ce qu'elle faisait de si bon cœur? Dès ce moment je commence à juger par là de ton amour pour moi. Crains-tu de te montrer par tes actions et ton courage ce que tu es par tes désirs? aspireras-tu à ce que tu regardes comme l'ornement de la vie, pour vivre en lâche à tes propres yeux, laissant, comme le pauvre chat du proverbe, le *je n'ose pas* se placer sans cesse auprès du *je voudrais bien*[1]?

MACBETH. — Tais-toi, je t'en prie; j'ose tout ce qui convient à un homme : celui qui ose davantage n'en est pas un.

LADY MACBETH. — A quelle bête apparteniez-vous donc lorsque vous vous êtes ouvert à moi de cette entreprise? Quand vous avez osé la former, c'est alors que vous étiez un homme; et en osant devenir plus grand que vous n'étiez, vous n'en seriez que plus homme. Ni l'occasion ni le lieu ne vous secondaient alors, et cependant vous vouliez les faire naître l'une et l'autre : elles se sont faites d'elles-mêmes; et vous, par l'à-propos qu'elles vous offrent, vous voilà défait! J'ai allaité, et je sais combien il est doux d'aimer le petit enfant qui me tette; eh bien! au moment où il me souriait, j'aurais arraché ma mamelle de ses molles gencives, et je lui aurais fait sauter la cervelle, si je l'avais juré comme vous avez juré ceci.

MACBETH. — Si nous allions manquer notre coup?

LADY MACBETH. — Nous, manquer notre coup! Vissez seulement votre courage au point d'arrêt, et nous ne manquerons pas notre coup. Lorsque Duncan sera endormi (et le fatigant voyage qu'il a fait aujourd'hui va l'entraîner dans un sommeil profond), j'aurai soin, à force de vin et de santés, de subjuguer si bien ses deux chambellans, que leur mémoire, cette gardienne du cerveau, ne sera plus qu'une fumée, et le réservoir de leur raison un alambic. Lorsqu'un sommeil brutal accablera

---

[1] *Catus amat pisces, sed non vult tingere plantas.*

comme la mort leurs corps saturés de liqueur, que ne pouvons-nous exécuter, vous et moi, sur Duncan sans défense? Que ne pouvons-nous pas imputer à ses officiers pleins de vin, qui porteront le crime de notre grand meurtre?

MACBETH.—Ne mets au jour que des fils, car la trempe de ton âme inflexible ne peut convenir qu'à des hommes. —En effet, ne pourra-t-on pas croire, lorsque nous aurons teint de sang, dans leur sommeil, ces deux gardiens de sa chambre, après nous être servis de leurs poignards, que ce sont eux qui ont fait le coup?

LADY MACBETH.—Et qui osera croire autre chose, lorsque nous ferons tout retentir de nos douleurs et de nos cris à cause de sa mort?

MACBETH.—Je suis décidé, et je tends tous les agents de mon corps pour cette terrible action. Sortons, et amusons-les par les plus beaux dehors : un visage perfide doit cacher ce que sait le cœur perfide.

Il sortent.)

FIN DU PREMIER ACTE.

ACTE DEUXIÈME

SCÈNE I

Toujours à Inverness.—Cour dans l'intérieur du château.

Entrent BANQUO et FLEANCE, *précédés d'un domestique qui porte un flambeau.*

BANQUO.—Où en sommes-nous de la nuit, mon garçon ?

FLEANCE.—La lune est couchée ; je n'ai point entendu sonner l'heure.

BANQUO.—Et elle se couche à minuit.

FLEANCE.—Je crois qu'il est plus tard, monsieur.

BANQUO.—Tiens, prends mon épée.—Ils sont économes dans le ciel ; toutes leurs chandelles sont éteintes.—Prends encore cela ; le besoin du sommeil pèse sur moi comme du plomb, et cependant je ne voudrais pas dormir. Miséricorde du ciel, réprimez en moi ces détestables pensées où se laisse aller la nature pendant notre repos. (*Entre Macbeth, avec un domestique portant un flambeau.*) (*A Fleance.*) Donne-moi mon épée.—Qui est là ?

MACBETH.—Un ami.

BANQUO.—Quoi, monsieur ! pas encore au lit ? Le roi est couché.—Il a joui d'un plaisir inaccoutumé : vos serviteurs ont reçu de sa part de grandes largesses ; il offre ce diamant à votre épouse, en la saluant du nom de la plus aimable hôtesse ; et il s'est retiré satisfait au delà de toute expression.

MACBETH.—N'étant pas préparés à le recevoir, notre volonté s'est trouvée assujettie à un défaut de moyens qui ne lui a pas permis de s'exercer librement.

BANQUO.—Tout s'est bien passé.—La nuit dernière j'ai

rêvé des trois sœurs du Destin : elles se sont montrées assez véridiques à votre égard.

MACBETH. — Je n'y songe plus. Cependant, quand nous en trouverons le temps, je voudrais vous dire quelques mots de cette affaire, si vous pouvez m'en accorder le temps.

BANQUO. — Quand cela vous sera agréable.

MACBETH. — Si vous vous unissez à mes combinaisons, lorsqu'elles auront lieu, il vous en reviendra de l'honneur [1].

BANQUO. — Je me déterminerai pour ce qui ne m'exposera pas à le perdre en cherchant à l'augmenter, et me laissera conserver un cœur droit et une fidélité sans tache.

MACBETH. — En attendant, bonne nuit.

BANQUO. — Grand merci, monsieur! je vous en souhaite autant.

(Banquo et Fleance sortent.)

MACBETH. — Va, dis à ta maîtresse de sonner un coup de clochette quand ma boisson sera prête. Va te mettre au lit. (*Le domestique sort.*) — Est-ce un poignard que je vois devant moi, la poignée tournée vers ma main ? Viens, que je te saisisse. — Je ne te tiens pas, et cepen-

---

[1] Selon la chronique de Hollinshed, Banquo fut averti du projet de Macbeth, et promit de le soutenir; mais Jacques Ier (Jacques VI d'Écosse) régnait en Angleterre lors de la représentation de *Macbeth*, et comme les Stuarts prétendaient descendre de Banquo, par Fleance, il était naturel que le poëte cherchât à dissimuler cette circonstance, faite pour diminuer l'intérêt qu'il s'est plu à répandre sur l'auteur de leur race. Fleance, selon la chronique d'Hollinshed, s'en fut en Écosse, où il fut très-bien accueilli par le roi, et si bien par la princesse sa fille, que celle-ci *poussa la courtoisie*, dit la chronique, *jusqu'à souffrir qu'il lui fît un enfant* (that she of courtsye in the end suffered him to get her with child). Cet enfant fut Walter, dont les grandes qualités regagnèrent ce que lui avait fait perdre la naissance; il finit par être nommé *lord steward* d'Écosse (grand sénéchal), et chargé de percevoir les revenus de la couronne. Le quatrième descendant de ce Walter épousa la fille de Robert Bruce, et en eut un fils qui fut Robert II, roi d'Écosse. On voit encore à Inverness, dans les îles occidentales d'Écosse, les ruines du château de Macbeth, mais la chronique ne dit pas si ce fut là qu'il tua Duncan.

dant je te vois toujours. Fatale vision, n'es-tu pas sensible au toucher comme à la vue? ou n'es-tu qu'un poignard né de ma pensée, le produit mensonger d'une tête fatiguée du battement de mes artères? Je te vois encore, et sous une forme aussi palpable que celui que je tire en ce moment. Tu me montres le chemin que j'allais suivre, et l'instrument dont j'allais me servir.—Ou mes yeux sont de mes sens les seuls abusés, ou bien ils valent seuls tous les autres.—Je te vois toujours, et sur ta lame, sur ta poignée, je vois des gouttes de sang qui n'y étaient pas tout à l'heure.—Il n'y a là rien de réel. C'est mon projet sanguinaire qui prend cette forme à mes yeux.—Maintenant dans la moitié du monde la nature semble morte, et des songes funestes abusent le sommeil enveloppé de rideaux. Maintenant les sorcières célèbrent leurs sacrifices à la pâle Hécate. Voici l'heure où le meurtre décharné, averti par sa sentinelle, le loup, dont les hurlements lui servent de garde, s'avance, comme un fantôme à pas furtifs, avec les enjambées de Tarquin le ravisseur, vers l'exécution de ses desseins.— O toi, terre solide et bien affermie, garde-toi d'entendre mes pas, quelque chemin qu'ils prennent, de peur que tes pierres n'aillent se dire entre elles où je suis, et ravir à ce moment l'horrible occasion qui lui convient si bien. —Tandis que je menace, il vit.—Les paroles portent un souffle trop froid sur la chaleur de l'action. (*La cloche sonne.*)—J'y vais. C'en est fait, la cloche m'avertit. Ne l'entends pas, Duncan; c'est le glas qui t'appelle au ciel ou aux enfers.

(Il sort.)

SCÈNE II

Le même lieu.

LADY MACBETH *entre*.

LADY MACBETH.—Ce qui les a enivrés m'a enhardie, ce qui les a éteints m'a remplie de flamme.—Écoutons; silence! C'est le cri du hibou, fatal sonneur qui donne le plus funeste bonsoir.—Il est à l'œuvre; les portes sont ouvertes, et les serviteurs, pleins de vin, se moquent, en ronflant, de leurs devoirs. J'ai préparé leur boisson du soir[1], de telle sorte que la Nature et la Mort débattent entre elles s'ils vivent ou meurent.

MACBETH, *derrière le théâtre*.—Qui est là ? quoi ? holà !

LADY MACBETH.—Hélas ! je tremble qu'ils ne se soient éveillés et que ce ne soit pas fait. La tentative sans l'action nous perd. Écoutons.—J'avais apprêté leurs poignards, il ne pouvait manquer de les voir.—S'il n'eût pas ressemblé à mon père endormi, je m'en serais chargée.—Mon mari !

MACBETH.—J'ai frappé le coup.—N'as-tu pas entendu un bruit ?

LADY MACBETH.—J'ai entendu crier la chouette et chanter le grillon.—N'avez-vous pas parlé ?

MACBETH.—Quand ?

LADY MACBETH.—Tout à l'heure.

MACBETH.—Comme je descendais ?

LADY MACBETH.—Oui.

MACBETH. — Écoute ! — Qui couche dans la seconde chambre ?

LADY MACBETH.—Donalbain.

MACBETH, *regardant ses mains*.—C'est là une triste vue !

LADY MACBETH.—Quelle folie d'appeler cela une triste vue !

MACBETH.—L'un des deux a ri dans son sommeil, et l'autre a crié, *au meurtre !* Ils se sont éveillés l'un et l'autre : je me suis arrêté en les écoutant ; mais ils ont dit leurs prières et se sont remis à dormir.

LADY MACBETH. — Ils sont deux logés dans la même chambre.

MACBETH.—L'un s'est écrié : *Dieu nous bénisse !* et l'autre, *amen*, comme s'ils m'avaient vu, avec ces mains de bourreau, écoutant leurs terreurs ; je n'ai pu répondre *amen* lorsqu'ils ont dit *Dieu nous bénisse !*

---

[1] *Possets*, boisson composée, en général, à ce qu'il paraît, de lait et de vin, et qu'il était alors d'usage de prendre en se couchant.

LADY MACBETH.—N'y pensez pas si sérieusement.

MACBETH.—Mais pourquoi n'ai-je pu prononcer *amen*? J'avais grand besoin d'une bénédiction, et *amen* s'est arrêté dans mon gosier.

LADY MACBETH.—Il ne faut pas penser ainsi à ces sortes d'actions, on en deviendrait fou.

MACBETH.—Il m'a semblé entendre une voix crier : « Ne dormez plus! Macbeth assassine le sommeil, l'innocent sommeil, le sommeil qui débrouille l'écheveau confus de nos soucis ; le sommeil, mort de la vie de chaque jour, bain accordé à l'âpre travail, baume des âmes blessées, loi tutélaire de la nature, l'aliment principal du tutélaire festin de la vie. »

LADY MACBETH.—Que voulez-vous dire ?

MACBETH.—Elle criait encore à toute la maison : Ne dormez plus. Glamis a assassiné le sommeil; c'est pourquoi Cawdor ne dormira plus, Macbeth ne dormira plus ! »

LADY MACBETH.—Qui donc criait ainsi?—Quoi! digne thane, vous laissez votre noble courage se relâcher jusqu'à ces rêveries d'un cerveau malade? Allez, prenez de l'eau, et lavez de vos mains ce sombre témoin.—Pourquoi avez-vous emporté ces poignards ? Il faut qu'ils restent là-bas. Allez, reportez-les, et teignez de sang les deux serviteurs endormis.

MACBETH.—Je n'y retournerai pas ; je suis effrayé en songeant à ce que j'ai fait. Je n'ose pas le regarder de nouveau.

LADY MACBETH.—Faible dans vos résolutions!—Donnez-moi ces poignards. Ceux qui dorment, ceux qui sont morts, ne sont que des images ; c'est l'œil de l'enfance qui craint un diable en peinture. Si son sang coule, j'en rougirai la face des deux serviteurs, car il faut que le crime leur soit attribué[1].

(Elle sort.)

(On frappe derrière le théâtre.)

---

[1] *I'll gild the faces of the grooms withal*
For it must seem their guilt.
Il est plus que probable que Shakspeare a voulu jouer ici sur

MACBETH.—Pourquoi frappe-t-on ainsi ?—Que m'arrive-t-il, que le moindre bruit m'épouvante ?—Quelles mains j'ai là ! Elles me font sortir les yeux de la tête.—Est-ce que tout l'océan du grand Neptune pourra laver ce sang et nettoyer ma main ! Non, ma main ensanglanterait plutôt l'immensité des mers, et ferait de leur teinte verdâtre une seule teinte rouge.

(Rentre lady Macbeth.)

LADY MACBETH. — Mes mains sont de la couleur des vôtres ; mais j'ai honte d'avoir conservé un cœur si blanc.—J'entends frapper à la porte du sud.—Retirons-nous dans notre chambre : un peu d'eau va nous laver de cette action ; voyez donc combien cela est aisé. Votre courage vous a abandonné. (*On frappe.*)—Écoutez : on frappe encore. Prenez votre robe de nuit, de peur que nous n'ayons occasion de paraître et de laisser voir que nous veillions. Ne restez donc pas ainsi misérablement perdu dans vos réflexions.

MACBETH.—Connaître ce que j'ai fait !—Mieux vaudrait ne plus me connaître moi-même. (*On frappe.*)—Éveille Duncan à force de frapper. Plût au ciel vraiment que tu le pusses !

(Ils sortent.)

SCÈNE III

Entre UN PORTIER.

(On frappe derrière le théâtre.)

On frappe ici, ma foi. Si un homme était le portier de l'enfer, il aurait assez l'habitude de tourner la clef. (*On frappe.*) Frappe, frappe, frappe. Qui est là, de par Belzébuth ! C'est un fermier qui s'est pendu en attendant une bonne année. Entrez sur-le-champ, et ayez soin d'apporter assez de mouchoirs, car on vous fera suer ici pour

---

les mots *gild* et *guilt*, dont la prononciation est la même. Mais tout effort pour rendre en français ce jeu de mots eût été inutile et eût gâté une admirable scène. On a pensé qu'il suffisait de l'indiquer.

cela. (*On frappe.*) Frappe, frappe, frappe. Qui est là, au nom d'un autre diable? Par ma foi, c'est un jésuite[1] qui aurait juré pour et contre chacun des bassins d'une balance. Il a commis assez de trahisons pour l'amour de Dieu, et cependant le ciel n'a pas voulu entendre à ses jésuitismes. Entrez, monsieur le jésuite. (*On frappe.*) Frappe, frappe, frappe. Qui est là? Ma foi, c'est un tailleur anglais qui vient ici pour avoir rogné sur un haut-de-chausses français[2]. Allons, entrez, tailleur, vous pourrez chauffer ici votre fer à repasser. (*On frappe.*) Frappe, frappe. Jamais un moment de repos. Qui êtes-vous? Mais il fait trop froid ici pour l'enfer : je ne veux plus faire le portier du diable. J'avais eu l'idée de laisser entrer un homme de toutes les professions qui vont par le chemin fleuri au feu de joie éternel. (*On frappe.*) Tout à l'heure, tout à l'heure. (*Il ouvre.*) Je vous prie, n'oubliez pas le portier.

(Entrent Macduff et Lenox.)

MACDUFF.—Ami, tu t'es donc couché bien tard, pour dormir encore?

LE PORTIER.—Ma foi, monsieur, nous vidions encore des rasades au second chant du coq; et la boisson, seigneur, provoque grandement trois choses.

MACDUFF.—Quelles sont les trois choses que provoque la boisson?

LE PORTIER.—Ma foi, monsieur, c'est le rouge au nez, le sommeil et l'envie de pisser. Pour la luxure, on peut dire qu'il la provoque et ne la provoque pas : il provoque le désir, mais il ôte la faculté; en sorte qu'on peut dire que le vin est un traître envers la luxure : il la cause et l'éteint; il l'aiguillonne et puis l'arrête en chemin; il

---

[1] *Equivocator.* Warburton pense que par cette expression Shakspeare a positivement entendu un religieux, ou du moins un affilié de l'ordre des jésuites; mais toujours est-il certain qu'elle signifie précisément ce que nous entendons en français par *jésuite*, doué d'un *esprit jésuitique*.

[2] La plaisanterie porte sur ce que les hauts-de-chausses français paraissaient aux Anglais si étroits et si mesquins, qu'il fallait être doublement damnable pour trouver encore à rogner dessus.

l'excite, et puis la décourage ; il la trahit par un sommeil qui lui donne le démenti, puis il la plante là.

MACDUFF.—Je crois, l'ami, que le vin t'a donné un démenti la nuit dernière.

LE PORTIER.—Il l'a fait, seigneur, à mon nez et à ma barbe ; mais je lui ai revalu sa trahison ; et me trouvant, je crois, plus fort que lui, quoiqu'il m'ait pris un moment par les jambes, j'ai trouvé moyen de le rejeter.

MACDUFF. — Ton maître est-il levé ? — Nous l'aurons éveillé en frappant à la porte.—Le voici qui vient.

(Entre Macbeth.)

LENOX.—Bonjour, noble Macbeth.

MACBETH.—Bonjour à tous les deux.

MACDUFF.—Le roi est-il levé, digne thane?

MACBETH.—Pas encore.

MACDUFF.—Il m'a ordonné de l'éveiller de bon matin ; j'ai presque laissé passer l'heure.

MACBETH.—Je vais vous conduire vers lui.

MACDUFF.—Je sais que vous prenez cette peine avec plaisir, et cependant c'en est une.

MACBETH.—Le plaisir que l'on prend à remplir un soin en guérit la peine.—Voici la porte.

MACDUFF.—Je prendrai la liberté d'entrer, car il m'en a donné l'ordre.

(Macduff sort.)

LENOX.—Le roi part-il aujourd'hui d'ici?

MACBETH.—Il part : il l'a décidé ainsi.

LENOX.—La nuit a été bien mauvaise ; dans l'endroit où nous couchions, les cheminées ont été abattues par le vent : l'on a, dit-on, entendu dans les airs des lamentations, d'étranges cris de mort, annonçant, avec des accents terribles, d'affreux bouleversements et des événements confus, nouvellement éclos du sein de ces temps désastreux. L'oiseau des ténèbres a poussé toute la nuit des cris aigus ; quelques-uns disent que la terre avait la la fièvre et tremblait.

MACBETH.—Ç'a été une mauvaise nuit.

LENOX.—Mon jeune souvenir ne peut en retrouver une comparable.

(Rentre Macduff.)

MACDUFF.—O horreur! horreur! horreur! ni la langue ni le cœur ne peuvent te concevoir ou t'exprimer.

MACBETH ET LENOX.—Qu'y a-t-il?

MACDUFF.—L'abomination a fait ici son chef-d'œuvre. Le meurtre le plus sacrilége a ouvert par force le temple sacré du Seigneur, et a dérobé la vie qui en animait la structure[1].

MACBETH.—Que dites-vous? la vie?

LENOX.—Est-ce de Sa Majesté que vous parlez?

MACDUFF.—Venez, entrez dans sa chambre; et que vos yeux s'éteignent à la vue d'une nouvelle Gorgone : ne me demandez pas de vous en dire davantage. Voyez, et parlez ensuite vous-mêmes.—Qu'on s'éveille, qu'on s'éveille; qu'on sonne le tocsin (*Macbeth et Lenox sortent*.)— Meurtre! trahison! — Banquo, Donalbain, Malcolm, éveillez-vous! secouez ce calme sommeil, simulacre de la mort et venez voir la mort elle-même.—Levez-vous, levez-vous, et voyez une image du grand jugement.— Malcolm, Banquo, levez-vous comme de vos tombeaux, et avancez comme des ombres, pour être en accord avec ces horreurs.

(La cloche sonne.)

(Entre lady Macbeth.)

LADY MACBETH.—Pour quelle affaire cette odieuse trompette appelle-t-elle à se rassembler tous ceux qui dorment dans la maison? Parlez, parlez.

MACDUFF.—O noble dame! ce n'est pas à vous à entendre ce que je pourrais vous dire : ce récit tuerait une femme au moment où il arriverait à son oreille.—(*Banquo arrive.*) O Banquo! Banquo! notre royal maître est assassiné!

LADY MACBETH.—Oh malheur! quoi, dans notre maison!

---

[1]   *Most sacrilegious murder hath broke ope*
     The lord's anointed temple, and stole thence
     The life o' the building.

The lord's anointed temple signifie en même temps ici *le temple oint de Dieu* et *la tempe ointe du roi*; dans l'impossibilité de rendre ce jeu de mots, il a fallu choisir, et l'on a pris des deux sens celui qui formait avec le reste de la phrase une image plus complète et plus suivie.

BANQUO.—Trop cruel malheur, n'importe en quel lieu! Cher Duff[1], je t'en prie, contredis-toi toi-même, et dis que ce n'est pas vrai.

(Rentrent Macbeth et Lenox.)

MACBETH. — Si j'étais mort une heure avant cet événement, j'aurais terminé une vie heureuse; car de cet instant il n'y aura plus rien d'important dans la vie de ce monde, tout n'est plus que vanité; gloire, grandeur, tout est mort; le vin de la vie est épuisé et la lie seule en reste dans la cave.

(Entrent Malcolm et Donalbain.)

DONALBAIN.—Qu'est-il arrivé de malheureux?

MACBETH. — Vous l'êtes et vous ne le savez pas : la source, la fontaine de votre sang a cessé de couler, la source même en est arrêtée.

MACDUFF.—Votre royal père est assassiné.

MALCOLM.—Oh! par qui?

LENOX. —Suivant les apparences, par ceux qui étaient chargés de garder sa chambre. Leurs mains et leurs visages étaient tout souillés de sang, ainsi que leurs poignards que nous avons trouvés, non encore essuyés, sur leur chevet. Ils ouvraient des yeux effarés et paraissaient hors d'eux-mêmes : on n'aurait pu leur confier la vie de personne.

MACBETH.—Oh! cependant je me repens du mouvement de fureur qui me les a fait tuer !

MACDUFF.—Pourquoi donc les avez-vous tués?

MACBETH.—Eh ! qui peut être dans le même moment sage et éperdu, modéré et furieux ? qui peut être fidèle et rester neutre? Personne. La rapidité de ma violente affection a dépassé ma raison plus lente. Je voyais là Duncan étendu, l'argent de sa peau parsemé de son sang doré ; et ses blessures ouvertes semblaient autant de brèches aux lois de la nature, par où devaient s'introduire les ravages de la désolation... Là étaient les meurtriers teints des couleurs de leur métier, et leurs poignards honteusement couverts de sang. Comment aurait

---

[1] Abréviation de Macduff.

pu se contenir celui qui a un cœur pour aimer, et dans ce cœur le courage de manifester son amour?

LADY MACBETH.—Aidez-moi à sortir d'ici. Oh!

MACDUFF.—Secourez lady Macbeth.

MALCOLM.—Pourquoi retenons-nous nos langues? C'est à elles surtout qu'il appartient d'exprimer de pareils sentiments.

DONALBAIN. — Eh! pourquoi parlerions-nous ici, où notre destinée fatale, cachée dans le trou de l'ogre, peut s'élancer sur nous et nous saisir? Fuyons! nos larmes ne sont pas encore prêtes à couler.

MALCOLM.—Ni notre chagrin sur le pied d'agir.

BANQUO.—Secourez lady Macbeth (*on emporte lady Macbeth*), et lorsque nous aurons couvert la nudité de notre frêle nature, qui souffre ainsi exposée, rassemblons-nous et faisons des recherches sur cette sanglante action, afin de la connaître plus à fond. Nous sommes ébranlés par les terreurs et les doutes, mais je suis dans la puissante main de Dieu, et de là je combattrai les desseins secrets d'une méchanceté perfide.

MACBETH.—Et moi aussi.

TOUS.—Et nous tous de même.

MACBETH.—Allons promptement nous vêtir tous d'une manière convenable, afin de nous rassembler ensuite dans la salle.

TOUS.—Volontiers.

(Ils sortent.)

MALCOLM.—Que voulez-vous faire? Ne nous associons point avec eux. Montrer une douleur qu'on ne sent pas est un rôle aisé pour l'homme faux.—Je me retire en Angleterre.

DONALBAIN.—Et moi en Irlande. En séparant nos fortunes nous serons plus en sûreté. Ici je vois des poignards dans les sourires, et celui qui est le plus près par le sang est le plus prêt à le verser.

MALCOLM.—Le trait meurtrier qui a été lancé n'a pas encore atteint son but; et le parti le plus sûr pour nous est d'en éviter le coup. Ainsi donc, à cheval, et ne nous inquiétons pas de prendre congé : tirons-nous d'abord d'ici. Il est permis de commettre le vol, de se dérober soi-même, quand il ne reste plus d'espérance.

(Ils sortent.)

SCÈNE IV

Les dehors du château.

ROSSE *conversant avec* UN VIEILLARD.

LE VIEILLARD.—Je me souviens bien de soixante-dix années, et dans ce long espace de temps j'ai vu de terribles moments et d'étranges choses; mais tout ce que j'avais vu n'était rien auprès de cette cruelle nuit.

ROSSE.—Ah! bon père, tu vois comme le ciel, troublé par une action de l'homme, en menace le sanglant théâtre. D'après l'horloge il devrait faire jour, et cependant une nuit sombre étouffe le flambeau voyageur. La nuit triomphe-t-elle? ou bien est-ce le jour, honteux de se montrer, qui laisse les ténèbres ensevelir la face de la terre, lorsqu'une vivante lumière devrait la caresser?

LE VIEILLARD.—Cela est contre nature, comme l'action qui a été commise. Mardi dernier, on a vu un faucon qui s'élevait, fier de sa supériorité, saisi au vol et tué par un hibou preneur de souris.

ROSSE.—Et les chevaux de Duncan (chose très-étrange, mais certaine), qui étaient si beaux, si légers, les plus estimés de leur race, sont tout à coup redevenus sauvages, ont brisé leurs râteliers, se sont échappés, se révoltant contre toute obéissance, comme s'ils eussent voulu entrer en guerre avec l'homme.

LE VIEILLARD.—On dit qu'ils se sont mangés l'un l'autre.

ROSSE.—Rien n'est plus vrai, au grand étonnement de mes yeux qui en ont été témoins. (*Macduff paraît.*) Voici l'honnête Macduff.—Eh bien! monsieur, comment va le monde maintenant?

MACDUFF.—Quoi! ne le voyez-vous pas?

ROSSE.—A-t-on découvert qui a commis cette action plus que sanguinaire?

MACDUFF.—Ceux que Macbeth a tués.

ROSSE.—Hélas ! mon Dieu, quel fruit en pouvaient-ils espérer ?

MACDUFF.—Ils ont été gagnés. Malcolm et Donalbain, les deux fils du roi, ont disparu et se sont sauvés. Ce qui fait tomber sur eux le soupçon du crime.

ROSSE.—Encore contre nature !—Ambition désordonnée, qui détruis tes propres moyens d'existence !—Alors il est probable que la souveraineté va échoir à Macbeth.

MACDUFF.—Il est déjà élu, et parti pour se faire couronner à Scone.

ROSSE.—Où est le corps de Duncan ?

MACDUFF.—On l'a porté à Colmes-Inch, sanctuaire où se conservent les os de ses prédécesseurs.

ROSSE.—Irez-vous à Scone ?

MACDUFF.—Non, mon cousin, je vais à Fife.

ROSSE.—A la bonne heure ; moi, je vais à Scone.

MACDUFF.—Allez : puissiez-vous y voir les choses se bien passer !—Adieu.—Pourvu que nous ne trouvions pas que nos vieux habits étaient plus commodes que les neufs !

ROSSE, *au vieillard*.—Adieu, bon père.

LE VIEILLARD.—La bénédiction de Dieu soit avec vous, et avec ceux qui voudraient changer le mal en bien, et les ennemis en amis !

(Ils sortent.)

FIN DU DEUXIÈME ACTE.

ACTE TROISIÈME

SCÈNE I

A Fores.—Un appartement dans le palais.

Entre BANQUO.

BANQUO.—Tu possèdes maintenant, roi, thane de Cawdor, thane de Glamis, tout ce que t'avaient promis les sœurs du Destin, et j'ai peur que tu n'aies joué pour cela un bien vilain jeu. Mais elles ont dit aussi que tout cela ne passerait pas à ta postérité, et que ce serait moi qui serais la tige et le père d'une race de rois. Si la vérité est sortie de leur bouche (comme on le voit paraître avec éclat dans leurs discours à ton égard, Macbeth), pourquoi ces vérités, justifiées pour toi, ne deviendraient-elles pas pour moi des oracles, et n'élèveraient-elles pas mes espérances? Mais, silence! taisons-nous.

(Air de trompette. — Entrent Macbeth, roi; lady Macbeth, reine; Lenox, Rosse, seigneurs, dames, suite.)

MACBETH.—Voici notre principal convive.

LADY MACBETH.—S'il eût été oublié, c'eût été un vide dans notre grande fête, et rien ne s'y serait bien passé.

MACBETH.—Ce soir, monsieur, nous donnons un souper de cérémonie, et nous y solliciterons votre présence.

BANQUO.—Que Votre Altesse me donne ses ordres : mon obéissance y est attachée pour jamais par le lien le plus indissoluble.

MACBETH.—Montez-vous à cheval cet après-midi?

BANQUO.—Oui, mon gracieux seigneur.

MACBETH. —Autrement nous aurions désiré vos avis que nous avons toujours trouvés sages et utiles, dans le conseil que nous tiendrons aujourd'hui ; mais nous les prendrons demain. Allez-vous loin?

BANQUO.—Assez loin, mon seigneur, pour remplir le temps qui doit s'écouler jusqu'à l'heure du souper ; et si mon cheval ne va pas très-bien, il faudra que j'emprunte à la nuit une ou deux de ses heures obscures.

MACBETH.—Ne manquez pas à notre fête.

BANQUO.—Je n'y manquerai pas, mon seigneur.

MACBETH.—Nous venons d'apprendre que nos sanguinaires cousins se sont rendus l'un en Angleterre, l'autre en Irlande ; que, loin d'avouer leur affreux parricide, ils débitent à ceux qui les écoutent d'étranges impostures : mais nous en causerons demain ; nous aurons aussi à discuter une affaire d'État qui exige notre présence à tous. Dépêchez-vous de monter à cheval. Adieu jusqu'à ce soir. Fleance va-t-il avec vous?

BANQUO.—Oui, mon seigneur ; il est temps que nous partions.

MACBETH.—Je vous souhaite des chevaux légers et sûrs, et je vous recommande à leur dos[1]. Adieu. (*Banquo sort.*) (*Aux courtisans.*) Que chacun dispose à son gré de son temps jusqu'à sept heures du soir. Pour trouver nous-même plus de plaisir à la société, nous resterons seul jusqu'au souper : d'ici là, que Dieu soit avec vous.— (*Sortent lady Macbeth, les seigneurs, les dames,* etc.) Holà, un mot : ces hommes attendent-ils nos ordres?

UN DOMESTIQUE.—Oui, mon seigneur, ils sont à la porte du palais.

MACBETH.—Amenez-les devant nous.—Être où je suis n'est rien si l'on n'y est en sûreté.—Nos craintes sur Banquo sont profondes, et dans ce naturel empreint de souveraineté domine ce qu'il y a de plus à craindre. Il ose beaucoup, et à cette disposition d'esprit intrépide il joint une sagesse qui enseigne à sa valeur la route la plus sûre. Il n'y a que lui dont l'existence m'inspire de

---

[1] *And so I commend you to their backs.*
C'est une manière de donner congé. Les phrases de politesse et de cérémonie abondent dans cette tragédie.

la crainte : il intimide mon génie, comme César, dit-on, celui de Marc-Antoine. Je l'ai vu gourmander les sœurs lorsqu'elles me donnèrent d'abord le nom de roi; il leur commanda de lui parler; et alors, d'une bouche prophétique, elles le proclamèrent père d'une race de rois.—Elles ont placé sur ma tête une couronne sans fruit et ont placé dans mes mains un sceptre stérile que m'arrachera un bras étranger, sans qu'aucun fils sorti de moi me succède. S'il en est ainsi, c'est pour la race de Banquo que j'ai souillé mon âme; c'est pour ses enfants que j'ai assassiné l'excellent Duncan; pour eux seuls j'ai versé les remords dans la coupe de mon repos, et livré à l'ennemi du genre humain mon éternel trésor pour les faire rois! Les enfants de Banquo rois! Plutôt qu'il en soit ainsi, je t'attends dans l'arène, destin; viens m'y combattre à outrance.—Qui va là ? (*Rentre le domestique avec deux assassins.*) Retourne à la porte et restes-y jusqu'à ce que nous t'appelions. (*Le domestique sort.*)—N'est-ce pas hier que nous avons causé ensemble ?

PREMIER ASSASSIN.—C'était hier, avec la permission de Votre Altesse.

MACBETH.—Eh bien! avez-vous réfléchi sur ce que je vous ai dit? Soyez sûrs que c'est lui qui autrefois vous a tenus dans l'abaissement, ce que vous m'avez attribué, à moi qui en étais innocent. Je vous en ai convaincus dans notre dernière entrevue; je vous ai fait voir jusqu'à l'évidence comment vous aviez été amusés, traversés, quels avaient été les instruments, qui les avait employés, et tant d'autres choses qui diraient à la moitié d'une âme et à une intelligence altérée : « Voilà ce qu'a fait Banquo. »

PREMIER ASSASSIN.— Vous nous l'avez fait connaître.

MACBETH.—Je l'ai fait et j'ai été plus loin, ce qui est l'objet de notre seconde entrevue.—Sentez-vous la patience tellement dominante en votre nature que vous laissiez passer tout ceci? Êtes-vous si pénétrés de l'Évangile que vous puissiez prier pour ce brave homme et ses enfants, lui dont la main vous a courbés vers la tombe et a réduit pour toujours les vôtres à la misère?

PREMIER ASSASSIN.—Nous sommes des hommes, mon seigneur.

MACBETH.—Oui, je sais que dans le catalogue vous comptez pour des hommes, de même que les chiens de chasse, les lévriers, les métis, épagneuls, barbets, bassets, loups et demi-loups, y sont tous appelés du nom de chien. Ensuite, parmi ceux qui en valent la peine, on distingue l'agile, le tranquille, le fin, le chien de garde, le chasseur, chacun selon la qualité qu'a renfermée en lui la bienfaisante nature, et il en reçoit un titre particulier ajouté au nom commun sous lequel on les a tous inscrits. Il en est de même des hommes. Si vous méritez de tenir quelque rang parmi les hommes, et de n'être pas rejetés dans la dernière classe, dites-le-moi, et alors je verserai dans votre sein ce projet dont l'exécution vous délivre de votre ennemi, vous établit dans notre cœur et notre affection ; à nous qui ne pouvons avoir, tant qu'il vivra, qu'une santé languissante que sa mort rendra parfaite.

SECOND ASSASSIN.—Je suis un homme, mon seigneur, tellement indigné par les indignes coups et rebuffades du monde, que peu m'importe ce que je fais pour me venger du monde.

PREMIER ASSASSIN.—Et moi un homme si las de malheurs, si ballotté de la fortune, que je mettrais ma vie sur la première chance qui me promettrait de l'améliorer ou de m'en délivrer.

MACBETH. — Vous savez tous deux que Banquo était votre ennemi ?

SECOND ASSASSIN.—Cela est vrai, mon seigneur.

MACBETH.—Il est aussi le mien ; et notre inimitié est si sanglante, que chaque minute de son existence me frappe dans ce qui tient de plus près à la vie. Je pourrais, en faisant ouvertement usage de mon pouvoir, le balayer de ma vue sans en donner d'autre raison que ma volonté; mais je ne dois pas le faire, à cause de quelques-uns de mes amis qui sont aussi les siens, dont je ne puis pas perdre l'affection, et avec qui il me faudra déplorer la chute de l'homme que j'aurai renversé moi-même. Voilà ce qui me fait rechercher votre assistance, en cachant cette action à l'œil du public, pour beaucoup de raisons importantes.

SECOND ASSASSIN.—Nous exécuterons, mon seigneur, ce que vous nous commanderez.

PREMIER ASSASSIN.—Oui, quand notre vie...

MACBETH.—Votre courage perce dans votre maintien. Dans une heure au plus, je vous indiquerai le lieu où vous devez vous poster. Ayez le plus grand soin d'épier et de choisir le moment convenable, car il faut que cela soit fait ce soir, et à quelque distance du palais; et rappelez-vous que j'en veux paraître entièrement innocent, et afin qu'il ne reste dans l'ouvrage ni accrocs ni défauts, il faut qu'avec Banquo son fils Fleance qui l'accompagne, et dont l'absence n'est pas moins importante pour moi que celle de son père, subisse les destinées de cette heure de ténèbres. Prenez votre résolution tout seuls. Je vous rejoins dans un moment.

LES ASSASSINS.—Nous sommes décidés, seigneur.

MACBETH.—Je vous ferai rappeler dans un instant. Ne sortez pas de notre palais. (*Les assassins sortent.*) C'est une affaire conclue.—Banquo, si c'est vers les cieux que ton âme doit prendre son vol, elle les verra ce soir.

(Il sort.)

SCÈNE II

Un autre appartement dans le palais

Entrent LADY MACBETH ET UN DOMESTIQUE.

LADY MACBETH.—Banquo est-il sorti du palais?

LE DOMESTIQUE.—Oui, madame; mais il revient ce soir.

LADY MACBETH.—Avertissez le roi que je voudrais, s'il en a le loisir, lui dire quelques mots.

LE DOMESTIQUE.—J'y vais, madame.

(Il sort.)

LADY MACBETH.—On n'a rien gagné, et tout dépensé, quand on a obtenu son désir sans être plus heureux : il vaut mieux être celui que nous détruisons, que de vivre par sa destruction dans une joie troublée. (*Macbeth entre.*)

— Qu'avez-vous, mon seigneur? pourquoi restez-vous seul, ne cherchant pour compagnie que les images les plus funestes, toujours appliqué à des pensées qui, en vérité, devraient être mortes avec ceux dont elles vous occupent? On ne devrait pas penser aux choses sans remède, ce qui est fait est fait.

MACBETH.—Nous avons blessé le serpent, mais nous ne l'avons pas tué; il réunira ses tronçons et redeviendra ce qu'il était, tandis que notre impuissante malice restera exposée aux dents dont elle aura retrouvé la force. Mais que la structure de l'univers se disjoigne, que les deux mondes périssent avant que nous consentions à prendre nos repas dans la crainte, à dormir dans l'affliction de ces terribles songes qui viennent nous ébranler toutes les nuits! Il vaudrait mieux être avec le mort que, pour arriver où nous sommes, nous avons envoyé dans la paix, que de demeurer ainsi, l'âme sur la roue, dans une angoisse sans relâche. — Duncan est dans son tombeau : après les accès de fièvre de la vie, il dort bien; la trahison a fait tout ce qu'elle pouvait faire : ni l'acier, ni le poison, ni les conspirations domestiques, ni les armées ennemies, rien ne peut plus l'atteindre.

LADY MACBETH.—Venez, mon cher seigneur, calmez vos regards troublés : soyez brillant et joyeux ce soir au milieu de vos convives.

MACBETH.—Je le serai, mon amour; et soyez de même aussi, je vous y exhorte : que votre souvenir revienne toujours à Banquo ; indiquez sa prééminence par vos regards et vos paroles.—Nous ne serons jamais en sûreté tant qu'il nous faudra nous laver de notre grandeur dans ce cours de flatteries, et faire de nos visages des masques pour déguiser nos cœurs.

LADY MACBETH.—Ne pensez plus à cela.

MACBETH.—O chère épouse, mon esprit est rempli de scorpions. Tu sais que Banquo et son fils Fleance respirent?

LADY MACBETH.—Mais le bail qu'ils tiennent de la nature n'est pas éternel.

MACBETH.—Il y a encore de la consolation, ils sont

attaquables. Ainsi, sois joyeuse. Avant que la chauve-souris ait achevé de voler dans les cloîtres, avant qu'aux appels de la noire Hécate l'escarbot cuirassé ait sonné, par son murmure assoupissant, la cloche qui appelle les bâillements de la nuit, on aura consommé une action importante et terrible.

LADY MACBETH.—Que doit-on faire?

MACBETH.—Demeure innocente de la connaissance du projet, ma chère poule, jusqu'à ce que tu applaudisses à l'action.—Viens, ô nuit, apportant ton bandeau : couvre l'œil insensible du jour compatissant, et de ta main invisible et sanglante déchire et mets en pièces le lien puissant qui me rend pâle!—La lumière s'obscurcit, et déjà le corbeau dirige son vol vers la forêt qu'il habite. Les honnêtes habitués du jour commencent à languir et à s'assoupir, tandis que les noirs agents de la nuit se lèvent pour saisir leur proie.—Tu es étonnée de mes discours; mais sois tranquille : les choses que le mal a commencées se consolident par le mal. Ainsi, je te prie, viens avec moi.

(Ils sortent.)

SCÈNE III

Toujours à Fores. — Un parc ou une prairie donnant sur une des portes du palais.

Entrent TROIS ASSASSINS.

PREMIER ASSASSIN.—Mais qui t'a dit de venir te joindre à nous?

TROISIÈME ASSASSIN.—Macbeth.

SECOND ASSASSIN.—Il ne doit pas nous donner de méfiance, puisque nous le voyons parfaitement instruit de notre commission et de ce que nous avons à faire.

PREMIER ASSASSIN.—Reste donc avec nous.—Le couchant étincelle encore de quelques traces du jour : c'est le moment où le voyageur attardé use de l'éperon pour gagner l'auberge désirée; et celui que nous attendons approche de bien près.

TROISIÈME ASSASSIN.—Écoutez ; j'entends des chevaux.

BANQUO, *derrière le théâtre.*—Donnez-nous de la lumière, holà !

SECOND ASSASSIN.—C'est sûrement lui. Tous ceux qui sont sur la liste des personnes attendues sont déjà rendus à la cour.

PREMIER ASSASSIN.—On emmène ses chevaux.

TROISIÈME ASSASSIN.—A près d'un mille d'ici ; mais il a coutume, et tous en font autant, d'aller d'ici au palais en se promenant.

(Entrent Banquo et Fleance ; un domestique marche devant eux avec un flambeau.)

SECOND ASSASSIN.—Un flambeau ! un flambeau !

TROISIÈME ASSASSIN.—C'est lui.

PREMIER ASSASSIN.—Tenons-nous prêts.

BANQUO.—Il tombera de la pluie cette nuit.

PREMIER ASSASSIN.—Qu'elle tombe !

(Il attaque Banquo.)

BANQUO.—O trahison !—Fuis, cher Fleance, fuis, fuis, fuis ; tu pourras me venger.—O scélérat !

(Il meurt. Fleance et le domestique se sauvent.)

TROISIÈME ASSASSIN.—Qui a donc éteint le flambeau ?

PREMIER ASSASSIN.—N'était-ce pas le parti le plus sûr ?

TROISIÈME ASSASSIN.—Il n'y en a qu'un de tombé : le fils s'est sauvé.

SECOND ASSASSIN.—Nous avons manqué la plus belle moitié de notre coup.

PREMIER ASSASSIN.—Allons toujours dire ce qu'il y a de fait.

(Ils sortent.)

SCÈNE IV

Un appartement d'apparat dans le palais. — Le banquet est préparé.

Entrent MACBETH, LADY MACBETH, ROSSE, LENOX
et autres seigneurs; suite.

MACBETH.—Vous connaissez chacun votre rang, prenez vos places. Depuis le premier jusqu'au dernier, je vous souhaite la bienvenue de tout mon cœur.

LES SEIGNEURS. — Nous rendons grâce à Votre Majesté.

MACBETH.—Pour nous, comme un hôte modeste, nous nous mêlerons parmi les convives, notre hôtesse garde sa place d'honneur; mais dans un moment favorable nous lui demanderons sa bienvenue.

(Les courtisans et les seigneurs se placent, et laissent un siége au milieu pour Macbeth.)

LADY MACBETH.—Acquittez-moi, seigneur, envers tous nos amis; car mon cœur leur dit qu'ils sont tous les bienvenus.

(Entre le premier assassin; il se tient à la porte.)

MACBETH.—Vois, ils te rendent tous des remerciements du fond de leur cœur.—Le nombre des convives est égal des deux côtés. Je m'assiérai ici au milieu.—Que la joie s'épanouisse. Tout à l'heure nous boirons une rasade à la ronde. (*A l'assassin.*) Il y a du sang sur ton visage.

L'ASSASSIN.—C'est donc du sang de Banquo.

MACBETH.—Il vaut mieux qu'il soit sur ton visage que lui ici. Est-il expédié?

L'ASSASSIN.—Seigneur, il a la gorge coupée; c'est moi qui lui ai rendu ce service,

MACBETH.—Tu es le premier des hommes pour couper la gorge; cependant celui qui en a fait autant à Fleance a bien son mérite; si c'est toi, tu n'as pas ton pareil.

L'ASSASSIN.—Mon royal seigneur, Fleance s'est échappé.

MACBETH.—Voilà mon accès qui me reprend. Sans cela tout était parfait: j'étais entier comme le marbre, établi comme le roc, au large et libre de me répandre comme l'air qui m'environne; mais maintenant je suis comprimé, resserré, emprisonné, et asservi à l'insolence de mes inquiétudes et de mes terreurs.—Mais Banquo est en sûreté?

L'ASSASSIN.—Oui, mon bon seigneur, il est en sûreté dans un fossé, avec vingt larges ouvertures à la tête, dont la moindre est la mort d'un homme.

MACBETH.—Je t'en remercie... Ainsi, voilà le gros serpent écrasé. Le jeune reptile qui s'est sauvé est d'une nature qui dans son temps engendrera aussi du venin, mais à présent il n'a pas de dents.—Va-t'en, et demain nous t'entendrons de nouveau.

(L'assassin sort.)

LADY MACBETH.—Mon royal époux, vous ne nous mettez pas en train. C'est vendre un festin que de ne pas témoigner à chaque instant, pendant sa durée, qu'il est donné de bon cœur. Pour manger il vaudrait mieux être chez soi; hors de là, l'assaisonnement de la bonne chère, c'est la politesse; sans cela il y a peu de plaisir à se rassembler.

MACBETH.—Ma chère mémoire!—Qu'une bonne digestion accompagne votre appétit, et qu'une bonne santé s'en suive.

LENOX.—Plaît-il à Votre Majesté de s'asseoir?

(L'ombre de Banquo sort de terre, et s'assied à la place de Macbeth.)

MACBETH.—Nous verrions ici rassemblé sous notre toit l'honneur de notre pays, si notre cher Banquo nous avait gratifié de sa présence. Puissé-je avoir à le quereller d'un manque d'amitié, plutôt qu'à le plaindre d'un malheur!

ROSSE.—Son absence, seigneur, compromet l'honneur de sa parole. Votre Altesse veut-elle bien nous honorer de son auguste compagnie?

MACBETH.—La table est remplie!

LENOX.—Voici une place réservée, seigneur.

MACBETH.—Où cela?

LENOX.—Ici, mon seigneur. Qui est-ce qui trouble Votre Altesse?

MACBETH.—Qui de vous a fait cela?

LES SEIGNEURS.—Quoi donc, mon bon seigneur?

MACBETH.—Tu ne peux pas dire que ce soit moi qui l'aie fait.—Ne secoue point ainsi contre moi ta chevelure sanglante.

ROSSE.—Messieurs, levez-vous; son Altesse est indisposée.

LADY MACBETH.—Monsieur, mon digne ami, mon époux est souvent dans cet état, et il y est sujet depuis l'enfance. Je vous en prie, restez à vos places : c'est un accès passager; le temps d'y penser, et il sera aussi bien qu'à l'ordinaire. Si vous faites trop attention à lui, vous le blesserez et vous augmenterez son mal : continuez à manger, et ne prenez pas garde à lui.—Êtes-vous un homme?

MACBETH.—Oui, et un homme intrépide, puisque j'ose regarder ce qui épouvanterait le diable.

LADY MACBETH.—Quelles balivernes! C'est une vision créée par votre peur, comme ce poignard dans l'air qui, disiez-vous, guidait vos pas vers Duncan. Oh! ces tressaillements, ces soubresauts, simulacres d'une véritable peur, conviendraient à merveille au conte que fait une femme, en hiver, au coin du feu, d'après l'autorité de sa grand'mère.—C'est une vraie honte! Pourquoi faites-vous tant de grimaces? Après tout, vous ne regardez qu'une chaise!

MACBETH.—Je te prie, regarde de ce côté; vois là, vois. Que me dites-vous? eh bien! que m'importe?—Puisque tu peux remuer la tête, tu peux aussi parler. Si les cimetières et les tombeaux doivent nous renvoyer ceux que nous ensevelissons, nos monuments seront donc semblables au gésier des milans?

(L'ombre disparaît.)

LADY MACBETH.—Quoi! vous perdez tout à fait la tête?

MACBETH.—Comme je suis ici, je l'ai vu.

LADY MACBETH.—Fi! quelle honte!

MACBETH.—Ce n'est pas la première fois qu'on a répandu le sang. Dans les anciens temps, avant que des lois humaines eussent purgé de crimes les sociétés adoucies, oui vraiment, et même depuis, il s'est commis des meurtres trop terribles pour que l'oreille en supporte le récit; et l'on a vu le temps où lorsqu'on avait fait sauter la cervelle à un homme, il mourait, et tout était fini. Mais aujourd'hui ils se relèvent avec vingt blessures mortelles sur le crâne, et viennent nous chasser de nos sièges : cela est plus étrange que ne le peut être un pareil meurtre.

LADY MACBETH.—Mon digne seigneur, vos dignes amis vous attendent.

MACBETH.—J'oubliais... Ne prenez pas garde à moi, mes dignes amis. J'ai une étrange infirmité qui n'est rien pour ceux qui me connaissent. Allons, amitié et santé à tous! Je vais m'asseoir : donnez-moi du vin ; remplissez jusqu'au bord. Je bois au plaisir de toute la table, et à notre cher ami Banquo, qui nous manque ici. Que je voudrais qu'il y fût! (*L'ombre sort de terre.*) Nous buvons avec empressement à vous tous, à lui. Tout à tous !

LES SEIGNEURS.—Nous vous présentons nos hommages et vous faisons raison.

MACBETH.—Loin de moi! ôte-toi de mes yeux! que la terre te cache! Tes os sont desséchés, ton sang est glacé ; rien ne se reflète dans ces yeux que tu fixes sur moi!

LADY MACBETH.— Ne voyez là dedans, mes bons seigneurs, qu'une chose qui lui est ordinaire, rien de plus : seulement elle gâte tout le plaisir de ce moment.

MACBETH.—Ce qu'un homme peut oser, je l'ose. Viens sous la forme de l'ours féroce de la Russie, du rhinocéros armé, ou du tigre d'Hyrcanie, prends la forme que tu voudras, excepté celle-ci, et la fermeté de mes nerfs ne sera pas un instant ébranlée ; ou bien reviens à la vie, défie-moi au désert avec ton épée : si alors je demeure tremblant, déclare-moi une petite fille.—Loin d'ici, fantôme horrible, insultant mensonge! loin d'ici! (*L'ombre disparaît.*) A la bonne heure.—Il est parti, je redeviens un homme. De grâce, restez à vos places.

LADY MACBETH.—Vous avez fait fuir la gaieté, détruit tout le plaisir de cette réunion par un désordre bien étrange.

MACBETH.—De telles choses peuvent-elles arriver et nous surprendre, sans exciter en nous plus d'étonnement que ne le ferait un nuage d'été?—Vous me mettez de nouveau hors de moi-même, lorsque je songe maintenant que vous pouvez contempler de pareils spectacles et conserver le même incarnat sur vos joues, tandis que les miennes sont blanches de frayeur.

ROSSE.—Quels spectacles, seigneur?

LADY MACBETH.—Je vous prie, ne lui parlez pas ; il va

de mal en pis : les questions le mettent en fureur. Je vous souhaite le bonsoir à tous. Ne vous inquiétez pas de l'ordre de votre départ, mais partez de suite.

LENOX.—Nous souhaitons à Votre Majesté une bonne nuit et une meilleure santé.

LADY MACBETH.—Bonne et heureuse nuit à tous.
(Sortent les seigneurs et leur suite.)

MACBETH.—Il aura du sang : on dit que le sang veut du sang. On a vu les pierres se mouvoir et les arbres parler. Les devins, et ceux qui ont l'intelligence de certains raports, ont souvent mis en lumière par le moyen des pies, des hiboux, des corbeaux, l'homme de sang le mieux caché.—Quelle heure est-il de la nuit?

LADY MACBETH.—A ne savoir qui l'emporte d'elle ou du matin.

MACBETH.—Que dites-vous de Macduff, qui refuse de se rendre en personne à nos ordres souverains?

LADY MACBETH.—Avez-vous envoyé vers lui, seigneur?

MACBETH.—Non, je l'ai su indirectement : mais j'enverrai. Il n'y a pas un seul d'entre eux dans la maison duquel je n'aie un homme à mes gages. J'irai trouver demain, et de bonne heure, les sœurs du Destin : elles m'en diront davantage; car à présent je suis décidé à savoir le pis par les pires moyens; je ferai tout céder à mon avantage. J'ai marché si avant dans le sang que si je cessais maintenant de m'y plonger, retourner en arrière serait aussi fatigant que d'aller en avant. J'ai dans la tête d'étranges choses qui passeront dans mes mains, des choses qu'il faut exécuter avant d'avoir le temps de les examiner.

LADY MACBETH.—Vous avez besoin de ce qui ranime toutes les créatures, de sommeil.

MACBETH.—Oui, allons dormir. L'étrange erreur où je suis tombé est l'effet d'une crainte novice et qu'il faut mener rudement. Nous sommes encore jeunes dans l'action.

SCÈNE V

La bruyère.—Tonnerre.

Entrent HÉCATE ; LES TROIS SORCIÈRES *viennent à sa rencontre.*

PREMIÈRE SORCIÈRE.—Quoi! qu'y a-t-il donc, Hécate? Vous paraissez en colère.

HÉCATE.—N'en ai-je pas sujet, sorcières que vous êtes, insolentes, effrontées? Comment avez-vous osé entrer avec Macbeth en traité et en commerce d'énigmes et d'annonces de mort, sans que moi, souveraine de vos enchantements, habile maîtresse de tout mal, j'aie jamais été appelée à y prendre part et à signaler la gloire de notre art? Et, ce qui est pis encore, c'est que tout ce que vous avez fait, vous l'avez fait pour un fils capricieux, chagrin, colère, qui, comme les autres, ne vous recherche que pour ses propres intérêts et nullement pour vous-mêmes. Réparez votre faute; partez, et demain matin, venez me trouver à la caverne de l'Achéron[1]. Il y viendra pour apprendre sa destinée : préparez vos vases, vos paroles magiques, vos charmes et tout ce qui est nécessaire. Je vais me rendre dans les airs : j'emploierai cette nuit à l'accomplissement d'un projet fatal et terrible; un grand ouvrage doit être terminé avant midi. A la pointe de la lune pend une épaisse goutte de vapeur; je la saisirai avant qu'elle tombe sur la terre; et, distillée par des artifices magiques, elle élèvera des visions fantastiques qui, par la force des illusions, entraîneront Macbeth à sa ruine. Il bravera les destins, méprisera la mort, et portera ses espérances au delà de toute sagesse, de toute pudeur, de toute crainte; et vous savez toutes que la sécurité est la plus grande ennemie des mortels. — (*Chant derrière le théâtre.*) « Viens,

---

[1] *The pit of Acheron*
Probablement quelque caverne que l'on supposait devoir communiquer avec l'enfer.

viens ¹,..... » Écoutez! on m'appelle. Vous voyez mon petit lutin assis dans ce gros nuage noir : il m'attend.
(Elle sort.)

PREMIÈRE SORCIÈRE.—Allons, hâtons-nous ; il ne tardera pas à revenir.
(Les sorcières sortent.)

SCÈNE VI

A Fores. — Un appartement du palais.

Entrent LENOX ET *un autre* SEIGNEUR.

LENOX.—Mes premiers discours n'ont fait que rencontrer vos pensées, qui peuvent aller plus loin. Seulement, je dis que les choses ont été prises d'une singulière manière. Le bon roi Duncan a été plaint de Macbeth ! vraiment je le crois bien, il était mort.—Le brave et vaillant Banquo s'est promené trop tard, et vous pouvez dire, si vous voulez, que c'est Fleance qui l'a assassiné, car Fleance s'est enfui. Il ne faut pas se promener trop tard. —Qui de nous peut ne pas voir combien il était horrible de la part de Malcolm et de Donalbain d'assassiner leur bon père ? Damnable crime ! combien Macbeth en a été affligé ! N'a-t-il pas aussitôt, dans une pieuse rage, mis

---

1   Viens, viens ;
       Hécate ; Hécate, viens, viens.

           HÉCATE.
Je viens, je viens, je viens, je viens
Tout aussi vite que je puis.
Tout aussi vite que je puis.

Ce chant n'est indiqué dans l'original que par les deux premiers mots, comme un chant connu pour être d'usage en ces sortes d'occasions. On le trouve tout entier dans *la Sorcière* de Middleton, pièce de théâtre composée, à ce qu'on croit, peu de temps avant *Macbeth*. La même remarque s'applique, dans la scène VI, au chant qui termine le charme : *Esprits noirs et blancs*, etc. Voyez, sur cela et sur une foule de détails relatifs aux croyances populaires que Shakspeare a employées dans *Macbeth*, l'édition de Shakspeare, de M. Steevens.

en pièces les deux coupables qui étaient les esclaves de l'ivresse et les serfs du sommeil? N'était-ce pas une noble action? Oui, et pleine de prudence aussi, car toute âme sensible eût été irritée d'entendre ces hommes nier le crime. En sorte que j'en reviens à dire qu'il a très-bien pris toutes choses; et je pense que s'il tenait les fils de Duncan sous sa clef (ce qui ne sera pas, s'il plaît au ciel), ils verraient ce que c'est que de tuer un père, et Fleance aussi. Mais, chut! car j'apprends que pour quelques paroles trop libres, et parce qu'il a manqué de se rendre à la fête du tyran[1], Macduff est tombé en disgrâce. Pouvez-vous, monsieur, m'apprendre où il s'est réfugié?

LE SEIGNEUR.—Le fils de Duncan, à qui le tyran retient son légitime héritage, vit à la cour du roi d'Angleterre. Le pieux Édouard lui a fait un accueil si gracieux, que la malveillance de la fortune ne lui a rien fait perdre de la considération due à son rang. C'est là que Macduff est allé demander au saint roi de l'aider à éveiller le Northumberland et le belliqueux Siward, afin que, par leur secours et avec l'approbation de Celui qui est là-haut,

---

[1] Ce fut, selon Hollinshed, pour ne s'être pas rendu en personne à Dunsinane, que Macbeth faisait bâtir. Dans les terreurs perpétuelles où le tenait le souvenir de ses crimes, il avait employé l'argent pris sur les nobles, qu'il faisait journellement périr, à s'entourer d'une garde mercenaire; mais, non content de cette précaution, il voulut faire élever sur la colline de Dunsinane un château capable de résister à toutes les attaques. L'entreprise traînant en longueur, à cause de la difficulté et de la dépense, il ordonna à tous les thanes d'y envoyer des matériaux et de s'y rendre chacun à son tour avec ses vassaux pour aider aux travaux. Quand vint le tour de Macduff, il y envoya ses gens avec les matériaux nécessaires, leur recommandant de se conduire de manière à ce que Macbeth ne pût avoir aucun prétexte pour s'irriter de ce qu'il n'était pas venu lui-même; mais il ne voulut pas s'y rendre, jugeant qu'il n'était pas sans danger pour lui de se mettre au pouvoir de Macbeth, qui lui voulait du mal; ce qu'ayant appris Macbeth, il s'écria: « Je vois bien que « cet homme n'obéira jamais à mes ordres qu'on ne le monte « avec une bride. » Il ne se détermina pourtant pas immédiatement à le poursuivre.

nous puissions prendre nos repas sur nos tables, accorder le sommeil à nos nuits, affranchir nos fêtes et nos banquets des poignards sanglants, rendre des hommages légitimes et recevoir des honneurs libres de contrainte, toutes choses après quoi nous soupirons aujourd'hui. Ce rapport a mis le roi dans une telle fureur, qu'il se prépare à tenter quelque expédition guerrière.

LENOX.—A-t-il envoyé vers Macduff?

LE SEIGNEUR.—Oui, et sur cette réponse décidée : « Moi, monsieur! non, » le sombre messager lui a tourné le dos en murmurant, comme s'il eût dit : « Vous regretterez le moment où vous m'avez embarrassé de cette réponse. »

LENOX.—Et c'est un bon avis pour lui de se tenir aussi éloigné que sa prudence pourra lui en fournir les moyens. Que quelque saint ange vole à la cour d'Angleterre annoncer son message, avant qu'il arrive, afin que le bonheur rentre bientôt dans notre patrie, opprimée sous une main maudite!

LE SEIGNEUR.—Mes prières sont avec lui.

Ils sortent.)

FIN DU TROISIÈME ACTE.

ACTE QUATRIÈME

SCÈNE I

Une caverne obscure. Au milieu bout une chaudière.—Tonnerre

Entrent les trois SORCIÈRES.

PREMIÈRE SORCIÈRE.—Trois fois le chat tigré a miaulé.

DEUXIÈME SORCIÈRE.—Et trois fois le jeune hérisson a gémi une fois.

TROISIÈME SORCIÈRE. — Harper[1] nous crie : « Il est temps, il est temps. »

PREMIÈRE SORCIÈRE.—Tournons en rond autour de la chaudière, et jetons dans ses entrailles empoisonnées[2].

Crapaud, qui, pendant trente et un jours et trente et une nuits,
    Endormi sous la plus froide pierre,
    T'es rempli d'un âcre venin,
    Bous le premier dans la marmite enchantée.

LES TROIS SORCIÈRES ENSEMBLE.

Rédoublons, redoublons de travail et de soins :
Feu, brûle ; et chaudière, bouillonne.

PREMIÈRE SORCIÈRE.

Filet d'un serpent des marais, bous, et cuis dans le chaudron,
    Œil de lézard, pied de grenouille,

---

[1] *Harper.* On ne sait quel est ce *Harper;* il n'en est pas question dans la *Sorcière* de Middleton; c'est probablement quelque animal que la sorcière désigne ainsi en raison de la ressemblance de son cri avec le son d'une corde de harpe.

[2] Shakspeare met souvent ainsi dans la bouche de ses sorcières des phrases interrompues auxquelles elles semblent attacher un sens complet. On peut le voir dans la première scène.

Duvet de chauve-souris et langue de chien,
Dard fourchu de vipère et aiguillon du reptile aveugle¹.
Jambe de lézard et aile de hibou ;
Pour faire un charme puissant en désordre,
Bouillez et écumez comme un bouillon d'enfer.

LES TROIS SORCIÈRES ENSEMBLE.

Redoublons, redoublons de travail et de soins :
Feu, brûle ; et chaudière, bouillonne.

TROISIÈME SORCIÈRE.

Écailles de dragon et dents de loup,
Momie de sorcière, estomac et gosier
Du vorace requin des mers salées,
Racine de ciguë arrachée dans la nuit,
Foie de juif blasphémateur,
Fiel de bouc, branches d'if
Coupées pendant une éclipse de lune,
Nez de Turc et lèvres de Tartare,
Doigt de l'enfant d'une fille de joie
Mis au monde dans un fossé et étranglé en naissant ;
Rendez la bouillie épaisse et visqueuse ;
Ajoutez-y des entrailles de tigre
Pour compléter les ingrédients de notre chaudière.

LES TROIS SORCIÈRES ENSEMBLE.

Redoublons, redoublons de travail et de soins :
Feu, brûle ; et chaudière, bouillonne.

DEUXIÈME SORCIÈRE.

Refroidissons le tout dans du sang de singe,
Et notre charme est parfait et solide.

(Entre Hécate, suivie de trois autres sorcières.)

HÉCATE.

Oh ! à merveille ! j'applaudis à votre ouvrage,
Et chacune de vous aura part au profit,
Maintenant, chantez autour de la chaudière,

---

¹ Espèce de serpent.

Dansant en rond comme les lutins et les fées,
Pour enchanter tout ce que vous y avez mis.
(Musique.)

CHANT.

Esprits noirs et blancs,
Esprits rouges et gris,
Mêlez, mêlez, mêlez,
Vous qui savez mêler.

DEUXIÈME SORCIÈRE.—D'après la démangeaison de mes pouces, il vient par ici quelque maudit. Ouvrez-vous, verrous, qui que ce soit qui frappe.
(Entre Macbeth.)

MACBETH.—Eh bien! sorcières du mystère, des ténèbres et du minuit, que faites-vous là?

LES TROIS SORCIÈRES ENSEMBLE.—Une œuvre sans nom.

MACBETH.—Je vous conjure par l'art que vous professez, de quelque manière que vous y soyez parvenues, répondez-moi. Dussent les vents par vous déchaînés livrer la guerre aux églises; dussent les vagues écumeuses bouleverser et engloutir les navires; dût le blé chargé d'épis verser, et les arbres être jetés à bas; dussent les châteaux s'écrouler sur la tête de leurs gardiens; dût le faîte des palais et des pyramides s'incliner vers leurs fondements; dût le trésor des germes de la nature rouler confondu jusqu'à rendre la destruction lasse d'elle-même : répondez à mes questions.

PREMIÈRE SORCIÈRE.—Parle.

DEUXIÈME SORCIÈRE.—Demande.

TROISIÈME SORCIÈRE.—Nous répondrons.

PREMIÈRE SORCIÈRE.—Dis, aimes-tu mieux recevoir la réponse de notre bouche ou de celle de nos maîtres?

MACBETH.—Appelez-les, que je les voie.

PREMIÈRE SORCIÈRE.—Versons du sang d'une truie qui a dévoré ses neuf marcassins, et de la graisse qui coule du gibet d'un meurtrier; et jetons-les dans la flamme.

LES TROIS SORCIÈRES ENSEMBLE.—Viens, en haut ou en bas; montre-toi, et fais ton devoir comme il convient.
(Tonnerre. — On voit s'élever le fantôme d'une tête armée d'un casque.)

MACBETH. —Dis-moi, puissance inconnue....

PREMIÈRE SORCIÈRE. —Il connaît ta pensée; écoute ses paroles, mais ne dis rien.

LE FANTOME. —Macbeth! Macbeth! Macbeth! garde-toi de Macduff; garde-toi du thane de Fife.—Laissez-moi partir.—C'est assez.

(Le fantôme s'enfonce sous la terre.)

MACBETH. —Qui que tu sois, je te rends grâce de ton bon avis. Tu as touché la corde de ma crainte. Mais un mot encore.

PREMIÈRE SORCIÈRE. —Il ne souffre pas qu'on lui commande. En voici un autre plus puissant que le premier.

(Tonnerre. — On voit s'élever le fantôme d'un enfant ensanglanté.)

LE FANTOME. —Macbeth! Macbeth! Macbeth!

MACBETH. —Je t'écouterais de trois oreilles si je les avais.

LE FANTOME. —Sois sanguinaire, intrépide et décidé. Ris-toi dédaigneusement du pouvoir de l'homme. Nul homme né d'une femme ne peut nuire à Macbeth.

(Le fantôme s'enfonce sous terre.)

MACBETH. —Vis donc, Macduff; qu'ai-je besoin de te redouter? Cependant je veux rendre ma tranquillité doublement tranquille, et faire un bail avec le Destin. Tu ne vivras pas, afin que je puisse dire à la peur au pâle courage qu'elle en a menti, et dormir en dépit du tonnerre. (*Tonnerre.—On voit s'élever le fantôme d'un enfant couronné, ayant un arbre dans la main.*) Quel est celui-ci qui s'élève comme le fils d'un roi, et qui porte sur son front d'enfant la couronne fermée de la souveraineté?

LES TROIS SORCIÈRES ENSEMBLE. —Écoute, mais ne parle pas.

LE FANTOME. —Sois fier comme un lion orgueilleux: ne t'embarrasse pas de ceux qui s'irritent, s'emportent et conspirent contre toi. Jamais Macbeth ne sera vaincu, jusqu'à ce que la grande forêt de Birnam marche contre lui vers la haute colline de Dunsinane.

(Le fantôme rentre dans la terre.)

MACBETH. —Cela n'arrivera jamais. Qui peut *presser*[1] la

---

[1] *Impress*, presser, forcer au service militaire.

forêt, commander à l'arbre de détacher sa racine liée à la terre? O douces prédictions! ô bonheur! Rébellion, ne lève point la tête jusqu'à ce que la forêt de Birnam se lève; et Macbeth, au faîte de la grandeur, vivra tout le bail de la nature, et son dernier soupir sera le tribut payé à la vieillesse et à la loi mortelle.—Cependant mon cœur palpite encore du désir de savoir une chose : dites-moi (si votre art va jusqu'à me l'apprendre), la race de Banquo régnera-t-elle un jour dans ce royaume?

TOUTES LES SORCIÈRES ENSEMBLE.—Ne cherche point à en savoir davantage.

MACBETH.—Je veux être satisfait. Si vous me le refusez, qu'une malédiction éternelle tombe sur vous!—Faites-moi connaître ce qui en est.—Pourquoi cette chaudière disparaît-elle? Quel est ce bruit?

(Hautbois.)

PREMIÈRE SORCIÈRE.—Paraissez !
DEUXIÈME SORCIÈRE.—Paraissez !
TROISIÈME SORCIÈRE.—Paraissez !

LES TROIS SORCIÈRES ENSEMBLE.—Paraissez à ses yeux et affligez son cœur.—Venez comme des ombres, et éloignez-vous de même.

(Huit rois paraissent marchant à la file, le dernier tenant un miroir dans sa main. Banquo les suit.)

MACBETH.—Tu ressembles trop à l'ombre de Banquo ; à bas ! ta couronne brûle mes yeux dans leur orbite.—Et toi, dont le front est également ceint d'un cercle d'or, tes cheveux sont pareils à ceux du premier.—Un troisième ressemble à celui qui le précède. Sorcières impures, pourquoi me montrez-vous ceci?—Un quatrième ! Fuyez mes yeux.—Quoi! cette ligne se prolongera-t-elle jusqu'au jour du jugement? Encore un autre ! — Un septième ! Je n'en veux pas voir davantage.—Et cependant voilà le huitième qui paraît, portant un miroir où j'en découvre une foule d'autres : j'en vois quelques-uns qui portent deux globes et un triple sceptre [1]. Effroyable vue ! Oui, je le vois maintenant, c'est vrai, car voilà Ban-

[1] Allusion à la réunion des deux îles et des trois royaumes de la Grande-Bretagne, sous Jacques VI d'Écosse.

quo, tout souillé du sang de ses plaies, qui me sourit et me les montre comme siens.—Quoi! en est-il ainsi?

PREMIÈRE SORCIÈRE.—Oui, seigneur, il en est ainsi.—Mais pourquoi Macbeth reste-t-il ainsi saisi de stupeur? Venez, mes sœurs, égayons ses esprits, et faisons-lui connaître nos plus doux plaisirs. Je vais charmer l'air pour qu'il rende des sons, tandis que vous exécuterez votre antique ronde; il faut que ce grand roi puisse dire avec bonté que nous l'avons reçu avec les hommages qui lui sont dus.

(Musique.—Les sorcières dansent et disparaissent.)

MACBETH.—Où sont-elles? parties!—Que cette heure funeste soit maudite dans le calendrier!—Venez, vous qui êtes là dehors.

(Entre Lenox.)

LENOX.—Que désire votre grâce?

MACBETH.— Avez-vous vu les sœurs du Destin?

LENOX.—Non, mon seigneur.

MACBETH.—N'ont-elles pas passé près de vous?

LENOX.—Non, en vérité, mon seigneur.

MACBETH.—Que l'air qu'elles traversent soit infecté, et damnation sur tous ceux qui croiront en elles!—J'ai entendu galoper des chevaux: qui donc est arrivé?

LENOX.—Deux ou trois personnes, seigneur, apportant la nouvelle que Macduff s'est sauvé en Angleterre.

MACBETH.—Il s'est sauvé en Angleterre?

LENOX.—Oui, mon bon seigneur.

MACBETH.—O temps! tu devances mes terribles exploits. On n'atteint jamais le dessein frivole si l'action ne marche pas avec lui. Désormais, les premiers mouvements de mon cœur seront aussi les premiers mouvements de ma main; dès à présent, pour couronner mes pensées par les actes, il faut penser et agir aussitôt; je vais surprendre le château de Macduff, m'emparer de Fife, passer au fil de l'épée sa femme et ses petits enfants, et tout ce qui a le malheur d'être de sa race. Inutile de se vanter comme un insensé; je vais accomplir cette entreprise avant que le projet se refroidisse. Mais, plus de visions!

(*A Lenox.*) Où sont ces gentilshommes? Viens, conduis-moi vers eux.

(Ils sortent.)

SCÈNE II

A Fife.—Un appartement du château de Macduff.

Entrent lady MACDUFF, *son* JEUNE FILS, ROSSE.

LADY MACDUFF.—Qu'avait-il fait qui pût le forcer à fuir son pays?

ROSSE.—Ayez patience, madame.

LADY MACDUFF.—Il n'en a pas eu, lui. Sa fuite est une folie; à défaut de nos actions, ce sont nos frayeurs qui font de nous des traîtres.

ROSSE.—Vous ne savez pas si ç'a été en lui sagesse ou frayeur.

LADY MACDUFF.—Sagesse! de laisser sa femme, laisser ses petits enfants, ses biens, ses titres dans un lieu d'où il s'enfuit! Il ne nous aime point, il ne ressent point les mouvements de la nature. Le pauvre roitelet, le plus faible des oiseaux dispute dans son nid ses petits au hibou. Il n'y a que de la frayeur, aucune affection, et tout aussi peu de sagesse, dans une fuite précipitée ainsi contre toute raison.

ROSSE.—Chère cousine, je vous en prie, gouvernez-vous; car, pour votre époux, il est généreux, sage, judicieux, et connaît mieux que personne ce qui convient aux circonstances. Je n'ose pas trop en dire davantage; mais ce sont des temps bien cruels que ceux où nous sommes des traîtres sans nous en douter nous-mêmes, où le bruit menaçant arrive jusqu'à nous sans que nous sachions ce qui nous menace, et où nous flottons au hasard, sans nous diriger, sur une mer capricieuse et irritée [1]. Je prends congé de vous; vous ne tarderez pas

---

[1]   *When we hold rumour*
   From what we fear, yet know not what we fear,
   But float upon a wild and violent sea,
     Each way and move.

Les commentateurs me paraissent n'avoir pas compris ce pasà me revoir ici. Les choses arrivées au dernier degré du mal doivent s'arrêter ou remonter vers ce qu'elles étaient naguère.—Mon joli cousin, que le ciel veille sur vous.

LADY MACDUFF.—Il a un père, et pourtant il n'a point de père.

ROSSE.—Je suis si peu maître de moi-même, que si je m'arrêtais plus longtemps, je me perdrais et ne ferais qu'ajouter à vos peines. Adieu, je prends congé de vous pour cette fois.

LADY MACDUFF.—Mon garçon, votre père est mort : qu'allez-vous devenir? Comment vivrez-vous?

L'ENFANT.—Comme vivent les oiseaux, ma mère.

LADY MACDUFF.—Quoi! de vers et de mouches?

L'ENFANT.—De ce que je pourrai trouver, je veux dire : c'est ainsi que vivent les oiseaux.

LADY MACDUFF.—Pauvre petit oiseau! ainsi tu ne craindrais pas le filet, la glu, le piége, le trébuchet?

L'ENFANT.—Pourquoi les craindrais-je, ma mère? Ils ne sont pas destinés aux petits oiseaux.—Mon père n'est pas mort, quoi que vous en disiez.

LADY MACDUFF.—Oui, il est mort. Comment feras-tu pour avoir un père?

L'ENFANT.—Comment ferez-vous pour avoir un mari?

sage; ils veulent entendre *hold* dans le sens de *keep*, tenir, tenir pour certain, et je crois qu'il doit être pris pour celui *catch*, prendre, recevoir, comme prendre le mal, *catch the infection*. Ainsi le sens sera : *nous recevons le bruit de ce que nous craignons sans savoir ce que nous craignons.* Il a fallu rendre l'expression de cette pensée un peu moins littérale pour la rendre plus claire, ainsi qu'il arrive souvent en traduisant Shakspeare ; mais elle me paraît d'ailleurs entièrement d'accord avec la phrase suivante, encore imparfaitement comprise par les commentateurs, qui ne conçoivent pas qu'au mot *float* Shakspeare ait ajouté *and move*, « parce que, disent-ils, si nous flottons de tous côtés, il n'est pas « nécessaire de nous apprendre que nous nous *mouvons* (move). » Il est cependant certain qu'arrêtés par un bruit vague dont nous ne connaissons pas la source, et ne sachant pas de quel côté nous devons agir, nous ajoutons à l'incertitude des événements celle de nos propres volontés: c'est ce que Shakspeare a dû et voulu exprimer.

LADY MACDUFF.—Moi! j'en pourrais acheter vingt au premier marché.

L'ENFANT. — Vous les achèteriez donc pour les revendre?

LADY MACDUFF.—Tu dis tout ce que tu sais, et en vérité cela n'est pas mal pour ton âge.

L'ENFANT.—Mon père était-il un traître, ma mère?

LADY MACDUFF.—Oui, c'était un traître.

L'ENFANT.—Qu'est-ce que c'est qu'un traître?

LADY MACDUFF.—C'est un homme qui jure et qui ment.

L'ENFANT.—Et tous ceux qui font cela sont-ils des traîtres?

LADY MACDUFF.—Oui, tout homme qui fait cela est un traître, et mérite d'être pendu.

L'ENFANT.—Et doivent-ils être tous pendus, ceux qui jurent et qui mentent?

LADY MACDUFF.—Oui, tous.

L'ENFANT.—Et qui est-ce qui doit les pendre?

LADY MACDUFF.—Les honnêtes gens.

L'ENFANT.—Alors les menteurs et les jureurs sont des imbéciles, car il y a assez de menteurs et de jureurs pour battre les honnêtes gens et pour les pendre.

LADY MACDUFF.—Que Dieu te garde, pauvre petit singe! Mais comment feras-tu pour avoir un père?

L'ENFANT.—S'il était mort, vous le pleureriez, et si vous ne pleuriez pas, ce serait un bon signe que j'aurais bientôt un nouveau père.

LADY MACDUFF.—Pauvre petit causeur, comme tu babilles!

(Arrive un messager.)

LE MESSAGER.—Dieu vous garde, belle dame! je ne vous suis pas connu, quoique je sois parfaitement instruit du rang que vous tenez. Je crains que quelque danger ne soit prêt à fondre sur vous. Si vous voulez suivre l'avis d'un homme simple, qu'on ne vous trouve pas en ce lieu. Fuyez d'ici avec vos petits enfants. Je suis trop barbare, je le sens, de vous épouvanter ainsi : vous faire plus de mal encore serait une horrible cruauté qui est trop près de vous atteindre. Que le ciel vous protége! Je n'ose m'arrêter plus longtemps.

(Il sort.)

LADY MACDUFF.—Où pourrai-je fuir? Je n'ai point fait de mal : mais je me rappelle maintenant que je suis dans ce monde terrestre, où faire le mal est souvent regardé comme louable, et faire le bien passe quelquefois pour une dangereuse folie. Pourquoi donc, hélas! présenterais-je cette défense de femme, et dirais-je : Je n'ai point fait de mal?—*(Entrent des assassins.)* Quelles sont ces figures?

UN ASSASSIN.—Où est votre mari?

LADY MACDUFF. — Pas dans un lieu, j'espère, assez maudit du ciel pour qu'il puisse être trouvé par un homme tel que toi.

L'ASSASSIN.—C'est un traître.

L'ENFANT.—Tu en as menti, vilain, aux poils roux!

L'ASSASSIN, *poignardant l'enfant*. — Comment, toi qui n'es pas sorti de ta coquille, petit frai de traître!

L'ENFANT.—Il m'a tué, ma mère : sauvez-vous, je vous en prie.

(Il meurt. Lady Macduff sort en criant au meurtre, et poursuivie par les assassins.)

SCÈNE III

En Angleterre. — Un appartement dans le palais du roi.

Entrent MALCOLM ET MACDUFF.

MALCOLM. — Cherchons quelque sombre solitude où nous puissions vider de larmes nos tristes cœurs.

MACDUFF.—Empoignons plutôt l'épée meurtrière, et, en hommes de courage, marchons à grands pas vers notre patrie abattue[1]. Chaque matin se lamentent de nouvelles

---

[1] *And like goodmen*
Bestride our down fall'n birthdom.

Les commentateurs ont voulu expliquer par *birth right*, droit de naissance, le mot de *birthdom*, qui signifie, je crois, pays na-

veuves, de nouveaux orphelins pleurent ; chaque jour de nouveaux accents de douleur vont frapper la face du ciel, qui en retentit, comme s'il était sensible aux maux de l'Écosse, et qu'il répondît par des cris aussi lamentables.

MALCOLM.—Je pleure sur ce que je crois ; je crois ce que j'ai appris, et ce que je puis redresser sera redressé dès que je trouverai l'occasion amie. Il peut se faire que ce que vous m'avez raconté soit vrai : cependant ce tyran, dont le nom seul blesse notre langue, passa autrefois pour un honnête homme ; vous l'avez aimé chèrement ; il ne vous a point encore fait de mal. Je suis jeune, mais vous pourriez vous faire un mérite près de lui à mes dépens ; et c'est sagesse que d'offrir un pauvre, faible et innocent agneau pour apaiser un dieu irrité.

MACDUFF.—Je ne suis pas traître.

MALCOLM.—Mais Macbeth l'est. Un bon et vertueux naturel peut plier sous la main d'un monarque. Je vous demande pardon ; mes idées ne changent point ce que vous êtes en effet : les anges sont demeurés brillants, quoique le plus brillant soit tombé ; et quand tout ce qu'il y a d'odieux se présenterait sous les traits de la vertu, la vertu n'en conserverait pas moins son aspect ordinaire.

MACDUFF.—J'ai perdu mes espérances.

MALCOLM. — Peut-être là même où j'ai trouvé des doutes. Pourquoi avez-vous si brusquement quitté, sans prendre congé d'eux, votre femme et vos enfants, ces précieux motifs de nos actions, ces puissants liens d'amour?—Je vous prie, ne voyez pas dans mes soupçons des affronts pour vous, mais seulement des sûretés pour

---

tal. Dans cette supposition, ils ont expliqué le mot *bestride* par être à cheval, à la manière d'un homme qui met entre ses jambes, pour le défendre, l'objet qu'on veut lui enlever. Cette explication me paraît être forcée et nullement en rapport avec le reste du dialogue. — Malcolm parle de se retirer dans un coin pour pleurer ; Macduff veut au contraire qu'il se rende dans son pays, et part de là pour lui décrire les maux de ce pays : cela est naturel.

moi : vous pouvez être parfaitement honnête, quoique je puisse penser.

MACDUFF.—Péris, péris, pauvre patrie! Tyrannie puissante, affermis-toi sur tes fondements, car la vertu n'ose te réprimer; et toi, subis tes injures, c'est maintenant à juste titre[1]. Adieu, prince : je ne voudrais pas être le misérable que tu soupçonnes pour tout l'espace qui est sous la main du tyran, avec le riche Orient par-dessus le marché.

MALCOLM.—Ne vous offensez point : ce que je dis ne vient point d'une défiance décidée contre vous. Je crois que notre patrie succombe sous le joug, elle pleure, son sang coule, et chaque jour de plus ajoute une plaie à ses blessures ; je crois aussi que plus d'une main se lèverait en faveur de mes droits, et je reçois ici de la généreuse Angleterre l'offre d'un million de bons soldats : mais après tout cela, quand j'aurai foulé aux pieds la tête du tyran, ou que je l'aurai placée sur la pointe de mon épée, ma pauvre patrie se trouvera en proie à plus de vices encore qu'auparavant ; elle souffrira encore, et de plus de manières, de celui qui succédera.

MACDUFF.—Et qui sera-ce donc?

MALCOLM.—C'est moi-même dont je veux parler ; je sens en moi toutes les sortes de vices tellement enracinés, que, quand ils viendront à s'épanouir, le noir Macbeth paraîtra pur comme la neige ; et le pauvre État le tiendra pour un agneau en comparaison des maux sans bornes qui viendraient de moi.

MACDUFF.—Jamais, aux légions de l'horrible enfer, il ne peut se joindre un démon assez maudit en méchanceté pour surpasser Macbeth.

MALCOLM.—J'avoue qu'il est sanguinaire, esclave de la

---

[1]   *Wear thou thy wrongs,*
        Thy title is affeer'd.

Affeer'd est un terme de loi qui paraît signifier confirmer. Je pense, malgré l'opinion de la plupart des commentateurs, que Macduff s'adresse ici à Malcolm, et lui dit, pour lui reprocher sa lâcheté : « Subis tes injures, ton titre est consacré, tu y as droit. »

luxure, avare, faux, trompeur, capricieux, violent, et infecté de tous les vices qui ont un nom ; mais il n'y a point de limites, il n'y en a aucune à mes ardeurs de volupté : vos femmes, vos filles, vos matrones et vos servantes, ne pourraient combler le gouffre de mon incontinence, et mes désirs renverseraient tous les obstacles que la vertu opposerait à ma volonté. Macbeth vaut mieux qu'un pareil roi,

MACDUFF.—Une intempérance sans fin est une tyrannie de la nature ; elle a plus d'une fois avant le temps rendu vacant un trône fortuné, et causé la chute de beaucoup de rois. Mais ne craignez point pour cela de vous charger de la couronne qui vous appartient. Vous pouvez abandonner à votre passion une vaste moisson de voluptés, et paraître encore tempérant, tant il vous sera aisé de fasciner le public. Nous avons assez de dames de bonne volonté, et vous ne pouvez renfermer en vous-même un vautour capable de dévorer toutes celles qui viendront s'offrir d'elles-mêmes à l'homme revêtu du pouvoir, aussitôt qu'elles auront découvert son inclination.

MALCOLM.—Outre cela, au nombre de mes penchants désordonnés s'élève en moi une avarice si insatiable, que, si j'étais roi, je ferais périr les nobles pour avoir leurs terres ; je convoiterais les joyaux de l'un, le château d'un autre ; et plus j'aurais, plus cet assaisonnement augmenterait mon appétit, en sorte que je forgerais d'injustes accusations contre des hommes honnêtes et fidèles, et je les détruirais par avidité de richesses.

MACDUFF.—L'avarice pénètre plus avant et jette des racines plus pernicieuses que l'incontinence, fruit de l'été[1] ; elle a été le glaive qui a égorgé nos rois. Cependant ne craignez rien : l'Écosse contient des richesses à foison pour assouvir vos désirs, même de votre propre bien ; tous ces vices sont tolérables quand ils sont balancés par des vertus.

MALCOLM.—Mais je n'en ai point : tout ce qui fait l'or-

---

[1] *Summer seeding lust.*

nement des rois, justice, franchise, tempérance, fermeté, libéralité, persévérance, clémence, modestie, piété, patience, courage, bravoure, tout cela n'a pour moi aucun attrait; mais j'abonde en vices de toutes sortes, chacun en particulier reproduit sous différentes formes. Oui! si j'en avais le pouvoir, je ferais couler dans l'enfer le doux lait de la concorde, je bouleverserais la paix universelle, et je porterais le désordre dans tout ce qui est uni sur la terre.

MACDUFF.—O Écosse! Écosse!

MALCOLM.—Si un pareil homme est fait pour gouverner, parlez; je suis tel que je vous l'ai dit.

MACDUFF.—Fait pour gouverner! non, pas même pour vivre! O nation misérable! sous le joug d'un tyran usurpateur, armé d'un sceptre ensanglanté, quand reverras-tu des jours prospères, puisque le rejeton légitime de ton trône demeure réprouvé par son propre arrêt et blasphème contre sa race? Ton père était un saint roi; la reine qui t'a porté, plus souvent à genoux que sur ses pieds, mourait chaque jour à elle-même. Adieu: ces vices dont tu t'accuses toi-même m'ont banni d'Écosse. O mon cœur, ta dernière espérance s'évanouit ici!

MALCOLM.—Macduff, ce noble transport, fils de l'intégrité, a effacé de mon âme tous ses noirs soupçons, m'a convaincu de ton honneur et de ta bonne foi. Le diabolique Macbeth a déjà tenté, par plusieurs artifices semblables, de m'attirer sous sa puissance; et une modeste prudence me défend contre une crédulité trop précipitée. Mais que le Dieu d'en haut traite seul entre toi et moi! De ce moment je m'abandonne à tes conseils; je rétracte les calomnies que j'ai proférées contre moi-même, et j'abjure ici tous les reproches, toutes les imputations dont je me suis chargé, comme étrangers à mon caractère. Je suis encore inconnu à une femme; jamais je ne fus parjure; à peine ai-je convoité la possession de mon propre bien; jamais je n'ai violé ma foi; je ne trahirais pas le diable à son compère; et la vérité m'est aussi chère que la vie. Mon premier mensonge est celui que je viens de faire contre moi. Ce que je suis en en effet, c'est à toi et à ma pauvre patrie à en disposer, et déjà, avant ton arrivée en ce lieu, le vieux Siward, à la tête de dix mille vaillants guerriers réunis sur un même point, allait se mettre en marche pour l'Écosse. Maintenant nous irons ensemble ; et puisse le succès être aussi bon que la querelle que nous soutenons!—Pourquoi gardes-tu le silence ?

MACDUFF.—Tant d'idées agréables et tant d'idées fâcheuses à la fois ne sont pas aisées à concilier.

(Entre un médecin.)

MALCOLM, à *Macduff*.—Nous en reparlerons.—Je vous prie, le roi va-t-il paraître?

LE MÉDECIN.—Oui, seigneur; il y a là une foule de malheureux qui attendent de lui leur guérison. Leur maladie triomphe des plus puissants moyens de l'art; mais dès qu'il les touche, telle est la vertu sainte dont le ciel a doué sa main, qu'ils guérissent à l'instant.

MALCOLM.—Je vous remercie, docteur.

(Le médecin sort.)

MACDUFF.—Quelle est la maladie dont il veut parler?

MALCOLM.—On l'appelle le *mal du roi*[1] : c'est une œuvre miraculeuse de ce bon prince, et dont j'ai été moi-même souvent témoin depuis mon séjour dans cette cour. Comment il se fait exaucer du ciel, lui seul le sait; mais le fait est qu'il guérit des gens affligés d'un mal cruel, tout bouffis et couverts d'ulcères, pitoyables à voir, et désespoir de la médecine, en leur suspendant au cou une médaille d'or qu'il accompagne de saintes prières ; et l'on dit qu'il transmettra aux rois ses successeurs ce bienfaisant pouvoir de guérir. Outre cette vertu singulière, il a encore reçu du ciel le don de prophétie ; et les nombreuses bénédictions qui planent sur son trône annoncent assez qu'il est rempli de la grâce de Dieu.

(Entre Rosse.)

MACDUFF.—Voyez : qui vient à nous?

MALCOLM.—Un de mes compatriotes, mais je ne le reconnais pas encore.

---

[1] Les écrouelles.

MACDUFF, *à Rosse.*—Mon bon et cher cousin, soyez le bienvenu.

MALCOLM.—Je le reconnais à présent. Dieu de bonté, écarte promptement les causes qui nous rendent ainsi étrangers les uns aux autres.

ROSSE.—*Amen*, seigneur.

MACDUFF.—L'Ecosse est-elle toujours à sa place?

ROSSE.—Hélas! pauvre pays qui n'ose presque plus se reconnaître! On ne peut l'appeler notre mère, mais notre tombeau, cette patrie où l'on n'a jamais vu sourire que ce qui est privé d'intelligence; où l'air est déchiré de soupirs, de gémissements, de cris douloureux qu'on ne remarque plus; où la violence de la douleur est regardée comme une folie ordinaire[1]; où la cloche mortuaire sonne sans qu'à peine on demande pour qui; où la vie des hommes de bien expire avant que soit séchée la fleur qu'ils portent à leur chapeau, ou même avant qu'elle commence à se flétrir.

MACDUFF.—O récit trop exact, et cependant trop vrai!

MALCOLM.—Quel est le malheur le plus nouveau?

ROSSE.—Le malheur qui date d'une heure fait siffler celui qui le raconte; chaque minute en enfante un nouveau.

MACDUFF.—Comment se porte ma femme?

ROSSE.—Mais, bien.

MACDUFF.—Et tous mes enfants?

ROSSE.—Bien aussi.

MACDUFF.—Et le tyran n'a pas attenté à leur paix?

ROSSE.—Non, ils étaient bien en paix quand je les ai quittés.

MACDUFF.—Ne soyez point avare de paroles : comment cela va-t-il?

ROSSE.—Lorsque je suis arrivé ici pour apporter les nouvelles qui me pèsent si cruellement, le bruit courait que plusieurs hommes de cœur s'étaient mis en campagne; et, d'après ce que j'ai vu des forces que le tyran a sur pied en ce moment, je suis disposé à le croire.

[1] *Modern ecstasy.*

L'heure est venue de nous secourir; un de vos regards en Écosse créerait des soldats, et ferait combattre jusqu'aux femmes pour s'affranchir de tant d'horribles maux.

MALCOLM.—Qu'ils se consolent, nous allons en Écosse. La généreuse Angleterre nous a prêté le brave Siward et dix mille hommes : la chrétienté ne fournit pas un plus ancien, ni un meilleur soldat.

ROSSE.—Plût au ciel que je pusse répondre à cette consolation en vous rendant la pareille! mais j'ai à prononcer des paroles qu'il faudrait hurler dans l'air solitaire, là où l'ouïe ne pourrait les saisir.

MACDUFF.—Qui intéressent-elles? Est-ce la cause générale? ou bien est-ce un patrimoine de douleur qu'un seul cœur puisse réclamer comme sien?

ROSSE.—Il n'est point d'âme honnête qui ne partage cette douleur, bien que la principale part n'en appartienne qu'à vous.

MACDUFF.—Si elle m'appartient, ne me la gardez pas plus longtemps; que j'en sois mis en possession sur-le-champ.

ROSSE.—Que vos oreilles ne prennent pas pour jamais en aversion ma voix, qui va les frapper des sons les plus accablants qu'elles aient jamais entendus.

MACDUFF.—Ouf! je devine!

ROSSE.—Votre château a été surpris, votre femme et vos petits enfants inhumainement massacrés. Vous dire la manière, ce serait à la curée de ces daims massacrés vouloir ajouter encore votre mort.

MALCOLM.—Dieu de miséricorde!—Allons, homme, n'enfoncez point votre chapeau sur vos yeux; donnez des expressions à la douleur : le chagrin qui ne parle pas murmure en secret au cœur surchargé et lui ordonne de se rompre.

MACDUFF.—Mes enfants aussi?

ROSSE.—Femmes, enfants, serviteurs, tout ce qu'ils ont pu trouver.

MACDUFF.—Et fallait-il que je n'y fusse pas! Ma femme tuée aussi!

ROSSE.—Je vous l'ai dit.

MALCOLM. — Prenez courage : cherchons dans une grande vengeance des remèdes propres à guérir cette mortelle douleur.

MACDUFF.—Il n'a point d'enfants[1]!—Tous mes jolis enfants, avez-vous dit? tous? Oh! milan d'enfer! Tous? quoi! tous mes pauvres petits poulets et leur mère, tous enlevés d'un seul horrible coup?

MALCOLM.—Luttez en homme contre le malheur.

MACDUFF.—Je le ferai; mais il faut bien aussi que je le sente en homme; il faut bien aussi que je me rappelle qu'il a existé dans le monde des êtres qui étaient pour moi ce qu'il y avait de plus précieux. Le ciel l'a vu et n'a pas pris leur défense! Coupable Macduff! ils ont tous été frappés pour toi! Misérable que je suis! ce n'est pas pour leurs fautes, mais pour les miennes, que le meurtre a fondu sur eux. Que le ciel maintenant leur donne la paix!

MALCOLM.—Que ceci aiguise votre épée ; que votre dou-

---

[1] *He has no children !*

On est demeuré dans l'incertitude sur le sens de cette exclamation : quelques personnes pensent qu'elle s'adresse à Malcolm, dont les impuissantes consolations ne peuvent venir que d'un homme qui n'a pu connaître une pareille douleur ; et il est certain qu'à l'appui de cette opinion vient ce qu'a dit lady Macbeth, dans le premier acte, du bonheur qu'elle a senti à allaiter son enfant; de plus, les chroniques d'Écosse parlent d'un fils de Macbeth, nommé Lulah, qui fut, après la mort de son père, couronné roi par quelques-uns de ses partisans, et fut ensuite tué quatre mois environ après la bataille de Dunsinane. Mais, d'un autre côté, il est clair que Macduff répond à Malcolm, et qu'il repousse ses consolations par l'impossibilité où il est de se venger sur un homme qui n'a pas d'enfants. Il faut remarquer d'ailleurs que rien dans la pièce n'a indiqué que Macbeth eût des enfants vivants, et que le désespoir avec lequel Macbeth apprend que des enfants de Banquo régneront après lui, ne paraît pas porter sur l'idée de voir privé de la couronne un enfant déjà existant. Il ne dit point: *not my son*, mais *no son of mine succeeding;* enfin, ce sens exprime un sentiment beaucoup plus profond, et c'est une raison pour croire que c'est celui de Shakspeare.

leur se change en colère, qu'elle n'affaiblisse pas votre cœur, qu'elle l'enrage.

MACDUFF.—Oh! je pourrais jouer le rôle d'une femme et celui d'un fanfaron avec ma langue; mais, ô ciel propice, abrége tout délai; mets-nous face à face ce démon de l'Écosse et moi; place-le à la longueur de mon épée, s'il m'échappe, que le ciel lui pardonne aussi!

MALCOLM.—Ces accents sont d'un homme. Allons trouver le roi; notre armée est prête; nous n'avons plus qu'à prendre congé. Macbeth est mùr pour tomber, et les puissances d'en haut ont saisi la faucille.—Acceptez tout ce qui peut vous consoler. C'est une longue nuit que celle qui n'arrive point au jour.

(Ils sortent.)

FIN DU QUATRIÈME ACTE.

ACTE CINQUIÈME

SCÈNE I

A Dunsinane.—Un appartement du château.

Entrent UN MÉDECIN ET UNE DAME *suivante de la reine.*

LE MÉDECIN.—Voilà deux nuits que je veille avec vous, et rien ne m'a confirmé la vérité de votre rapport. Quand lui est-il arrivé la dernière fois de se promener ainsi?

LA DAME SUIVANTE.—C'est depuis que Sa Majesté est entrée en campagne : je l'ai vue se lever de son lit, jeter sur elle sa robe de nuit, ouvrir son cabinet, prendre du papier, le plier, écrire dessus, le lire, le cacheter ensuite, puis retourner se mettre au lit ; et pendant tout ce temps-là demeurer dans le plus profond sommeil.

LE MÉDECIN.—Il faut qu'il existe un grand désordre dans les fonctions naturelles, pour qu'on puisse à la fois jouir des bienfaits du sommeil et agir comme si l'on était éveillé. Dites-moi, dans cette agitation endormie, outre sa promenade et les autres actions dont vous parlez, que lui avez-vous jamais entendu dire?

LA DAME SUIVANTE.—Ce que je ne veux pas répéter après elle, monsieur.

LE MÉDECIN.—Vous pouvez me le dire à moi, et cela est même très-nécessaire.

LA DAME SUIVANTE.—Ni à vous, ni à personne, puisque je n'ai aucun témoin pour confirmer mon récit. (*Entre lady Macbeth, avec un flambeau.*) Tenez, la voilà qui vient absolument comme à l'ordinaire ; et, sur ma vie, elle est profondément endormie. Observez-la ; demeurez à l'écart.

LE MÉDECIN.—Comment a-t-elle eu cette lumière?

LA DAME SUIVANTE.—Ah! elle était près d'elle : elle a toujours de la lumière près d'elle ; c'est son ordre.

LE MÉDECIN.—Vous voyez que ses yeux sont ouverts.

LA DAME SUIVANTE.—Oui, mais ils sont fermés à toute impression.

LE MÉDECIN.—Que fait-elle donc là? Voyez comme elle se frotte les mains.

LA DAME SUIVANTE.—C'est un geste qui lui est ordinaire : elle a toujours l'air de se laver les mains ; je l'ai vue le faire sans relâche un quart d'heure de suite.

LADY MACBETH.—Il y a toujours une tache.

LE MÉDECIN.—Écoutez ; elle parle. Je veux écrire ce qu'elle dira, afin d'en conserver plus nettement le souvenir.

LADY MACBETH.—Va-t'en, maudite tache....; va-t'en, te dis-je.—Une, deux heures.—Allons, il est temps de le faire.—L'enfer est sombre!—Fi! mon seigneur, fi! un soldat avoir peur! Qu'avons-nous besoin de nous inquiéter, qui le saura, quand personne ne pourra demander de comptes à notre puissance?—Mais qui aurait cru que ce vieillard eût encore tant de sang dans le corps?

LE MÉDECIN, *à la dame suivante.* — Remarquez-vous cela?

LADY MACBETH.—Le thane de Fife avait une femme : où est-elle maintenant?—Quoi! ces mains ne seront-elles jamais propres?—Plus de cela, mon seigneur, plus de cela : vous gâtez tout par ces tressaillements.

LE MÉDECIN.—Allez-vous-en, allez-vous-en ; vous avez appris ce que vous ne deviez pas savoir.

LA DAME SUIVANTE.—Elle a dit ce qu'elle ne devait pas dire, j'en suis sûre. Dieu sait tout ce qu'elle a su!

LADY MACBETH.—Il y a toujours là une odeur de sang. Tous les parfums de l'Arabie ne peuvent purifier cette petite main!—Oh! oh! oh!

LE MÉDECIN.—Quel profond soupir! Le cœur est cruellement chargé.

LA DAME SUIVANTE.—Je ne voudrais pas avoir un pareil cœur dans mon sein, pour les grandeurs de tout ce corps.

LE MÉDECIN.—Bien, bien, bien.

LA DAME SUIVANTE.—Je prie Dieu qu'il en soit ainsi, docteur.

LE MÉDECIN.—Cette maladie est au-dessus de mon art : cependant j'ai connu des personnes qui se promenaient durant leur sommeil, et qui sont mortes saintement dans leur lit.

LADY MACBETH.—Lavez vos mains, mettez votre robe de nuit, ne soyez pas si pâle. Je vous le répète, Banquo est enterré, il ne peut pas sortir de son tombeau.

LE MÉDECIN.—Et cela encore?

LADY MACBETH.—Au lit, au lit : on frappe à la porte : venez, venez, venez, donnez-moi votre main. Ce qui est fait ne peut se défaire. Au lit, au lit, au lit!
(Elle sort.)

LE MÉDECIN.—Va-t-elle retourner à son lit?

LA DAME SUIVANTE.—Tout droit.

LE MÉDECIN.—Il a été murmuré d'horribles secrets. —Des actions contre nature produisent des désordres contre nature. Le sourd oreiller recevra les confidences des consciences souillées.—Elle a plus besoin d'un prêtre que d'un médecin. Dieu! Dieu! pardonne-nous à tous.— Suivez-la; écartez d'elle tout ce qui pourrait la déranger, et ayez toujours les yeux sur elle; je pense, mais je n'ose parler.

LA DAME SUIVANTE.—Bonne nuit, cher docteur.
(Ils sortent.)

SCÈNE II

Dans la campagne, près de Dunsinane.

Entrent avec des enseignes et des tambours MENTEITH, CAITHNESS, ANGUS, LENOX, *des soldats.*

MENTEITH.—L'armée anglaise approche : elle est conduite par Malcolm, son oncle Siward et le brave Macduff. La vengeance brûle dans leur cœur : une cause si chère exciterait l'homme le plus mort au monde à se lancer dans le sang et les terreurs de la guerre.

ANGUS.—Nous ferons bien d'aller les joindre près de la forêt de Birnam ; c'est par cette route qu'ils arrivent.

CAITHNESS.—Qui sait si Donalbain est avec son frère?

LENOX.—Certainement non, seigneur, il n'y est pas. J'ai une liste de toute cette noblesse : le fils de Siward en est, ainsi qu'un grand nombre de jeunes gens encore sans barbe, et qui vont pour la première fois faire acte de virilité.

MENTEITH.—Que fait le tyran ?

CAITHNESS.—Il fait fortifier solidement le grand château de Dunsinane. Quelques-uns disent qu'il est fou ; d'autres, qui le haïssent moins, appellent cela une courageuse fureur. Mais ce qu'il y a de certain, c'est qu'il ne peut plus boucler la ceinture de la règle sur une cause aussi malade.

ANGUS.—Il sent maintenant ses meurtres secrets blesser ses propres mains. A chaque instant de nouvelles révoltes viennent lui reprocher son manque de foi. Ceux qu'il commande n'obéissent qu'à l'autorité, et nullement à l'amour. Il commence à sentir la dignité souveraine l'embarrasser de son ampleur inutile, comme la robe d'un géant volée par un nain.

MENTEITH.—Qui pourra blâmer ses sens troublés de reculer et de tressaillir, quand tout ce qui est en lui se reproche sa propre existence ?

CAITHNESS.—Marchons ; allons porter notre obéissance à qui elle est légitimement due. Allons trouver le médecin de cet État malade ; et versons avec lui jusqu'à la dernière goutte de notre sang pour le remède de notre patrie.

LENOX.—Tout ce qu'il en faudra du moins pour arroser la fleur royale et noyer les mauvaises herbes. Dirigeons notre marche vers Birnam.

SCÈNE III

A Dunsinane.—Un appartement du château.

Entrent MACBETH, LE MÉDECIN ; *suite.*

MACBETH, *aux personnes de sa suite.*—Ne m'apportez

plus de rapports. Qu'ils s'envolent tous ; jusqu'à ce que la forêt de Birnam se mette en mouvement vers Dunsinane, la crainte ne pourra m'atteindre. Qu'est-ce que ce petit Malcolm? n'est-il pas né d'une femme? Les esprits, qui connaissent tout l'enchaînement des causes de mort, me l'ont ainsi déclaré : « Ne crains rien, Macbeth; nul homme né d'une femme n'aura jamais de pouvoir sur toi. »—Fuyez donc, perfides thanes, et allez vous confondre avec ces épicuriens d'Anglais. L'esprit par lequel je gouverne et le cœur que je porte ne seront jamais accablés par l'inquiétude, ni ébranlés par la crainte.—(*Entre un domestique.*) Que le diable te grille, vilain à face de crème! où as-tu pris cet air d'oison?

LE DOMESTIQUE.—Seigneur, il y a dix mille...

MACBETH.—Oisons, misérable!

LE DOMESTIQUE.—Soldats, seigneur.

MACBETH.—Va-t'en te piquer la figure pour cacher ta frayeur sous un peu de rouge, drôle, au foie blanc de lis[1]. Quoi, soldats! vous voilà de toutes les couleurs!—Mort de mon âme! Tes joues de linge apprennent la peur aux autres. Quoi, soldats! des visages de petit-lait!

LE DOMESTIQUE. — L'armée anglaise, sauf votre bon plaisir...

MACBETH.—Ote-moi d'ici ta face.—Seyton!—Le cœur me manque quand je vois...—Seyton!—De ce coup je vais être mis à l'aise pour toujours, ou jeté à bas.—J'ai vécu assez longtemps, la course de ma vie est arrivée à l'automne, les feuilles jaunissent, et tout ce qui devrait accompagner la vieillesse, comme l'honneur, l'amour, les troupes d'amis, je ne dois pas y prétendre : à leur place ce sont des malédictions prononcées tout bas, mais du fond de l'âme; des hommages de bouche, vain souffle que le pauvre cœur voudrait refuser et n'ose.—Seyton!

(*Entre Seyton.*)

SEYTON.—Quel est votre bon plaisir?

MACBETH.—Quelles nouvelles y a-t-il encore?

SEYTON.—Tout ce qu'on a annoncé est confirmé, seigneur.

---

[1] La blancheur du foie passait pour une preuve de lâcheté.

MACBETH.—Je combattrai jusqu'à ce que ma chair tombe en pièces de dessus mes os.—Donne-moi mon armure.

SEYTON.—Vous n'en avez pas encore besoin.

MACBETH.—Je veux la mettre. Envoie un plus grand nombre de cavaliers parcourir le pays, qu'on pende ceux qui parlent de peur. Donne-moi mon armure.—Comment va votre malade, docteur?

LE MÉDECIN.—Elle n'est pas si malade, seigneur, qu'obsédée de rêveries qui se pressent dans son imagination et l'empêchent de reposer.

MACBETH.—Guéris-la de cela. Ne peux-tu donc soigner un esprit malade, arracher de la mémoire un chagrin enraciné, effacer les soucis gravés dans le cerveau, et, par la vertu de quelque bienfaisant antidote d'oubli, nettoyer le sein encombré de cette matière pernicieuse qui pèse sur le cœur?

LE MÉDECIN.—C'est au malade en pareil cas à se soigner lui-même.

MACBETH.—Jette donc la médecine aux chiens; je n'en veux pas.—Allons, mets-moi mon armure; donne-moi ma lance.—Seyton, envoie la cavalerie.—Docteur, les thanes m'abandonnent.—Allons, monsieur, dépêchez-vous.—Docteur, si tu pouvais, à l'inspection de l'eau de mon royaume[1], reconnaître sa maladie, et lui rendre par tes remèdes sa bonne santé passée, je t'applaudirais à tous les échos capables de répéter mes applaudissements.—(*A Seyton.*) Ote-la, te dis-je.—Quelle sorte de rhubarbe, de séné, ou de toute autre drogue purgative, pourrais-tu nous donner pour nous évacuer de ces Anglais? En as-tu entendu parler?

LE MÉDECIN.—Mon bon seigneur, les préparatifs de Votre Majesté nous en disent quelque chose.

MACBETH, *à Seyton.*—Porte-la derrière moi.—Je n'ai à

---

1 *Cast*
The water of my land.

Cast the water était alors l'expression anglaise pour *examiner les urines.*

craindre ni mort, ni ruine, jusqu'à ce que la forêt de Birnam vienne à Dunsinane.

(Il sort.)

LE MÉDECIN.—Si j'étais sain et sauf hors de Dunsinane, il ne serait pas aisé de m'y faire rentrer pour de l'argent.

(Il sort.)

SCÈNE IV

Dans la campagne près de Dunsinane, et en vue d'une forêt.

Entrent avec des enseignes et des tambours MALCOLM, LE VIEUX SIWARD ET SON FILS, MACDUFF, MENTEITH, CAITHNESS, ANGUS, LENOX, ROSSE; *soldats en marche.*

MALCOLM.—Cousins, j'espère que le jour n'est pas loin où nous serons en sûreté chez nous.

MENTEIH.—Nous n'en doutons nullement.

SIWARD. — Quelle est cette forêt que je vois devant nous?

MENTEITH.—La forêt de Birnam.

MALCOLM. — Que chaque soldat coupe une branche d'arbre et la porte devant lui : par-là nous dissimulerons à l'ennemi notre force, et tromperons ceux qu'il enverra à la découverte.

LES SOLDATS.—Vous allez être obéi.

SIWARD.—Nous n'avons rien appris, si ce n'est que le tyran, plein de confiance, se tient ferme dans Dunsinane et nous y laissera mettre le siége.

MALCOLM.—C'est sa principale ressource, car, partout où l'on en trouve l'occasion, les grands et les petits se révoltent contre lui. Il n'est servi que par des machines qui lui obéissent de force, tandis que leurs cœurs sont ailleurs.

MACDUFF. — Nous jugerons justement après l'événement qui ne trompe point. Ne négligeons aucune des ressources de l'art militaire.

SIWARD. — Le temps approche où nous apprendrons décidément ce que nous avons et ce que nous devons. Les idées spéculatives nous entretiennent de leurs espérances incertaines, mais les coups déterminent l'événement d'une manière positive : c'est à ce but qu'il faut que la guerre marche.

(Ils se mettent en marche.)

SCÈNE V

A Dunsinane.—Intérieur du château.

Entrent avec des enseignes et des tambours MACBETH, SEYTON, *soldats.*

MACBETH.—Plantez notre étendard sur le rempart extérieur. On crie toujours : *Ils viennent!* Mais la force de notre château se moque d'un siége. Qu'ils restent là jusqu'à ce que la famine et les maladies les consument. S'ils n'étaient pas renforcés par ceux mêmes qui devraient combattre pour nous, nous aurions pu hardiment les aller rencontrer face à face, et les reconduire battant jusque chez eux.—Quel est ce bruit?
(On entend derrière le théâtre des cris de femmes.)

SEYTON.—Ce sont des cris de femmes, mon bon seigneur.

MACBETH.—J'ai presque oublié l'impression de la crainte. Il fut un temps où mes sens se seraient glacés au bruit d'un cri nocturne; où tous mes cheveux, à un récit funeste, se dressaient et s'agitaient comme s'ils eussent été doués de vie : mais je me suis rassasié d'horreurs. Ce qu'il y a de plus sinistre, devenu familier à mes pensées meurtrières, ne saurait me surprendre.— D'où venaient ces cris?

SEYTON.—La reine est morte, mon seigneur.

MACBETH.—Elle aurait dû mourir plus tard : il serait arrivé un moment auquel aurait convenu une semblable parole. Demain, demain, demain, se glisse ainsi à petits pas d'un jour à l'autre, jusqu'à la dernière syllabe du temps inscrit; et tous nos hier n'ont travaillé, les imbéciles, qu'à nous abréger le chemin de la mort poudreuse ¹. Éteins-toi, éteins-toi, court flambeau : la vie n'est qu'une ombre qui marche ; elle ressemble à un comédien qui se pavane et s'agite sur le théâtre une heure ; après quoi il n'en est plus question ; c'est un conte raconté par un idiot avec beaucoup de bruit et de chaleur, et qui ne signifie rien. — (*Entre un messager.*) Tu viens pour faire usage de ta langue : vite, ton histoire.

LE MESSAGER. — Mon gracieux seigneur, je voudrais vous rapporter ce que je puis dire avoir vu ; mais je ne sais comment m'y prendre.

MACBETH. — C'est bon, parlez, mon ami.

LE MESSAGER. — J'étais de garde sur la colline, et je regardais du côté de Birnam, quand tout à l'heure il m'a semblé que la forêt se mettait en mouvement.

MACBETH *le frappant.* — Menteur ! misérable !

LE MESSAGER. — Que j'endure votre colère si cela n'est pas vrai ; vous pouvez, à la distance de trois milles, la voir qui s'approche : c'est, je vous le dis, un bois mouvant.

MACBETH. — Si ton rapport est faux, tu seras suspendu vivant au premier arbre, jusqu'à ce que la famine te dessèche. Si ton récit est véritable, peu m'importe que tu m'en fasses autant : je prends mon parti résolûment, et commence à douter des équivoques du démon qui ment sous l'apparence de la vérité : *Ne crains rien jusqu'à ce que la forêt de Birnam marche sur Dunsinane*, et voilà maintenant une forêt qui s'avance vers Dunsinane. — Aux armes, aux armes, et sortons ! — S'il a vu en effet ce qu'il assure, il ne faut plus songer à s'échapper d'ici, ni à s'y renfermer plus longtemps. — Je commence à être las du soleil, et à souhaiter que toute la machine

---

¹   *And all our yesterdays have lighted fools*
    The way to dusty death.

To light se prend quelquefois pour *to lighten*, alléger, et je crois que c'en est ici la signification. Les jours passés n'ont point *éclairé*, mais *allégé* ou *abrégé* le chemin que nous avons à faire jusqu'à la mort. Les commentateurs ne paraissent pas l'avoir entendu dans ce sens.

de l'univers périsse en ce moment.—Sonnez la cloche d'alarme.—Vents, soufflez ; viens, destruction : du moins nous mourrons le harnais sur le dos.

(Ils sortent.)

SCÈNE VI

Toujours à Dunsinane. — Une plaine devant le château.

Entrent avec des enseignes et des tambours MALCOLM, LE VIEUX SIWARD, MACDUFF, ROSSE, LENOX, ANGUS, CAITHNESS, MENTEITH, *et leurs soldats portant des branches d'arbres,*

MALCOLM, *aux soldats*. — Nous voilà assez près : jetez ces rideaux de feuillage, et montrez-vous pour ce que vous êtes.—Vous, mon digne oncle, avec mon cousin votre noble fils, vous commanderez le premier corps de bataille. Le brave Macduff et nous, nous nous chargerons de tout ce qui restera à faire, suivant le plan arrêté entre nous.

SIWARD. — Adieu ; joignons seulement l'armée du tyran ; et je veux être battu si nous n'en venons pas aux mains dès ce soir.

MACDUFF.—Faites parler toutes nos trompettes : donnez toute leur voix à ces bruyants précurseurs du sang et de la mort.

(Ils sortent. Bruit continuel d'alarmes.)

SCÈNE VII

Toujours à Dunsinane.—Une autre partie de la plaine.

Entre MACBETH.

MACBETH.—Ils m'ont attaché à un poteau ; je ne peux fuir, mais, comme l'ours, il faut que je me batte à tout venant. Où est celui qui n'est pas né de femme ? Voilà l'homme que je dois craindre, ou je n'en crains aucun.

(Entre le jeune Siward.)

LE JEUNE SIWARD. — Quel est ton nom ?

MACBETH. — Tu seras effrayé de l'entendre.

LE JEUNE SIWARD. — Non, quand tu porterais un nom plus brûlant qu'aucun de ceux des enfers.

MACBETH. — Mon nom est Macbeth.

LE JEUNE SIWARD. — Le diable lui-même ne pourrait prononcer un nom plus odieux à mon oreille.

MACBETH. — Non, ni plus redoutable.

LE JEUNE SIWARD. — Tu mens, tyran abhorré : mon épée va prouver ton mensonge.

(Ils combattent. Le jeune Siward est tué.)

MACBETH. — Tu étais né de femme. Je me moque des épées ; je me ris avec mépris de toute arme maniée par l'homme qui est né de femme.

(Il sort.—Alarme.)
(Rentre Macduff.)

MACDUFF. — C'est de ce côté que le bruit s'est fait entendre. Tyran, montre-toi ! Si tu es tué sans avoir reçu un coup de ma main, les ombres de ma femme et de mes enfants ne cesseront de m'obséder. Je ne puis frapper sur de misérables Kernes, dont les bras sont loués pour porter leur lance. Ou toi, Macbeth, ou le tranchant de mon épée, demeuré inutile, rentrera dans le fourreau sans avoir frappé un seul coup. Tu dois être par là ; ce grand cliquetis que j'entends semble annoncer un guerrier du premier rang. Fais-le moi trouver, Fortune, et je ne te demande plus rien.

(Il sort.—Alarme.)
(Entrent Malcolm et le vieux Siward.)

SIWARD. — Par ici, mon seigneur : le château s'est rendu sans efforts ; les soldats du tyran se partagent entre nous et lui. Les nobles thanes font bravement leur devoir de guerriers. La journée s'est presque entièrement déclarée pour vous, et il reste peu de chose à faire.

MALCOLM. — Nous avons rencontré des ennemis qui frappaient à côté de nous.

SIWARD. — Entrons, seigneur, dans le château.

(Ils sortent.—Alarme.)
(Rentre Macbeth.)

MACBETH. — Pourquoi ferais-je ici sottement le Romain, et mourrais-je sur ma propre épée ? Tant que je verrai devant moi des vies, les blessures y seront bien mieux placées.

(Rentre Macduff.)

MACDUFF. — Retourne, chien d'enfer, retourne.

MACBETH. — De tous les hommes tu es le seul que j'aie évité : va-t'en, mon âme est déjà trop chargée du sang des tiens.

MACDUFF. — Je n'ai rien à te dire, ma réponse est dans mon épée, misérable, plus sanguinaire qu'aucune parole ne pourrait l'exprimer.

(Ils combattent.)

MACBETH. — Tu perds ta peine. Tu pourrais aussi facilement imprimer sur l'air subtil le tranchant de ton épée que faire couler mon sang. Que ton fer tombe sur des têtes vulnérables : ma vie est sous un charme qui ne peut céder à un homme né de femme.

MACDUFF. — N'espère plus en ton charme, et que l'ange que tu as toujours servi t'apprenne que Macduff a été arraché avant le temps du sein de sa mère.

MACBETH. — Maudite soit la langue qui a prononcé ces paroles, car elle a subjugué la meilleure partie de moi-même ! et que désormais on n'ajoute plus de foi à ces démons artificieux qui se jouent de nous par des paroles à double sens, qui tiennent leurs promesses à notre oreille en manquant à notre espoir. — Je ne veux point combattre avec toi.

MACDUFF. — Rends-toi donc, lâche, et vis pour être exposé aux regards de notre temps. Ton portrait, comme celui des monstres les plus rares, sera suspendu à un poteau ; et au-dessous sera écrit : « C'est ici qu'on voit le tyran. »

MACBETH. — Je ne me rendrai point pour baiser la poussière devant les pas du jeune Malcolm, et pour être poussé à bout par les malédictions de la populace. Quoique la forêt de Birnam ait marché vers Dunsinane, et que je t'aie en tête, toi qui n'es pas né de femme, je tenterai un dernier effort. Je couvre mon corps de mon bouclier de guerre. Attaque-moi, Macduff : damné soit celui de nous deux qui criera le premier : « Arrête, c'est assez. »

(Ils sortent en combattant. Retraite.—Fanfares.)

(Rentrent, avec des enseignes et des tambours, Malcolm, le vieux Siward, Rosse, Lenox, Angus, Caithness, Menteith, soldats.)

MALCOLM. — Je voudrais que ceux de nos amis qui nous manquent fussent arrivés en sûreté.

SIWARD.—Il en faudra perdre quelques-uns. Cependant, par ceux que je vois ici, nous n'aurons pas acheté cher une si grande journée.

MALCOLM. — Macduff nous manque, ainsi que votre noble fils.

ROSSE, *à Siward.*—Votre fils, monseigneur, a payé la dette d'un soldat : il n'a vécu que pour devenir un homme, et n'a pas eu plutôt prouvé sa valeur, par l'intrépidité de sa contenance dans le combat, qu'il est mort en homme.

SIWARD. — Il est donc mort?

ROSSE. — Oui, et on l'a emporté du champ de bataille. Votre affliction ne doit pas être mesurée sur son mérite, car alors elle n'aurait point de terme.

SIWARD. — A-t-il reçu ses blessures par devant?

ROSSE. — Oui, au front.

SIWARD. — Eh bien donc! qu'il devienne le soldat de Dieu! Eussé-je autant de fils que j'ai de cheveux, je ne leur souhaiterais pas une plus belle mort : ainsi le glas est sonné pour lui.

MALCOLM. — Il mérite plus de regrets ; c'est à moi à les lui rendre.

SIWARD. — Il a tout ce qu'il mérite : on dit qu'il est bien mort, et qu'il a payé ce qu'il devait. Ainsi, que Dieu soit avec lui ! — (*Rentre Macduff, avec la tête de Macbeth à la main.*) Voici de nouveaux sujets de joie.

MACDUFF.—Salut, roi, car tu l'es. Vois, je porte la tête maudite de l'usurpateur. Notre pays est libre. Je te vois entouré des perles de ton royaume : tous répètent mon hommage dans le fond de leurs cœurs. Que leurs voix s'unissent tout haut à la mienne : « Salut, roi d'Écosse ! »

tous.—Roi d'Écosse, salut!

(Fanfares.)

malcolm. — Nous ne laisserons pas écouler beaucoup de temps avant de compter avec les services de votre zèle, et sans vous rendre ce que nous vous devons. Mes thanes et cousins, désormais soyez comtes, les premiers que jamais l'Écosse ait vus honorés de ce titre. Ce qui nous reste à faire, tous les actes nouveaux nécessités par la circonstance, comme le rappel de ceux de nos amis qui se sont exilés pour fuir les piéges de l'inquiète tyrannie ; la recherche des cruels ministres de ce boucher défunt et de son infernale compagne qui, à ce qu'on croit, s'est détruite de ses propres mains ; ces devoirs, et tous les autres qui nous regardent, avec le secours de la grâce, nous les exécuterons à mesure en temps et lieu. Je vous rends grâces à tous ensemble et à chacun en particulier, et je vous invite tous à venir nous voir couronner à Scone.

(Tous sortent au bruit des fanfares.)

FIN DU CINQUIÈME ET DERNIER ACTE

LA COMÉDIE
DES MÉPRISES

NOTICE

SUR LA COMÉDIE DES MÉPRISES

Il est peu de comédies qui aient été aussi souvent et aussi diversement reproduites sur la scène que les *Ménechmes* de Plaute; c'est la seule dette que Shakspeare ait contractée envers les auteurs dramatiques de l'antiquité. Mais il a su enrichir l'idée du poëte latin par l'apparence nouvelle qu'il lui donne et les incidents qu'il a multipliés. *Les Méprises* sont un vrai modèle d'intrigue. Tout le comique des situations résulte, il est vrai, d'une invraisemblance exagérée encore par Shakspeare; car les deux frères jumeaux ont deux esclaves jumeaux comme eux, et qui portent le même nom. Mais, ainsi que l'observe très-bien M. Schlegel, il n'y a pas de degrés dans l'incroyable; si l'on accorde une des ressemblances, on aura tort de faire des difficultés pour l'autre; et si les spectateurs s'amusent des méprises, elles ne pourront jamais se croiser et se combiner trop diversement. La variété des événements et des rencontres imprévues des quatre frères; le danger que court celui qui se voit arrêté pour dettes, et qui est ensuite enfermé comme fou, tandis que l'autre, voyant sa vie attaquée, est obligé de se réfugier dans une abbaye; deux scènes d'amour et de jalousie sauvent la pièce de l'ennui que pourrait amener l'éclaircissement trop longtemps différé. Malgré toutes les intrigues qui s'entre-croisent, tout est lié dans la fiction, tout s'y développe de la manière la plus heureuse, et le dénoûment a quelque chose de solennel par la reconnaissance qui a lieu devant un tribunal auquel préside le prince.

Shakspeare a eu l'art de motiver son exposition; dans les *Ménechmes* de Plaute, elle est faite au moyen d'un prologue; mais ici elle consiste dans le grave récit des douleurs d'un père à qui la constance de ses regrets va coûter la vie.

Peut-être devons-nous être fâchés que Shakspeare n'ait pas conservé le personnage du parasite de Plaute; mais Shakspeare ne connaissait tout au plus Plaute que par une traduction anglaise, et son génie indépendant et capricieux ne pouvait s'astreindre à imiter servilement un modèle. Comme Regnard, de nos jours, il a su introduire dans le cadre de l'auteur latin la peinture de son siècle, en conservant des noms classiques à ses personnages. Il serait plutôt à désirer que, moins entraîné par le vice de son sujet, il eût évité l'écueil des trivialités et quelques plaisanteries grossières, qui cependant sont toujours empreintes de ce cachet d'originalité dont Shakspeare marque ses défauts comme ses beautés.

L'aventure de Dromio avec la Maritorne d'Antipholus de Syracuse rappelle naturellement les scènes si comiques de Cléanthis et de Sosie dans *Amphitryon*.

Le reproche de liberté, adressé par quelques critiques à Molière, qui cependant écrivait pour une cour jalouse des convenances jusqu'à la pruderie, prouve combien il était difficile de conserver le décorum dans un sujet aussi épineux; et Shakspeare, favori de la cour, était encore plus le poëte du peuple.

Si cette comédie, moins intéressante par la peinture des caractères que par la variété des surprises où conduit la ressemblance des jumeaux, est inférieure aux autres comédies de Shakspeare, il faut autant l'attribuer au vice du sujet qu'à la jeunesse de l'auteur; car ce fut une de ses premières pièces. Plusieurs critiques ont même prétendu qu'elle n'avait été que retouchée par lui. Mais il suffirait, pour y reconnaître Shakspeare, de quelques traits de morale qui attestent sa profonde connaissance du cœur humain. Avec quelle adresse l'abbesse qu'Adriana va consulter arrache à sa jalousie l'aveu de ses torts! quels sages avis pour toutes les femmes!

Selon Malone, cette comédie aurait été écrite en 1593; et selon Chalmers, en 1591. — La traduction anglaise des *Ménechmes* de Plaute, par W. Warner, ne fut imprimée qu'en 1595; mais dans Hall et Hollingshed il est fait mention d'une jolie comédie de Plaute, qu'on dit avoir été jouée dès l'an 1520, et quelques-uns prétendent que c'étaient les *Ménechmes*.

En Allemagne, ce sujet a été traité aussi dès l'origine du théâtre; mais c'est surtout en Italie que ce canevas a été souvent employé.

Nous citerons parmi les imitations françaises celles de Rotrou et de Regnard.

Donner l'analyse de la pièce de Rotrou, c'est donner en même temps l'extrait de celle de Plaute; sa comédie est plutôt une traduction qu'une imitation.

Ménechme Sosicle arrive à Épidamne, lieu de la résidence de son frère, sans savoir qu'il y est établi. Il est émerveillé de s'y voir connu et nommé par tout le monde, accablé des reproches d'une femme qui veut être la sienne, et des caresses d'une autre qui se contente d'un titre plus doux.

Rotrou a un peu adouci le personnage de la courtisane Érotie, dont il fait une jeune veuve qui met de la pruderie dans ses épanchements, et qui permet que Ménechme lui fasse la cour, pourvu, lui dit-elle,

> Qu'elle demeure aux termes de l'honneur,
> Que mon honnêteté ne soit point offensée,
> Et qu'un but vertueux borne votre pensée.

Elle n'ignore pas cependant que Ménechme est marié. Shakspeare a été plus fidèle aux vraisemblances en conservant à ce personnage le caractère de courtisane que lui donne le poëte latin.

Regnard a imaginé une autre fable. Ses Ménechmes ne sont point mariés, tous deux veulent l'être et sont rivaux. L'un est un provincial grossier et brutal, qui vient à Paris recueillir la succession d'un oncle. Il a été institué légataire universel, parce que le défunt ignorait la destinée du second de ses neveux, qui avait quitté dès l'enfance la maison paternelle.

Cependant le chevalier Ménechme est à Paris, aux prises avec la mauvaise fortune; une vieille douairière se sent toute portée à changer son sort en l'épousant, et le chevalier ne fait pas le difficile, lorsque son amour pour Isabelle, la propre nièce d'Araminte, lui ouvre les yeux sur l'âge de sa tante. C'est cette même Isabelle que son frère doit épouser, et que Démophon son père a promise à Ménechme, en considération de la succession qu'il vient recueillir. Le hasard instruit le chevalier de cette aventure, et il ne songe plus qu'à souffler à son frère sa maîtresse et son héritage. Peut-être n'est-ce pas là une intention très-morale, et le chevalier nous semble friser un peu les chevaliers des brelans, quoiqu'il se donne, lors de la reconnaissance, un air de générosité en partageant la fortune de l'oncle avec Ménechme, et en lui cédant une de ses deux maîtresses.

On a aussi reproché à Regnard d'être trivial et bas; reproche peu fondé, son comique nous semble au niveau de son sujet; en voulant s'élever, il risquait, comme ses devanciers, de devenir froid et de cesser d'être plaisant. La comédie des *Ménechmes* est une de celles qui servent de fondement à sa réputation.

Nous ne citerons pas la comédie des *Deux Arlequins* de Le Noble, ni *les Deux Jumeaux de Bergame*. Les personnages de nos Arlequins nous semblent fort heureusement choisis pour donner un air de vérité à ces sortes de pièces, à cause du masque qui fait indispensablement partie de leur costume, et de ce costume lui-même, qui prête à l'illusion plus que tout autre.

LA COMÉDIE DES MÉPRISES

PERSONNAGES

SOLINUS, duc d'Éphèse.
ÆGEON, marchand de Syracuse.
ANTIPHOLUS d'Éphèse, \
ANTIPHOLUS de Syracuse, } frères jumeaux et fils d'Ægéon et d'Emilie, mais inconnus l'un à l'autre.
DROMIO d'Éphèse, \
DROMIO de Syracuse, } frères jumeaux et esclaves des deux Antipholus.
BALTASAR, marchand.
ANGÉLO, orfévre.
UN COMMERÇANT, ami d'Antipholus de Syracuse.
PINCH, maître d'école et magicien.
ÉMILIE, femme d'Ægéon, abbesse d'une communauté d'Éphèse.
ADRIANA, femme d'Antipholus d'Éphèse.
LUCIANA, sœur d'Adriana.
LUCE, SUIVANTE DE LUCIANA.
UNE COURTISANE.
UN GEOLIER.
OFFICIERS DE JUSTICE ET AUTRES.

La scène est à Éphèse.

ACTE PREMIER

SCÈNE I

Salle dans le palais du duc.

LE DUC D'ÉPHÈSE, ÆGÉON, UN GEOLIER, *des officiers et autres gens de la suite du duc.*

ÆGÉON.—Poursuivez, Solinus; accomplissez ma perte, et par votre arrêt de mort, terminez mes malheurs et ma vie.

LE DUC. — Marchand de Syracuse, cesse de plaider ta cause; je ne suis pas assez partial pour enfreindre nos lois. La haine et la discorde, récemment excitées par l'outrage barbare que votre duc a fait à ces marchands, nos honnêtes compatriotes, qui, faute d'or pour racheter leurs vies, ont scellé de leur sang ses décrets rigoureux, défendent toute pitié à nos regards menaçants ; car depuis les querelles intestines et mortelles élevées entre tes séditieux compatriotes et nous, il a été arrêté dans des conseils solennels, par nous et par les Syracusains, de ne permettre aucune espèce de négoce entre nos villes ennemies. Bien plus, si un homme, né dans Éphèse, est rencontré dans les marchés et les foires de Syracuse; ou si un homme, né dans Syracuse, aborde à la baie d'Éphèse, il meurt, et ses marchandises sont confisquées à la disposition du duc, à moins qu'il ne trouve une somme de mille marcs pour acquitter la peine et lui servir de rançon. Tes denrées, estimées au plus haut prix, ne peuvent monter à cent marcs; ainsi la loi te condamne à mourir.

ÆGÉON. — Eh bien! ce qui me console, c'est que, par l'exécution de votre sentence, mes maux finiront avec le soleil couchant.

LE DUC. — Allons, Syracusain, dis-nous brièvement pourquoi tu as quitté ta ville natale, et quel sujet t'a amené dans Éphèse.

ÆGÉON. — On ne pouvait m'imposer une tâche plus cruelle que de m'enjoindre de raconter des maux indicibles. Cependant, afin que le monde sache que ma mort doit être attribuée à la nature et non à un crime honteux[1], je dirai tout ce que la douleur me permettra de dire. — Je suis né dans Syracuse, et j'épousai une femme

---

[1] C'était jadis une superstition universelle de croire qu'un grand revers inattendu était l'effet de la vengeance céleste qui punissait l'homme d'un crime caché. Ægéon veut persuader à ceux qui l'entendent que son malheur n'est ici l'effet que de la destinée humaine, et non la peine d'un crime. WARBURTON.

D'après cette note, Letourneur traduit:

That my end
Was wrought by nature and not by vile offense,

par cette phrase : *Ma perte est l'ouvrage de la nature et non la peine d'un crime honteux et caché.* Nous avons adopté une explication plus simple de ce mot *nature*. *Nature* est ici pour affection naturelle... Ægéon est victime de son amour paternel; c'est ce sentiment qui le conduit à Éphèse et qui cause sa mort.

qui eût été heureuse sans moi, et par moi aussi sans notre mauvaise destinée. Je vivais content avec elle ; notre fortune s'augmentait par les fructueux voyages que je faisais souvent à Épidaure, jusqu'à la mort de mon homme d'affaires. Sa perte, ayant laissé le soin de grands biens à l'abandon, me força de m'arracher aux tendres embrassements de mon épouse. A peine six mois d'absence s'étaient écoulés, que prête à succomber sous le doux fardeau que portent les femmes, elle fit ses préparatifs pour me suivre, et arriva en sûreté aux lieux où j'étais. Bientôt après son arrivée elle devint l'heureuse mère de deux beaux garçons ; et, ce qu'il y a d'étrange, tous deux si pareils l'un à l'autre, qu'on ne pouvait les distinguer que par leurs noms. A la même heure et dans la même hôtellerie, une pauvre femme fut délivrée d'un semblable fardeau, et mit au monde deux jumeaux mâles qui se ressemblaient parfaitement. J'achetai ces deux enfants de leurs parents, qui étaient dans l'extrême indigence, et je les élevai pour servir mes fils. Ma femme, qui n'était pas peu fière de ces deux garçons, me pressait chaque jour de retourner dans notre patrie : j'y consentis à regret, trop tôt, hélas ! Nous nous embarquâmes. — Nous étions déjà éloignés d'une lieue d'Épidaure avant que la mer, esclave soumise aux vents, nous eût menacés d'aucun accident tragique ; mais nous ne conservâmes pas plus longtemps grande espérance. Le peu de clarté que nous prêtait le ciel obscurci ne servait qu'à montrer à nos âmes effrayées le gage douteux d'une mort immédiate : pour moi, je l'aurais embrassée avec joie, si les larmes incessantes de ma femme, qui pleurait d'avance le malheur qu'elle voyait venir, et les gémissements plaintifs des deux petits enfants qui pleuraient par imitation, dans l'ignorance de ce qu'il fallait craindre, ne m'eussent forcé de chercher à reculer l'instant fatal pour eux et pour moi ; et voici quelle était notre ressource, — il n'en restait point d'autre : — les matelots cherchèrent leur salut dans notre chaloupe, et nous abandonnèrent, à nous, le vaisseau qui allait s'abîmer. Ma femme, plus attentive à veiller sur son dernier né, l'avait attaché au petit mât de réserve dont se munissent les marins pour les tempêtes ; avec lui était lié un des jumeaux esclaves ; et moi j'avais eu le même soin des deux autres enfants. Cela fait, ma femme et moi, les yeux fixés sur les objets chers à nos cœurs, nous nous attachâmes à chacune des extrémités du mât ; et flottant aussitôt au gré des vagues, nous fûmes portés par elles vers Corinthe, à ce que nous jugeâmes. A la fin, le soleil, se montrant à la terre, dissipa les vapeurs qui avaient causé nos maux ; sous l'influence bienfaisante de sa lumière désirée, les mers se calmèrent par degrés, et nous découvrîmes au loin deux vaisseaux qui cinglaient sur nous, l'un de Corinthe, l'autre d'Épidaure. Mais avant qu'ils nous eussent atteints…… Oh ! ne me forcez pas de vous dire le reste ; devinez ce qui suivit par ce que vous venez d'entendre.

LE DUC. — Poursuis, vieillard : n'interromps point ton récit : nous pouvons du moins te plaindre si nous ne pouvons te pardonner.

ÆGÉON. — Oh ! si les dieux nous avaient témoigné cette pitié, je ne les aurais pas nommés à si juste titre impitoyables envers nous ! Avant que les deux vaisseaux se fussent avancés à dix lieues de nous, nous donnâmes sur un grand rocher ; poussé avec violence sur cet écueil, notre navire secourable fut fendu par le milieu ; de sorte que, dans cet injuste divorce, la fortune nous laissa à tous deux de quoi nous réjouir et de quoi pleurer. La moitié qui la portait, la pauvre infortunée, et qui paraissait chargée d'un moindre poids, mais non d'une moindre douleur, fut poussée avec plus de vitesse devant les vents : et ils furent recueillis tous trois à notre vue par des pêcheurs de Corinthe, à ce qu'il nous sembla. A la fin, un autre navire s'était emparé de nous ; les gens de l'équipage, venant à connaître ceux que le sort les avait amenés à sauver, accueillirent avec bienveillance leurs hôtes naufragés : et ils seraient parvenus à enlever aux pêcheurs leur proie, si leur vaisseau n'avait pas été mauvais voilier ; ils furent donc obligés de diriger leur route vers leur patrie. — Vous avez entendu comment j'ai été séparé de mon bonheur, et comment, par malheur, ma vie a été prolongée pour vous faire les tristes récits de mes douleurs.

LE DUC. — Et au nom de ceux que tu pleures, accorde-moi la faveur de me dire en détail ce qu'il vous est arrivé, à eux et à toi, jusqu'à ce jour.

ÆGÉON. — Mon plus jeune fils, et l'aîné dans ma tendresse, parvenu à l'âge de dix-huit ans, s'est montré empressé de faire la recherche de son frère : et il m'a prié, avec importunité, de permettre que son jeune esclave (car les deux enfants avaient partagé le même sort : et celui-ci, séparé de son frère, en avait conservé le nom,) pût l'accompagner dans cette recherche. Pour tenter de retrouver un des objets de ma tendresse, je hasardai de perdre l'autre. J'ai parcouru pendant cinq étés les extrémités les plus reculées de la Grèce, errant jusque près des côtes de l'Asie ; et revenant vers ma patrie, j'ai abordé à Éphèse, sans espoir de les trouver, mais répugnant à passer sans parcourir ce lieu ou tout autre, où habitent des hommes. C'est ici enfin que doit se terminer l'histoire de ma vie ; et je serais heureux de cette mort propice, si tous mes voyages avaient pu m'apprendre du moins que mes enfants vivent.

LE DUC. — Infortuné Ægéon, que les destins ont marqué pour éprouver le comble du malheur, crois-moi, si je le pouvais sans violer nos lois, sans offenser ma couronne, mon serment et ma dignité, que les princes ne peuvent annuler, quand ils le voudraient, mon âme plaiderait ta cause. Mais, quoique tu sois dévoué à la mort, et que ta sentence prononcée ne puisse se révoquer qu'en faisant grand tort à notre honneur, cependant je te favoriserai tant que je le pourrai. Ainsi, marchand, je t'accorderai ce jour pour chercher ton salut dans un secours bienfaisant : emploie tous les amis que tu as dans Éphèse ; mendie ou emprunte, pour recueillir la somme, et vis ; sinon ta mort est inévitable. — Geôlier, prends-le sous ta garde.

LE GEOLIER. — Oui, seigneur.

(Le duc sort avec sa suite.)

ÆGÉON.—Ægéon se retire sans espoir et sans secours et sa mort n'est que différée.

(Ils sortent.)

SCÈNE II

Place publique.

ANTIPHOLUS ET DROMIO *de Syracuse;* UN MARCHAND.

LE MARCHAND. — Ayez donc soin de répandre que vous êtes d'Épidaure, si vous ne voulez pas voir tous vos biens confisqués. Ce jour même, un marchand de Syracuse vient d'être arrêté, pour avoir abordé ici, et, n'étant pas en état de racheter sa vie, il doit périr, d'après les statuts de la ville, avant que le soleil fatigué se couche à l'occident.—Voilà votre argent, que j'avais en dépôt.

ANTIPHOLUS, *à Dromio.*—Va le porter au Centaure, où nous logeons, Dromio, et tu attendras là que j'aille t'y rejoindre. Dans une heure il sera temps de dîner : jusque-là, je vais jeter un coup d'œil sur les coutumes de la ville, parcourir les marchands, considérer les édifices ; après quoi je retournerai prendre quelque repos dans mon hôtellerie : car je suis las et excédé de ce long voyage. Va-t'en.

DROMIO. — Plus d'un homme vous prendrait volontiers au mot, et s'en irait en effet, en ayant un si bon moyen de partir.

(Dromio sort.)

ANTIPHOLUS, *au marchand.*—C'est un valet de confiance, monsieur, qui souvent, lorsque je suis accablé par l'inquiétude et la mélancolie, égaye mon humeur par ses propos plaisants. — Allons, voulez-vous vous promener avec moi dans la ville, et venir ensuite à mon auberge dîner avec moi ?

LE MARCHAND.—Je suis invité, monsieur, chez certains négociants, dont j'espère de grands bénéfices. Je vous prie de m'excuser.—Mais bientôt, si vous voulez, à cinq heures, je vous rejoindrai sur la place du marché, et de ce moment je vous tiendrai fidèle compagnie jusqu'à l'heure du coucher : mes affaires pour cet instant m'appellent loin de vous.

ANTIPHOLUS.—Adieu donc, jusqu'à tantôt.—Moi, je vais aller me perdre, et errer çà et là pour voir la ville.

LE MARCHAND.—Monsieur, je vous souhaite beaucoup de satisfaction.

(Le marchand sort.)

ANTIPHOLUS *seul*.—Celui qui me souhaite la satisfaction me souhaite ce que je ne puis obtenir. Je suis dans le monde comme une goutte d'eau qui cherche dans l'Océan une autre goutte ; et qui, ne pouvant y retrouver sa compagne, se perd elle-même errante et inaperçue. C'est ainsi que moi, infortuné, pour trouver une mère et un frère, je me perds moi-même en les cherchant.

(Entre Dromio d'Éphèse.)

ANTIPHOLUS, *apercevant Dromio*.—Voici l'almanach de mes dates.—Comment ? par quel hasard es-tu de retour si tôt ?

DROMIO *d'Éphèse*.—De retour si tôt, dites-vous ? je viens plutôt trop tard. Le chapon brûle, le cochon de lait tombe de la broche : l'horloge a déjà sonné douze coups : et ma maîtresse a fait sonner une heure sur ma joue, tant elle est enflammée de colère, parce que le dîner refroidit. Le dîner refroidit parce que vous n'arrivez point au logis ; vous n'arrivez point au logis, parce que vous n'avez point d'appétit ; vous n'avez point d'appétit, parce que vous avez bien déjeuné : mais nous autres, qui savons ce que c'est que de jeûner et de prier, nous faisons pénitence aujourd'hui de votre faute.

ANTIPHOLUS.—Gardez votre souffle, monsieur, et répondez à ceci, je vous prie : où avez-vous laissé l'argent que je vous ai remis ?

DROMIO.—Oh !—Quoi ? les six sous que j'ai eus mercredi dernier, pour payer au sellier la croupière de ma maîtresse ?—C'est le sellier qui les a eus, monsieur ; je ne les ai pas gardés.

ANTIPHOLUS.—Je ne suis pas en ce moment d'humeur à plaisanter : dis-moi, et sans tergiverser, où est l'argent ? Nous sommes étrangers ici ; comment oses-tu te lier à d'autres qu'à toi, pour garder une si grosse somme?

DROMIO.—Je vous en prie, monsieur, plaisantez quand vous serez assis à table pour dîner : j'accours en poste vous chercher de la part de ma maîtresse : si je retourne sans vous, je serai un vrai poteau de boutique[1] ; car elle m'écrira votre faute sur le museau. — Il me semble que votre estomac devrait, comme le mien, vous tenir lieu d'horloge, et vous rappeler au logis, sans autre messager.

ANTIPHOLUS.—Allons, allons, Dromio, ces plaisanteries sont hors de raison. Garde-les pour une heure plus gaie que celle-ci : où est l'or que j'ai confié à ta garde?

DROMIO. — A moi, monsieur? mais vous ne m'avez point donné d'or !

ANTIPHOLUS.—Allons, monsieur le coquin, laissez-là vos folies, et dites-moi comment vous avez disposé de ce dont je vous ai chargé?

DROMIO.—Tout ce dont je suis chargé, monsieur, c'est de vous ramener du marché chez vous, au Phénix, pour dîner : ma maîtresse et sa sœur vous attendent.

ANTIPHOLUS.—Aussi vrai que je suis un chrétien, veux-tu me répondre et me dire en quel lieu de sûreté tu as déposé mon argent, ou je vais briser ta tête folle, qui s'obstine au badinage, quand je n'y suis pas disposé, où sont les mille *marcs*, que tu as reçus de moi?

DROMIO.—J'ai reçu de vous quelques *marques*[2] sur ma tête, quelques autres de ma maîtresse sur mes épaules; mais pas mille marques entre vous deux. — Et si je les

---

[1] *I come in post,*
I return, I shall be in post indeed.

L'équivoque roule sur le mot *post*, qui veut dire *poste* dans le premier vers et *poteau* dans le second. Avant que l'écriture fût un talent universel, il y avait, dans les boutiques, un poteau sur lequel on notait avec de la craie les marchandises débitées. La manière dont les boulangers comptent encore le pain qu'ils fournissent a quelque chose d'analogue à cet ancien usage.

[2] *Mark*, marc et marque. Le calembour est plus exact en anglais.

rendais à Votre Seigneurie, peut-être que vous ne les supporteriez pas patiemment.

ANTIPHOLUS. —Les marcs de ta maîtresse! et quelle maîtresse as-tu, esclave?

DROMIO. — La femme de Votre Seigneurie, ma maîtresse, qui est au Phénix ; celle qui jeûne jusqu'à ce que vous veniez dîner, et qui vous prie de revenir au plus tôt pour dîner.

ANTIPHOLUS. —Comment! tu veux ainsi me railler en face, après que je te l'ai défendu?..... Tiens, prends cela, monsieur le coquin.

DROMIO. — Eh! que voulez-vous dire, monsieur? Au nom de Dieu, tenez vos mains tranquilles ; ou, si vous ne le voulez pas, moi, je vais avoir recours à mes jambes.

(Dromio s'enfuit.)

ANTIPHOLUS.—Sur ma vie, par un tour ou un autre, ce coquin se sera laissé escamoter tout mon argent. On dit que cette ville est remplie[1] de fripons, d'escamoteurs adroits, qui abusent les yeux; de sorciers travaillant dans l'ombre, qui changent l'esprit; de sorcières assassines de l'âme, qui déforment le corps; de trompeurs déguisés, de charlatans babillards, et de mille autres crimes autorisés. Si cela est ainsi, je n'en partirai que plus tôt. Je vais aller au Centaure, pour chercher cet esclave : je crains bien que mon argent ne soit pas en sûreté.

(Il sort.)

[1] C'était le reproche que les anciens faisaient à cette ville, qu'ils appelaient proverbialement Ἐφέσια ἀλεξιφάρμακα.

FIN DU PREMIER ACTE.

ACTE DEUXIÈME

SCÈNE I

Place publique.

ADRIANA ET LUCIANA *entrent*

ADRIANA. — Ni mon mari ni l'esclave que j'avais chargé de ramener promptement son maître ne sont revenus. Sûrement, Luciana, il est deux heures.

LUCIANA. — Peut-être que quelque commerçant l'aura invité, et il sera allé du marché dîner quelque part. Chère sœur, dînons, et ne vous agitez pas. Les hommes sont maîtres de leur liberté. Il n'y a que le temps qui soit leur maître ; et, quand ils voient le temps, ils s'en vont ou ils viennent. Ainsi, prenez patience, ma chère sœur.

ADRIANA. — Eh ! pourquoi leur liberté serait-elle plus étendue que la nôtre ?

LUCIANA. — Parce que leurs affaires sont toujours hors du logis.

ADRIANA. — Et voyez, lorsque je lui en fais autant, il le prend mal.

LUCIANA. — Oh ! sachez qu'il est la bride de votre volonté.

ADRIANA. — Il n'y a que des ânes qui se laissent brider ainsi.

LUCIANA. — Une liberté récalcitrante est frappée par le malheur. — Il n'est rien sous l'œil des cieux, sur la terre, dans la mer et dans le firmament, qui n'ait ses bornes. — Les animaux, les poissons et les oiseaux ailés sont soumis à leurs mâles et sujets à leur autorité ; les hommes, plus près de la divinité, maîtres de toutes les créatures, souverains du vaste monde et de l'humide empire des mers, doués d'âmes et d'intelligences, d'un rang bien au-dessus des poissons et des oiseaux, sont les maîtres de leurs femmes et leurs seigneurs : que votre volonté soit donc soumise à leur convenance.

ADRIANA. — C'est cette servitude qui vous empêche de vous marier?

LUCIANA. — Non pas cela, mais les embarras du lit conjugal.

ADRIANA. — Mais, si vous étiez mariée, il faudrait supporter l'autorité.

LUCIANA. — Avant que j'apprenne à aimer, je veux m'exercer à obéir.

ADRIANA. — Et si votre mari allait faire quelque incartade ailleurs?

LUCIANA. — Jusqu'à ce qu'il fût revenu à moi, je prendrais patience.

ADRIANA. — Tant que la patience n'est pas troublée, il n'est pas étonnant qu'elle reste calme. Il est aisé d'être doux quand rien ne contrarie. Une âme est-elle malheureuse, écrasée sous l'adversité, nous lui conseillons d'être tranquille, quand nous l'entendons gémir. Mais si nous étions chargés du même fardeau de douleur, nous nous plaindrions nous-mêmes tout autant, ou plus encore. Ainsi, vous qui n'avez point de méchant mari qui vous chagrine, vous prétendez me consoler en me recommandant une patience qui ne donne aucun secours; mais si vous vivez assez pour vous voir traitée comme moi, vous mettrez bientôt de côté cette absurde patience.

LUCIANA. — Allons, je veux me marier un jour, ne fût-ce que pour en essayer. — Mais voilà votre esclave qui revient; votre mari n'est pas loin.

(Entre Dromio d'Ephèse.)

ADRIANA. — Eh bien! ton maître tardif est-il sous la main [1]?

DROMIO. — Vraiment, il est sous deux mains avec moi. C'est ce que peuvent attester mes deux oreilles.

---

[1] *At hand*, c'est-à-dire sur les pas.

ADRIANA.—Dis-moi, lui as-tu parlé? sais-tu son intention?

DROMIO.—Oui, oui; il a expliqué son intention sur mon oreille. Maudite soit sa main; j'ai eu peine à la comprendre!

LUCIANA.—A-t-il donc parlé d'une manière si équivoque, que tu n'aies pu sentir sa pensée?

DROMIO.—Oh! il a parlé si clair, que je n'ai senti que trop bien ses coups; et malgré cela si confusément, que je les ai à peine *compris*[1].

ADRIANA. — Mais, dis-moi, je te prie, est-il en chemin pour revenir au logis? Il paraît qu'il se soucie bien de plaire à sa femme!

DROMIO.—Tenez, ma maîtresse, mon maître est sûrement de l'ordre du croissant.

ADRIANA.—De l'ordre du croissant, coquin!

DROMIO. —Je ne veux pas dire qu'il soit déshonoré; mais, certes, il est tout à fait lunatique[2].—Quand je l'ai pressé de venir dîner, il m'a redemandé mille marcs d'or. — *Il est temps de dîner*, lui ai-je dit.—*Mon or,* a-t-il répondu.— *Vos viandes brûlent,* ai-je dit. — *Mon or,* a-t-il dit. — *Allez-vous venir?* ai-je dit. — *Mon or,* a-t-il dit, *où sont les mille marcs que je t'ai donnés, scélérat?* — *Le cochon de lait*, ai-je dit, *est tout brûlé.* — *Mon or,* dit-il. — *Ma maîtresse, monsieur,* ai-je dit. — *Qu'elle aille se pendre ta maîtresse! je ne connais point ta maîtresse! au diable ta maîtresse!*

LUCIANA.—Qui a dit cela?

DROMIO.—C'est mon maître qui l'a dit. *Je ne connais*, dit-il, *ni maison, ni femme, ni maîtresse.* — En sorte que, grâce à lui, je vous rapporte sur mes épaules le message dont ma langue devait naturellement être chargée; car, pour conclure, il m'a battu sur la place.

---

[1] *Stand* et *under stand. Stand under,* être dessous et comprendre.
[2] Nous avons traduit *horn mad* par : être de l'ordre du croissant, pour donner le sens de ce jeu de mots dont voici le texte:

DROM. *My master is horn mad,*
ADR. *Horn mad, thou villain!*
DROM. *I mean not cuckhold mad, but sure he is stark mad.*

ADRIANA. — Retourne vers lui, misérable, et ramène-le au logis.

DROMIO. — Oui, retourne vers lui, pour te faire renvoyer encore au logis avec des coups ! Au nom de Dieu ! envoyez-y quelque autre messager.

ADRIANA. — Retourne, esclave, ou je vais te fendre la tête en quatre [1].

DROMIO. — Et lui bénira cette croix avec d'autres coups ; entre vous deux j'aurai une tête bien sainte.

ADRIANA. — Va-t'en, rustre babillard ; ramène ton maître à la maison.

DROMIO. — Suis-je aussi rond avec vous que vous l'êtes avec moi, pour que vous me repoussiez comme une balle de paume ? Vous me repoussez vers lui et lui me repoussera de nouveau vers vous. Si je continue longtemps ce service, vous ferez bien de me recouvrir de cuir [2].

(Il sort.)

LUCIANA. — Fi ! comme l'impatience rembrunit votre visage !

ADRIANA. — Il faut donc qu'il gratifie de sa compagnie ses favorites, tandis que moi je languis au logis après un sourire. Le temps importun a-t-il ravi la beauté séduisante de mon pauvre visage ? Alors, c'est lui qui l'a flétri. Ma conversation est-elle ennuyeuse, mon esprit stérile ? Si je n'ai plus une conversation vive et piquante, c'est sa dureté pire que celle du marbre qui l'a émoussée. Leur brillante parure attire-t-elle ses affections ? Ce n'est pas ma faute : il est le maître de mes biens. Quels ravages y a-t-il en moi qu'il n'ait causés ? Oui, c'est lui seul qui a altéré mes traits. — Un regard joyeux ranimerait bientôt ma beauté ; mais, cerf indomptable, il franchit les palissades et va chercher pâture loin de ses foyers. Pauvre infortunée, je ne suis plus pour lui qu'une vieille surannée.

[1] *I will break thy pate a cross,*
DROM. *And he will bless that cross with other beating.*

[2] On comprend que *rond* est ici synonyme de *sphérique*.

LUCIANA.—Jalousie qui se déchire elle-même! Fi donc! chassez-la d'ici.

ADRIANA. — Des folles insensibles peuvent seules supporter de pareils torts. Je sais que ses yeux portent ailleurs leur hommage; autrement, quelle cause l'empêcherait d'être ici? Ma sœur, vous le savez, il m'a promis une chaîne.— Plût à Dieu que ce fût la seule chose qu'il me refusât! il ne déserterait pas alors sa couche légitime. Je vois que le bijou le mieux émaillé perd son lustre; que si l'or résiste longtemps au frottement, à la fin il s'use sous le toucher; de même, il n'est point d'homme, ayant un nom, que la fausseté et la corruption ne déshonorent. Puisque ma beauté n'a plus de charme à ses yeux, j'userai dans les larmes ce qui m'en reste, et je mourrai dans les pleurs.

LUCIANA. — Que d'amantes insensées se dévouent à la jalousie furieuse!

SCÈNE II

Place publique.

Entre ANTIPHOLUS *de Syracuse.*

ANTIPHOLUS.— L'or que j'ai remis à Dromio est déposé en sûreté au Centaure, et mon esclave soigneux est allé errer dans la ville à la quête de son maître... D'après mon calcul et le rapport de l'hôte, je n'ai pu parler à Dromio depuis que je l'ai envoyé du marché... Mais, le voilà qui vient. (*Entre Dromio de Syracuse.*) Eh bien! monsieur, avez-vous perdu votre belle humeur? Si vous aimez les coups, vous n'avez qu'à recommencer votre badinage avec moi. Vous ne connaissiez pas le Centaure? vous n'aviez pas reçu d'argent? votre maîtresse vous avait envoyé me chercher pour dîner? mon logement était au Phénix?—Aviez-vous donc perdu la raison pour me faire des réponses si extravagantes?

DROMIO. — Quelles réponses, monsieur? Quand vous ai-je parlé ainsi?

ANTIPHOLUS.—Il n'y a qu'un moment, ici même; il n'y a pas une demi-heure.

DROMIO. — Je ne vous ai pas revu depuis que vous m'avez envoyé d'ici au Centaure, avec l'or que vous m'aviez confié.

ANTIPHOLUS.—Coquin, tu m'as nié avoir reçu ce dépôt, et tu m'as parlé d'une maîtresse et d'un dîner, ce qui me déplaisait fort, comme tu l'as senti, j'espère.

DROMIO.—Je suis fort aise de vous voir dans cette veine de bonne humeur : mais que veut dire cette plaisanterie? Je vous en prie, mon maître, expliquez-vous.

ANTIPHOLUS. — Quoi! veux-tu me railler encore, et me braver en face? Penses-tu que je plaisante? Tiens, prends ceci et cela.

(Il le frappe.)

DROMIO. — Arrêtez, monsieur, au nom de Dieu! votre badinage devient un jeu sérieux. Quelle est votre raison pour me frapper ainsi?

ANTIPHOLUS.—Parce que je te prends quelquefois pour mon bouffon, et que je cause familièrement avec toi, ton insolence se moquera de mon affection, et interrompra sans façon mes heures sérieuses! Quand le soleil brille, que les moucherons folâtrent; mais dès qu'il cache ses rayons, qu'ils se glissent dans les crevasses des murs. Quand tu voudras plaisanter avec moi, étudie mon visage, et conforme tes manières à ma physionomie, ou bien je te ferai entrer à force de coups cette méthode dans ta calotte.

DROMIO. — Dans ma calotte, dites-vous? Si vous cessez votre batterie, je préfère que ce soit une tête; mais si vous faites durer longtemps ces coups, il faudra me procurer une calotte pour ma tête, et la mettre à l'abri, sans quoi il me faudra chercher mon esprit dans mes épaules.—Mais, de grâce, monsieur, pourquoi me battez-vous?

ANTIPHOLUS.—Ne le sais-tu pas?

DROMIO. — Je ne sais rien, monsieur, si ce n'est que je suis battu.

ANTIPHOLUS.—Te dirai-je pourquoi?

DROMIO. — Oui, monsieur, et le parce que. Car on dit que tout pourquoi a son parce que.

ANTIPHOLUS. — D'abord, pour avoir osé me railler; et pourquoi encore? — Pour venir me railler une seconde fois.

DROMIO. — A-t-on jamais battu un homme si mal à propos, quand dans le pourquoi et le parce que, il n'y a ni rime ni raison? — Allons, monsieur, je vous rends grâces.

ANTIPHOLUS. — Tu me remercies, et pourquoi?

DROMIO. — Eh! mais, monsieur, pour quelque chose que vous m'avez donné pour rien [1].

ANTIPHOLUS. — Je te payerai bientôt cela, en te donnant rien pour quelque chose. — Mais, dis-moi, est-ce l'heure de dîner?

DROMIO. — Non, monsieur; je crois que le dîner manque de ce que j'ai.....

ANTIPHOLUS. — Voyons, qu'est-ce?...

DROMIO. — De sauce [2].

ANTIPHOLUS. — Eh bien! alors, il sera sec.

DROMIO. — Si cela est, Monsieur, je vous prie de n'y pas goûter.

ANTIPHOLUS. — Et la raison?

DROMIO. — De peur qu'il ne vous mette en colère, et ne me vaille une autre sauce de coups de bâtons [3].

ANTIPHOLUS. — Allons, apprends à plaisanter à propos; il est un temps pour toute chose.

DROMIO. — J'aurais nié cela, avant que vous fussiez devenu si colère.

ANTIPHOLUS. — D'après quelle règle?

DROMIO. — Diable, monsieur! d'après une règle aussi simple que la tête chauve du vieux père le Temps lui-même.

ANTIPHOLUS. — Voyons-la.

DROMIO. — Il n'y a point de temps pour recouvrer ses cheveux, quand l'homme devient naturellement chauve.

ANTIPHOLUS. — Ne peut-il pas les recouvrer par *amende et recouvrement?*

[1] Il veut parler des coups qu'il a reçus sans raison.
[2] *Basting*, du verbe *baste*, arroser et rosser.
[3] C'est toujours le mot *basting* qui fournit l'équivoque.

DROMIO. — Oui, en payant une amende pour porter perruque, et en recouvrant les cheveux qu'a perdus un autre homme.

ANTIPHOLUS. — Pourquoi le temps est-il si pauvre en cheveux, puisque c'est une sécrétion si abondante?

DROMIO. — Parce que c'est un don qu'il prodigue aux animaux; et ce qu'il ôte aux hommes en cheveux il le leur rend en esprit.

ANTIPHOLUS. — Comment! mais il y a bien des hommes qui ont plus de cheveux que d'esprit.

DROMIO. — Aucun de ces hommes-là qui n'ait l'esprit de perdre les cheveux.

ANTIPHOLUS. — Quoi donc! tu as dit tout à l'heure que les hommes dont les cheveux sont abondants sont de bonnes gens sans esprit.

DROMIO. — Plus un homme est simple, plus il perd vite. Toutefois il perd avec une sorte de gaieté.

ANTIPHOLUS. — Pour quelle raison?

DROMIO. — Pour deux raisons, et deux bonnes.

ANTIPHOLUS. — Non, ne dis pas *bonnes*, je t'en prie.

DROMIO. — Alors, pour deux raisons sûres.

ANTIPHOLUS. — Non, pas *sûres* dans une chose fausse.

DROMIO. — Alors, pour des raisons certaines.

ANTIPHOLUS. — Nomme-les.

DROMIO. — L'une pour épargner l'argent que lui coûterait sa frisure; l'autre, afin qu'à dîner ses cheveux ne tombent pas dans sa soupe.

ANTIPHOLUS. — Tu cherches à prouver, n'est-ce pas, qu'il n'y a pas de temps pour tout?

DROMIO. — Malepeste! Et ne l'ai-je pas fait, monsieur? et surtout n'ai-je pas prouvé qu'il n'y a pas de temps pour recouvrer les cheveux qu'on a perdus naturellement?

ANTIPHOLUS. — Mais tu n'as pas donné une raison solide, pour prouver qu'il n'y a aucun temps pour les recouvrer.

DROMIO. — Je vais y remédier. Le Temps lui-même est chauve; ainsi donc, jusqu'à la fin du monde, il aura un cortége d'hommes chauves.

ANTIPHOLUS.—Je savais que la conclusion serait chauve. Mais, doucement, qui nous fait signe là-bas?...

(Entrent Adriana, Luciana.)

ADRIANA.—Oui, oui, Antipholus; prends un air étonné et mécontent : tu réserves tes doux regards pour quelque autre maîtresse : je ne suis plus ton Adriana, ton épouse. Il fut un temps où, de toi-même, tu faisais serment qu'il n'était point de musique aussi agréable à ton oreille que le son de ma voix ; point d'objet aussi charmant à tes yeux que mes regards ; point de toucher aussi flatteur pour ta main que lorsqu'elle touchait la mienne; point de mets délicieux qui te plût que ceux que je te servais. Comment arrive-t-il aujourd'hui, mon époux, oh! comment arrive-t-il que tu te sois ainsi éloigné de toi-même? Oui, je dis éloigné de toi-même, l'étant de moi qui, étant incorporée avec toi, inséparable de toi, suis plus que la meilleure partie de toi-même. Ah! ne te sépare pas violemment de moi ; car sois sûr, mon bien-aimé, qu'il te serait aussi aisé de laisser tomber une goutte d'eau dans l'océan, et de la puiser ensuite sans mélange, sans addition ni diminution quelconque, qu'il te l'est de te séparer de moi, sans m'entraîner aussi. Oh! combien ton cœur serait blessé au vif, si tu entendais seulement dire que je suis infidèle, et que ce corps, qui t'est consacré, est souillé par une grossière volupté. Ne me cracherais-tu pas au visage? ne me repousserais-tu pas? ne me jetterais-tu pas le nom de mari à la face? ne déchirerais-tu pas la peau peinte de mon front de courtisane? n'arracherais-tu pas l'anneau nuptial à ma main perfide? et ne le briserais-tu pas avec le serment du divorce? Je sais que tu le peux : eh bien! fais-le donc dès ce moment..... Je suis couverte d'une tache adultère ; mon sang est souillé du crime de l'impudicité ; car si nous deux ne formons qu'une seule chair, et que tu sois infidèle, je reçois le poison mêlé dans tes veines, et je suis prostituée par ta contagion.—Sois constant et fidèle à ta couche légitime, alors je vis sans souillure, et toi sans déshonneur.

ANTIPHOLUS. — Est-ce à moi que vous parlez, belle

dame? Je ne vous connais pas. Il n'y a pas deux heures que je suis dans Éphèse, aussi étranger à votre ville qu'à vos discours; et j'ai beau employer tout mon esprit pour étudier chacune de vos paroles, je ne puis comprendre un seul mot de ce que vous me dites.

LUCIANA.—Fi! mon frère; comme le monde est changé pour vous! Quand donc avez-vous jamais traité ainsi ma sœur? Elle vous a envoyé chercher par Dromio pour dîner.

ANTIPHOLUS.—Par Dromio?

DROMIO.—Par moi?

ADRIANA.—Par toi. Et voici la réponse que tu m'as rapportée, qu'il t'avait souffleté et qu'en te battant il avait renié ma maison pour la sienne, et moi pour sa femme.

ANTIPHOLUS, à Dromio.—Avez-vous parlé à cette dame? Quel est donc le nœud et le but de cette intrigue?

DROMIO.—Moi, monsieur! je ne l'ai jamais vue jusqu'à ce moment.

ANTIPHOLUS.—Coquin, tu mens : car tu m'as répété sur la place les propres paroles qu'elle vient de dire.

DROMIO.—Jamais je ne lui ai parlé de ma vie.

ANTIPHOLUS. — Comment se fait-il donc qu'elle nous appelle ainsi par nos noms; à moins que ce ne soit par inspiration?

ADRIANA.—Qu'il sied mal à votre gravité de feindre si grossièrement, de concert avec votre esclave, et de l'exciter à me contrarier! Je veux bien que vous ayez le droit de me négliger; mais n'aggravez pas cet outrage par le mépris.—Allons, je vais m'attacher à ton bras : tu es l'ormeau, mon mari, et moi je suis la vigne [1], dont la faiblesse mariée à ta force partage ta vigueur : si quelque objet te détache de moi, ce ne peut être qu'une vile plante, un lierre usurpateur, ou une mousse inutile, qui, faute d'être élaguée, pénètre dans ta sève, l'infecte et vit aux dépens de ton honneur.

[1] *Lenta qui velut asoitas*
Vitis implicat arbores,
Implicabitur in tuum
Complexum..... CATULLE.

ANTIPHOLUS. — C'est à moi qu'elle parle! elle me prend pour le sujet de ses discours. Quoi! l'aurais-je épousée en songe? ou suis-je endormi en ce moment, et m'imaginai-je entendre tout ceci? Quelle erreur trompe nos oreilles et nos yeux?—Jusqu'à ce que je sois éclairci de cette incertitude, je veux entretenir l'erreur qui m'est offerte.

LUCIANA. — Dromio, va dire aux domestiques de servir le dîner.

DROMIO. — Oh! si j'avais mon chapelet! Je me signe comme un pêcheur. C'est ici le pays des fées. O malice des malices! Nous parlons à des fantômes, à des hiboux, à des esprits fantasques. Si nous ne leur obéissons pas, voici ce qui en arrivera : ils nous suceront le sang ou nous pinceront jusqu'à nous faire des bleus et des noirs.

LUCIANA. — Que marmottes-tu là en toi-même, au lieu de répondre, Dromio, frelon, limaçon, fainéant, sot que tu es?

DROMIO. — Je suis métamorphosé, mon maître; n'est-ce pas?

ANTIPHOLUS. — Je crois que tu l'es, dans ton âme, et je le suis aussi.

DROMIO. — Ma foi, mon maître, tout, l'âme et le corps.

ANTIPHOLUS. — Tu conserves ta forme ordinaire.

DROMIO. — Non ; je suis un singe.

LUCIANA. — Si tu es changé en quelque chose, c'est en âne.

DROMIO. — Cela est vrai : elle me mène par le licou, et j'aspire à paître le gazon. — C'est vrai, je suis un âne ; autrement pourrait-il se faire que je ne la connusse pas aussi bien qu'elle me connaît?

ADRIANA. — Allons, allons, je ne veux plus être si folle que de me mettre le doigt dans l'œil et de pleurer, tandis que le valet et le maître se moquent de mes maux en riant.—Allons, monsieur, venez dîner : Dromio, songe à garder la porte.—Mon mari, je dînerai en haut avec vous aujourd'hui, et je vous forcerai à faire la confession de tous vos tours.—Toi, drôle, si quelqu'un vient demander ton maître, dis qu'il dîne dehors, et ne laisse entrer âme qui vive. —Venez, ma sœur. — Dromio, fais bien ton devoir de portier.

ANTIPHOLUS. — Suis-je sur la terre, ou dans le ciel, ou dans l'enfer ? Suis-je endormi ou éveillé ? fou ou dans mon bon sens ? Connu de celles-ci, et déguisé pour moi-même, je dirai comme elles, je le soutiendrai avec persévérance, et me laisserai aller à l'aventure dans ce brouillard.

DROMIO.—Mon maître, ferai-je le portier à la porte ?

ANTIPHOLUS. — Oui, ne laisse entrer personne, si tu ne veux que je te casse la tête.

LUCIANA. — Allons, venez, Antipholus. Nous dînons trop tard.

(Ils sortent.)

FIN DU DEUXIÈME ACTE.

ACTE TROISIÈME

SCÈNE I

On voit la rue qui passe devant la maison d'Antipholus d'Éphèse.

ANTIPHOLUS d'Éphèse, DROMIO d'Éphèse, ANGELO
ET BALTASAR.

ANTIPHOLUS d'Éphèse. — Honnête seigneur Angelo, il faut que vous nous excusiez tous : ma femme est de mauvaise humeur, quand je ne suis pas exact. Dites que je me suis amusé dans votre boutique à voir travailler à sa chaîne, et que demain vous l'apporterez à la maison. —Mais voici un maraud qui voudrait me soutenir en face qu'il m'a joint sur la place et que je l'ai battu, que je l'ai chargé de mille marcs en or, et que j'ai renié ma maison et ma femme. — Ivrogne que tu es, que voulais-tu dire par là ?

DROMIO d'Éphèse.—Vous direz ce que voudrez, monsieur ; mais je sais ce que je sais. J'ai les marques de votre main pour prouver que vous m'avez battu sur la place. Si ma peau était un parchemin et vos coups de l'encre, votre propre écriture attesterait ce que je pense.

ANTIPHOLUS d'Éphèse.—Moi, je pense que tu es un âne.

DROMIO.—Peste ! il y paraît aux mauvais traitements que j'essuie et aux coups que je supporte. Je devrais répondre à un coup de pied par un coup de pied, et à ce compte vous vous tiendriez à l'abri de mes talons, et vous prendriez garde à l'âne.

ANTIPHOLUS.—Vous êtes triste, seigneur Baltasar. Je prie Dieu que notre bonne chère réponde à ma bonne volonté et au bon accueil que vous recevrez ici.

BALTASAR.—Je fais peu de cas de votre bonne chère, monsieur, et beaucoup de votre bon accueil.

ANTIPHOLUS.—Oh! seigneur Baltasar, chair ou poisson, une table pleine de bon accueil vaut à peine un bon plat.

BALTASAR.— La bonne chère est commune, monsieur; on la trouve chez tous les rustres.

ANTIPHOLUS.—Et un bon accueil l'est encore plus; car, enfin, ce ne sont là que des mots.

BALTASAR.—Petite chère et bon accueil font un joyeux festin.

ANTIPHOLUS.—Oui, pour un hôte avare et un convive encore plus ladre. Mais, quoique mes provisions soient minces, acceptez-les de bonne grâce : vous pouvez trouver meilleure chère, mais non offerte de meilleur cœur. —Mais, doucement; ma porte est fermée. (*A Dromio.*) Va dire qu'on nous ouvre.

DROMIO *appelant.*—Holà. Madeleine, Brigite, Marianne, Cécile, Gillette, Jenny.

DROMIO *de Syracuse, en dedans.* — Momon[1], cheval de moulin, chapon, faquin, idiot, fou, ou éloigne-toi de la porte, ou assieds-toi sur le seuil. Veux-tu évoquer des filles que tu en appelles une telle quantité à la fois, quand une seule est déjà une de trop? Allons, va-t'en de cette porte.

DROMIO *d'Éphèse.* — Quel bélître a-t-on fait notre portier? — Mon maître attend dans la rue.

DROMIO *de Syracuse.* — Qu'il retourne là d'où il vient, de peur qu'il ne prenne froid aux pieds.

ANTIPHOLUS *d'Éphèse.* — Qui donc parle là dedans? — Holà! ouvrez la porte.

DROMIO *de Syracuse.* — Fort bien, monsieur; je vous

---

[1] Dans l'anglais *mome*. Ce mot doit son origine au mot français *momon*, nom d'un jeu de dés dont la règle est d'observer un silence absolu; d'où vient aussi le mot anglais *mum*, silence.

dirai quand je pourrai vous ouvrir, si vous voulez me dire pourquoi!

ANTIPHOLUS d'*Éphèse*.—Pourquoi? pour me faire dîner; je n'ai pas dîné aujourd'hui.

DROMIO *de Syracuse*.—Et vous ne dînerez pas ici aujourd'hui : revenez quand vous pourrez.

ANTIPHOLUS.—Qui es-tu donc pour me fermer la porte de ma maison?

DROMIO *de Syracuse*.—Je suis portier pour le moment, monsieur, et mon nom est Dromio.

DROMIO d'*Éphèse*.—Ah! fripon, tu m'as volé à la fois mon nom et mon emploi. L'un ne m'a jamais fait honneur, et l'autre m'a attiré beaucoup de reproches. Si tu avais été Dromio aujourd'hui, et que tu eusses été à ma place, tu aurais volontiers changé ta face pour un nom, ou ton nom pour celui d'un âne.

LUCE, *de l'intérieur de la maison*.—Quel est donc ce vacarme que j'entends là? Dromio, qui sont ces gens à la porte?

DROMIO d'*Éphèse*.—Fais donc entrer mon maître, Luce.

LUCE.—Non, certes : il vient trop tard; tu peux le dire à ton maître.

DROMIO d'*Éphèse*.—O seigneur! il faut que je rie.—A vous le proverbe. Dois-je placer mon bâton[1]?

LUCE.—En voici un autre; c'est-à-dire, quand?—pouvez-vous le dire?

DROMIO *de Syracuse*.—Si ton nom est Luce, Luce, tu lui as bien répondu.

ANTIPHOLUS d'*Éphèse*. — Entendez-vous, petite sotte? vous nous laisserez entrer, j'espère?

LUCE.—Je pensais à vous le demander.

DROMIO *de Syracuse*.—Et vous avez dit non.

DROMIO d'*Éphèse*.—Allons, c'est bien, bien frappé; c'est coup pour coup.

---

[1] *Have at you with a proverb! shall I set my staff, Luce,*
Have at you with another, that is—when? can you tell?

Il paraît que ceci fait allusion à quelque jeu de proverbe. Les commentateurs se taisent sur cet incompréhensible passage.

ANTIPHOLUS d'Éphèse.—Allons, drôlesse, laisse-moi entrer.

LUCE.—Pourriez-vous dire au nom de qui?

DROMIO d'Éphèse.—Mon maître, frappez fort à la porte.

LUCE.—Qu'il frappe, jusqu'à ce que sa main s'en sente.

ANTIPHOLUS d'Éphèse.—Vous pleurerez de ce tour, petite sotte, quand je devrais jeter la porte à bas.

LUCE.—Comment fait-on tout ce bruit quand il y a un pilori dans la ville!

ADRIANA, de l'intérieur de la maison.—Qui donc fait tout ce vacarme à la porte?

DROMIO de Syracuse.—Sur ma parole, votre ville est troublée par des garçons bien désordonnés.

ANTIPHONUS d'Éphèse.—Êtes-vous là, ma femme? Vous auriez pu venir un peu plus tôt.

ADRIANA.—Votre femme, monsieur le coquin?—Allons; éloignez-vous de cette porte.

DROMIO d'Éphèse.—Si vous étiez venu malade, monsieur, ce *coquin*-là ne s'en irait pas bien portant.

ANGELO, à Antipholus d'Éphèse.—Il n'y a ici ni bonne chère, monsieur, ni bon accueil : nous voudrions bien avoir l'une ou l'autre.

BALTASAR.—En discutant ce qui valait le mieux nous n'aurons ni l'un ni l'autre.

DROMIO d'Éphèse, à Antipholus.—Ces messieurs sont à la porte, mon maître; dites-leur donc d'entrer.

ANTIPHOLUS.—Il y a quelque chose dans le vent qui nous empêchera d'entrer.

DROMIO d'Éphèse.—C'est ce que vous diriez, monsieur, si vos habits étaient légers. Votre cuisine est chaude là dedans; et vous restez ici exposé au froid. Il y aurait de quoi rendre un homme furieux comme un cerf en rut, d'être ainsi vendu et acheté.

ANTIPHOLUS.—Va me chercher quelque chose, je briserai la porte.

DROMIO de Syracuse.—Brisez quelque chose ici, et moi je vous briserai votre tête de fripon.

DROMIO d'Éphèse.—Un homme peut briser une parole avec vous, monsieur, une parole n'est que du vent, et il peut vous la briser en face; pourvu qu'il ne la brise pas par derrière.

DROMIO *de Syracuse.*—Il paraît que tu as besoin de briser; allons, va-t'en d'ici, rustre.

DROMIO *d'Éphèse.*—C'en est trop, va-t'en plutôt! Je t'en prie, laisse-moi entrer...

DROMIO *de Syracuse.*—Oui, quand les oiseaux n'auront plus de plumes, et les poissons plus de nageoires.

ANTIPHOLUS *d'Éphèse.*—Allons, je veux entrer de force : va m'emprunter une grue.

DROMIO *d'Éphèse.*—Une grue sans plumes[1], monsieur, est-ce là ce que vous voulez dire? pour un poisson sans nageoires, voilà un oiseau sans plumes; si un oiseau peut nous faire entrer, maraud, nous plumerons un corbeau ensemble.

ANTIPHOLUS.—Va vite me chercher une grue de fer.

BALTASAR. — Prenez patience, monsieur : oh! n'en venez pas à cette extrémité. Vous faites ici la guerre à votre réputation, et vous allez exposer à l'atteinte des soupçons l'honneur intact de votre épouse. Encore un mot :—Votre longue expérience de sa sagesse, de sa chaste vertu, de plusieurs années de modestie, plaident en sa faveur, et vous commandent de supposer quelque raison qui vous est inconnue; n'en doutez pas, monsieur : si les portes se trouvent aujourd'hui fermées pour vous, elle aura quelque excuse légitime à vous donner : laissez-vous guider par moi, quittez ce lieu avec patience, et allons tous dîner ensemble à l'hôtellerie du Tigre; sur le soir, revenez seul savoir la raison de cette conduite étrange. Si vous voulez entrer de force au milieu du mouvement de la journée, on fera là-dessus de vulgaires commentaires. Les suppositions du public arriveront jusqu'à votre réputation encore sans tache, et survivront sur votre tombeau quand vous serez mort. Car la médi-

---

[1] *Crow*, en anglais, veu (dire un corbeau et un levier. Nous nous sommes permis de substituer le mot de grue à celui de corbeau pour rendre le jeu de mots, bien qu'on se serve rarement d'une grue pour ouvrir les portes.

sance vit héréditairement et s'établit pour toujours là où elle prend une fois possession.

ANTIPHOLUS d'Éphèse.—Vous l'emportez. Je vais me retirer tranquillement, et en dépit de la joie, je prétends être gai.—Je connais une fille de charmante humeur, jolie et spirituelle, un peu écervelée, et douce pourtant. — Nous dînerons là : ma femme m'a souvent fait la guerre, mais sans sujet, je le proteste, à propos de cette fille ; nous irons dîner chez elle.—Retournez chez vous, et rapportez la chaîne.—Elle est finie à l'heure qu'il est, j'en suis sûr. Apportez-la, je vous prie, au Porc-Épic, car c'est là où nous allons. Je veux faire présent de cette chaîne à ma belle hôtesse, ne fût-ce que pour piquer ma femme : mon cher ami, mon cher ami, dépêchez-vous : puisque ma maison refuse de me recevoir, j'irai frapper ailleurs, et nous verrons si l'on me rebutera de même.

ANGELO. — J'irai vous trouver à ce rendez-vous dans quelque temps d'ici.

ANTIPHOLUS.—Faites-le : cette plaisanterie me coûtera quelques frais.

(Ils sortent.)

SCÈNE II

La maison d'Antipholus d'Éphèse.

LUCIANA *paraît avec* ANTIPHOLUS *de Syracuse.*

LUCIANA.—Eh ! serait-il possible que vous eussiez tout à fait oublié les devoirs d'un mari ? Quoi, Antipholus, la haine viendra-t-elle, dès le printemps de l'amour, corrompre les sources de votre amour ? L'amour, en commençant de bâtir, menacera-t-il déjà ruine ? Si vous avez épousé ma sœur pour sa fortune, du moins, en considération de sa fortune, traitez-la avec plus de douceur. Si vous aimez ailleurs, faites-le en secret ; masquez votre amour perfide de quelque apparence de mystère, et que ma sœur ne le lise pas dans vos yeux. Que votre langue ne soit pas elle-même le héraut de votre honte ; un tendre regard, de douces paroles, conviennent à la déloyauté ; parez le vice de la livrée de la vertu ; conservez le maintien de l'innocence, quoique votre cœur soit coupable ; apprenez au crime à porter l'extérieur de la sainteté ; soyez perfide en silence : quel besoin a-t-elle de savoir vos fautes ? Quel voleur est assez insensé pour se vanter de ses larcins ? C'est une double injure de négliger votre lit et de le lui laisser deviner dans vos regards à table. Il est pour le vice une sorte de renommée bâtarde qu'il peut se ménager. Les mauvaises actions sont doublées par les mauvaises paroles. Hélas ! pauvres femmes ! Faites-nous croire au moins, puisqu'il est aisé de nous en faire accroire, que vous nous aimez. Si les autres ont le bras, montrez-nous du moins la manche, nous sommes asservies à tous vos mouvements, et vous nous faites mouvoir comme vous voulez. Allons, mon cher frère, rentrez dans la maison ; consolez ma sœur, réjouissez-la, appelez-la votre épouse. C'est un saint mensonge que de manquer un peu de sincérité, quand la douce voix de la flatterie dompte la discorde.

ANTIPHOLUS *de Syracuse*. — Ma chère dame (car je ne sais pas votre nom ; et j'ignore par quel prodige vous avez pu deviner le mien), votre science et votre bonne grâce ne font de vous rien moins qu'une merveille du monde ; vous êtes une créature divine : enseignez-moi, et ce que je dois penser, et ce que je dois dire. Manifestez à mon intelligence grossière, terrestre, étouffée sous les erreurs, faible, légère et superficielle, le sens de l'énigme cachée dans vos paroles obscures : pourquoi travaillez-vous contre la simple droiture de mon âme pour l'égarer dans des espaces inconnus ? Êtes-vous un dieu ? Voulez-vous me créer de nouveau ? Transformez-moi donc, et je céderai à votre puissance. Mais si je suis bien moi, je sais bien alors que votre sœur éplorée n'est point mon épouse, et je ne dois aucun hommage à sa couche. Je me sens bien plus, bien plus entraîné vers vous. Ah ! ne m'attirez pas par vos chants, douce sirène, pour me noyer dans le déluge de larmes que répand votre sœur ; chante, enchanteresse, pour toi-même ; et je t'adorerai :

déploie sur l'onde argentée ta chevelure adorée, et tu seras le lit où je me coucherai. Dans cette supposition brillante, je croirai que la mort est un bien pour celui qui a de tels moyens de mourir, que l'amour, cet être léger, se noie si elle s'enfonce sous l'eau.

LUCIANA.—Quoi, êtes-vous fou de me tenir ce discours?

ANTIPHOLUS. — Non, je ne suis point fou, mais je suis confondu ; je ne sais comment.

LUCIANA.—Cette illusion vient de vos yeux.

ANTIPHOLUS.—C'est pour avoir regardé de trop près vos rayons, brillant soleil.

LUCIANA. — Regardez ce que vous devez, et votre vue s'éclaircira.

ANTIPHOLUS.—Autant fermer les yeux, ma bien-aimée, que de les tenir ouverts sur la nuit.

LUCIANA. — Quoi ! vous m'appelez votre bien-aimée? Donnez ce nom à ma sœur.

ANTIPHOLUS.—A la sœur de votre sœur.

LUCIANA.—Vous voulez dire ma sœur.

ANTIPHOLUS. — Non : c'est vous-même, vous la plus chère moitié de moi-même : l'œil pur de mon œil, le cher cœur de mon cœur ; vous, mon aliment, ma fortune, et l'objet unique de mon tendre espoir ; vous, mon ciel sur la terre, et tout le bien que j'implore du ciel.

LUCIANA.—Ma sœur est tout cela, ou du moins devrait l'être.

ANTIPHOLUS. —Prenez vous-même le nom de sœur, ma bien-aimée, car c'est à vous que j'aspire : c'est vous que je veux aimer, c'est avec vous que je veux passer ma vie. Vous n'avez point encore de mari ; et moi, je n'ai point encore d'épouse : donnez-moi votre main.

LUCIANA. — Oh ! doucement, monsieur : arrêtez, je vais aller chercher ma sœur, pour lui demander son agrément.

(Luciana sort.)

(Entre Dromio de Syracuse.)

ANTIPHOLUS *de Syracuse*.—Eh bien ! Dromio? Où cours-tu si vite?

DROMIO. — Me connaissez-vous, monsieur ? Suis-je bien Dromio? Suis-je votre valet, suis-je bien moi?

ANTIPHOLUS.—Tu es Dromio, tu es mon valet; tu es toi-même.

DROMIO.—Je suis un âne, je suis le valet d'une femme, et avec tout cela, moi.

ANTIPHOLUS.—Comment, le valet d'une femme? Et comment, toi?

DROMIO.—Ma foi, monsieur, outre que je suis moi, j'appartiens encore à une femme; à une femme qui me revendique, à une femme qui me pourchasse, à une femme qui veut m'avoir.

ANTIPHOLUS.—Quels droits fait-elle valoir sur toi?

DROMIO.—Eh! monsieur, le droit que vous réclameriez sur votre cheval; elle prétend me posséder comme une bête de somme : non pas que, si j'étais une bête, elle voulût m'avoir : mais c'est elle qui, étant une créature fort bestiale, prétend avoir des droits sur moi.

ANTIPHOLUS.—Qui est-elle?

DROMIO.—Un corps fort respectable : oui, une femme dont un homme ne peut parler sans dire : *sauf votre respect*. Je n'ai qu'un assez maigre bonheur dans cette union, et cependant c'est un mariage merveilleusement gras.

ANTIPHOLUS.—Que veux-tu dire, un mariage merveilleusement gras?

DROMIO.—Hé! oui, monsieur : c'est la fille de cuisine, elle est toute pleine de graisse : et je ne sais trop qu'en faire, à moins que ce ne soit une lampe, pour me sauver loin d'elle à sa propre clarté. Je garantis que ses habits, et le suif dont ils sont pleins chaufferaient un hiver de Pologne : si elle vit jusqu'au jugement dernier, elle brûlera une semaine de plus que le monde entier.

ANTIPHOLUS.—Quelle est la couleur de son teint?

DROMIO.—Basanée comme le cuir de mon soulier, mais sa figure n'est pas tenue aussi proprement. Pourquoi cela? Parce qu'elle transpire tellement, qu'un homme en aurait par-dessus les souliers.

ANTIPHOLUS.—C'est un défaut que l'eau peut corriger.

DROMIO.—Non, monsieur : c'est entré dans la peau : le déluge de Noé n'en viendrait pas à bout.

ANTIPHOLUS.—Quel est son nom ?

DROMIO. — Nell, monsieur ; mais son nom et trois quarts[1], c'est-à-dire qu'une aune et trois quarts ne suffiraient pas pour la mesurer d'une hanche à l'autre.

ANTIPHOLUS.—Elle porte donc quelque largeur ?

DROMIO. — Elle n'est pas plus longue de la tête aux pieds, que d'une hanche à l'autre. Elle est sphérique comme un globe : je pourrais étudier la géographie sur elle.

ANTIPHOLUS.—Dans quelle partie de son corps est située l'Irlande ?

DROMIO.—Ma foi, monsieur, dans les fesses : je l'ai reconnue aux marais.

ANTIPHOLUS.—Où est l'Écosse ?

DROMIO.—Je l'ai reconnue à l'aridité : elle est dans la paume de la main.

ANTIPHOLUS.—Et la France ?

DROMIO.—Sur son front, armée et retournée, et faisant la guerre à ses cheveux [2].

ANTIPHOLUS.—Et l'Angleterre ?

DROMIO. — J'ai cherché les rochers de craie : mais je n'ai pu y reconnaître aucune blancheur : je conjecture, qu'elle pourrait être sur son menton, d'après le flux salé qui coulait entre elle et la France.

ANTIPHOLUS.—Et l'Espagne ?

DROMIO.—Ma foi, je ne l'ai pas vue : mais je l'ai sentie, à la chaleur de l'haleine.

ANTIPHOLUS.—Où sont l'Amérique, les Indes ?

DROMIO.— Oh ! monsieur, sur son nez ; qui est tout enrichi de rubis, d'escarboucles, de saphirs, tournant leur riche aspect vers la chaude haleine de l'Espagne, qui envoyait des flottes entières pour se charger à son nez.

ANTIPHOLUS.—Où étaient la Belgique, les Pays-Bas ?

DROMIO.—Oh! monsieur ; je n'ai pas été regarder si bas.
— Pour conclure, cette souillon ou sorcière a réclamé

---

[1] *Nell* et *an ell*, une aune.
[2] C'est-à-dire qu'elle a le front couvert de boutons, l'un des symptômes de la maladie appelée *morbus gallicus*.

ses droits sur moi, m'a appelé Dromio, a juré que j'étais fiancé avec elle, m'a dit quelles marques particulières j'avais sur le corps, par exemple, la tache que j'ai sur l'épaule, le signe que j'ai au cou, le gros porreau que j'ai au bras gauche, si bien que, confondu d'étonnement, je me suis enfui loin d'elle comme d'une sorcière. Et je crois que, si mon sein n'avait pas été rempli de foi, et mon cœur d'acier, elle m'aurait métamorphosé en roquet, et m'aurait fait tourner le tournebroche.

ANTIPHOLUS.—Va, pars sur-le-champ ; cours au grand. chemin : si le vent souffle quelque peu du rivage, je ne veux pas passer la nuit dans cette ville. Si tu trouves quelque barque qui mette à la voile, reviens au marché, où je me promènerai jusqu'à ce que tu m'y rejoignes. Si tout le monde nous connaît, et que nous ne connaissions personne, il est temps, à mon avis, de plier bagage et de partir.

DROMIO.—Comme un homme fuirait un ours pour sauver sa vie, je fuis, moi, celle qui prétend devenir ma femme.

ANTIPHOLUS.—Il n'y a que des sorcières qui habitent ce pays-ci, et en conséquence il est grand temps que je m'en aille. Celle qui m'appelle son mari, mon cœur l'abhorre pour épouse ; mais sa charmante sœur possède des grâces ravissantes et souveraines ; son air et ses discours sont si enchanteurs que j'en suis presque devenu parjure à moi-même. Mais, pour ne pas me rendre coupable d'un outrage contre moi-même, je boucherai mes oreilles aux chants de la sirène.

(Entre Angelo.)

ANGELO.—Monsieur Antipholus ?

ANTIPHOLUS.—Oui, c'est là mon nom.

ANGELO.—Je le sais bien, monsieur. Tenez, voilà la chaîne. Je croyais vous trouver au Porc-Épic : la chaîne n'était pas encore finie ; c'est ce qui m'a retardé si longtemps.

ANTIPHOLUS.—Que voulez-vous que je fasse de cela ?

ANGELO.—Ce qu'il vous plaira, monsieur ; je l'ai faite pour vous.

ANTIPHOLUS. — Faite pour moi, monsieur! Je ne vous l'ai pas commandée.

ANGELO. — Pas une fois, pas deux fois, mais vingt fois : allez, rentrez au logis, et faites la cour à votre femme avec ce cadeau; et bientôt, à l'heure du souper, je viendrai vous voir et recevoir l'argent de ma chaîne.

ANTIPHOLUS. — Je vous prie, monsieur, de recevoir l'argent à l'instant, de peur que vous ne revoyiez plus ni chaîne ni argent.

ANGELO. — Vous êtes jovial, monsieur : adieu, à tantôt.
(Il sort.)

ANTIPHOLUS. — Il m'est impossible de dire ce que je dois penser de tout ceci; mais ce que je sais du moins fort bien, c'est qu'il n'est point d'homme assez sot pour refuser une si belle chaîne qu'on lui offre. Je vois qu'ici un homme n'a pas besoin de se tourmenter pour vivre, puisqu'on fait dans les rues de si riches présents. Je vais aller à la place du Marché, et attendre là Dromio; si quelque vaisseau met à la voile, je pars aussitôt.

FIN DU TROISIÈME ACTE

ACTE QUATRIÈME

SCÈNE I

La scène se passe dans la rue.

UN MARCHAND, ANGELO, UN OFFICIER DE JUSTICE.

LE MARCHAND, *à Angelo*.—Vous savez que la somme est due depuis la Pentecôte, et que depuis ce temps je ne vous ai pas beaucoup importuné ; je ne le ferais pas même encore, si je n'allais pas partir pour la Perse, et que je n'eusse pas besoin de guilders[1] pour mon voyage : ainsi satisfaites-moi sur-le-champ, ou je vous fais arrêter par cet officier.

ANGELO.—Justement la même somme dont je vous suis redevable m'est due par Antipholus ; et au moment même où je vous ai rencontré, je venais de lui livrer une chaîne. A cinq heures, j'en recevrai le prix : faites-moi le plaisir de venir avec moi jusqu'à sa maison, j'acquitterai mon obligation, et je vous remercierai.

(Entrent Antipholus d'Éphèse et Dromio d'Éphèse.)

L'OFFICIER *les apercevant, à Angelo*.—Vous pouvez vous en épargner la peine : voyez, le voilà qui vient.

ANTIPHOLUS *d'Éphèse*.—Pendant que je vais chez l'orfèvre, va, toi, acheter un bout de corde ; je veux m'en servir sur ma femme et ses confédérés, pour m'avoir fermé la porte dans la journée.—Mais quoi ! j'aperçois l'orfèvre.—Va-t'en ; achète-moi une corde, et rapporte-la moi à la maison.

---

[1] *Guilders*, pièce de monnaie valant depuis un shilling (douze sous) jusqu'à deux shillings.

DROMIO d'*Éphèse*. — Ah ! je vais acheter vingt mille livres de rente ! je vais acheter une corde !

(Il sort.)

ANTIPHOLUS d'*Éphèse*. — Un homme vraiment est bien assisté, qui compte sur vous ! J'avais promis votre visite et la chaîne, mais je n'ai vu ni chaîne ni orfèvre. Apparemment que vous avez craint que mon amour ne durât trop longtemps, si vous l'enchaîniez ; et voilà pourquoi vous n'êtes pas venu.

ANGELO. — Avec la permission de votre humeur joviale, voici la note du poids de votre chaîne, jusqu'au dernier carat, le titre de l'or et le prix de la façon : le tout monte à trois ducats de plus que je ne dois à ce seigneur. — Je vous prie, faites-moi le plaisir de m'acquitter avec lui sur-le-champ ; car il est prêt à s'embarquer, et n'attend que cela pour partir.

ANTIPHOLUS d'*Éphèse*. — Je n'ai pas sur moi la somme nécessaire ; d'ailleurs j'ai quelques affaires en ville. Monsieur, menez cet étranger chez moi ; prenez avec vous la chaîne, et dites à ma femme de solder la somme en la recevant ; peut-être y serai-je aussitôt que vous.

ANGELO. — Alors vous lui porterez la chaîne vous-même ?

ANTIPHOLUS d'*Éphèse*. — Non, prenez-la avec vous, de peur que je n'arrive à temps.

ANGELO. — Allons, monsieur, je le veux bien ; l'avez-vous sur vous ?

ANTIPHOLUS d'*Éphèse*. — Si je ne l'ai pas, moi, monsieur, j'espère que vous l'avez ; sans cela vous pourriez vous en retourner sans votre argent.

ANGELO. — Allons, monsieur, je vous prie, donnez-moi la chaîne. Le vent et la marée attendent ce seigneur, et j'ai à me reprocher de l'avoir déjà retardé ici trop longtemps.

ANTIPHOLUS d'*Éphèse*. — Mon cher monsieur, vous usez de ce prétexte pour excuser votre manque de parole au Porc-Épic ; ce serait à moi à vous gronder de ne l'y avoir pas apportée. Mais, comme une femme acariâtre vous commencez à quereller le premier.

LE MARCHAND.—L'heure s'avance. Allons, monsieur, je vous prie, dépêchez.

ANGELO.—Vous voyez comme il me tourmente.... Vite, la chaîne.

ANTIPHOLUS d'Éphèse.—Eh bien! portez-la à ma femme, et allez chercher votre argent.

ANGELO.—Allons, allons; vous savez bien que je vous l'ai donnée tout à l'heure : ou envoyez la chaîne, ou envoyez par moi quelque gage.

ANTIPHOLUS d'Éphèse.—Allons, vous poussez le badinage jusqu'à l'excès. Voyons, où est la chaîne? je vous prie, que je la voie.

LE MARCHAND.—Mes affaires ne souffrent pas toutes ces longueurs : mon cher monsieur, dites-moi si vous voulez me satisfaire ou non; si vous ne voulez pas, je vais laisser monsieur entre les mains de l'officier.

ANTIPHOLUS d'Éphèse.—Moi, vous satisfaire? Et en quoi vous satisfaire?

ANGELO.—En donnant l'argent que vous me devez pour la chaîne.

ANTIPHOLUS d'Éphèse. — Je ne vous en dois point, jusqu'à ce que je l'ai reçue.

ANGELO.—Eh! vous savez que je vous l'ai remise, il y a une demi-heure.

ANTIPHOLUS d'Éphèse. — Vous ne m'avez point donné de chaîne : vous m'offensez beaucoup en me le disant.

ANGELO. —Vous m'offensez bien davantage, monsieur, en le niant. Considérez combien cela intéresse mon crédit.

LE MARCHAND.—Allons, officier, arrêtez-le à ma requête.

L'OFFICIER à Angelo.—Je vous arrête, et je vous somme, au nom du duc, d'obéir.

ANGELO. — Cet affront compromet ma réputation. (A Antipholus.)—Ou consentez à payer la somme à mon acquit, ou je vous fais arrêter par ce même officier.

ANTIPHOLUS d'Éphèse. — Consentir à payer une chose que je n'ai jamais reçue! —Arrête-moi, fou que tu es, si tu l'oses.

ANGELO. — Voilà les frais. — Arrêtez-le, officier..... Je

n'épargnerais pas mon frère en pareil cas, s'il m'insultait avec tant de mépris.

L'OFFICIER. — Je vous arrête, monsieur ; vous entendez la requête.

ANTIPHOLUS d'Éphèse. — Je vous obéis, jusqu'à ce que je vous donne caution. (A Angelo.)—Mais fripon, vous me payerez cette plaisanterie de tout l'or que peut renfermer votre magasin.

ANGELO. — Monsieur, j'aurai justice dans Éphèse, à votre honte publique, je ne peux en douter.

(Entre Dromio de Syracuse.)

DROMIO. — Mon maître, il y a une barque d'Épidaure qui n'attend que son armateur à bord, après quoi, monsieur, elle met à la voile. J'ai porté à bord notre bagage ; j'ai acheté de l'huile, du baume et de l'eau-de-vie. Le navire est tout appareillé ; un bon vent souffle joyeusement de terre, on n'attend plus que l'armateur et vous, monsieur.

ANTIPHOLUS d'Éphèse. — Allons, un fou maintenant ! Que veux-tu dire, imbécile ? Coquin, quel vaisseau d'Épidaure m'attend, moi ?

DROMIO. — Le vaisseau sur lequel vous m'avez envoyé pour retenir notre passage.

ANTIPHOLUS d'Éphèse. — Esclave ivrogne, je t'ai envoyé chercher une corde, et je t'ai dit pourquoi, et ce que j'en voulais faire.

DROMIO de Syracuse. — Vous m'avez tout autant envoyé, monsieur, au bout de la corde. — Vous m'avez envoyé à la baie, monsieur, chercher une barque.

ANTIPHOLUS d'Éphèse. — J'examinerai cette affaire plus à loisir : et j'apprendrai à tes oreilles à m'écouter avec plus d'attention. Va donc droit chez Adriana, maraud, porte lui cette clef, et dis-lui que dans le pupitre qui est couvert d'un tapis de Turquie, il y a une bourse remplie de ducats : qu'elle me l'envoie ; dis-lui que je suis arrêté dans la rue, et que ce sera ma caution : cours promptement, esclave : pars. — Allons, officier, je vous suis à la prison, jusqu'à ce qu'il revienne.

(Ils sortent.)

DROMIO *de Syracuse, seul.* — Chez Adriana! c'est-à-dire, celle chez laquelle nous avons dîné, où Dousabelle m'a réclamé pour son mari : elle est un peu trop grosse, j'espère, pour que je puisse l'embrasser; il faut que j'y aille, quoique contre mon gré : car il faut que les valets exécutent les ordres de leurs maîtres.

(Il sort.)

SCÈNE II

La scène se passe dans la maison d'Antipholus d'Éphèse.

ADRIANA ET LUCIANA.

ADRIANA. — Comment, Luciana, il t'a tentée à ce point? As-tu pu lire dans ses yeux si ses instances étaient sérieuses ou non? Était-il coloré ou pâle, triste ou gai? Quelles observations as-tu faites en cet instant, sur les météores de son cœur qui se combattaient sur son visage[1].

LUCIANA. — D'abord, il a nié que vous eussiez aucun droit sur lui?

ADRIANA. — Il voulait dire qu'il agissait comme si je n'en avais aucun, et je n'en suis que plus indignée.

LUCIANA. — Ensuite il m'a juré qu'il était étranger ici.

ADRIANA. — Et il a juré la vérité tout en se parjurant.

LUCIANA. — Alors j'ai intercédé pour vous.

ADRIANA. — Eh bien! qu'a-t-il dit?

LUCIANA. — L'amour que je réclamais pour vous, il me l'a demandé à moi.

ADRIANA. — Avec quelles persuasions a-t-il sollicité ta tendresse?

LUCIANA. — Dans des termes qui, dans une demande honnête, eussent pu émouvoir. D'abord il a vanté ma beauté, ensuite mon esprit.

ADRIANA. — Lui as-tu répondu poliment?

LUCIANA. — Ayez patience, je vous en conjure.

---

[1] Allusion à ces météores de l'atmosphère qui ressemblent à des rangs de combattants. Shakspeare leur compare ailleurs les guerres civiles. WARBURTON.

ADRIANA. — Je ne peux, ni je ne veux me tenir tranquille. Il faut que ma langue se satisfasse, si mon cœur ne le peut pas. Il est tout défiguré, contrefait, vieux et flétri, laid de figure, plus mal fait encore de sa personne, difforme de tout point; vicieux, ingrat, extravagant, sot et brutal; disgracié de la nature dans son corps, et encore plus pervers dans son âme.

LUCIANA. — Et pourquoi donc être jalouse d'un tel homme? On ne pleure jamais un mal perdu quand il s'en va.

ADRIANA. — Ah! mais je pense bien mieux de lui que je n'en parle. Et pourtant je voudrais qu'il fût encore plus difforme aux yeux des autres. Le vanneau crie loin de son nid, pour qu'on s'en éloigne¹. Tandis que ma langue le maudit, mon cœur prie pour lui.

(Entre Dromio.)

DROMIO. — Par ici, venez. Le pupitre, la bourse : mes chères dames, hâtez-vous.

LUCIANA. — Et pourquoi es-tu donc si hors d'haleine?

DROMIO. — C'est à force de courir.

ADRIANA. — Où est ton maître, Dromio? Est-il en santé?

DROMIO. — Non, il est descendu dans les limbes du Tartare, pire que l'enfer; un diable vêtu de l'habit qui dure toujours² l'a saisi : un diable, dont le cœur est revêtu d'acier, un démon, un génie, un loup, et pis

---

¹ Le vanneau, dit-on, cherche à éloigner l'attention de son nid en poussant des cris plaintifs le plus loin possible de l'endroit où sa femelle couve.

² *Buff* était une expression vulgaire, pour dire la peau d'un homme, le vêtement qui dure autant que le corps. *Everlasting garment* peut donc se rendre littéralement par *l'habit qui dure toujours*. On peut aussi dire *un diable en habit d'immortelle*, comme Letourneur; et voici la note de Steevens citée par lui: « Du temps de Shakspeare, les sergents étaient vêtus d'une sorte d'étoffe appelée encore aujourd'hui *immortelle*, à cause de sa longue durée. »

Dans la scène suivante, Dromio joue encore sur le mot *buff*, et appelle le sergent le portrait du vieil Adam, c'est-à-dire d'Adam avant sa chûte, d'Adam tout nu.

encore, un être tout en buffle; un ennemi secret qui vous met la main sur l'épaule; celui qui poursuit à travers les allées, les quais et les rues; un limier qui va et vient [1], et qui évente la trace des pas, enfin, quelqu'un qui traîne les pauvres âmes en enfer avant le jugement [2].

ADRIANA. — Comment! de quoi s'agit-il?

DROMIO. — Je ne sais pas de quoi il s'agit; mais il est arrêté pour cette affaire [3].

ADRIANA. — Quoi! il est arrêté? Dis-moi, à la requête de qui?

DROMIO. — Je ne sais pas bien à la requête de qui il est arrêté; mais, tout ce que je puis dire, c'est que celui qui l'a arrêté est vêtu d'un surtout de buffle. Voulez-vous, madame, lui envoyer de quoi se racheter; l'argent qui est dans le pupitre?

ADRIANA. — Va le chercher, ma sœur. — (*Luciana sort.*) Cela m'étonne bien qu'il se trouve avoir des dettes qui me soient inconnues. Dis-moi, l'a-t-on arrêté sur un billet?

DROMIO. — Non pas sur un billet [4], mais à propos de quelque chose de plus fort; une chaîne, une chaîne : ne l'entendez-vous pas sonner?

ADRIANA. — Quoi! la chaine?...

DROMIO. — Non, non; la cloche. Il serait temps que je fusse parti d'ici; il était deux heures quand je l'ai quitté, et voilà l'horloge qui sonne une heure.

---

[1] *Runs counter*, c'est-à-dire qui retourne sur ses pas, comme un limier qui a perdu la piste. Il y a donc contradiction avec la phrase suivante, qui signifie *éventer la trace*. Mais cette ambiguïté tient à un jeu de mots sur *counter*, fausse voie à la chasse, et nom d'une prison de Londres.

[2] *Enfer*, c'était le nom donné, en Angleterre, au cachot le plus obscur d'une prison.
Il y avait aussi un lieu de ce nom dans la chambre de l'échiquier où l'on retenait les débiteurs de la couronne.

[3] Au lieu de *on the case* il faut lire, selon Gray, *out the case*, ce qui exprimerait l'espèce d'action de celui à qui on fait un tort, mais sans violence, et dans un cas non prévu par la loi.

[4] *Bond,* billet, obligation, qui se prononce comme *band*, lien, cravate.

ADRIANA. — Les heures reculeraient donc? Je ne l'ai jamais entendu dire.

DROMIO. — Oh! oui, vraiment; quand une des heures rencontre un sergent, elle recule de peur.

ADRIANA. — Comme si le temps était endetté! tu raisonnes en vrai fou.

DROMIO. — Le temps est un vrai banqueroutier, et il doit à l'occasion plus qu'il n'a vaillant. Et, c'est un voleur aussi : n'avez-vous donc pas ouï dire que le temps s'avance comme un voleur jour et nuit? Si le temps est endetté, et qu'il soit un voleur, et qu'il trouve sur son chemin un sergent, n'a-t-il pas raison de reculer d'une heure dans un jour?

ADRIANA. — Cours, Dromio, voilà l'argent; (*Luciana revient avec la bourse*) porte-le bien vite, et ramène ton maître immédiatement au logis. Venez, ma sœur, je suis atterrée par mon imagination; mon imagination, qui tantôt me console et tantôt me tourmente!

(Elles sortent.)

SCÈNE III.

Une rue d'Éphèse.

ANTIPHOLUS *de Syracuse seul.*

Je ne rencontre pas un homme qui ne me salue, comme si j'étais un ami bien connu, et chacun m'appelle par mon nom. Quelques-uns m'offrent de l'argent, d'autres m'invitent à dîner; d'autres me remercient des services que je leur ai rendus, d'autres m'offrent des marchandises à acheter : tout à l'heure un tailleur m'a appelé dans sa boutique et m'a montré des soieries qu'il avait achetées pour moi; et là-dessus il m'a pris mesure. — Sûrement tout cela n'est qu'enchantement, qu'illusions, et les sorciers de la Laponie habitent ici.

(Entre une courtisane.)

DROMIO. — Mon maître, voici l'or que vous m'avez envoyé chercher..... Quoi! vous avez fait habiller de neuf le portrait du vieil Adam[1]?

[1] Voyez la note 2 de la page 269.

ANTIPHOLUS. — Quel or est-ce là? De quel Adam veux-tu parler?

DROMIO. — Pas de l'Adam qui gardait le paradis, mais de cet Adam qui garde la prison; de celui qui va vêtu de la peau du veau qui fut tué pour l'enfant prodigue; celui qui est venu derrière vous, monsieur, comme un mauvais ange, et qui vous a ordonné de renoncer à votre liberté.

ANTIPHOLUS. — Je ne t'entends pas.

DROMIO. — Non? eh! c'est pourtant une chose bien simple : cet homme qui marchait comme une basse de viole dans un étui de cuir; l'homme, monsieur, qui, quand les gens sont fatigués, d'un tour de main leur procure le repos; celui, monsieur, qui prend pitié des hommes ruinés, et leur donne des habits de durée[1]; celui qui a la prétention de faire plus d'exploits avec sa masse qu'avec une pique moresque.

ANTIPHOLUS. — Quoi! veux-tu dire un sergent?

DROMIO. — Oui, monsieur, le sergent des obligations[2] : celui qui force tout homme qui manque à ses engagements, d'en répondre; un homme qui croit qu'on va toujours se coucher, et qui vous dit : « Dieu vous donne une bonne nuit! »

ANTIPHOLUS. — Allons, l'ami, restons-en là avec ta folie. — Y a-t-il quelque vaisseau qui parte ce soir? Pouvons-nous partir?

DROMIO. — Oui, monsieur; je suis venu vous rendre réponse, il y a une heure, que la barque l'*Expédition* partait cette nuit; mais alors vous étiez empêché avec le sergent, et forcé de retarder au delà du délai marqué. Voici les *anges*[3] que vous m'avez envoyé chercher pour vous délivrer.

ANTIPHOLUS. — Ce garçon est fou, et moi aussi; et nous ne faisons qu'errer d'illusions en illusions. Que quelque sainte protection nous tire d'ici!

(Antipholus et Dromio vont pour sortir.)

---

[1] *Durance*, durée et prison.
[2] Voyez la note 4 de la page 270.
[3] *Anges*, pièces d'argent.

LA COURTISANE —Ah! je suis bien aise, fort aise de vous trouver, monsieur Antipholus. Je vois, monsieur, que vous avez enfin rencontré l'orfévre : est-ce là la chaîne que vous m'avez promise aujourd'hui?

ANTIPHOLUS. — Arrière, Satan! je te défends de me tenter.

DROMIO.—Monsieur, est-ce là madame Satan?

ANTIPHOLUS.—C'est le démon.

DROMIO.—C'est pis encore, c'est la dame du démon, et elle vient ici sous la forme d'une fille de plaisir; et voilà pourquoi les filles disent : Dieu me damne! ce qui signifie : Dieu me fasse fille de plaisir! Il est écrit qu'ils apparaissent aux hommes comme des anges de lumière. La lumière est un effet du feu, et le feu brûle. *Ergo*, les filles de plaisir brûleront; n'approchez pas d'elle [1].

LA COURTISANE.—Votre valet et vous, monsieur, vous êtes merveilleusement gais! Voulez-vous venir avec moi? nous trouverons ici de quoi rendre notre dîner meilleur.

DROMIO.—Mon maître, si vous devez goûter de la soupe, commandez donc auparavant une longue cuiller.

ANTIPHOLUS.—Pourquoi, Dromio?

DROMIO.— Vraiment, c'est qu'il faut une longue cuiller à l'homme qui doit manger avec le diable.

ANTIPHOLUS, *à la courtisane*.—Arrière donc, démon! Que viens-tu me parler de souper? tu es, comme tout le reste, une sorcière. Je te conjure de me laisser, et de t'en aller.

LA COURTISANE.—Donnez-moi donc mon anneau que vous m'avez pris à dîner; ou, pour mon diamant, donnez-moi la chaîne que vous m'avez promise, et alors je m'en irai, monsieur, et ne vous importunerai plus.

DROMIO.—Il y a des diables qui ne demandent que la rognure d'un ongle, un jonc, un cheveu, une goutte de sang, une épingle, une noisette, un noyau de cerise; mais celle-ci, plus avide, voudrait avoir une chaîne. Mon maître, prenez bien garde : et si vous lui donnez la

---

[1] L'équivoque est fondée sur le mot *light*, qui, pris adjectivement, veut dire léger, légère (fille légère), et substantivement lumière (fille de lumière).

chaîne, la diablesse la secouera, et nous en épouvantera.

LA COURTISANE.—Je vous en prie, monsieur, ma bague, ou bien la chaîne. J'espère que vous n'avez pas l'intention de m'attraper ainsi.

ANTIPHOLUS.—Loin d'ici, sorcière!—Allons, Dromio, partons.

DROMIO.—*Fuis l'orgueil*, dit le paon; vous savez cela, madame.

(Antipholus et Dromio sortent.)

LA COURTISANE. — Maintenant il est hors de doute qu'Antipholus est fou; autrement il ne se fût jamais si mal conduit. Il a à moi une bague qui vaut quarante ducats, et il m'avait promis en retour une chaîne d'or; et à présent il me refuse l'une et l'autre, ce qui me fait conclure qu'il est devenu fou. Outre cette preuve actuelle de sa démence, je me rappelle les contes extravagants qu'il m'a débités aujourd'hui à dîner, comme quoi il n'a pu rentrer chez lui, comme quoi on lui a fermé la porte; probablement sa femme, qui connaît ses accès de folie, lui a en effet fermé la porte exprès. Ce que j'ai à faire à présent, c'est de gagner promptement sa maison, et de dire à sa femme, que dans un accès de folie il est entré brusquement chez moi, et m'a enlevé de vive force une bague qu'il m'a emportée. Voilà le parti qui me semble le meilleur à choisir; car quarante ducats, c'est trop pour les perdre.

SCÈNE IV

La scène se passe dans la rue.

ANTIPHOLUS *d'Éphèse* ET UN SERGENT.

ANTIPHOLUS.—N'aie aucune inquiétude, je ne me sauverai pas; je te donnerai, pour caution, avant de te quitter, la somme pour laquelle je suis arrêté. Ma femme est de mauvaise humeur aujourd'hui; et elle ne voudra pas se fier légèrement au messager, ni croire que j'aie pu être arrêté dans Éphèse : je te dis que cette nouvelle sonnera étrangement à ses oreilles.

(Entre Dromio d'Éphèse, avec un bout de corde à la main.)

ANTIPHOLUS d'Éphèse.—Voici mon valet ; je pense qu'il apporte de l'argent.—Eh bien! Dromio, avez-vous ce que je vous ai envoyé chercher ?

DROMIO d'Éphèse.—Voici, je vous le garantis, de quoi les payer tous.

ANTIPHOLUS.—Mais l'argent, où est-il ?

DROMIO.—Ah ! monsieur, j'ai donné l'argent pour la corde.

ANTIPHOLUS.—Cinq cents ducats, coquin, pour un bout de corde.

DROMIO.—Je vous en fournirai cinq cents, monsieur, pour ce prix-là.

ANTIPHOLUS.—A quelle fin t'ai-je ordonné de courir en hâte au logis ?

DROMIO.—A cette fin d'un bout de corde, monsieur ; et c'est à cette fin que je suis revenu.

ANTIPHOLUS.—Et à cette fin, moi, je vais te recevoir comme tu le mérites.
(Il le bat.)

L'OFFICIER.—Monsieur, de la patience.

DROMIO.—Vraiment c'est à moi d'être patient : je suis dans l'adversité.

L'OFFICIER, à Dromio.—Allons, retiens ta langue.

DROMIO.—Persuadez-lui plutôt de retenir ses mains.

ANTIPHOLUS.—Bâtard que tu es ! coquin insensible !

DROMIO.—Je voudrais bien être insensible, monsieur, pour ne pas sentir vos coups.

ANTIPHOLUS.—Tu n'es sensible qu'aux coups, comme les ânes.

DROMIO.—Oui, en effet, je suis un âne ; vous pouvez le prouver par mes longues oreilles.—Je l'ai servi depuis l'heure de ma naissance jusqu'à cet instant, et je n'ai jamais rien reçu de lui pour mes services que des coups. Quand j'ai froid, il me réchauffe avec des coups ; quand j'ai chaud, il me rafraîchit avec des coups ; c'est avec des coups qu'il m'éveille quand je suis endormi, qu'il me fait lever quand je suis assis, qu'il me chasse quand je sors de la maison, qu'il m'accueille chez lui à mon retour. Enfin je porte ses coups sur mes épaules comme une mendiante porte ses marmots sur son dos ; et je crois que quand il m'aura estropié, il me faudra aller mendier avec cela de porte en porte.

(Entrent Adriana, Luciana, la courtisane, Pinch et autres.)

ANTIPHOLUS.—Allons, suivez-moi, voilà ma femme qui vient là-bas.

DROMIO.—Maîtresse, *respice finem*, respectez votre fin, ou plutôt, comme disait le perroquet, prenez garde à la corde [1].

ANTIPHOLUS, *battant Dromio*.—Veux-tu toujours parler ?

LA COURTISANE, *à Adriana*.—Eh bien ! qu'en pensez-vous à présent ? Est-ce que votre mari n'est pas fou ?

ADRIANA.—Son incivilité me le prouve assez.—Bon docteur Pinch, vous savez exorciser ; rétablissez-le dans son bon sens, et je vous donnerai tout ce que vous demanderez.

LUCIANA.—Hélas ! comme ses regards sont étincelants et furieux !

LA COURTISANE. — Voyez comme il frémit dans son transport !

PINCH.—Donnez-moi votre main, que je tâte votre pouls.

ANTIPHOLUS. — Tenez, voilà ma main, et que votre oreille la tâte.

PINCH.—Je t'adjure, Satan, qui es logé dans cet homme, de céder possession à mes saintes prières, et de te replonger sur-le-champ dans tes abîmes ténébreux ; je t'adjure par tous les saints du ciel.

ANTIPHOLUS.—Tais-toi, sorcier radoteur, tais-toi ; je ne suis pas fou.

ADRIANA.—Oh ! plût à Dieu que tu ne le fusses pas, pauvre âme en peine !

ANTIPHOLUS, *à sa femme*.—Et vous, folle, sont-ce là vos

---

[1] *Respice finem, respice funem*, ces mots semblent renfermer une allusion à un fameux pamphlet du temps, écrit par Buchanan contre Liddington, lequel finissait par ces mots.

La prophétie du perroquet fait allusion à la coutume du peuple qui apprend à cet oiseau des mots sinistres. Lorsque quelque passant s'en offensait, le maître de l'oiseau lui répondait : *Prenez garde, mon perroquet est prophète*. WARBURTON.

chalands? Est-ce ce compagnon à la face de safran, qui était en gala aujourd'hui chez moi, tandis que les portes m'étaient insolemment fermées, et qu'on m'a refusé l'entrée de ma maison?

ADRIANA. — Oh! mon mari, Dieu sait que vous avez dîné à la maison ; et plût à Dieu que vous y fussiez resté jusqu'à présent, à l'abri de ces affronts et de cet opprobre!

ANTIPHOLUS. — J'ai dîné à la maison? — Toi, coquin, qu'en dis-tu?

DROMIO. — Pour dire la vérité, monsieur, vous n'avez pas dîné au logis.

ANTIPHOLUS. — Mes portes n'étaient-elles pas fermées, et moi dehors?

DROMIO. — Pardieu! votre porte était fermée, et vous dehors.

ANTIPHOLUS. — Et ne m'a-t-elle pas elle-même dit des injures?

DROMIO. — Sans mentir, elle vous a dit elle-même des injures.

ANTIPHOLUS. — Sa fille de cuisine ne m'a-t-elle pas insulté, invectivé, méprisé?

DROMIO. — Certes, elle l'a fait; la vestale de la cuisine[1] vous a repoussé injurieusement.

ANTIPHOLUS. — Et ne m'en suis-je pas allé tout transporté de rage?

DROMIO. — En vérité, rien n'est plus certain : mes os en sont témoins, eux qui depuis ont senti toute la force de cette rage.

ADRIANA, *à Dromio*. — Est-il bon de lui donner raison dans ses contradictions?

PINCH. — Il n'y a pas de mal à cela : ce garçon connaît son humeur, et en lui cédant il flatte sa frénésie.

ANTIPHOLUS. — Tu as suborné l'orfèvre pour me faire arrêter.

ADRIANA. — Hélas! au contraire; je vous ai envoyé de l'argent pour vous racheter, par Dromio que voilà, qui est accouru le chercher.

---

[1] Comme les vestales, la cuisinière entretient le feu. JOHNSON.

DROMIO. — De l'argent? par moi? Du bon cœur et de la bonne volonté, tant que vous voudrez; mais certainement, mon maître, pas une parcelle d'écu.

ANTIPHOLUS. — N'es-tu pas allé la trouver pour lui demander une bourse de ducats?

ADRIANA. — Il est venu, et je la lui ai remise.

LUCIANA. — Et moi, je suis témoin qu'elle les lui a remis.

DROMIO. — Dieu et le cordier me sont témoins qu'on ne m'a envoyé chercher rien autre chose qu'une corde.

PINCH. — Madame, le maître et le valet sont tous deux possédés. Je le vois à leurs visages défaits et d'une pâleur mortelle. Il faut les lier et les loger dans quelque chambre obscure.

ANTIPHOLUS. — Répondez; pourquoi m'avez-vous fermé la porte aujourd'hui? Et toi (*à Dromio*), pourquoi nies-tu la bourse d'or qu'on t'a donnée?

ADRIANA. — Mon cher mari, je ne vous ai point fermé la porte.

DROMIO. — Et moi, mon cher maître, je n'ai point reçu d'or; mais je confesse, monsieur, qu'on vous a fermé la porte.

ADRIANA. — Insigne imposteur, tu fais un double mensonge!

ANTIPHOLUS. — Hypocrite prostituée, tu mens en tout; et tu as fait ligue avec une bande de scélérats pour m'accabler d'affronts et de mépris; mais, avec ces ongles, je t'arracherai tes yeux perfides, qui se feraient un plaisir de me voir dans mon ignominie.

(Pinch et ses gens veulent lier Antipholus d'Éphèse et Dromio d'Éphèse.)

ADRIANA. — Oh! liez-le, liez-le; qu'il ne m'approche pas.

PINCH. — Plus de monde! — Le démon qui est en lui est fort.

LUCIANA. — Hélas! le pauvre homme, comme il est pâle et défait!

ANTIPHOLUS. — Quoi! voulez-vous m'égorger? Toi, geôlier, je suis ton prisonnier; souffriras-tu qu'ils m'arrachent de tes mains?

L'OFFICIER. — Messieurs, laissez-le; il est mon prisonnier, et vous ne l'aurez pas.

PINCH. — Allons, qu'on lie cet homme-là, car il est frénétique aussi.

ADRIANA. — Que veux-tu dire, sergent hargneux? As-tu donc du plaisir à voir un infortuné se faire du mal et du tort à lui-même?

L'OFFICIER. — Il est mon prisonnier; si je le laisse aller, on exigera de moi la somme qu'il doit.

ADRIANA. — Je te déchargerai avant de te quitter; conduis-moi à l'instant à son créancier. Quand je saurai la nature de cette dette je la payerai. Mon bon docteur, voyez à ce qu'il soit conduit en sûreté jusqu'à ma maison. — O malheureux jour!

ANTIPHOLUS. — O misérable prostituée!

DROMIO. — Mon maître, me voilà entré dans les liens pour l'amour de vous.

ANTIPHOLUS. — Malheur à toi, scélérat! pourquoi me fais-tu mettre en fureur?

DROMIO. — Voulez-vous donc être lié pour rien? Soyez fou, mon maître; criez, le diable.....

LUCIANA. — Dieu les assiste, les pauvres âmes! Comme ils extravaguent!

ADRIANA. — Allons, emmenez-le d'ici. — Ma sœur, venez avec moi. (*Pinch, Antipholus, Dromio, etc., sortent.*) (*A l'officier.*) Dites-moi, à présent, à la requête de qui est-il arrêté?

L'OFFICIER. — A la requête d'un certain Angelo, un orfèvre. Le connaissez-vous?

ADRIANA. — Je le connais. Quelle somme lui doit-il?

L'OFFICIER. — Deux cents ducats.

ADRIANA. — Et pourquoi les lui doit-il?

L'OFFICIER. — C'est le prix d'une chaîne que votre mari a reçue de lui.

ADRIANA. — Il avait commandé une chaîne pour moi, mais elle ne lui a pas été livrée.

LA COURTISANE. — Quand votre mari, tout en fureur, est venu aujourd'hui chez moi, et a emporté ma bague, que je lui ai vue au doigt tout à l'heure, un moment après je l'ai rencontré avec ma chaîne.

ADRIANA. — Cela peut bien être ; mais je ne l'ai jamais vue.—Venez, geôlier, conduisez-moi à la demeure de l'orfèvre ; il me tarde de savoir la vérité de ceci dans tous ses détails.

(Entrent Antipholus de Syracuse avec son épée nue, et Dromio de Syracuse.)

LUCIANA.—O Dieu, ayez pitié de nous, les voilà de nouveau en liberté !

ADRIANA.—Et ils viennent l'épée nue ! Appelons du secours, pour les faire lier de nouveau.

L'OFFICIER.—Sauvons-nous ; ils nous tueraient.

(Ils s'enfuient.)

ANTIPHOLUS. — Je vois que ces sorcières ont peur des épées.

DROMIO. — Celle qui voulait être votre femme tantôt vous fuit à présent.

ANTIPHOLUS. — Allons au Centaure. Tirons-en nos bagages ; je languis d'être sain et sauf à bord.

DROMIO. — Non, restez ici cette nuit ; sûrement on ne nous fera aucun mal. Vous avez vu qu'on nous parle amicalement, qu'on nous a donné de l'or ; il me semble que c'est une si bonne nation, que sans cette montagne de chair folle, qui me réclame le mariage, je me sentirais assez d'envie de rester ici toujours, et de devenir sorcier.

ANTIPHOLUS.—Je ne resterais pas ce soir pour la valeur de la ville entière : allons-nous-en pour faire porter notre bagage à bord.

(Ils sortent.)

FIN DU QUATRIÈME ACTE.

ACTE CINQUIÈME

—

SCÈNE I

La scène se passe dans une rue, devant un monastère

Entrent LE MARCHAND ET ANGELO.

ANGELO. — Je suis fâché, monsieur, d'avoir retardé votre départ. Mais je vous proteste que la chaîne lui a été livrée par moi, quoiqu'il ait la malhonnêteté inconcevable de le nier.

LE MARCHAND. — Comment cet homme est-il considéré dans la ville?

ANGELO. — Il jouit d'une réputation respectable, d'un crédit sans bornes, il est fort aimé : il ne le cède à aucun citoyen de cette ville : sa parole me répondrait de toute ma fortune quand il le voudrait.

LE MARCHAND. — Parlez bas : c'est lui, je crois, qui se promène là.

(Entre Antipholus de Syracuse.)

ANGELO. — C'est bien lui : et il porte à son cou cette même chaîne qu'il a juré, par un parjure insigne, n'avoir pas reçue. Monsieur, suivez-moi, je vais lui parler. —(*A Antipholus.*) Seigneur Antipholus, je m'étonne que vous m'ayez causé cette honte et cet embarras, non sans nuire un peu à votre propre réputation. Me nier d'un ton si décidé, avec des serments, cette chaîne-là même que vous portez à présent si ouvertement! Outre l'accusation, la honte et l'emprisonnement que vous m'avez fait subir, vous avez encore fait tort à cet honnête ami, qui, s'il n'avait pas attendu l'issue de notre débat, aurait mis à la voile, et serait actuellement en mer. Vous avez reçu cette chaîne de moi : pouvez-vous le nier?

ANTIPHOLUS. — Je crois que je l'ai reçue de vous : je ne l'ai jamais nié, monsieur.

ANGELO. — Oh! vous l'avez nié, monsieur, et avec serment encore.

ANTIPHOLUS. — Qui m'a entendu le nier et jurer le contraire?

LE MARCHAND. — Moi que vous connaissez, je l'ai entendu de mes propres oreilles : fi donc! misérable; c'est une honte qu'il vous soit permis de vous promener là où s'assemblent les honnêtes gens.

ANTIPHOLUS. — Vous êtes un malheureux de me charger de pareilles accusations : je soutiendrai mon honneur et ma probité contre vous, et tout à l'heure, si vous osez me faire face.

LE MARCHAND. — Je l'ose, et je te défie comme un coquin que tu es.

(Ils tirent l'épée pour se battre.)
(Entrent Adriana, Luciana, la courtisane et autres.)

ADRIANA, *accourant*. — Arrêtez, ne le blessez pas ; pour l'amour de Dieu! il est fou. — Que quelqu'un se saisisse de lui : ôtez-lui son épée. — Liez Dromio aussi, et conduisez-les à ma maison.

DROMIO. — Fuyons, mon maître, fuyons ; au nom de Dieu, entrez dans quelque maison. Voici une espèce de prieuré : entrons, ou nous sommes perdus.

(Antipholus de Syracuse et Dromio entrent dans le couvent.
(L'abbesse paraît.)

L'ABBESSE. — Silence, braves gens : pourquoi vous pressez-vous en foule à cette porte?

ADRIANA. — Je viens chercher mon pauvre mari qui est fou. Entrons, afin de pouvoir le lier comme il faut, et l'emmener chez lui pour se rétablir.

ANGELO. — Je le savais bien qu'il n'était pas dans son bon sens.

LE MARCHAND. — Je suis fâché maintenant d'avoir tiré l'épée contre lui.

L'ABBESSE. — Depuis quand est-il ainsi possédé?

ADRIANA. — Toute cette semaine il a été mélancolique, sombre et chagrin, bien, bien différent de ce qu'il était naturellement : mais jusqu'à cette après-midi, sa fureur n'avait jamais éclaté dans cet excès de frénésie.

L'ABBESSE. — N'a-t-il point fait de grandes pertes par un naufrage? enterré quelque ami chéri? Ses yeux n'ont-ils pas égaré son cœur dans un amour illégitime? C'est un péché très-commun chez les jeunes gens qui donnent à leurs yeux la liberté de tout voir : lequel de ces accidents a-t-il éprouvé?

ADRIANA. — Aucun; si ce n'est peut-être le dernier. Je veux dire quelque amourette qui l'éloignait souvent de sa maison.

L'ABBESSE. — Vous auriez dû lui faire des remontrances.

ADRIANA. — Eh! je l'ai fait.

L'ABBESSE. — Mais pas assez fortes.

ADRIANA. — Aussi fortes que la pudeur me le permettait.

L'ABBESSE. — Peut-être en particulier.

ADRIANA. — Et en public aussi.

L'ABBESSE. — Oui, mais pas assez.

ADRIANA. — C'était le texte de tous nos entretiens : au lit, il ne pouvait pas dormir tant je lui en parlais. A table, il ne pouvait pas manger tant je lui en parlais. Étions-nous seuls, c'était le sujet de mes discours. En compagnie, mes regards le lui disaient souvent : je lui disais encore que c'était mal et honteux.

L'ABBESSE. — Et de là il est arrivé que cet homme est devenu fou : les clameurs envenimées d'une femme jalouse sont un poison plus mortel que la dent d'un chien enragé. Il paraît que son sommeil était interrompu par vos querelles; voilà ce qui a rendu sa tête légère. Vous dites que les repas étaient assaisonnés de vos reproches; les repas troublés font les mauvaises digestions, d'où naissent le feu et le délire de la fièvre. Et qu'est-ce que la fièvre sinon un accès de folie! Vous dites que vos criailleries ont interrompu ses délassements; en privant l'homme d'une douce récréation, qu'arrive-t-il? la sombre et triste mélancolie qui tient de près au farouche et inconsolable désespoir ; et à sa suite une troupe hideuse et empestée de pâles maladies, ennemies de l'existence.

Être troublé dans ses repas, dans ses délassements, dans le sommeil qui conserve la vie, il y aurait de quoi rendre fous hommes et bêtes. La conséquence est donc que ce sont vos accès de jalousie qui ont privé votre mari de l'usage de sa raison.

LUCIANA. — Elle ne lui a jamais fait que de douces remontrances, lorsque lui, il se livrait à la fougue, à la brutalité de ses emportements grossiers. (*A sa sœur.*) Pourquoi supportez-vous ces reproches sans répondre?

ADRIANA. — Elle m'a livrée aux reproches de ma conscience. — Bonnes gens, entrez, et mettez la main sur lui.

L'ABBESSE. — Non; personne n'entre jamais dans ma maison.

ADRIANA. — Alors, que vos domestiques amènent mon mari.

L'ABBESSE. — Cela ne sera pas non plus : il a pris ce lieu pour un asile sacré : et le privilége le garantira de vos mains, jusqu'à ce que je l'aie ramené à l'usage de ses facultés, ou que j'aie perdu mes peines en l'essayant.

ADRIANA. — Je veux soigner mon mari, être sa garde, car c'est mon office; et je ne veux d'autre agent que moi-même : ainsi laissez-le moi ramener dans ma maison.

L'ABBESSE. — Prenez patience : je ne le laisserai point sortir d'ici que je n'aie employé les moyens approuvés que je possède, sirops, drogues salutaires, et saintes oraisons, pour le rétablir dans l'état naturel de l'homme : c'est une partie de mon vœu, un devoir charitable de notre ordre; ainsi retirez-vous, et laissez-le ici à mes soins.

ADRIANA. — Je ne bougerai pas d'ici, et je ne laisserai point ici mon mari. Il sied mal à votre sainteté de séparer le mari et la femme.

L'ABBESSE. — Calmez-vous : et retirez-vous, vous ne l'aurez point.

(*L'abbesse sort.*)

LUCIANA. — Plaignez-vous au duc de cette indignité.

ADRIANA. — Allons, venez : je tomberai prosternée à ses pieds, et je ne m'en relève point que mes larmes et mes prières n'aient engagé Son Altesse à se transporter en personne au monastère, pour reprendre de force mon mari à l'abbesse.

LE MARCHAND. — L'aiguille de ce cadran marque, je crois, cinq heures. Je suis sûr que dans ce moment le duc lui-même va se rendre en personne dans la sombre vallée, lieu de mort et de tristes exécutions, derrière les fossés de cette abbaye.

ANGELO. — Et pour quelle cause y vient-il ?

LE MARCHAND. — Pour voir trancher publiquement la tête à un respectable marchand de Syracuse qui a eu le malheur d'enfreindre les lois et les statuts de cette ville, en abordant dans cette baie.

ANGELO. — En effet, les voilà qui viennent : nous allons assister à sa mort.

LUCIANA, *à sa sœur*. — Jetez-vous aux pieds du duc, avant qu'il ait passé l'abbaye.

(Entrent le duc avec son cortége, Ægéon, la tête nue, le bourreau, des gardes et autres officiers.)

LE DUC, *à un crieur public*. — Proclamez encore une fois publiquement que s'il se trouve quelque ami qui veuille payer la somme pour lui, il ne mourra point, tant nous nous intéressons à son sort !

ADRIANA, *se jetant aux genoux du duc*. — Justice, très-noble duc, justice contre l'abbesse.

LE DUC. — C'est une dame vertueuse et respectable : il n'est pas possible qu'elle vous ait fait tort.

ADRIANA. — Que Votre Altesse daigne m'écouter : Antipholus, mon époux, — que j'ai fait le maître de ma personne et de tout ce que je possédais, sur vos lettres pressantes, — a, dans ce jour fatal, été attaqué d'un accès de folie des plus violents. Il s'est élancé en furieux dans la rue (et avec lui son esclave, qui est aussi fou que lui), outrageant les citoyens, entrant de force dans leurs maisons, emportant avec lui bagues, joyaux, tout ce qui plaisait à son caprice. Je suis parvenue à le faire lier une fois, et je l'ai fait conduire chez moi, pendant que j'allais réparer les torts que sa furie avait commis çà et là dans la ville. Cependant, je ne sais par quel moyen il a pu s'échapper, il s'est débarrassé de ceux qui le gardaient, suivi de son esclave forcené comme lui ; tous deux poussés par une rage effrénée, les épées hors du fourreau, nous ont rencontré, et sont venus fondre sur nous ; ils nous ont mis en fuite, jusqu'à ce que pourvus de nouveaux renforts nous soyons revenus pour les lier; alors ils se sont sauvés dans cette abbaye, où nous les avons poursuivis. Et voilà que l'abbesse nous ferme les portes, et ne veut pas nous permettre de le chercher, ni le faire sortir, afin que nous puissions l'emmener. Ainsi, très-noble duc, par votre autorité, ordonnez qu'on l'amène et qu'on l'emporte chez lui, pour y recevoir des secours.

LE DUC. — Votre mari a servi jadis dans mes guerres ; et je vous ai engagé ma parole de prince, lorsque vous l'avez admis à partager votre lit, de lui faire tout le bien qui pourrait dépendre de moi. — Allez, quelqu'un de vous, frappez aux portes de l'abbaye, et dites à la dame abbesse de venir me parler : je veux arranger ceci, avant de passer outre.

(Entre un domestique.)

LE DOMESTIQUE. — O ma maîtresse, ma maîtresse, courez vous cacher et sauvez vos jours. Mon maître et son esclave sont tous deux lâchés : ils ont battu les servantes l'une après l'autre et lié le docteur, dont ils ont flambé la barbe avec des tisons allumés [1] ; et à mesure qu'elle brûlait, ils lui ont jeté sur le corps de grands seaux de fange infecte, pour éteindre le feu qui avait pris à ses cheveux. Mon maître l'exhorte à la patience, tandis que son esclave le tond avec des ciseaux, comme un fou [2] ; et

---

[1] Cette risible circonstance devait trouver place ici dans une comédie ; mais, *proh pudor!* on la retrouve dans le plus classique de tous les poëtes, au milieu des horreurs du carnage d'une bataille :

> *Obvius ambustum torrem Corynæus ab ara*
> *Corripit, et venienti Ebuso, plagamque ferenti*
> *Occupat os flammis : olli ingens barba reluxit,*
> *Nidoremque ambusta dedit.*
> VIRGILE, *Énéide*, livre XII, v. 298.

[2] « Peut-être était-ce la coutume de raser la tête aux idiots et aux fous. » STEVENS.

« On trouve, dans les lois ecclésiastiques d'Alfred, une amende

sûrement, si vous n'y envoyez un prompt secours, ils tueront à eux deux le magicien.

ADRIANA. — Tais-toi, imbécile : ton maître et son valet sont ici ; et tout ce que tu nous dis là est un conte.

LE DOMESTIQUE. — Ma maîtresse, sur ma vie, je vous dis la vérité. Depuis que j'ai vu cette scène, je suis accouru presque sans respirer. Il crie après vous, et il jure que s'il peut vous saisir, il vous grillera le visage et vous défigurera. (*On entend des cris à l'intérieur.*) Écoutez, écoutez : je l'entends ; fuyez, ma maîtresse, sauvez-vous.

LE DUC, *à Adriana*. — Venez, restez, n'ayez aucune crainte. — Défendez-la de vos hallebardes.

ADRIANA, *voyant entrer Antipholus d'Éphèse*. — O dieux ! c'est mon mari ! Vous êtes témoins, qu'il reparaît ici comme un invisible esprit. Il n'y a qu'un moment, que nous l'avons vu entrer dans cette abbaye ; et le voilà maintenant qui arrive d'un autre côté : cela dépasse l'intelligence humaine !

(Entrent Antipholus et Dromio d'Éphèse.)

ANTIPHOLUS. — Justice ! généreux duc ; oh ! accordez-moi justice ! Au nom des services que je vous ai rendus autrefois, lorsque je vous ai couvert de mon corps dans le combat et que j'ai reçu de profondes blessures pour sauver votre vie, au nom du sang que j'ai perdu alors pour vous, accordez-moi justice.

ÆGÉON. — Si la crainte de la mort ne m'ôte pas la raison, c'est mon fils Antipholus que je vois, et Dromio.

ANTIPHOLUS. — Justice, bon prince, contre cette femme que voilà ! Elle, que vous m'avez donnée vous-même pour épouse, elle m'a outragé et déshonoré par le plus grand et le plus cruel affront. L'injure qu'elle m'a fait aujourd'hui sans pudeur dépasse l'imagination.

LE DUC. — Expliquez-vous, et vous me trouverez juste.

ANTIPHOLUS. — Aujourd'hui même, puissant duc, elle a fermé sur moi les portes de ma maison, tandis qu'elle s'y régalait avec d'infâmes fripons [1].

---

de 10 shillings contre celui qui aurait, par injure, tondu un homme du peuple comme un fou. » TOLLET.

[1] *Harlots*, mot applicable également aux fripons et aux filles.

LE DUC. — Voilà une faute grave : répondez, femme : avez-vous agi ainsi ?

ADRIANA. — Non, mon digne seigneur : — Moi, lui et ma sœur, nous avons dîné ensemble aujourd'hui. Malheur sur mon âme, si l'accusation dont il me charge n'est pas fausse !

LUCIANA. — Que je ne revoie jamais le jour, que je ne dorme jamais la nuit, si elle ne dit à Votre Altesse la pure vérité !

ANGELO. — O femme parjure ! elles rendent toutes deux de faux témoignages. Sur ce point le fou les accuse justement.

ANTIPHOLUS. — Mon souverain, je sais ce que je dis. Je ne suis point troublé par les vapeurs du vin, ni égaré par le désordre de la colère, quoique les injures que j'ai reçues puissent faire perdre la raison à un homme plus sage que moi : cette femme m'a enfermé dehors aujourd'hui, et je n'ai pu rentrer pour dîner : cet orfévre que vous voyez, s'il n'était pas d'accord avec elle, pourrait en rendre témoignage : car il était avec moi alors : il m'a quitté pour aller chercher une chaine, promettant de me l'apporter au Porc-Épic, où Baltasar et moi avons dîné ensemble : notre dîner fini, et lui ne revenant point, je suis allé le chercher : je l'ai rencontré dans la rue, et ce marchand en sa compagnie : là ce parjure orfévre m'a juré effrontément que j'avais aujourd'hui reçu de lui une chaîne, que, Dieu le sait ! je n'ai jamais vue : et pour cette cause, il m'a fait arrêter par un sergent ! J'ai obéi, et j'ai envoyé mon valet à ma maison chercher de certains ducats : il est revenu, mais sans argent. Alors, j'ai prié poliment l'officier de m'accompagner lui-même jusque chez moi. En chemin, nous avons rencontré ma femme, sa sœur, et toute une troupe de vils complices : ils amenaient avec eux un certain Pinch, un malheureux au maigre visage, à l'air affamé, un squelette décharné, un charlatan, un diseur de bonne aventure, un escamoteur râpé, un misérable nécessiteux, aux yeux enfoncés, au regard rusé, une momie ambulante. Ce dangereux coquin a osé se donner pour un magicien; me regardant dans les yeux, me tâtant le pouls, me bravant en face, lui qui à peine a un visage, et il s'est écrié qu'il j'étais possédé. Aussitôt ils sont tous tombés sur moi, ils m'ont garotté, m'ont entraîné, et m'ont plongé, moi et mon valet, tous deux liés, dans une humide et ténébreuse cave de ma maison. A la fin, rongeant mes liens avec mes dents, je les ai rompus ; j'ai recouvré ma liberté, et je suis aussitôt accouru ici près de Votre Altesse : je la conjure de me donner une ample satisfaction pour ces indignités et les affronts inouïs qu'on m'a fait souffrir.

ANGELO.—Mon prince, d'après la vérité, mon témoignage s'accorde avec le sien en ceci, c'est qu'il n'a pas dîné chez lui, mais qu'on lui a fermé la porte.

LE DUC.—Mais lui avez-vous livré ou non la chaîne en question?

ANGELO.—Il l'a reçue de moi, mon prince; et lorsqu'il courait dans cette rue, ces gens-là ont vu la chaîne à son cou.

LE MARCHAND.—De plus, moi je ferai serment que, de mes propres oreilles, je vous ai entendu avouer que vous aviez reçu de lui la chaîne, après que vous l'aviez nié avec serment sur la place du Marché; et c'est à cette occasion que j'ai tiré l'épée contre vous : alors vous vous êtes sauvé dans cette abbaye que voilà, d'où vous êtes, je crois, sorti par miracle.

ANTIPHOLUS.—Je ne suis jamais entré dans l'enceinte de cette abbaye; jamais vous n'avez tiré l'épée contre moi; jamais je n'ai vu la chaîne : j'en prends le ciel à témoin ! Et tout ce que vous m'imputez-là n'est que mensonge.

LE DUC.—Quelle accusation embrouillée ! Je crois que vous avez tous bu dans la coupe de Circé. S'il était entré dans cette maison, il y aurait été, s'il était fou, il ne plaiderait pas sa cause avec tant de sang-froid.—Vous dites qu'il a dîné chez lui ; l'orfèvre le nie.—Et toi, maraud, que dis-tu?

DROMIO.—Prince, il a dîné avec cette femme au Porc-Épic.

LA COURTISANE. — Oui, mon prince, il a enlevé de mon doigt cette bague que vous lui voyez.

ANTIPHOLUS.—Cela est vrai, mon souverain ; c'est d'elle que je tiens cette bague.

LE DUC, *à la courtisane*.—L'avez-vous vu entrer dans cette abbaye?

LA COURTISANE.—Aussi sûr, mon prince, qu'il l'est que je vois Votre Grâce.

LE DUC.—Cela est étrange !—Allez, dites à l'abbesse de se rendre ici : je crois vraiment que vous êtes tous d'accord ou complétement fous !

(Un des gens du duc va chercher l'abbesse.)

ÆGÉON.—Puissant duc, accordez-moi la liberté de dire un mot. Peut-être vois-je ici un ami qui sauvera ma vie. et payera la somme qui peut me délivrer.

LE DUC.—Dites librement, Syracusain, ce que vous voudrez.

ÆGÉON, *à Antipholus*. — Votre nom, monsieur, n'est-il pas Antipholus ? et n'est-ce pas là votre esclave Dromio?

DROMIO *d'Éphèse*.—Il n'y a pas encore une heure, monsieur, que j'étais son esclave lié : mais lui, je l'en remercie, il a coupé deux cordes avec ses dents ; et maintenant je suis Dromio et son esclave, mais délié.

ÆGÉON.—Je suis sûr que tous deux vous vous souvenez de moi.

DROMIO *d'Éphèse*. — Nous nous souvenons de nous-mêmes, monsieur, en vous voyant ; car il y a quelques instants que nous étions liés, comme vous l'êtes à présent. Vous n'êtes pas un malade de Pinch, n'est-ce pas, monsieur?

ÆGÉON, *à Antipholus*. — Pourquoi me regardez-vous comme un étranger? Vous me connaissez bien.

ANTIPHOLUS *d'Éphèse*.—Je ne vous ai jamais vu de ma vie, jusqu'à ce moment.

ÆGÉON.—Oh! le chagrin m'a changé depuis la dernière fois que vous m'avez vu : mes heures d'inquiétude, et la main destructrice du temps ont gravé d'étranges traces sur mon visage. Mais dites-moi encore, ne reconnaissez-vous pas ma voix?

ANTIPHOLUS *d'Éphèse*.—Non plus.

ÆGÉON.—Et toi, Dromio?

DROMIO *d'Éphèse*.—Ni moi, monsieur, je vous l'assure.

ÆGÉON.—Et moi je suis sûr que tu la reconnais.

DROMIO *d'Éphèse*.—Oui, monsieur? Et moi je suis sûr que non; et ce qu'un homme vous nie, vous êtes maintenant tenu de le croire.

ÆGÉON.—Ne pas reconnaître ma voix! O temps destructeur! as-tu donc tellement déformé et épaissi ma langue, dans le court espace de sept années, que mon fils unique, que voici, ne puisse reconnaître ma faible voix où résonnent les rauques soucis! Quoique mon visage, sillonné de rides, soit caché sous la froide neige de l'hiver qui glace la séve, quoique tous les canaux de mon sang soient gelés, cependant un reste de mémoire luit dans la nuit de ma vie; les flambeaux à demi consumés de ma vue ont encore quelque pâle clarté; mes oreilles assourdies me servent encore un peu à entendre, et tous ces vieux témoins (non, je ne puis me tromper) me disent que tu es mon fils Antipholus.

ANTIPHOLUS *d'Éphèse*.—Je n'ai jamais vu mon père de ma vie.

ÆGÉON.—Il n'y a pas encore sept ans, jeune homme, tu le sais, que nous nous sommes séparés à Syracuse; mais peut-être, mon fils, as-tu honte de me reconnaître dans l'infortune?

ANTIPHOLUS *d'Éphèse*.—Le duc, et tous ceux de la ville qui me connaissent, peuvent attester avec moi que cela n'est pas vrai; je n'ai jamais vu Syracuse de ma vie.

LE DUC.—Je t'assure, Syracusain, que depuis vingt ans que je suis le patron d'Antipholus, jamais il n'a vu Syracuse : je vois que ton grand âge et ton danger troublent ta raison.

(Entre l'abbesse, suivie d'Antipholus et de Dromio de Syracuse.)

L'ABBESSE.—Très-puissant duc, voici un homme cruellement outragé.

(Tout le peuple s'approche et se presse pour voir.)

ADRIANA.—Je vois deux maris, ou mes yeux me trompent.

LE DUC.—Un de ces deux hommes est sans doute le

génie de l'autre; il en est de même de ces deux esclaves. Lequel des deux est l'homme naturel, et lequel est l'esprit? Qui peut les distinguer?

DROMIO *de Syracuse*. — C'est moi, monsieur, qui suis Dromio; ordonnez à cet homme-là de se retirer.

DROMIO *d'Éphèse*. — C'est moi, monsieur, qui suis Dromio, permettez que je reste.

ANTIPHOLUS *de Syracuse*. — N'es-tu pas Ægéon? ou es-tu son fantôme?

DROMIO *de Syracuse*. — O mon vieux maître! qui donc l'a chargé ici de ces liens?

L'ABBESSE. — Quel que soit celui qui l'a enchaîné, je le délivrerai de sa chaîne; et je regagnerai un époux en lui rendant la liberté. Parlez, vieil Ægéon, si vous êtes l'homme qui eut une épouse jadis appelée Émilie, qui vous donna à la fois deux beaux enfants, oh! si vous êtes le même Ægéon, parlez, et parlez à la même Émilie!

ÆGÉON. — Si je ne rêve point, tu es Émilie; si tu es Émilie, dis-moi où est ce fils qui flottait avec toi sur ce fatal radeau?

L'ABBESSE. — Lui et moi, avec le jumeau Dromio, nous fûmes recueillis par des habitants d'Épidaure; mais un moment après, de farouches pêcheurs de Corinthe leur enlevèrent de force Dromio et mon fils, et me laissèrent avec ceux d'Épidaure. Ce qu'ils devinrent depuis, je ne puis le dire; moi, la fortune m'a placée dans l'état où vous me voyez.

LE DUC. — Voici son histoire de ce matin qui commence à se vérifier; ces deux Antipholus, ces deux fils si ressemblants, et ces deux Dromio, tous les deux si pareils; et puis ce que cette femme ajoute de son naufrage! — Voilà les parents de ces enfants que le hasard réunit. Antipholus, tu es venu d'abord de Corinthe?

ANTIPHOLUS *de Syracuse*. — Non, prince; non pas moi: je suis venu de Syracuse.

LE DUC. — Allons, tenez-vous à l'écart; je ne peux vous distinguer l'un de l'autre.

ANTIPHOLUS *d'Éphèse*. — Je suis venu de Corinthe, mon gracieux seigneur.

DROMIO d'*Éphèse*. — Et moi avec lui.

ANTIPHOLUS d'*Éphèse*. — Conduit dans cette ville par le célèbre duc Ménaphon, votre oncle, ce guerrier si fameux.

ADRIANA. — Lequel des deux a dîné avec moi aujourd'hui ?

ANTIPHOLUS *de Syracuse*. — Moi, ma belle dame.

ADRIANA. — Et n'êtes-vous pas mon mari ?

ANTIPHOLUS d'*Éphèse*. — Non, à cela je dis non.

ANTIPHOLUS *de Syracuse*. — Et j'en conviens avec vous ; quoiqu'elle m'ait donné ce titre....., et que cette belle demoiselle, sa sœur, que voilà, m'ait appelé son frère.— Ce que je vous ai dit alors, j'espère avoir un jour l'occasion de vous le prouver, si tout ce que je vois et que j'entends n'est pas un songe.

ANGELO. — Voilà la chaîne, monsieur, que vous avez reçue de moi.

ANTIPHOLUS *de Syracuse*. — Je le crois, monsieur ; je ne le nie pas.

ANTIPHOLUS d'*Éphèse*, *à Angelo*. — Et vous, monsieur, vous m'avez fait arrêter pour cette chaîne.

ANGELO. — Je crois que oui, monsieur ; je ne le nie pas.

ADRIANA, *à Antipholus d'Éphèse*. — Je vous ai envoyé de l'argent, monsieur, pour vous servir de caution par Dromio ; mais je crois qu'il ne vous l'a pas porté.

(Désignant Dromio de Syracuse.)

DROMIO *de Syracuse*. — Non, point par moi.

ANTIPHOLUS *de Syracuse*. — J'ai reçu de vous cette bourse de ducats ; et c'est Dromio, mon valet, qui me l'a apportée : je vois à présent que chacun de nous a rencontré le valet de l'autre, j'ai été pris pour lui, et lui pour moi ; et de là sont venues ces Méprises.

ANTIPHOLUS d'*Éphèse*. — J'engage ici ces ducats pour la rançon de mon père, que voilà.

LE DUC. — C'est inutile, je donne la vie à votre père.

LA COURTISANE, *à Antipholus d'Éphèse*. — Monsieur, il faut que vous me rendiez ce diamant.

ANTIPHOLUS d'*Éphèse*. — Le voilà, prenez-le, et bien des remerciements pour votre bonne chère.

L'ABBESSE. — Illustre duc, veuillez prendre la peine

d'entrer avec nous dans cette abbaye : vous entendrez l'histoire entière de nos aventures. Et vous tous qui êtes assemblés en ce lieu, et qui avez souffert quelque préjudice des erreurs réciproques d'un jour, venez, accompagnez-nous, et vous aurez pleine satisfaction. — Pendant vingt-cinq ans entiers, j'ai souffert les douleurs de l'enfantement à cause de vous, mes enfants, et ce n'est que de cette heure que je suis enfin délivrée de mon pesant fardeau. — Le duc, mon mari, et mes deux enfants, et vous, les calendriers de leur naissance, venez avec moi à une fête d'accouchée ; à de si longues douleurs doit succéder une telle nativité.

LE DUC. — De tout mon cœur ; je veux jaser comme une commère à cette fête.

(Sortent le duc, l'abbesse, Ægéon, la courtisane, le marchand et la suite.)

DROMIO *de Syracuse, à Antipholus d'Éphèse.* — Mon maître, irai-je reprendre à bord votre bagage ?

ANTIPHOLUS *d'Éphèse.* — Dromio, quel bagage à moi as-tu donc embarqué ?

DROMIO *de Syracuse.* — Tous vos effets, monsieur, que vous aviez à l'auberge du Centaure.

ANTIPHOLUS *de Syracuse.* — C'est à moi qu'il veut parler : c'est moi qui suis ton maître, Dromio ; allons, viens avec nous : nous pourvoirons à cela plus tard : embrasse ici ton frère, et réjouis-toi avec lui.

(Les deux Antipholus sortent.)

DROMIO *de Syracuse.* — Il y a à la maison de votre maître une grosse amie qui, aujourd'hui à dîner, m'a *encuisiné*, en me prenant pour vous. Ce sera désormais ma sœur, et non ma femme.

DROMIO *d'Éphèse.* — Il me semble que vous êtes mon miroir, au lieu d'être mon frère. Je vois dans votre visage que je suis un joli garçon. — Voulez-vous entrer pour voir leur fête ?

DROMIO *de Syracuse.* — Ce n'est pas à moi, monsieur, à passer le premier : vous êtes mon aîné.

DROMIO *d'Éphèse.* — C'est une question : comment la résoudrons-nous ?

DROMIO *de Syracuse*. — Nous tirerons à la courte paille pour la décider. Jusque-là, passez devant.

DROMIO *d'Éphèse*. — Non, tenons-nous ainsi. Nous sommes entrés dans le monde comme deux frères : entrons ici la main dans la main, et non l'un devant l'autre.

(Ils sortent.)

FIN DU CINQUIÈME ET DERNIER ACTE.

BEAUCOUP DE BRUIT

POUR RIEN

COMÉDIE

NOTICE

SUR

BEAUCOUP DE BRUIT POUR RIEN

L'histoire de Ginévra, dans le cinquième chant de l'*Arioste*, a quelque rapport avec la fiction romanesque de cette pièce; plusieurs critiques, et entre autres Pope, ont cru que le *Roland Furieux* avait été la source où Shakspeare avait puisé. On remarque aussi dans plusieurs anciens romans de chevalerie des épisodes qui rappellent la calomnie de don Juan, et la mort supposée d'Héro; mais c'est dans les histoires tragiques que Belleforest a empruntées à Bandello qu'on trouve la nouvelle qui a évidemment fourni à Shakspeare l'idée de *Beaucoup de bruit pour rien*.

« Pendant que Pierre d'Aragon tenait sa cour à Messine, un certain baron, Timbrée de Cardone, favori du prince, devint amoureux de Fénicia, fille de Léonato, gentilhomme de la ville : sa fortune, la faveur du roi, et ses qualités personnelles plaidèrent si bien sa cause, que Timbrée fut en peu de temps l'amant préféré de Fénicia, et obtint l'agrément de Léonato pour l'épouser.

« La nouvelle en vint aux oreilles d'un jeune gentilhomme appelé Girondo-Olerio-Valentiano, qui depuis longtemps cherchait vainement à faire impression sur le cœur de Fénicia. Jaloux du bonheur de Timbrée, il ne songe plus qu'à le traverser, et met dans ses intérêts un autre jeune homme qui, affectant pour Timbrée un zèle officieux, va le prévenir qu'un de ses amis faisait de fréquentes visites nocturnes à sa fiancée, et offre de lui donner le soir même les preuves de sa perfidie.

« Timbrée accepte; il suit son guide qui lui fait voir en effet son prétendu rival, qui n'était qu'un valet travesti, montant par une échelle de corde dans l'appartement de Fénicia. Timbrée ne veut pas d'autre éclaircissement, et dès le lendemain il va retirer sa parole, et révèle à Léonato la trahison de sa fille.

« Fénicia, accablée de cet affront, s'évanouit et ne reprend ses sens qu'au bout de sept heures. Tout Messine la croit morte, car elle-même, résolue de renoncer au monde, se fait transporter secrètement à la campagne, chez un de ses oncles, pendant qu'on célèbre ses funérailles.

« Le remords poursuit partout Girondo ; il se décide à faire à Timbrée l'aveu de sa coupable calomnie ; il le mène à l'église, auprès du tombeau de Fénicia, se met à genoux, offre un poignard à son rival, et, lui présentant son sein, le conjure de frapper le meurtrier de la fille de Léonato.

« Timbrée lui pardonne, et court lui-même chez Léonato lui offrir toute sa fortune en réparation de sa crédule jalousie ; le vieillard refuse, et n'exige de Timbrée que la promesse d'accepter une autre épouse de sa main.

« Quelque temps après il le conduit à sa campagne et lui présente Fénicia sous le nom de Lucile, et comme sa nièce. Fénicia était tellement changée, qu'elle ne fut reconnue qu'à la fin de la noce, et lorsqu'une tante de la mariée ne put garder plus longtemps le secret ; » tel est l'extrait succinct de la nouvelle du prolixe Bandello.

On verra quel intérêt dramatique le poëte a ajouté à ce récit déjà intéressant. La scène de l'église, où Claudio accuse hautement Héro, est vraiment tragique. Combien est touchant l'appel que fait la fille de Léonato à son innocence ! Quelle profonde connaissance du cœur humain décèle le caractère de ce don Juan, cet homme essentiellement insociable, pour qui faire le mal est un besoin, et qui s'irrite contre les bienfaits de son propre frère !

Mais les personnages les plus brillants et les plus animés de la pièce sont Bénédick et Béatrice. Que d'originalité dans leurs dialogues, où l'on trouve quelquefois, il est vrai, un peu trop de liberté ! Leur aversion pour le mariage, leur conversion subite, fournissent une foule de situations des plus comiques. Les deux constables, Dogberry et Verges, avec leur suffisance, leurs graves niaiseries et leurs lourdes bévues, sont des modèles de naturel.

Il y a dans cette pièce un heureux mélange de sérieux et de gaieté qui en fait une des plus charmantes productions de Shakspeare : c'est encore une de celles que l'on revoit avec le plus de plaisir sur le théâtre de Londres. Bénédick était un des rôles favoris de Garrick, qui y faisait admirer toute la souplesse de son talent.

Selon le docteur Malone, la comédie de *Beaucoup de bruit pour rien* aurait été composée en 1600, et imprimée la même année.

BEAUCOUP DE BRUIT
POUR RIEN
COMÉDIE

PERSONNAGES

DON PÈDRE, prince d'Aragon.
LÉONATO, gouverneur de Messine.
DON JUAN, frère naturel de don Pèdre.
CLAUDIO, jeune seigneur de Florence, favori de don Pèdre.
BENEDICK, jeune seigneur de Padoue, autre favori de don Pèdre.
BALTHAZAR, domestique de don Pèdre.
ANTONIO, frère de Léonato.

BORACHIO,} attaché à don Juan.
CONRAD,
DOGBERRY,} deux constables.
VERGES,
UN SACRISTAIN.
UN MOINE.
UN VALET.
HÉRO, fille de Léonato.
BÉATRICE, nièce de Léonato.
MARGUERITE,} dames attachées à
URSULE,} Héro.

MESSAGERS, GARDES ET VALETS.

La scène est à Messine.

ACTE PREMIER

SCÈNE I

Terrasse devant le palais de Léonato.

Entrent LÉONATO, HÉRO, BÉATRICE *et autres, avec* UN MESSAGER

LÉONATO. — J'apprends par cette lettre que don Pèdre d'Aragon arrive ce soir à Messine.

LE MESSAGER. — A l'heure qu'il est, il doit en être fort près. Nous n'étions pas à trois lieues lorsque je l'ai quitté.

LÉONATO. — Combien avez-vous perdu de soldats dans cette affaire ?

LE MESSAGER. —Très-peu d'aucun genre et aucun de connu.

LÉONATO. — C'est une double victoire, quand le vainqueur ramène au camp ses bataillons entiers. Je lis ici que don Pèdre a comblé d'honneurs un jeune Florentin nommé Claudio.

LE MESSAGER.—Bien mérités de sa part et bien reconnus par don Pèdre.—Claudio a surpassé les promesses de son âge ; avec les traits d'un agneau, il a fait les exploits d'un lion. Il a vraiment trop dépassé toutes les espérances pour que je puisse espérer de vous les raconter.

LÉONATO. — Il a ici dans Messine un oncle qui en sera bien content.

LE MESSAGER. — Je lui ai déjà remis des lettres, et il a paru éprouver beaucoup de joie, et même à un tel excès, que cette joie n'aurait pas témoigné assez de modestie sans quelque signe d'amertume.

LÉONATO.—Il a fondu en larmes ?

LE MESSAGER.—Complétement.

LÉONATO. — Doux épanchements de tendresse ! Il n'est pas de visages plus francs que ceux qui sont ainsi baignés de larmes. Ah ! qu'il vaut bien mieux pleurer de joie que de rire de ceux qui pleurent !

BÉATRICE. — Je vous supplierai de m'apprendre si le signor Montanto [1] revient de la guerre ici ou non.

LE MESSAGER. — Je ne connais point ce nom, madame. Nous n'avions à l'armée aucun officier d'un certain rang portant ce nom.

LÉONATO.—De qui vous informez-vous, ma nièce ?

HÉRO. — Ma cousine veut parler du seigneur Bénédick de Padoue.

LE MESSAGER.—Oh ! il est revenu ; et tout aussi plaisant que jamais.

BÉATRICE. — Il mit un jour des affiches [2] dans Messine,

---

[1] *Montanto* est un des anciens termes de l'escrime et s'appliquait à un fier-à-bras, à un bravache.

[2] Il était d'usage parmi les gladiateurs d'écrire des billets portant des défis. *Flight et bird bolt* étaient différentes sortes de flèches.

et défia Cupidon dans l'art de tirer de longues flèches ; le fou de mon oncle qui lut ce défi répondit pour Cupidon, et le défia à la flèche ronde. — De grâce, combien a-t-il exterminé, dévoré d'énnemis dans cette guerre ? Dites-moi simplement combien il en a tué, car j'ai promis de manger tous les morts de sa façon.

LÉONATO. — En vérité, ma nièce, vous provoquez trop le seigneur Bénédick ; mais il est bon pour se défendre, n'en doutez pas.

LE MESSAGER. — Il a bien servi, madame, dans cette campagne.

BÉATRICE. — Vous aviez des vivres gâtés, et il vous a aidé à les consommer. C'est un très-vaillant mangeur ; il a un excellent estomac.

LE MESSAGER. — Il est aussi bon soldat, madame.

BÉATRICE. — Bon soldat près d'une dame ; mais en face d'un homme, qu'est-il ?

LE MESSAGER. — C'est un brave devant un brave, un homme en face d'un homme. Il y a en lui l'étoffe de toutes les vertus honorables.

BÉATRICE. — C'est cela en effet ; Bénédick n'est rien moins qu'un homme étoffé [1], mais quant à l'étoffe ; — eh bien ! nous sommes tous mortels.

LÉONATO. — Il ne faut pas, monsieur, mal juger de ma nièce. Il règne une espèce de guerre enjouée entre elle et le seigneur Bénédick. Jamais ils ne se rencontrent sans qu'il y ait entre eux quelque escarmouche d'esprit.

BÉATRICE. — Hélas ! il ne gagne rien à cela. Dans notre dernier combat, quatre de ses cinq sens s'en allèrent tout éclopés, et maintenant tout l'homme est gouverné par un seul. Pourvu qu'il lui reste assez d'instinct pour se tenir chaudement, laissons-le-lui comme l'unique différence qui le distingue de son cheval : car c'est le seul bien qui lui reste pour avoir quelque droit au nom de créature raisonnable. — Et quel est son compagnon maintenant ? car chaque mois il se donne un nouveau frère d'armes.

---

[1] *A stuffed man.*

LE MESSAGER.—Est-il possible?

BÉATRICE. — Très-possible. Il garde ses amitiés comme la forme de son chapeau, qui change à chaque nouveau moule.

LE MESSAGER.—Madame, je le vois bien, ce gentilhomme n'est pas sur vos tablettes.

BÉATRICE. — Oh! non; si j'y trouvais jamais son nom, je brûlerais toute la bibliothèque.—Mais dites-moi donc, je vous prie, quel est son frère d'armes? N'avez-vous pas quelque jeune écervelé qui veuille faire avec lui un voyage chez le diable?

LE MESSAGER. — Il vit surtout dans la compagnie du noble Claudio.

BÉATRICE. — Bonté du ciel! il s'attachera à lui comme une maladie. On le gagne plus promptement que la peste; et quiconque en est pris extravague à l'instant. Que Dieu protége le noble Claudio! Si par malheur il est *pris* du Bénédick, il lui en coûtera mille livres pour s'en guérir.

LE MESSAGER. — Je veux, madame, être de vos amis.

BÉATRICE.—Je vous y engage, mon bon ami!

LÉONATO.—Vous ne deviendrez jamais folle, ma nièce.

BÉATRICE. — Non, jusqu'à ce que le mois de janvier soit chaud.

LE MESSAGER.—Voici don Pèdre qui s'approche.

(Entrent don Pèdre, accompagné de Balthazar et autres domestiques; Claudio, Bénédick, don Juan.)

DON PÈDRE. — Don seigneur Léonato, vous venez vous-même chercher les embarras. Le monde est dans l'usage d'éviter la dépense; mais vous courez au-devant.

LÉONATO. — Jamais les embarras n'entrèrent chez moi sous la forme de Votre Altesse; car, l'embarras parti, le contentement resterait. Mais quand vous me quittez, le chagrin reste et le bonheur s'en va.

DON PÈDRE.—Vous acceptez votre fardeau de trop bonne grâce. Je crois que c'est là votre fille.

LÉONATO.—Sa mère me l'a dit bien des fois.

BÉNÉDICK. — En doutiez-vous, seigneur, pour lui faire si souvent cette demande?

léonato. — Nullement, seigneur Bénédick; car alors vous étiez un enfant.

don pèdre. — Ah! la botte a porté, Bénédick. Nous pouvons juger par là de ce que vous valez, à présent que vous êtes un homme. — En vérité, ses traits nomment son père. Soyez heureuse, madame, vous ressemblez à un digne père.

(Don Pèdre s'éloigne avec Léonato.)

bénédick. — Si le seigneur Léonato est son père, elle ne voudrait pas pour tout Messine avoir sa tête sur les épaules tout en lui ressemblant comme elle fait.

béatrice. — Je m'étonne que le seigneur Bénédick ne se rebute point de parler. Personne ne prend garde à lui.

bénédick. — Ah! ma chère madame Dédaigneuse! vous vivez encore?

béatrice. — Et comment la Dédaigneuse mourrait-elle, lorsqu'elle trouve à ses dédains un aliment aussi inépuisable que le seigneur Bénédick? La courtoisie même ne peut tenir en votre présence; il faut qu'elle se change en dédain.

bénédick. — La courtoisie est donc un renégat? — Mais tenez pour certain que, vous seule exceptée, je suis aimé de toutes les dames, et je voudrais que mon cœur se laissât persuader d'être un peu moins dur; car franchement je n'en aime aucune.

béatrice. — Grand bonheur pour les femmes! Sans cela, elles seraient importunées par un pernicieux soupirant. Je remercie Dieu et la froideur de mon sang; je suis là-dessus de votre humeur. J'aime mieux entendre mon chien japper aux corneilles, qu'un homme me jurer qu'il m'adore.

bénédick. — Que Dieu vous maintienne toujours dans ces sentiments! Ce seront quelques honnêtes gens de plus dont le visage échappera aux égratignures qui les attendent.

béatrice. — Si c'étaient des visages comme le vôtre, une égratignure ne pourrrait les rendre pires.

bénédick. — Eh bien! vous êtes une excellente institutrice de perroquets.

BÉATRICE. — Un oiseau de mon babil vaut mieux qu'un animal du vôtre.

BÉNÉDICK. — Je voudrais bien que mon cheval eût la vitesse de votre langue et votre longue haleine. — Allons, au nom de Dieu, allez votre train ; moi j'ai fini.

BÉATRICE. — Vous finissez toujours par quelque algarade de rosse ; je vous connais de loin.

DON PÈDRE. — Voici le résumé de notre entretien. — Seigneur Claudio et seigneur Bénédick, mon digne ami Léonato vous a tous invités. Je lui dis que nous resterons ici au moins un mois ; il prie le sort d'amener quelque événement qui puisse nous y retenir davantage. Je jurerais qu'il n'est point hypocrite et qu'il le désire du fond de son cœur.

LÉONATO. — Si vous le jurez, monseigneur, vous ne serez point parjure. (*A don Juan.*) — Souffrez que je vous félicite, seigneur : puisque vous êtes réconcilié au prince votre frère, je vous dois tous mes hommages.

DON JUAN. — Je vous remercie : je ne suis point un homme à longs discours ; je vous remercie

LÉONATO. — Plaît-il à Votre Altesse d'ouvrir la marche ?

DON PÈDRE. — Léonato, donnez-moi la main ; nous irons ensemble.

(Tous entrent dans la maison, excepté Bénédick et Claudio.)

CLAUDIO. — Bénédick, avez-vous remarqué la fille du seigneur Léonato ?

BÉNÉDICK. — Je ne l'ai pas remarquée, mais je l'ai regardée.

CLAUDIO. — N'est-ce pas une jeune personne modeste ?

BÉNÉDICK. — Me questionnez-vous sur son compte, en honnête homme, pour savoir tout simplement ce que je pense, ou bien voudriez-vous m'entendre parler, suivant ma coutume, comme le tyran déclaré de son sexe ?

CLAUDIO. — Non : je vous prie, parlez sérieusement.

BÉNÉDICK. — Eh bien ! en conscience, elle me paraît trop petite pour un grand éloge, trop brune pour un bel éloge[1]. Toute la louange que je peux lui accorder, c'est

---

[1] *Fair*, beau et blond.

de dire que si elle était tout autre qu'elle est, elle ne serait pas belle ; étant ce qu'elle est, elle ne me plait pas.

CLAUDIO. — Vous croyez que je veux rire. Je vous en prie, dites-moi sincèrement comment vous la trouvez.

BÉNÉDICK. — Voulez-vous en faire emplette, que vous preniez des informations sur elle?

CLAUDIO. — Le monde entier suffirait-il à payer un pareil bijou?

BÉNÉDICK. — Oh! sûrement, et même encore un étui pour le mettre. — Mais parlez-vous sérieusement, ou prétendez-vous faire le mauvais plaisant pour nous dire que l'amour sait très-bien trouver des lièvres, et que Vulcain est un habile charpentier? Allons, dites-nous sur quelle gamme il faut chanter pour être d'accord avec vous?

CLAUDIO. — Elle est à mes yeux la plus aimable personne que j'aie jamais vue.

BÉNÉDICK. — Je vois encore très-bien sans lunettes, et je ne vois rien de cela : il y a sa cousine qui, si elle n'était pas possédée d'une furie, la surpasserait en beauté autant que le premier jour de mai l'emporte sur le dernier jour de décembre ; mais j'espère que vous n'avez pas dans l'idée de vous faire mari ? Serait-ce votre intention ?

CLAUDIO. — Quand j'aurais juré le contraire, je me méfierais de moi-même, si Héro voulait être ma femme.

BÉNÉDICK. — En êtes-vous là? d'honneur? Quoi! n'est-il donc pas un homme au monde qui veuille porter son bonnet sans inquiétude? Ne reverrai-je de ma vie un garçon de soixante ans? Allez, puisque vous voulez absolument vous mettre sous le joug, portez-en la triste empreinte, et passez les dimanches à soupirer. — Mais voilà don Pèdre qui revient vous chercher lui-même.

(Don Pèdre rentre.)

DON PÈDRE. — Quel mystère vous arrêtait donc ici, que vous ne nous ayez pas suivis chez Léonato?

BÉNÉDICK. — Je voudrais que Votre Altesse m'obligeât à le lui dire.

DON PÈDRE. — Je vous l'ordonne, sur votre fidélité.

BÉNÉDICK. — Vous entendez, comte Claudio. Je puis être aussi discret qu'un muet de naissance, et c'est là l'idée que je voudrais vous donner de moi. — Mais *sur ma fidélité* : remarquez-vous ces mots : *Sur ma fidélité.* — Il est amoureux. De qui? Ce serait maintenant à Votre Altesse à me faire la question. Observez comme la réponse est courte. — D'Héro, la courte fille de Léonato.

CLAUDIO. Si la chose était, il vous l'aurait bientôt dit.

BÉNÉDICK.—C'est comme le vieux conte, monseigneur : « Cela n'est pas, cela n'était pas. » Mais en vérité, à Dieu ne plaise que cela arrive!

CLAUDIO. — Si ma passion ne change pas bientôt, à Dieu ne plaise qu'il en soit autrement!

DON PÈDRE.— Ainsi soit-il! si vous l'aimez; car la jeune personne en est bien digne.

CLAUDIO.—Vous parlez ainsi pour me sonder, seigneur.

DON PÈDRE.—Sur mon honneur, j'exprime ma pensée.

CLAUDIO.—Et sur ma parole, j'ai exprimé la mienne.

BÉNÉDICK.—Et moi, sur mon honneur et sur ma parole, j'ai dit ce que je pensais.

CLAUDIO.—Je sens que je l'aime.

DON PÈDRE.—Je sais qu'elle en est digne.

BÉNÉDICK.—Je ne sens pas qu'on doive l'aimer, je ne sais pas qu'elle en soit digne, c'est là l'opinion que le feu ne pourrait détruire en moi. Je mourrai dans mon dire sur l'échafaud.

DON PÈDRE.—Tu fus toujours un hérétique obstiné à l'endroit de la beauté.

CLAUDIO.—Et jamais il n'a pu soutenir son rôle que par la force de sa volonté.

BÉNÉDICK.—Qu'une femme m'ait conçu, je l'en remercie; je lui adresse aussi mes humbles remerciements pour m'avoir élevé; mais je refuse de porter sur mon front une corne pour appeler les chasseurs, ou suspendre mon cor de chasse à un baudrier invisible; c'est ce que toutes les femmes me pardonneront. Comme je ne veux pas leur faire l'affront de me défier d'une seule, je me rends la justice de ne me fier à aucune; et ma peine (dont je ne serai que plus présentable) sera de vivre garçon.

DON PÈDRE. — Avant que je meure, je veux te voir pâle d'amour.

BÉNÉDICK. — De maladie, de faim ou de colère, seigneur; mais jamais d'amour. Prouvez une fois que l'amour me coûte plus de sang que le vin ne m'en saurait rendre, et alors je vous permets de me crever les yeux avec la plume d'un faiseur de ballades, et de me suspendre à la porte d'un mauvais lieu comme l'enseigne de l'aveugle Cupidon.

DON PÈDRE. — Bien! si jamais tu trahis ce vœu, tu nous fourniras un fameux argument.

BÉNÉDICK. — Si je le trahis, pendez-moi comme un chat dans une bouteille[1], et tirez-moi dessus; et qu'on frappe sur l'épaule à celui qui me touchera en l'appelant Adam[2].

DON PÈDRE. — Allons, le temps en décidera : *Avec le temps, le buffle sauvage en vient à porter le joug.*

BÉNÉDICK. — Le buffle sauvage, oui; mais si le sensé Bénédick porte jamais un joug, arrachez les cornes du buffle, et plantez-les sur mon front; qu'on fasse de moi un tableau grossier, et, en lettres aussi grosses que celles où l'on écrit : *Ici, bon cheval à louer,* faites tracer sur ma figure : *Ici, on peut voir Bénédick, l'homme marié.*

CLAUDIO. — Si jamais cela t'arrive, tu seras fou à lier.

DON PÈDRE. — Bon! si Cupidon n'a pas épuisé son carquois dans Venise, il te fera bientôt trembler.

BÉNÉDICK. — Je m'attends aussitôt à un tremblement de terre.

DON PÈDRE. — Eh bien! temporisez d'heure en heure; mais cependant, seigneur Bénédick, rendez-vous chez Léonato, faites-lui mes civilités, et dites-lui que je ne manquerai point de me trouver au souper; car il a fait de grands préparatifs.

---

[1] Dans quelques provinces d'Angleterre, on enfermait autrefois un chat avec de la suie dans une bouteille de bois (semblable à la gourde des bergers), et on la suspendait à une corde. Celui qui pouvait en briser le fond en courant, et être assez adroit pour échapper à la suie et au chat qui tombait alors, était le héros de ce divertissement cruel.

[2] Adam Bell, fameux archer.

BÉNÉDICK.—J'ai presque tout ce qu'il me faut pour faire un tel message ; ainsi je vous recommande....

CLAUDIO.—A la garde de Dieu, daté de ma maison, si j'en avais une.

DON PÈDRE. — Le six de juillet, votre féal ami, Bénédick.

BÉNÉDICK.—Ne raillez pas, ne raillez pas ! le corps de votre discours est souvent vêtu de simples franges dont les morceaux sont très-légèrement faufilés ; ainsi, avant de lancer plus loin de vieux sarcasmes, examinez votre conscience ; et là-dessus, je vous laisse.

(Bénédick sort.)

CLAUDIO.—Mon prince, Votre Altesse peut maintenant me faire du bien.

DON PÈDRE.—C'est à toi d'instruire mon amitié ; apprends-lui seulement comment elle peut te servir, et tu verras combien elle sera docile à retenir tout ce qui pourra te faire du bien, quelque difficile que soit la leçon.

CLAUDIO.—Léonato a-t-il des fils, mon seigneur?

DON PÈDRE.—Il n'a d'autre enfant que Héro. Elle est son unique héritière ; vous sentez-vous du penchant pour elle, Claudio?

CLAUDIO.—Ah ! seigneur, quand vous passâtes pour aller terminer cette guerre, je ne la vis que de l'œil d'un soldat à qui elle plaisait, mais qui avait en main une tâche plus rude que celle de changer ce goût en amour ; à présent que je suis revenu ici, et que les pensées guerrières ont laissé leur place vacante, au lieu d'elles viennent une foule de désirs tendres et délicats qui me répètent combien la jeune Héro est belle, et me disent que je l'aimais avant d'aller au combat.

DON PÈDRE.—Te voilà bientôt un véritable amant. Déjà tu fatigues ton auditeur d'un volume de paroles. Si tu aimes la belle Héro, eh bien! aime-la. Je ferai les ouvertures auprès d'elle et de son père, et tu l'obtiendras. N'est-ce pas dans ces vues que tu as commencé à me filer une si belle histoire?

CLAUDIO.—Quel doux remède vous offrez à l'amour! A son teint vous nommez son mal. De peur que mon penchant ne vous parût trop soudain, je voulais m'aider d'un plus long récit.

DON PÈDRE.—Et pourquoi faut-il que le pont soit plus large que la rivière? La meilleure raison pour accorder, c'est la nécessité. Tout ce qui peut te servir ici est convenable. En deux mots, tu aimes, et je te fournirai le remède à cela.—Je sais qu'on nous apprête une fête pour ce soir; je jouerai ton rôle sous quelque déguisement, et je dirai à la belle Héro que je suis Claudio; j'épancherai mon cœur dans son sein, je captiverai son oreille par l'énergie et l'ardeur de mon récit amoureux; ensuite j'en ferai aussitôt l'ouverture à son père; et pour conclusion, elle sera à toi. Allons de ce pas mettre ce plan en exécution.

(Ils sortent.)

SCÈNE II

Appartement dans la maison de Léonato.

LÉONATO ET ANTONIO *paraissent*.

LÉONATO.—Eh bien! mon frère, où est mon neveu votre fils? A-t-il pourvu à la musique?

ANTONIO.—Il en est très-occupé.—Mais, mon frère, j'ai à vous apprendre d'étranges nouvelles auxquelles vous n'avez sûrement pas rêvé encore.

LÉONATO.—Sont-elles bonnes?

ANTONIO.—Ce sera suivant l'événement; mais elles ont bonne apparence et s'annoncent bien. Le prince et le comte Claudio se promenant tout à l'heure ici dans une allée sombre de mon verger, ont été secrètement entendus par un de mes gens. Le prince découvrait à Claudio qu'il aimait ma nièce votre fille; il se proposait de le lui confesser cette nuit pendant le bal, et s'il la trouvait consentante, il projetait de saisir l'occasion aux cheveux et de s'en ouvrir à vous, sans tarder.

LÉONATO.—L'homme qui vous a dit ceci a-t-il un peu d'intelligence?

ANTONIO.—C'est un garçon adroit et fin. Je vais l'envoyer chercher. Vous l'interrogerez vous-même.

LÉONATO. — Non, non. Regardons la chose comme un songe, jusqu'à ce qu'elle se montre elle-même. Je veux seulement en prévenir ma fille, afin qu'elle ait une réponse prête, si par hasard ceci se réalisait. (*Plusieurs personnes traversent le théâtre.*) Allez devant et avertissez-la.—Cousins, vous savez ce que vous avez à faire.—Mon ami, je vous demande pardon ; venez avec moi, et j'emploierai vos talents.—Mes chers cousins, aidez-moi dans ce moment d'embarras.

(Tous sortent.)

SCÈNE III

Un autre appartement dans la maison de Léonato.

Entrent DON JUAN ET CONRAD.

CONRAD. — Quel mal avez-vous, seigneur ? D'où vous vient cette tristesse extrême ?

DON JUAN.—Comme la cause de mon chagrin n'a point de bornes, ma tristesse est aussi sans mesure.

CONRAD.—Vous devriez entendre raison.

DON JUAN. — Et quand je l'aurais écoutée, quel fruit m'en reviendrait-il ?

CONRAD. — Sinon un remède actuel, du moins la patience.

DON JUAN.—Je m'étonne qu'étant né, comme tu le dis, sous le signe de Saturne, tu veuilles appliquer un topique moral à un mal désespéré. Je ne puis cacher ce que je suis ; il faut que je sois triste lorsque j'en ai sujet. Je ne sais sourire aux bons mots de personne. Je veux manger quand j'ai appétit, sans attendre le loisir de personne ; dormir lorsque je me sens assoupi, et ne jamais veiller aux intérêts de personne ; rire quand je suis gai, et ne flatter le caprice de personne.

CONRAD.—Oui, mais vous ne devez pas montrer votre caractère à découvert que vous ne le puissiez sans contrôle. Naguère vous avez pris les armes contre votre frère, et il vient de vous rendre ses bonnes grâces ; il est impossible que vous preniez racine dans son amitié, si vous ne faites pour cela le beau temps. C'est à vous de préparer la saison qui doit favoriser votre récolte.

DON JUAN. — J'aimerais mieux être la chenille de la haie qu'une rose par ses bienfaits. Le dédain général convient mieux à mon humeur que le soin de me composer un extérieur propre à ravir l'amour de qui que ce soit. Si l'on ne peut me nommer un flatteur honnête homme, du moins on ne peut nier que je ne sois un franc ennemi. Oui, l'on se fie à moi en me muselant, ou l'on m'affranchit en me donnant des entraves. Aussi, j'ai résolu de ne point chanter dans ma cage. Si j'avais la bouche libre, je voudrais mordre ; si j'étais libre, je voudrais agir à mon gré : en attendant, laisse-moi être ce que je suis ; ne cherche point à me changer.

CONRAD. — Ne pouvez-vous tirer aucun parti de votre mécontentement?

DON JUAN. — J'en tire tout le parti possible, car je ne m'occupe que de cela. — Qui vient ici? Quelles nouvelles, Borachio?

(Entre Borachio.)

BORACHIO. — J'arrive ici d'un grand souper. Léonato traite royalement le prince votre frère, et je puis vous donner connaissance d'un mariage projeté.

DON JUAN. — Est-ce une base sur laquelle on puisse bâtir quelque malice? Nomme-moi le fou qui est si pressé de se fiancer à l'inquiétude.

BORACHIO. — Eh bien ! c'est le bras droit de votre frère.

DON JUAN. — Qui? le merveilleux Claudio?

BORACHIO. — Lui-même.

DON JUAN. — Un beau chevalier ! Et à qui, à qui? Sur qui jette-t-il les yeux?

BORACHIO. — Diantre ! — Sur Héro, la fille et l'héritière de Léonato.

DON JUAN. — Poulette précoce de mars ! Comment l'as-tu appris?

BORACHIO. — Comme on m'avait traité en parfumeur, et que j'étais chargé de sécher une chambre qui sentait le moisi, j'ai vu venir à moi Claudio et le prince se tenant par la main. Leur conférence était sérieuse ; je me suis caché derrière la tapisserie ; de là je les ai entendus concerter ensemble que le prince demanderait Héro pour lui-même, et qu'après l'avoir obtenue il la céderait au comte Claudio.

DON JUAN. — Venez, venez, suivez-moi ; ceci peut devenir un aliment pour ma rancune. Ce jeune parvenu a toute la gloire de ma chute. Si je puis lui nuire en quelque manière, je travaille pour moi en tout sens. Vous êtes deux hommes sûrs : vous me servirez ?

CONRAD. — Jusqu'à la mort, seigneur.

DON JUAN. — Allons nous rendre à ce grand souper : leur fête est d'autant plus brillante qu'ils m'ont subjugué. Je voudrais que le cuisinier fût du même avis que moi ! — Irons-nous essayer ce qu'il y a à faire ?

BORACHIO. — Nous accompagnerons Votre Seigneurie.

(Ils sortent.)

FIN DU PREMIER ACTE.

ACTE DEUXIÈME

SCÈNE I

Une salle du palais de Léonato.

LÉONATO, ANTONIO, HÉRO, BÉATRICE *et autres.*

LÉONATO.—Le comte Jean n'était-il pas au souper?

ANTONIO.—Je ne l'ai point vu.

BÉATRICE.—Quel air aigre a ce gentilhomme! Je ne puis jamais le voir sans sentir une heure après des cuissons à l'estomac [1].

HÉRO. — Il est d'un tempérament fort mélancolique.

BÉATRICE.—Un homme parfait serait celui qui tiendrait le juste milieu entre lui et Bénédick. L'un ressemble trop à une statue qui ne dit mot, l'autre au fils aîné de ma voisine, qui babille sans cesse.

LÉONATO. — Ainsi moitié de la langue du seigneur Bénédick dans la bouche du comte Jean; et moitié de la mélancolie du comte Jean sur le front du seigneur Bénédick....

BÉATRICE.—Avec bon pied, bon œil et de l'argent dans sa bourse, mon oncle, un homme comme celui-là pourrait gagner telle femme qui soit au monde, pourvu qu'il sût lui plaire.

LÉONATO. — Vous, ma nièce, vous ne gagnerez jamais un époux, si vous avez la langue si bien pendue.

ANTONIO.—En effet, elle est trop maligne.

BÉATRICE.—Trop maligne, c'est plus que maligne; car il

---

[1] *Heart-burn.*

est dit que *Dieu envoie à une vache maligne des cornes courtes*[1]; mais à une vache trop maligne, il n'en envoie point.

LÉONATO. — Ainsi, parce que vous êtes trop maligne, Dieu ne vous enverra point de cornes.

BÉATRICE. — Justement, s'il ne m'envoie jamais de mari; et pour obtenir cette grâce, je le prie à genoux chaque matin et chaque soir. Bon Dieu! je ne pourrais supporter un mari avec de la barbe au menton; j'aimerais mieux coucher sur la laine.

LÉONATO. — Vous pourriez tomber sur un mari sans barbe.

BÉATRICE. — Eh! qu'en pourrais-je faire? Le vêtir de mes robes et en faire ma femme de chambre? Celui qui porte barbe n'est plus un enfant; et celui qui n'en a point est moins qu'un homme. Or celui qui n'est plus un enfant n'est pas mon fait, et je ne suis pas le fait de celui qui est moins qu'un homme. C'est pourquoi je prendrai six sous pour arrhes du conducteur d'ours, et je conduirai ses singes en enfer[2].

LÉONATO. — Quoi donc? vous iriez donc en enfer?

BÉATRICE. — Non, seulement jusqu'à la porte; et là le diable me viendra recevoir avec des cornes au front comme un vieux misérable, et me dira : Allez au ciel, Béatrice, allez au ciel; il n'y a pas ici de place pour vous autres filles : c'est ainsi que je remets là mes singes et que je vais trouver saint Pierre pour entrer au ciel; il me montre l'endroit où se tiennent les célibataires, et je mène avec eux joyeuse vie tout le long du jour.

ANTONIO. — Très-bien, ma nièce. — (*A Héro.*) J'espère que vous vous laisserez guider par votre père.

BÉATRICE. — Oui, sans doute, c'est le devoir de ma cousine de faire la révérence, et de dire : *Mon père, comme il vous plaira*. Mais, cousine, malgré tout, que le cavalier soit bien tourné; sans quoi, doublez la révérence et dites : *Mon père, comme il vous plaira.*

[1] *Dat Deus inutili cornua curta bovi.*
[2] Un vieux proverbe disait : *Les vieilles pucelles conduisent les singes en enfer.*

LÉONATO. — J'espère bien un jour vous voir aussi pourvue d'un mari, ma nièce.

BÉATRICE. — Non pas avant que la Providence fasse les maris d'une autre pâte que la terre. N'y a-t-il pas de quoi désespérer une femme de se voir régentée par un morceau de vaillante poussière, d'être obligée de rendre compte de sa vie à une motte de marne bourrue? Non, mon oncle, je n'en veux point. Les fils d'Adam sont mes frères, et sincèrement je tiens pour péché de me marier dans ma famille.

LÉONATO. — Ma fille, souvenez-vous de ce que je vous ai dit. Si le prince vous fait quelques instances de ce genre, vous savez votre réponse.

BÉATRICE. — Si l'on ne vous fait pas la cour à propos, cousine, la faute en sera dans la musique. Si le prince devient trop importun, dites-lui qu'on doit suivre en tout une mesure, dansez-lui votre réponse. Écoutez bien, Héro, la triple affaire de courtiser, d'épouser et de se repentir est une gigue écossaise, un menuet et une sarabande. Les premières propositions sont ardentes et précipitées comme la gigue écossaise, et tout aussi bizarres. Ensuite, l'hymen grave et convenable est comme un vieux menuet plein de décorum. Après suit le repentir qui, de ses deux jambes écloppées, tombe de plus en plus dans la sarabande jusqu'à ce qu'il descende dans le tombeau.

LÉONATO. — Ma nièce, vous voyez les choses d'un trop mauvais côté.

BÉATRICE.—J'ai de bons yeux, mon oncle, je peux voir une église en plein midi.

LÉONATO. — Voici les masques. — (*A Antonio.*) Allons, mon frère, faites placer.

(Entrent don Pèdre, Claudio, Bénédick, Balthazar, don Juan, Borachio, Marguerite, Ursule, et une foule d'autres masques.)

DON PÈDRE, *abordant Héro*. — Daignerez-vous, madame, vous promener avec un ami[1]?

---

[1] *Friend*, un ami; nous disons encore *un bon ami*, dans le même sens.

HÉRO. — Pourvu que vous vous promeniez lentement, que vous me regardiez avec douceur, et que vous ne disiez rien, je suis à vous pour la promenade; et surtout si je sors pour me promener.

DON PÈDRE. — Avec moi pour votre compagnie?

HÉRO. — Je pourrai vous le dire quand cela me plaira.

DON PÈDRE. — Et quand vous plaira-t-il de me le dire?

HÉRO. — Lorsque vos traits me plairont. Mais Dieu nous préserve que le luth ressemble à l'étui.

DON PÈDRE. — Mon masque est le toit de Philémon; Jupiter est dans la maison.

HÉRO. — En ce cas, pourquoi votre masque n'est-il pas en chaume?

DON PÈDRE. — Parlez bas, si vous parlez d'amour.

(Héro et don Pèdre s'éloignent.)

BÉNÉDICK [1]. Eh bien! je voudrais vous plaire!

MARGUERITE. — Je ne vous le souhaite pas pour l'amour de vous-même. J'ai mille défauts.

BÉNÉDICK. — Nommez-en un.

MARGUERITE. — Je dis tout haut mes prières.

BÉNÉDICK. — Vous m'en plaisez davantage. L'auditoire peut répondre *ainsi soit-il*.

MARGUERITE. — Veuille le ciel me joindre à un bon danseur!

BÉNÉDICK. Ainsi soit-il!

MARGUERITE. — Et Dieu veuille l'ôter de ma vue quand la danse sera finie! Répondez, sacristain.

BÉNÉDICK. — Tout est dit; le sacristain a sa réponse.

URSULE. — Je vous connais du reste; vous êtes le seigneur Antonio.

ANTONIO. — En un mot, non.

URSULE. — Je vous reconnais au balancement de votre tête!

ANTONIO. — A dire la vérité, je le contrefais un peu.

URSULE. — Il n'est pas possible de le contrefaire si bien,

[1] Tout ce dialogue de Marguerite avec Bénédick est attribué, par d'autres, à Balthazar.

à moins d'être lui ; et voilà sa main sèche¹ d'un bout à l'autre. Vous êtes Antonio, vous êtes Antonio.

ANTONIO. — En un mot, non.

URSULE. — Bon, bon ; croyez-vous que je ne vous reconnaisse pas à votre esprit? Le mérite se peut-il cacher? Allons, chut! vous êtes Antonio ; les grâces se trahissent toujours ; et voilà tout.

BÉATRICE. — Vous ne voulez pas me dire qui vous a dit cela?

BÉNÉDICK. — Non ; vous me pardonnerez ma discrétion.

BÉATRICE. — Ni me dire qui vous êtes?

BÉNÉDICK. — Pas pour le moment.

BÉATRICE. — On a donc prétendu que j'étais dédaigneuse, et que je puisais mon esprit dans les *Cent joyeux contes*². Allons, c'est le seigneur Bénédick qui a dit cela.

BÉNÉDICK. Qui est-ce?

BÉATRICE. — Oh! je suis sûr que vous le connaissez bien.

BÉNÉDICK. — Pas du tout, croyez-moi.

BÉATRICE. — Comment, il ne vous a jamais fait rire?

BÉNÉDICK. — De grâce, qui est-ce?

BÉATRICE. — C'est le bouffon du prince, un fou insipide. Tout son talent consiste à débiter d'absurdes médisances. Il n'y a que des libertins qui puissent se plaire en sa compagnie ; et encore ce n'est pas son esprit qui le leur rend agréable, mais bien sa méchanceté ; il plaît aux hommes et les met en colère. On rit de lui, et on le bâtonne. Je suis sûre qu'il est dans le bal. Oh! je voudrais bien qu'il fût venu m'agacer.

BÉNÉDICK. — Dès que je connaîtrai ce cavalier, je lui dirai ce que vous dites.

BÉATRICE. — Oui, oui ; j'en serai quitte pour un ou deux traits malicieux ; et encore si par hasard ils ne sont pas remarqués ou s'ils ne font pas rire, le voilà frappé de mélancolie. Et c'est une aile de perdrix d'économisée,

¹ Comme signe d'un tempérament froid. Nous disons encore : *Vous avez les mains fraîches, vous devez être fidèle.*

² *The hundred merry tales*, collection populaire d'anecdotes licencieuses et de facéties sans finesse, publiée par John Rastell, au commencement du XVIe siècle, et réimprimée, il y a quelques années, par M. Singer, sous le titre : *Shakspeare's Jest Book.*

car l'insensé ne soupe pas ce soir-là.—(*On entend de la musique dans l'intérieur.*) Il faut suivre ceux qui conduisent.

BÉNÉDICK. — Dans toutes les choses bonnes à suivre.

BÉATRICE.—D'accord. Si l'on me conduit vers quelque mauvais pas, je les quitte au premier détour.

(Danse. Tous sortent ensuite excepté don Juan, Borachio et Claudio.)

DON JUAN.—Sûrement mon frère est amoureux d'Héro; je l'ai vu tirant le père à l'écart pour lui en faire l'ouverture. Les dames la suivent, et il ne reste qu'un seul masque.

BORACHIO. — Et ce masque est Claudio, je le reconnais à sa démarche.

DON JUAN. — Seriez-vous le seigneur Bénédick?

CLAUDIO.—Vous ne vous trompez point, c'est moi.

DON JUAN.—Seigneur, vous êtes fort avancé dans les bonnes grâces de mon frère; il est épris de Héro. Je vous prie de le dissuader de cette idée. Héro n'est point d'une naissance égale à la sienne. Vous pouvez jouer en ceci le rôle d'un honnête homme.

CLAUDIO.—Comment savez-vous qu'il l'aime?

DON JUAN.—Je l'ai entendu lui jurer son amour.

BORACHIO.—Et moi aussi; il lui jurait de l'épouser cette nuit.

DON JUAN, *bas à Borachio.*—Viens; allons au banquet.

(Don Juan et Borachio se retirent.)

CLAUDIO *seul.*—Je réponds ainsi sous le nom de Bénédick; mais c'est de l'oreille de Claudio que j'entends ces fatales nouvelles! Rien n'est plus certain. Le prince fait la cour pour son propre compte. Dans toutes les affaires humaines, l'amitié se montre fidèle, hormis dans les affaires d'amour; que tous les cœurs amoureux se servent de leur propre langue; que l'œil négocie seul pour lui-même, et ne se fie à aucun agent. La beauté est une enchanteresse, et la bonne foi qui s'expose à ses charmes se dissout en sang[1]. C'est une vérité dont la preuve s'offre

---

[1] Allusion aux figures de cire des sorcières. Une ancienne superstition leur attribuait aussi le pouvoir de changer l'eau et le vin en sang.

à toute heure, et dont je ne me défiais pas! Adieu donc, Héro.

(Rentre Bénédick.)

BÉNÉDICK.—Le comte Claudio?

CLAUDIO.—Oui, lui-même.

BÉNÉDICK, *ôtant son masque.*—Voulez-vous me suivre? marchons.

CLAUDIO.—Où?

BÉNÉDICK.—Au pied du premier saule, comte, pour vos affaires. Comment voulez-vous porter la guirlande que nous tresserons? A votre cou comme la chaîne d'un usurier[1], ou sous le bras comme l'écharpe d'un capitaine? Il faut la porter de façon ou d'autre, car le prince s'est emparé de votre Héro.

CLAUDIO.—Je lui souhaite beaucoup de bonheur avec elle.

BÉNÉDICK.—Vraiment vous parlez comme un honnête marchand de bétail; voilà comme ils vendent leurs bœufs.—Mais auriez-vous cru que le prince vous eût traité de cette manière?

CLAUDIO.—De grâce, laissez-moi.

BÉNÉDICK.—Oh! voilà que vous frappez comme un aveugle. C'est l'enfant qui vous a dérobé votre viande, et vous battez la borne[2].

CLAUDIO.—Puisqu'il ne vous plaît pas de me laisser, je vous laisse, moi.

(Il sort.)

BÉNÉDICK.—Hélas! pauvre oiseau blessé, il va se glisser dans quelque haie. Mais... que Béatrice me connaisse si bien... et pourtant me connaisse si mal! Le bouffon du prince! Ah! il se pourrait bien qu'on me donnât ce titre, parce que je suis jovial.—Non, je suis sujet à me faire injure à moi-même; je ne passe point pour cela. C'est l'esprit méchant, envieux de Béatrice, qui se dit le monde, et me peint sous ces couleurs. Fort bien, je me vengerai de mon mieux.

(Entrent don Pèdre, Héro et Léonato.)

[1] Parure des citoyens opulents du temps de Shakspeare.
[2] Allusion à l'aveugle de Lazarille de Tormes.

DON PÈDRE. — Ah! signor, où trouverai-je le comte? L'avez-vous vu.

BÉNÉDICK. — Ma foi, seigneur, je viens de jouer le rôle de dame Renommée. J'ai trouvé ici le comte, aussi mélancolique qu'une cabane dans une garenne[1]. Je lui dis, et je crois avoir dit vrai, que Votre Altesse avait conquis les bonnes grâces de cette jeune dame. Puis je lui offre de l'accompagner jusqu'à un saule, soit pour lui tresser une guirlande, comme à un amant délaissé, ou pour lui fournir un faisceau de verges, comme à un homme qui mériterait d'être fouetté.

DON PÈDRE. — D'être fouetté! Et quelle est sa faute?

BÉNÉDICK. — La sottise d'un écolier qui, dans sa joie d'avoir trouvé un nid d'oiseau, le montre à son camarade, et celui-ci le vole.

DON PÈDRE. — Traiterez-vous de faute une marque de confiance? La faute est au voleur.

BÉNÉDICK. — Et cependant il n'eût pas été mal à propos qu'on eût préparé et les verges et la guirlande. Le comte aurait pu porter la guirlande, et il aurait pu donner les verges à Votre Altesse qui, à ce que je crois, lui a volé son nid d'oiseaux.

DON PÈDRE. — Je ne veux que leur apprendre à chanter, et les rendre ensuite à leur légitime maître.

BÉNÉDICK. — Si leur chant s'accorde avec votre langage, vous parlez en honnête homme.

DON PÈDRE. — La signora Béatrice vous prépare une querelle. Le cavalier qui dansait avec elle lui a dit que vous lui faisiez beaucoup de tort.

BÉNÉDICK. — Oh! elle m'a maltraité à faire perdre patience à un bloc! Un chêne, n'ayant plus qu'une feuille verte, lui aurait répondu. Mon masque même commençait à prendre vie et à la quereller. Elle m'a dit, sans se douter qu'elle me parlait à moi-même, que j'étais le bouffon du prince, et que j'étais plus insipide qu'un

---

[1] « Ce qui reste de la fille de Sion est comme une cabane dans un vignoble, comme une loge nocturne dans un jardin de concombres. » (*Isaïe*, chap. I.)

grand dégel. Entassant sarcasmes sur sarcasmes, avec une habileté inconcevable, elle m'en a tant dit que je suis resté comme un homme en butte aux traits de toute une armée qui tire sur lui. Ses propos sont des poignards ; chaque mot vous tue. Si son souffle était aussi terrible que ses expressions, il n'y aurait auprès d'elle personne en vie, elle lancerait la mort jusqu'au pôle.— Eût-elle tous les biens dont Adam fut le maître, avant qu'il eût transgressé, je ne voudrais pas d'elle pour mon épouse. Elle eût fait tourner la broche à Hercule, et aurait fendu sa massue pour entretenir le feu. Allons, ne me parlez pas d'elle, c'est l'infernale Até[1] bien habillée. Plût à Dieu que quelque clerc daignât la conjurer ! car, tant qu'elle sera sur cette terre, on pourrait vivre en enfer aussi tranquillement que dans un sanctuaire ; et les gens pèchent exprès afin d'y arriver plus tôt, tant la peine, le trouble et l'horreur la suivent partout.

(Rentrent Claudio et Béatrice.)

DON PÈDRE.—Regardez, la voici qui vient.

BÉNÉDICK.—Voulez-vous m'envoyer au bout du monde pour votre service ? Je vais à l'instant aux antipodes sous le plus léger prétexte que vous puissiez inventer. Je cours vous chercher un cure-dent aux dernières limites de l'Asie, prendre la mesure du pied du Prêtre-Jean[2], vous chercher un poil de la barbe du grand Cham, négocier quelque ambassade chez les Pygmées, plutôt que de soutenir un entretien de trois paroles avec cette harpie. N'avez-vous aucun emploi à me confier ?

DON PÈDRE.—Nul autre que de tenir à votre bonne compagnie.

BÉNÉDICK.—O Dieu ! seigneur, vous avez céans un mets qui n'est pas de mon goût ; je ne puis souffrir madame *Caquet*.

(Il sort.)

DON PÈDRE.—Je vous apprends, madame, que vous avez perdu le cœur du seigneur Bénédick.

BÉATRICE.—Il est vrai, prince, qu'il me l'a prêté jadis

---

[1] Déesse de la vengeance ou de la discorde.
[2] Souverain de l'Abyssinie, ou de la Haute-Asie.

un moment, et je lui en donnai l'intérêt, un cœur double pour un cœur simple. Il m'a regagné son cœur avec des dés pipés. Ainsi Votre Altesse fait bien de dire que je l'ai perdu.

DON PÈDRE. — Vous l'avez mis par terre, madame, vous l'avez mis par terre.

BÉATRICE. — Je serais bien fâchée qu'il prît un jour sa revanche sur moi, seigneur ; je craindrais trop d'être la mère de quelques imbéciles. — J'ai amené le comte Claudio que j'ai envoyé chercher.

DON PÈDRE. — Eh bien! qu'avez-vous, comte? Pourquoi êtes-vous triste?

CLAUDIO. — Seigneur, je ne suis point triste.

DON PÈDRE. — Qu'êtes-vous donc? malade?

CLAUDIO. — Ni malade, seigneur.

BÉATRICE. — Le comte n'est ni triste ni malade, ni bien portant ni gai. — Mais vous êtes poli, comte, poli comme une orange, et un peu de la même teinte jalouse.

DON PÈDRE. — Sérieusement, madame, je crois votre blason fidèle ; et cependant si Claudio est ainsi, je lui jure que ses soupçons sont injustes. — Voilà, Claudio, j'ai fait la cour en votre nom ; et la belle Héro s'est rendue. Je viens de sonder son père ; il donne son agrément. Indiquez le jour du mariage, et que Dieu vous rende heureux.

LÉONATO. — Comte, recevez ma fille de ma main, et avec elle ma fortune. Son Altesse a fait le mariage, et que tous y aplaudissent.

BÉATRICE. — Parlez, comte, c'est votre tour.

CLAUDIO. — Le silence est l'interprète le plus éloquent de la joie. Je ne serais que faiblement heureux si je pouvais dire combien je le suis. — (*A Héro.*) Si vous êtes à moi, madame, je suis à vous ; je me donne en échange de vous, et suis passionnément heureux de ce marché.

BÉATRICE. — Parlez, ma cousine ; ou si vous ne pouvez pas, fermez lui la bouche par un baiser, et ne le laissez pas parler non plus.

DON PÈDRE. — En vérité, mademoiselle, vous avez le cœur gai.

BÉATRICE. — Oui, monseigneur, je l'en remercie; le pauvre diable se tient toujours contre le vent du souci. — Ma cousine lui dit à l'oreille qu'il habite dans son cœur.

CLAUDIO. — Et c'est en effet ce qu'elle me dit, ma cousine.

BÉATRICE. — Bon Dieu! voilà donc encore une alliance! — C'est ainsi que chacun entre dans le monde; il n'y a que moi qui sois brûlée du soleil[1]. Il faut que j'aille m'asseoir dans un coin, pour crier : *Holà! un mari!*

DON PÈDRE. — Béatrice, je veux vous en procurer un.

BÉATRICE. — J'aimerais mieux en avoir un de la main de votre père. Votre Altesse n'aurait-elle point un frère qui lui ressemble? Votre père faisait d'excellents maris... si une pauvre fille pouvait atteindre jusqu'à eux.

DON PÈDRE. — Voudriez-vous de moi, madame?

BÉATRICE. — Non, monseigneur, à moins d'en avoir un second pour les jours ouvrables. Votre Altesse est d'un trop grand prix pour qu'on s'en serve tous les jours; mais je vous prie, pardonnez-moi, je suis née pour dire toujours des folies qui n'ont point de fond.

DON PÈDRE. — Votre silence seul me blesse. La gaieté est ce qui vous sied le mieux. Sans aucun doute, vous êtes née dans une heure joyeuse.

BÉATRICE. — Non sûrement, seigneur, ma mère criait, mais une étoile dansait alors, et je naquis sous son aspect. — Cousins, que Dieu vous donne le bonheur!

LÉONATO. — Ma nièce, voulez-vous voir à cette chose dont je vous ai parlé?

BÉATRICE. — Ah! je vous demande pardon, mon oncle; avec la permission de Votre Altesse.

(Elle sort.)

DON PÈDRE. — Voilà sans contredit une femme enjouée.

LÉONATO. — Il est vrai, seigneur, que la mélancolie est un élément qui domine peu chez elle; elle n'est sérieuse que quand elle dort, encore pas toujours. J'ai ouï dire à ma fille que Béatrice rêvait à des malheurs et se réveillait à force de rire.

---

[1] J'ai perdu ma beauté, les maris seront rares.

don pèdre.— Elle ne peut souffrir qu'on lui parle d'un mari.

léonato. — Oh! du tout. Elle décourage tous les aspirants par ses railleries.

don pèdre. — Ce serait une femme parfaite pour Bénédick.

léonato. — Ah! Seigneur! s'ils étaient mariés, monseigneur, seulement huit jours, ils deviendraient fous à force de parler.

don pèdre.—Comte Claudio, quand vous proposez-vous d'aller à l'église?

claudio.—Demain, seigneur : le temps se traîne sur des béquilles jusqu'à ce que l'Amour ait vu ses rites accomplis.

léonato. — Pas avant lundi, mon cher fils. C'est juste dans huit jours, et le temps est déjà trop court.

don pèdre. — Allons, vous secouez la tête à un si long délai; mais je vous garantis, Claudio, que le temps ne nous pèsera pas; je veux dans l'intervalle entreprendre un des travaux d'Hercule. C'est d'amener le seigneur Bénédick et Béatrice à avoir l'un pour l'autre une montagne d'amour; je voudrais en faire un mariage, et je ne doute pas d'en venir à bout, si vous voulez bien tous trois me prêter l'aide que je vous demanderai.

léonato. — Monseigneur, comptez sur moi, dussé-je passer dix nuits sans dormir.

claudio. — Seigneur, j'en dis autant.

don pèdre. — Et vous aussi, aimable Héro?

héro.—Je ferai tout ce qu'on pourra faire avec convenance, seigneur, pour procurer à ma cousine un bon mari.

don pèdre.. —Et des maris que je connais, Bénédick n'est pas celui qui promet le moins; je puis lui donner cet éloge; il est d'un sang illustre, d'une valeur reconnue, d'une honnêteté prouvée. Je vous enseignerai à disposer votre cousine à devenir amoureuse de Bénédick; tandis que moi, soutenu de mes deux amis, je me charge d'opérer sur Bénédick. En dépit de son esprit vif et de son estomac particulier, je veux qu'il s'enflamme pour Béatrice.

Si nous pouvons réussir, Cupidon cesse d'être un archer : toute sa gloire nous appartiendra, comme aux seuls dieux de l'amour. Entrez avec moi, et je vous expliquerai mon projet.

(Ils sortent.)

SCÈNE II

Appartement du palais de Léonato.

Entrent DON JUAN ET BORACHIO.

DON JUAN. — C'est une affaire conclue, le comte Claudio épouse la fille de Léonato.

BORACHIO. — Oui, seigneur; mais je puis traverser cette affaire.

DON JUAN. — Tout obstacle, toute entrave, toute machination sera un baume pour mon cœur. Je suis malade de la haine que je lui porte, et tout ce qui pourra contrarier ses inclinations s'accordera avec les miennes. — Comment feras-tu pour entraver le mariage?

BORACHIO. — Ce ne sera pas par des voies honnêtes, seigneur; mais elles seront si secrètes, qu'on ne pourra m'accuser de malhonnêteté.

DON JUAN. — Vite, dis-moi comment.

BORACHIO. — Je croyais vous avoir dit, seigneur, il y a un an, combien j'étais dans les bonnes grâces de Marguerite, suivante d'Héro.

DON JUAN. — Je m'en souviens.

BORACHIO. — Je puis, à une heure indue de la nuit, la charger de se montrer au balcon de l'appartement de sa maîtresse.

DON JUAN. — Qu'y a-t-il là qui soit capable de tuer ce mariage[1]?

BORACHIO. — Le poison, c'est à vous à l'extraire, seigneur. Allez trouver le prince votre frère, ne craignez point de lui dire qu'il compromet son honneur, en unissant l'illustre Claudio, dont vous faites le plus grand cas, à une vraie prostituée, comme Héro.

---

[1] *What life is in that to be the death of this marriage?*

DON JUAN. — Quelle preuve en fournirai-je ?

BORACHIO. — Une preuve assez forte pour abuser le prince, tourmenter Claudio, perdre Héro, et tuer Léonato. Avez-vous quelque autre but ?

DON JUAN. — Seulement pour les désoler, il n'est rien que je n'entreprenne.

BORACHIO. — Allons donc, trouvez-moi une heure propice pour attirer à l'écart don Pèdre et Claudio. Dites-leur que vous savez qu'Héro m'aime. Affectez du zèle pour le prince et pour le comte, comme si vous veniez conduit par l'intérêt que vous prenez à l'honneur de votre frère qui a fait ce mariage, et à la réputation de son ami qui se laisse ainsi tromper par les dehors de cette fille.... que vous avez découvert être fausse. Ils ne le croiront guère sans preuve ; offrez-en une qui ne sera pas moins que de me voir à la fenêtre de la chambre d'Héro ; entendez-moi dans la nuit appeler Marguerite, Héro, et Marguerite me nommer Borachio. Amenez-les pour voir cela la nuit même qui précédera le mariage projeté ; car dans l'intervalle je conduirai l'affaire de façon à ce qu'Héro soit absente, et sa déloyauté paraîtra si évidente que le soupçon sera nommé certitude, et tous les préparatifs seront abandonnés.

DON JUAN. — Quelque revers possible que l'événement amène, je veux suivre ton dessein. Sois adroit dans le maniement de tout ceci, et ton salaire est de mille ducats.

BORACHIO. — Soyez vous-même ferme dans l'accusation, et mon adresse n'aura pas à rougir.

DON JUAN. — Je vais de ce pas m'informer du jour de leur mariage.

SCÈNE III

Le jardin de Léonato.

Entrent BÉNÉDICK ET UN PAGE.

BÉNÉDICK. — Page !

LE PAGE. — Seigneur ?

BÉNÉDICK. — Sur la fenêtre de ma chambre est un livre ; apporte-le moi dans le verger.

LE PAGE.—Me voilà déjà ici, seigneur.

BÉNÉDICK. — Je le vois bien, mais je voudrais que tu t'en fusses allé et te voir de retour. (*Le page sort.*) Je suis étonné qu'un homme qui voit combien un autre homme est sot qui se dévoue à l'amour, après avoir ri de cette folie dans autrui, puisse lui-même ensuite consentir à servir de texte à son propre mépris, en devenant lui-même amoureux; et Claudio est ainsi. J'ai vu le temps où il ne connaissait d'autre musique que le fifre et le tambour; aujourd'hui il aimerait mieux entendre le tambourin et la flûte. J'ai vu le temps où il aurait fait dix milles à pied pour voir une bonne armure; à présent il veillera dix nuits pour méditer sur la façon d'un nouveau pourpoint. Il avait coutume de parler simplement et d'aller au but comme un honnête homme et un soldat; maintenant le voilà puriste; ses phrases ressemblent à un festin bizarre, tant il y a de plats étranges. Se pourrait-il qu'en voyant avec mes yeux, je fusse jamais métamorphosé comme lui? Je ne sais qu'en dire; mais je ne crois pas. Je ne jurerais pas qu'un beau matin l'Amour ne pût me transformer en huître; mais j'en fais le serment, qu'avant qu'il ait fait de moi une huître, il ne fera jamais de moi un sot comme le comte : une femme est belle, et cependant je vais bien; une autre est aimable, cependant je vais bien; une autre est vertueuse, cependant je vais bien. Non, jusqu'au jour où toutes les grâces seront réunies dans une seule femme, aucune ne trouvera grâce auprès de moi. Elle sera riche, cela est certain; sage, ou je ne veux point d'elle; vertueuse, ou jamais je ne la marchanderai; belle, ou je ne regarderai jamais son visage; douce, ou qu'elle ne m'approche pas; noble, ou je n'en donnerais pas un ducaton; elle saura bien causer, sera bonne musicienne; et ses cheveux seront de la couleur qu'il plaira à Dieu. — Ah! voici le prince et monsieur l'*Amour*. Il faut me cacher dans le bosquet.

(Il se retire.)

(Entrent don Pèdre, Léonato et Claudio.)

DON PÈDRE.—Venez; irons-nous écouter cette musique?

CLAUDIO. — Très-volontiers, seigneur. — Que la soirée est calme ! Elle semble faire silence pour favoriser l'harmonie.

DON PÈDRE. — Voyez-vous où Bénédick s'est caché ?

CLAUDIO. — Oh ! très-bien, seigneur ; la musique finie, nous saurons bien attraper ce renard aux aguets.

(Balthazar entre avec des musiciens.)

DON PÈDRE. — Venez, Balthazar ; répétez-nous cette chanson.

BALTHAZAR. — Oh ! mon bon seigneur, ne forcez pas une aussi vilaine voix à faire plus d'une fois tort à la musique.

DON PÈDRE. — Déguiser ses propres perfections, c'est toujours la preuve du grand talent. Chantez, je vous en supplie, et ne me laissez pas vous supplier plus longtemps.

BALTHAZAR. — Puisque vous parlez de supplier, je chanterai : maint amant adresse ses vœux à un objet qu'il n'en juge pas digne ; et pourtant il prie, et jure qu'il aime.

DON PÈDRE. — Allons ! commence, je te prie ; ou si tu veux disputer plus longtemps, que ce soit en notes.

BALTHAZAR. — Notez bien avant mes notes, qu'il n'y a pas une de mes notes qui vaille la peine d'être notée.

DON PÈDRE. — Eh ! mais, ce sont des croches que ses paroles, *notes, notez, notice !*

BÉNÉDICK. — Oh ! l'air divin ! — Déjà son âme est ravie ! N'est-il pas bien étrange que des boyaux de mouton transportent l'âme hors du corps de l'homme ? Fort bien, présentez-moi la corne pour demander mon argent quand tout sera fini.

BALTHAZAR *chante.*

Ne soupirez plus, mesdames, ne soupirez plus,
Les hommes furent toujours des trompeurs,
Un pied dans la mer, l'autre sur le rivage,
Jamais constants à une seule chose.
    Ne soupirez donc plus ;
    Laissez-les aller ;
    Soyez heureuses et belles ;
Convertissez tous vos chants de tristesse
    En eh nonny ! eh nonny !

Ne chantez plus de complaintes, ne chantez plus
Ces peines si ennuyeuses et si pesantes ;
La perfidie des hommes fut toujours la même
Depuis que l'été eut des feuilles pour la première fois;
Ne soupirez donc plus, etc., etc.

DON PÈDRE.—Sur ma parole, une bonne chanson.

BALTHAZAR.—Oui, seigneur, et un mauvais chanteur.

DON PÈDRE.—Ah! non, non; ma foi vous chantez vraiment assez bien pour un cas de nécessité.

BÉNÉDICK, *à part*. — Si un dogue eût osé hurler ainsi, on l'aurait pendu. Je prie Dieu que sa vilaine voix ne présage point de malheur : j'aurais autant aimé entendre la chouette nocturne, quelque fléau qui eût pu suivre son cri.

DON PÈDRE, *à Claudio*.—Oui, sans doute. (*A Balthazar.*) Vous entendez, Balthazar; procurez-nous, je vous en prie, des musiciens d'élite, la nuit prochaine : nous voulons les rassembler sous la fenêtre d'Héro.

BALTHAZAR.—Les meilleurs qu'il me sera possible, seigneur.

DON PÈDRE.—N'y manquez pas, adieu! (*Balthazar sort.*) Léonato, approchez. Que me disiez-vous donc aujourd'hui que votre nièce Béatrice aimait le seigneur Bénédick?

CLAUDIO. — Oui, sans doute. — (*A don Pèdre.*) Avancez, avancez [1], l'oiseau est posé. — (*Haut.*) Je n'aurais jamais cru que cette dame pût aimer quelqu'un.

LÉONATO. — Ni moi; mais ce qu'il y a de plus surprenant, c'est qu'elle raffole ainsi du seigneur Bénédick, lui que, d'après ses manières extérieures, elle a paru toujours détester.

BÉNÉDICK, *à part*. — Est-il possible? le vent souffle-t-il de ce côté?

LÉONATO. — Par ma foi, seigneur, je ne sais qu'en penser, si ce n'est qu'elle l'aime à la rage; cela dépasse l'imagination.

DON PÈDRE. — Peut-être que ce n'est qu'une feinte de sa part.

---

[1] *Stalk on*, terme de chasse.

CLAUDIO.—Ma foi, c'est assez probable.

LÉONATO.—Une feinte? Bon Dieu! jamais passion feinte ne ressembla d'aussi près à une passion véritable que celle qu'elle témoigne.

DON PÈDRE. — Oui? Et quels symptômes de passion montre-t-elle donc?

CLAUDIO, *bas*. — Amorcez la ligne, ce poisson mordra.

LÉONATO. — Quels symptômes, seigneur? Elle s'asseoira... vous avez entendu ma fille vous dire comment.

CLAUDIO. — C'est vrai, elle nous l'a dit.

DON PÈDRE.—Comment, comment, je vous prie? Vous m'étonnez : j'aurais jugé sa fierté inaccessible à tous les assauts de la tendresse.

LÉONATO.—Je l'aurais juré aussi, seigneur, surtout pour Bénédick.

BÉNÉDICK, *à part*.—Je prendrais ceci pour une attrape si ce gaillard à barbe blanche ne le racontait pas. Sûrement la tromperie ne peut se cacher sous un aspect si vénérable.

CLAUDIO, *bas*. — Il a pris la maladie; redoublez.

DON PÈDRE. — A-t-elle laissé voir sa tendresse à Bénédick?

LÉONATO. — Non, et elle proteste qu'elle ne l'avouera jamais ; c'est là son tourment.

CLAUDIO. — Rien n'est plus vrai; c'est ce que dit votre Héro. *Quoi!* dit-elle, *écrirai-je à un homme, que j'ai souvent accablé de mes dédains, que je l'aime?*

LÉONATO.—Voilà ce qu'elle dit, lorsqu'elle se met à lui écrire; car elle se lève vingt fois dans la nuit et reste assise en chemise, jusqu'à ce qu'elle ait écrit une feuille de papier.—Héro me rend compte de tout.

CLAUDIO. — En parlant de feuille de papier, vous me rappelez un badinage que votre fille nous a conté.

LÉONATO. — Ah! oui. Quand elle eut écrit, en relisant sa lettre, elle trouva les noms de *Béatrice* et *Bénédick* s'embrassant sur les deux feuillets.

CLAUDIO.—C'est cela.

LÉONATO. — Alors, elle mit sa lettre en mille pièces grandes comme un sou, s'emporta contre elle-même d'avoir assez peu de réserve pour écrire à un homme qu'elle savait bien devoir se moquer d'elle. « Je mesure « son âme sur la mienne, dit-elle, car je me moquerais « de lui s'il venait à m'écrire ; oui, quoique je l'aime, je « me moquerais de lui. »

CLAUDIO. — Puis elle tombe à genoux, pleure, sanglote, se frappe la poitrine, s'arrache les cheveux ; elle prie, elle maudit ; *Cher Bénédick!... O Dieu! donne-moi la patience.*

LÉONATO. — Voilà ce qu'elle fait, ma fille le dit ; et les transports de l'amour l'ont réduite à un tel point que ma fille craint parfois qu'elle ne se fasse du mal dans son désespoir. Tout cela est parfaitement vrai.

DON PÈDRE. — Il serait bien que Bénédick le sût par quelque autre, si elle ne veut pas le déclarer elle-même.

CLAUDIO. — A quoi bon? Ce serait un jeu pour lui, et il tourmenterait d'autant plus cette pauvre femme.

DON PÈDRE. — S'il en était capable, ce serait une bonne œuvre que de le pendre ; c'est une excellente et très-aimable personne, et sa vertu est au-dessus de tout soupçon.

CLAUDIO. — Et elle est remplie de sagesse.

DON PÈDRE. — Sur tous les points, sauf son amour pour Bénédick.

LÉONATO. — Oh ! seigneur, quand la sagesse et la nature combattent dans un corps si délicat, nous avons dix preuves pour une que la nature remporte la victoire ; j'en suis fâché pour elle, comme j'en ai de bonnes raisons, étant son oncle et son tuteur.

DON PÈDRE. — Que n'a-t-elle tourné son tendre penchant sur moi ! J'aurais écarté toute autre considération, et j'aurais fait d'elle ma moitié. Je vous en prie, informez-en Bénédick, et sachons ce qu'il dira.

LÉONATO. — Cela serait-il à propos? Qu'en pensez-vous?

CLAUDIO. — Héro croit que sûrement sa cousine en mourra ; car elle dit qu'elle mourra s'il ne l'aime point, et qu'elle mourra plutôt que de lui laisser voir son amour ; et qu'elle mourra s'il lui fait la cour plutôt que de rabattre un point de sa malice accoutumée.

DON PÈDRE. — Elle a raison ; s'il la voyait jamais lui offrir son amour, je ne répondrais pas qu'elle n'en fût dédaignée ; car, comme vous le savez tous, il est disposé au dédain.

CLAUDIO. — Il est bien fait de sa personne.

DON PÈDRE. — Et doué d'une physionomie heureuse, on ne peut le nier.

CLAUDIO. — Devant Dieu et dans ma conscience, je le trouve très-raisonnable.

DON PÈDRE. — A vrai dire, il laisse échapper quelques étincelles qui ressemblent bien à de l'esprit.

LÉONATO.—Et je le tiens pour vaillant.

DON PÈDRE. — Comme Hector, je vous assure. Et dans la conduite d'une querelle on peut dire qu'il est sage ; car il l'évite avec une grande prudence, ou s'il la soutient, c'est avec une frayeur vraiment chrétienne.

LÉONATO.—S'il craint Dieu, il doit nécessairement tenir à la paix ; et s'il est forcé d'y renoncer, il doit entrer dans une querelle avec crainte et tremblement.

DON PÈDRE. — Ainsi en use-t-il. Car il a la crainte de Dieu, quoiqu'il n'y paraisse pas grâce aux plaisanteries un peu fortes qu'il sait faire. Eh bien ! j'en suis fâché pour votre nièce. — Irons-nous chercher Bénédick et lui parler de son amour ?

CLAUDIO.—Ne lui en parlez pas, seigneur. Que les bons conseils détruisent son amour.

LÉONATO.—Non, cela est impossible, elle aurait plutôt le cœur brisé.

DON PÈDRE. — Eh bien ! votre fille nous en apprendra davantage ; que cela se refroidisse en attendant. J'aime Bénédick ; je souhaiterais que, portant sur lui-même un œil modeste, il vît combien il est indigne d'une si excellente personne.

LÉONATO.—Vous plait-il de rentrer, seigneur ? Le souper est prêt.

CLAUDIO, à part.—Si, après cela, il ne se passionne pas pour elle, je ne me fierai jamais à mes espérances.

DON PÈDRE, à voix basse. — Qu'on tende le même filet à Béatrice. Votre fille doit s'en charger avec la suivante.

L'amusant sera lorsqu'ils croiront chacun à la passion de l'autre, et que cependant il n'en sera rien ; voilà la scène que je voudrais voir et qui se passera en pantomime. Envoyons Béatrice l'appeler pour le dîner.

(Don Pèdre s'en va avec Claudio et Léonato.)
(Bénédick sort du bois et s'avance.)

BÉNÉDICK. — Ce ne peut être un tour ; leur conférence avait un ton sérieux. — La vérité du fait, ils la tiennent d'Héro. — Ils ont l'air de plaindre la demoiselle. — Il paraît que sa passion est au comble. — M'aimer ! — Il faudra bien y répondre. — J'ai entendu à quel point on me blâme. On dit que je me comporterai fièrement si j'entrevois que l'amour vienne d'elle. — Ils disent aussi qu'elle mourra plutôt que de donner un signe de tendresse. — Je n'ai jamais pensé à me marier. — Je ne dois point montrer d'orgueil. — Heureux ceux qui entendent les reproches qu'on leur fait et en profitent pour se corriger ! — Ils disent que la dame est belle : c'est une vérité. De cela j'en puis répondre. — Et vertueuse, rien de plus sûr ; je ne saurais le contester. — Et sensée, — excepté dans son affection pour moi. — De bonne foi, cela ne fait pas l'éloge de son jugement, et pourtant ce n'est pas une preuve de folie ; car je serai horriblement amoureux d'elle. — Il se pourra qu'on me lance sur le corps quelques sarcasmes, quelques mauvais quolibets, parce qu'on m'a toujours entendu déblatérer contre le mariage. Mais les goûts ne changent-ils jamais ? Tel aime dans sa jeunesse un mets qu'il ne peut souffrir dans sa vieillesse. Des sentences, des sornettes, et ces boulettes de papier que l'esprit décoche, empêcheront-elles de suivre le chemin qui tente ? — Non, non, il faut que le monde soit peuplé. Quand je disais que je mourrais garçon, je ne pensais pas devoir vivre jusqu'à ce que je fusse marié. — Voilà Béatrice qui vient ici. — Par ce beau jour, c'est une charmante personne ! — Je découvre en elle quelques symptômes d'amour.

(Béatrice paraît.)

BÉATRICE. — Contre mon gré, l'on me députe pour vous prier de venir dîner.

BÉNÉDICK.—Belle Béatrice, je vous remercie de la peine que vous avez prise.

BÉATRICE. — Je n'ai pas pris plus de peine pour gagner ce remerciement, que vous n'en venez de prendre pour me remercier. — S'il y avait eu quelque peine pour moi, je ne serais point venue.

BÉNÉDICK. — Vous preniez donc quelque plaisir à ce message ?

BÉATRICE. — Oui, le plaisir que vous prendriez à égorger un oiseau avec la pointe d'un couteau. — Vous n'avez point d'appétit, seigneur ? Portez-vous bien.

(Elle s'en va.)

BÉNÉDICK. — Ah! « *Contre mon gré, l'on me députe pour* « *vous prier de venir dîner.* » Ces mots sont à double entente. « *Je n'ai pas pris plus de peine pour gagner ce remer-* « *ciement, que vous n'en venez de prendre pour me remer-* « *cier.* » C'est comme si elle disait : « *Toutes les peines que* « *je prends pour vous sont aussi faciles que des remercie-* « *ments.* » — Si je n'ai pitié d'elle, je suis un misérable ; si je ne l'aime pas, je suis un juif. — Je vais aller me procurer son portrait.

(Il sort.)

FIN DU SECOND ACTE.

ACTE TROISIÈME

SCÈNE I

Le jardin de Léonato.

Entrent HÉRO, MARGUERITE, URSULE.

HÉRO. — Bonne Marguerite, cours au salon ; tu y trouveras ma cousine Béatrice, devisant avec le prince et Claudio. Glisse-lui à l'oreille qu'Ursule et moi nous nous promenons dans le verger, que tout notre entretien roule sur elle. Dis-lui, que tu nous as entendues en passant. Engage-la à se glisser dans ce berceau épais, dont l'entrée est défendue au soleil par les chèvrefeuilles qu'il a fait pousser, — tels que des favoris qui, élevés par des princes, opposent leur orgueil au pouvoir qui les a agrandis ; — elle s'y cachera pour écouter notre entretien. Voilà ton rôle : acquitte-t'en bien, et laisse-nous seules.

MARGUERITE. — Je vous garantis que je vous l'enverrai dans un moment.

(Marguerite sort.)

HÉRO. — Maintenant, Ursule. Lorsque Béatrice sera arrivée, en allant et venant dans cette allée, il faut que tous nos discours roulent sur Bénédick. Dès que j'aurai prononcé son nom, ton rôle sera de le louer plus qu'aucun homme ne le mérita jamais ; le mien de t'apprendre comment Bénédick est malade d'amour pour Béatrice. C'est ainsi qu'est faite la flèche adroite du petit Cupidon, qui blesse par un ouï-dire. (*Béatrice entre par derrière.*) Mais commence, car, vois-tu, voilà Béatrice qui, comme un vanneau, se glisse tout près de terre pour surprendre nos paroles.

URSULE. — Le plus grand plaisir de la pêche est de voir

le poisson fendre de ses nageoires dorées l'onde argentée, et dévorer avidement le perfide hameçon. Jetons ainsi l'amorce à Béatrice ; la voilà déjà tapie sous ce toit d'aubépine. Ne craignez rien pour ma part du dialogue.

HÉRO. — Allons donc plus près d'elle, afin que son oreille ne perde rien du doux et perfide leurre que nous lui préparons. (*Elles s'avancent vers le berceau.*) Non, non, Ursule : franchement elle est trop dédaigneuse ; je sais qu'elle est farouche et sauvage comme le faucon du rocher.

URSULE. — Mais êtes-vous certaine que Bénédick soit si amoureux de Béatrice ?

HÉRO. — C'est ce que disent le prince et le seigneur auquel je viens d'être fiancée.

URSULE. — Vous auraient-ils chargée, madame, d'en informer votre cousine ?

HÉRO. — Ils me conjuraient de l'en instruire. Moi, je les exhortais, s'ils aimaient Bénédick, à l'engager à lutter contre son affection, sans jamais la laisser voir à Béatrice.

URSULE. — Quel était votre motif? Ce gentilhomme ne mérite-t-il pas bien une couche aussi fortunée que celle qui peut échoir à Béatrice ?

HÉRO. — O dieu d'amour ! je sais bien qu'il mérite tout ce qu'on peut accorder à un homme ; mais la nature n'a jamais fait un cœur de femme d'une trempe plus orgueilleuse que celui de Béatrice. La morgue et le dédain étincellent dans ses yeux, qui méprisent tout ce qu'ils regardent : et son esprit s'estime si haut, que tout le reste lui semble faible. Elle ne peut aimer ni recevoir aucun sentiment, aucune idée d'affection, tant elle est idolâtre d'elle-même !

URSULE. — Oui, je le crois, et par conséquent il ne serait certainement pas à propos de lui faire connaître l'amour de Bénédick, de peur qu'elle ne s'en fît un jeu.

HÉRO. — Oh ! vous avez bien raison. Je n'ai encore jamais vu un homme quelque sage, quelque noble, quelque jeune et quelque doué des traits les plus heureux qu'il pût être, qu'elle ne prit à l'envers. Est-il beau de visage,

elle vous jure que ce gentilhomme mériterait d'être sa
sœur. Est-il brun, c'est la nature qui, voulant dessiner
un bouffon [1], a fait une grosse tache. S'il est grand, c'est
une lance mal terminée ; petit, c'est une agate grossièrement taillée [2] ; aime-t-il à parler, bon, c'est une girouette qui tourne à tous les vents ; est-il taciturne, c'est
un bloc que rien ne peut émouvoir. Ainsi, elle tourne
chaque homme du mauvais côté ; elle ne rend jamais à
la franchise et à la vertu ce qui est dû au mérite et à la
simplicité.

URSULE. — Certes, certes, cette causticité n'est pas
louable !

HÉRO. — Non sans doute, on ne peut applaudir à cette
humeur bizarre de Béatrice, qui fronde tous les usages.
Mais qui osera le lui dire? Si je parle, ses brocards iront
frapper les nues ; oh ! elle me ferait perdre la tête à force
de rire ; elle m'accablerait de son esprit. Laissons donc
Bénédick, comme un feu couvert, se consumer de soupirs et s'user intérieurement. C'est une mort plus douce
que de mourir sous les traits de la raillerie ; ce qui est
aussi cruel que de mourir à force d'être chatouillé.

URSULE. — Cependant parlez-en à Béatrice ; voyez ce
qu'elle dira.

HÉRO. — Non, j'aimerais mieux aller trouver Bénédick
et lui conseiller de combattre sa passion ; et vraiment je
trouverai quelque médisance honnête pour en noircir
ma cousine : on ne sait pas combien un trait malin peut
empoisonner l'amour.

URSULE. — Ah ! ne faites pas tant de tort à votre cousine. Avec l'esprit vif et juste qu'on lui attribue, elle ne
peut être assez dénuée de véritable jugement pour rebuter un homme aussi rare que le seigneur Bénédick.

---

[1] *Antick*, bouffon des anciennes farces anglaises. Le nom d'*antick* indique, selon Warburton, l'idée traditionnelle des anciens
mimes dont Apulée nous dit : *mimi centunculo fuligine faciem ob-
ducti.*

[2] Quelques commentateurs veulent lire *anglet*, une tête d'épingle à cheveux qui représentait autrefois des figures taillées, et le
plus souvent une tête bizarre.

HÉRO. — C'est le seul cavalier d'Italie : toujours à l'exception de mon cher Claudio.

URSULE. — De grâce, ne m'en veuillez pas, madame, si je dis ce que je pense. Pour la tournure, les manières, la conversation et la valeur, le seigneur Bénédick marche le premier dans l'opinion de toute l'Italie.

HÉRO. — Il jouit en effet d'une excellente renommée.

URSULE. — Ses qualités la méritèrent avant de l'obtenir. — Quand vous marie-t-on, madame?

HÉRO. — Que sais-je?—Un de ces jours....—Demain.— Viens, rentrons, je veux te montrer quelques parures; te consulter sur celle qui me siéra le mieux demain.

URSULE, *bas*. — Elle est prise; je vous en réponds, madame, nous la tenons.

HÉRO, *bas*. — Si nous avons réussi, il faut convenir que l'amour dépend du hasard. Cupidon tue les uns avec des flèches, il prend les autres au trébuchet.

(Elles sortent.)

(Béatrice s'avance.)

BÉATRICE. — Quel feu [1] je sens dans mes oreilles! Serait-ce vrai? Me vois-je donc ainsi condamnée pour mes dédains et mon orgueil? Adieu dédains, adieu mon orgueil de jeune fille, vous ne traînez à votre suite aucune gloire. Et toi, Bénédick, persévère, je veux te récompenser; je laisserai mon cœur sauvage s'apprivoiser sous ta main amoureuse. Si tu m'aimes, ma tendresse t'inspirera le désir de resserrer nos amours d'un saint nœud; car on dit que tu as beaucoup de mérite, je le crois sur de meilleures preuves que le témoignage d'autrui.

SCÈNE II
Appartement dans la maison de Léonato.

DON PÈDRE, CLAUDIO, BÉNÉDICK ET **LÉONATO**
entrent.

DON PÈDRE. — Je n'attends plus que la consommation de votre mariage, et je prends ensuite la route de l'Aragon.

[1] Chez nous, *les oreilles nous sifflent.*

CLAUDIO. — Seigneur, je vous suivrai jusque-là, si vous daignez me le permettre.

DON PÈDRE. — Non, ce serait bien grande honte au début de votre mariage que de montrer à une enfant son habit neuf en lui défendant de le porter. Je ne veux prendre cette liberté qu'avec Bénédick, dont je réclame la compagnie. Depuis la plante des pieds jusqu'au sommet de la tête, il est tout enjouement. Il a deux ou trois fois brisé la corde de l'Amour, et le petit fripon n'ose plus s'attaquer à lui. Son cœur est vide comme une cloche, dont sa langue est le battant[1]; car ce que son cœur pense, sa langue le raconte.

BÉNÉDICK. — Messieurs, je ne suis plus ce que j'étais.

LÉONATO. — C'est ce que je disais; vous me paraissez plus sérieux.

CLAUDIO. — Je crois qu'il est amoureux.

DON PÈDRE. — Au diable le novice! Il n'y a pas en lui une goutte d'honnête sang qui soit susceptible d'être honnêtement touchée par l'amour. S'il est triste, c'est qu'il manque d'argent.

BÉNÉDICK. — J'ai mal aux dents.

DON PÈDRE. — Arrachez votre dent.

BÉNÉDICK. — Qu'elle aille se faire pendre.

CLAUDIO. — Pendez-la d'abord, et arrachez-la ensuite[2].

DON PÈDRE. — Quoi! soupirer ainsi pour un mal de dents?

LÉONATO. — Qui n'est qu'une humeur ou un ver.

BÉNÉDICK. — Soit. Tout le monde peut maîtriser le mal, excepté celui qui souffre.

CLAUDIO. — Je répète qu'il est amoureux.

DON PÈDRE. — Il n'y a en lui aucune apparence de caprice[3], à moins que ce soit le caprice qu'il a pour les costumes étrangers; comme d'être aujourd'hui un Hol-

---

[1] Allusion à un ancien proverbe :
    As the sound thinks, so the bell clinks.
    Ce que le son pense, la cloche le chante.

[2] *Hang it! you must hang it first and draw it afterwards.*

[3] *Fancy*, amour, imagination.

landais, et un Français demain, ou de se montrer à la fois dans le costume de deux pays, Allemand depuis la ceinture jusqu'en bas par de grands pantalons, et Espagnol depuis la hanche jusqu'en haut par le pourpoint; à part son caprice pour cette folie, et il paraît qu'il a ce caprice-là, certainement il n'est pas assez fou pour avoir le caprice que vous voudriez lui attribuer.

CLAUDIO. — S'il n'est pas amoureux de quelque femme, il ne faut plus croire aux anciens signes. Il brosse son chapeau tous les matins; qu'est-ce que cela annonce?

DON PÈDRE. — Quelqu'un l'a-t-il vu chez le barbier?

CLAUDIO. — Non, mais on a vu le garçon du barbier chez lui, et l'ancien ornement de son menton sert déjà à remplir des balles de paume.

LÉONATO. — En effet, il semble plus jeune qu'il n'était avant la perte de sa barbe.

DON PÈDRE. — Comment! il se parfume à la civette. Pourriez-vous deviner son secret par l'odorat?

CLAUDIO. — C'est comme si on disait que le pauvre jeune homme est amoureux.

DON PÈDRE. Ce qu'il y a de plus frappant, c'est sa mélancolie.

CLAUDIO. — A-t-il jamais eu l'habitude de se laver le visage?

DON PÈDRE. — Oui; ou de se farder? Ceci me fait comprendre ce que vous dites de lui.

CLAUDIO. — Et son esprit plaisant! ce n'est plus aujourd'hui qu'une corde de luth qui ne résonne plus que sous les touches.

DON PÈDRE. — Voilà en effet des témoignages accablants contre lui. — Concluons, concluons, il est amoureux.

CLAUDIO. — Ah! mais je connais celle qui l'aime.

DON PÈDRE. — Pour celle-là, je voudrais la connaître. Une femme, je gage, qui ne le connaît pas.

CLAUDIO. — Oui-dà, et tous ses défauts; et en dépit de tout, elle se meurt d'amour pour lui.

DON PÈDRE. — Elle sera enterrée le visage tourné vers le ciel.

BÉNÉDICK. — Tout cela n'est pas un charme contre le

mal de dents. — Vieux seigneur, venez à l'écart vous promenez avec moi. J'ai étudié huit ou dix mots de bon sens que j'ai à vous dire et que ces étourdis ne doivent pas entendre.

(Bénédick sort avec Léonato.)

DON PÈDRE. — Sur ma vie, il va s'ouvrir à lui au sujet de Béatrice.

CLAUDIO. — Oh! c'est cela même! A l'heure qu'il est Héro et Marguerite ont dû jouer leur rôle avec Béatrice : ainsi nos deux ours ne se mordront plus l'un l'autre quand il se rencontreront.

(Don Juan paraît.)

DON JUAN. — Mon seigneur et frère, Dieu vous garde!

DON PÈDRE. — Bonjour, mon frère.

DON JUAN. — Si votre loisir le permet, je voudrais vous parler.

DON PÈDRE. — En particulier?

DON JUAN. — Si vous le jugez à propos; cependant le comte Claudio peut rester. Ce que j'ai à vous dire l'intéresse.

DON PÈDRE. — De quoi s'agit-il?

DON JUAN, *à Claudio.* — Votre Seigneurie a-t-elle l'intention de se marier demain?

DON PÈDRE. — Vous savez que oui.

DON JUAN. — Je n'en sais rien.... quand il saura ce que je sais.

CLAUDIO. — S'il y a quelque empêchement, dites-le-nous, je vous prie.

DON JUAN. — Vous pouvez croire que je ne vous aime pas; la suite vous en instruira et vous apprendrez à mieux penser de moi par le fait dont je vais vous informer. Quant à mon frère, je vois qu'il fait cas de vous, et c'est par tendresse pour vous qu'il a travaillé à accomplir ce prochain mariage; soins certainement bien mal adressés, peines bien mal employées!

DON PÈDRE. — Comment? De quoi s'agit-il?

DON JUAN. — Je venais vous dire et sans préambule (car elle n'a que trop longtemps servi de texte à nos discours) que votre future est déloyale.

claudio. — Qui? Héro?

don juan. — Elle-même. L'Héro de Léonato, votre Héro, l'Héro de tout le monde.

claudio. — Déloyale?

don juan. — Le terme est trop honnête pour peindre toute sa corruption. Je pourrais en dire davantage; imaginez un nom plus odieux, et je vous prouverai qu'elle le mérite. Ne vous étonnez point jusqu'à ce que vous ayez d'autres preuves; venez seulement avec moi cette nuit; vous verrez entrer quelqu'un par la fenêtre de sa chambre, la nuit même avant le jour de ses noces. Si vous l'aimez alors, épousez-la demain; mais il siérait mieux à votre honneur de changer d'idée.

claudio. — Est-il possible?

don pèdre. — Je ne veux pas le croire.

don juan. — Si vous n'osez pas croire ce que vous verrez, n'avouez pas ce que vous savez. Si vous voulez me suivre, je vous en montrerai assez, et quand vous en aurez vu davantage, entendu davantage, agissez alors en conséquence.

claudio. — Si je suis cette nuit témoin de quelque chose qui m'empêche de l'épouser demain, je la confondrai dans l'assemblée même où nous devons nous marier.

don pèdre. — Et comme je lui ai fait la cour afin de l'obtenir pour vous, je me joindrai à vous pour la déshonorer.

don juan. — Je m'abstiens de la décrier davantage jusqu'à ce que vous soyez mes témoins. Supportez seulement cette nouvelle avec patience jusqu'à minuit; et qu'alors le fait se prouve de lui-même.

don pèdre. — O jour qui tourne bien mal!

claudio. — O malheur étrange qui me bouleverse!

don juan. — O fléau prévenu à temps! Voilà ce que vous direz quand vous aurez vu la suite.

(Ils sortent.)

SCÈNE III

Une rue.

Entrent DOGBERRY ET VERGES *avec les gardiens de nuit.*

DOGBERRY, *aux gardiens*. — Êtes-vous des gens braves et fidèles?

VERGES. — Oui, sans doute; sinon ce serait dommage qu'ils risquassent le salut de l'âme et du corps.

DOGBERRY. — Ce serait pour eux un châtiment trop doux, pour peu qu'ils aient de sentiments de fidélité, étant choisis pour la garde du prince.

VERGES. — Allons, voisin Dogberry, donnez-leur la consigne.

DOGBERRY. — D'abord, qui croyez-vous le plus *incapable*[1] d'être constable?

PREMIER GARDIEN. — *Hugues d'Avoine*, ou *Georges Charbon*, car ils savent tous deux lire et écrire.

DOGBERRY. — Venez ici, voisin Charbon; Dieu vous a favorisé d'un beau nom. Être homme de bonne mine, c'est un don de la fortune. Mais le don d'écrire et de lire nous vient par nature.

SECOND GARDIEN. — Et ces deux choses, monsieur le constable...

DOGBERRY. — Vous les possédez; je savais que ce serait là votre réponse. Allons, quant à votre bonne mine, ami, rendez-en grâce à Dieu et n'en tirez point vanité; et à l'égard de votre talent de lire et d'écrire, faites-le paraître quand on n'aura pas besoin de cette vanité. Vous êtes ici réputé l'homme le plus *insensé* et capable d'être constable, c'est pourquoi vous porterez le fallot; c'est là votre emploi. Appréhendez au corps tous les vagabonds. Vous devez ordonner à tout passant de s'arrêter au nom du prince.

SECOND GARDIEN. — Et s'il ne veut pas s'arrêter?

---

[1] Dogberry, peu au fait de la valeur des termes, fait mille contre-sens en employant un mot pour l'autre. On devine facilement l'intention du poëte.

DOGBERRY. — Alors ne prenez pas garde à lui et laissez-le passer. Sur-le-champ appelez à vous tout le reste de la patrouille, et remerciez Dieu d'être délivré d'un coquin.

VERGES. — S'il refuse de s'arrêter quand on lui ordonne, il n'est pas un sujet du prince.

DOGBERRY. — Sans doute, et ils ne doivent avoir affaire qu'aux sujets du prince. — Vous éviterez aussi de faire du bruit dans les rues; car de voir un gardien de nuit jaser et bavarder, cela est *tolérable* et ne peut se souffrir.

SECOND GARDIEN. — Nous aimons mieux dormir que bavarder. Nous savons quel est le devoir du guet.

DOGBERRY. — Bien, vous parlez comme un ancien, comme un gardien paisible; car je ne saurais voir en quoi le sommeil peut nuire. Prenez garde seulement qu'on ne vous dérobe vos piques[1]. Ensuite vous devez frapper à tous les cabarets, et commander à ceux qui sont ivres d'aller se coucher.

SECOND GARDIEN. — Et s'ils ne le veulent pas?

DOGBERRY. — Alors, laissez-les tranquilles, jusqu'à ce qu'ils soient de sang-froid. S'ils ne vous font pas alors une meilleure réponse, vous pouvez dire qu'ils ne sont pas ceux pour qui vous les aviez pris d'abord.

SECOND GARDIEN. — Fort bien, monsieur.

DOGBERRY. — Si vous rencontrez un voleur, en vertu de votre charge vous pouvez le soupçonner de n'être pas un honnête homme; et quant à cette espèce de gens, le moins que vous pourrez avoir affaire avec eux, ce sera le mieux pour votre probité.

SECOND GARDIEN. — Si nous le connaissons pour un voleur, ne mettrons-nous pas la main sur lui?

DOGBERRY. — Vraiment par votre charge vous le pouvez. Mais je pense que ceux qui touchent le goudron se salissent les mains. Si vous prenez un voleur, la manière la plus tranquille est de le laisser se montrer ce qu'il est, en fuyant votre compagnie.

VERGES. — Assez, mon cher collègue, vous avez toujours été réputé pour un homme miséricordieux.

[1] *Bills*. Pertuisanes, armes de l'ancienne infanterie anglaise.

DOGBERRY. — En vérité je ne voudrais pas être cause de la pendaison d'un chien, bien moins d'un homme qui possède l'honnêteté.

VERGES. — Si vous entendez un enfant crier dans la nuit[1], vous devez appeler la nourrice et lui commander de le faire taire.

SECOND GARDIEN. — Et si la nourrice est endormie et ne veut pas nous entendre ?

DOGBERRY.—Alors allez-vous en paisiblement et laissez l'enfant l'éveiller lui-même par ses cris ; car la brebis qui n'entend pas son agneau quand il mugit ne répondra pas aux bêlements du veau.

VERGES. —C'est la vérité.

DOGBERRY. — Voilà toute votre consigne. Vous, constable, vous devez représenter la personne du prince. Si vous rencontrez le prince dans la nuit, vous pouvez l'arrêter.

VERGES. —Non, par Notre-Dame ; quant à cela je ne crois pas qu'il le puisse.

DOGBERRY. — Je gage cinq shillings contre un, avec tout homme qui connaît les *statues*[1], qu'il peut l'arrêter. Non pas, à la vérité, sans que le prince y consente ; car le guet ne doit offenser personne, et c'est faire offense à un homme que de l'arrêter contre sa volonté.

VERGES. — Par Notre-Dame, je crois que vous avez raison.

DOGBERRY.—Ah ! ah ! ah ! Or çà, bonne nuit, mes maitres ; s'il survient quelque affaire un peu grave, appelez-moi. Gardez les secrets de vos camarades et les vôtres ; bonne nuit.—Venez, voisin.

SECOND GARDIEN, *à ses camarades*. —Ainsi, camarades,

---

[1] Voici quelques-uns des statuts du guet ridiculisés ici par Shakspeare :

« Personne ne sifflera passé neuf heures du soir.

« Personne n'ira masqué la nuit passé neuf heures du soir.

« Nul homme à marteau, forgeron, serrurier, ne travaillera passé neuf heures du soir.

« Nul homme ne donnera l'alarme passé neuf heures du soir en battant sa femme, sa servante ou son chien, sous peine de trois shillings d'amende. »

nous venons d'entendre notre consigne. Asseyons-nous ici sur ce banc près de l'église jusqu'à deux heures, et de là allons tous nous coucher.

DOGBERRY.—Encore un mot, honnêtes voisins. Je vous en prie, veillez à la porte du seigneur Léonato, car le mariage étant fixé à demain sans faute, il y a grand tumulte cette nuit. Adieu, soyez vigilants, je vous en conjuré.

(Dogberry et Verges sortent.)
(Entrent Borachio et Conrad.)

BORACHIO.—Conrad, où es-tu?

PREMIER GARDIEN, *bas à ses compagnons.*—Paix, ne bougez pas.

BORACHIO.—Conrad! dis-je?

CONRAD, *en le poussant.*—Ici. Je suis à ton coude.

BORACHIO.—Par la messe, le coude me démangeait; je pensais bien qu'il s'ensuivrait quelque croûte.

CONRAD.—Je te devrai une réponse à cela. Poursuis maintenant ton récit.

BORACHIO.—Mettons-nous à couvert sous ce toit; il bruine : et là, comme un vrai ivrogne, je te dirai tout.

SECOND GARDIEN, *à part.*—Quelque trahison! Restons cois, mes amis.

BORACHIO.—Tu sauras que don Juan m'a promis mille ducats.

CONRAD.—Est-il possible qu'aucune scélératesse soit si chère?

BORACHIO.—Demande plutôt comment il est possible qu'aucun scélérat soit si riche! car lorsque le scélérat riche a besoin du scélérat pauvre, le pauvre peut faire le prix à son gré.

CONRAD.—Tu m'étonnes.

BORACHIO.—Cela prouve que tu es novice; tu sais que la forme d'un pourpoint, ou d'un chapeau, ou d'un manteau, n'est rien dans un homme.

CONRAD.—Cependant c'est une parure!

BORACHIO.—Je veux dire la forme à la mode.

CONRAD.—Oui, la mode est la mode.

BORACHIO.—Bah! autant dire un sot est un sot. Mais

ne vois-tu pas quel voleur maladroit est la mode?

UN GARDIEN. — Je connais ce La Mode, c'est un voleur depuis sept ans. Il s'introduit çà et là mis en gentilhomme ; je me rappelle son nom.

BORACHIO. — N'as-tu pas entendu quelqu'un?

CONRAD. — Non, c'est la girouette sur le toit.

BORACHIO. — Ne vois-tu pas, dis-je, quel maladroit voleur est la mode? Par quels vertiges elle renverse toutes les têtes chaudes, depuis quatorze ans jusqu'à trente-cinq ; parfois elle les affuble comme les soldats de Pharaon dans les tableaux enfumés, tantôt comme les prêtres du dieu Baal dans les vieux vitraux de l'église ; quelquefois comme l'Hercule rasé[1] dans la tapisserie fanée et rongée des vers, où son petit doigt semble aussi gros que sa massue?

CONRAD. — Je vois tout cela, et que la mode use plus d'habits que l'homme. Mais n'es-tu pas entraîné toi-même par la mode, en t'écartant de ton récit pour me parler de la mode?

BORACHIO. — Nullement. Mais sache que cette nuit j'ai courtisé Marguerite, la suivante de la signora Héro, sous le nom d'Héro ; elle m'a tendu la main par la fenêtre de la chambre de sa maîtresse, et m'a dit mille fois adieu ! — Je raconte cela horriblement mal. J'aurais dû d'abord te dire que le prince, Claudio et mon maître, placés, postés et prévenus par mon maître don Juan, ont vu de loin, du verger, cette entrevue amoureuse.

CONRAD. — Et ils croyaient que Marguerite était Héro?

BORACHIO. — Deux d'entre eux l'ont cru, le prince et Claudio. Mais mon démon de maître savait que c'était Marguerite. D'un côté, grâce à ses serments qui les ont d'abord séduits ; de l'autre, grâce à la nuit obscure qui les a déçus, mais surtout à mon manége qui confirmait toutes les calomnies inventées par don Juan, Claudio est parti plein de rage, jurant d'aller la joindre demain matin au temple à l'heure marquée, et là, devant toute l'assemblée, de la déshonorer par le récit de ce qu'il a

[1] Pharaon, Hercule, personnages de tapisseries.

vu cette nuit, et de la renvoyer chez elle sans époux.

PREMIER GARDIEN *s'avançant.* — Nous vous sommons au nom du prince, arrêtez.

SECOND GARDIEN. — Appelez le grand chef constable. Nous avons ici déterré le plus dangereux complot de débauche qui se soit jamais vu dans la république.

PREMIER GARDIEN. — Et un certain La Mode [1] est de leur bande; je le connais, il porte une boucle de cheveux.

CONRAD. — Messieurs, messieurs!

PREMIER GARDIEN. — On vous forcera bien de faire comparaître La Mode; je vous le garantis.

CONRAD. — Messieurs!....

PREMIER GARDIEN. — Taisez-vous, nous vous l'ordonnons; nous vous obéirons en vous conduisant.

BORACHIO. — Nous avons l'air de devenir une bonne marchandise, après avoir été ramassés par les piques de ces gens-là.

CONRAD. — Une marchandise compromise, je vous en réponds; venez, nous vous obéirons.

(Ils sortent.)

SCÈNE IV

Appartement dans la maison de Léonato.

HÉRO, MARGUERITE, URSULE.

HÉRO. — Bonne Ursule, éveillez ma cousine Béatrice, et priez-la de se lever.

URSULE. — J'y vais, madame.

HÉRO. — Et dites-lui de venir ici.

URSULE. — Bien.

(Ursule sort.)

MARGUERITE. — En vérité, je crois que cet autre rabat [2] vous siérait mieux.

---

[1] En anglais, c'est le mot *deformed* que les gardiens prennent pour un nom d'homme.

[2] *Rabato,* rabat, collerette.

HÉRO. — Non, je vous prie, chère Marguerite; je veux mettre celui-ci.

MARGUERITE. — Sur ma parole, il n'est pas si beau, et je garantis que votre cousine sera de mon avis.

HÉRO. — Ma cousine est une folle, et vous une autre. Je n'en veux pas porter d'autre que celui-ci.

MARGUERITE. — J'aime tout à fait cette nouvelle coiffure qui est là-dedans; seulement je voudrais les cheveux une idée plus bruns; pour votre robe, elle est en vérité du dernier goût; j'ai vu celle de la duchesse de Milan, cette robe qu'on vante tant....

HÉRO. — Oh! on dit qu'elle est incomparable!

MARGUERITE. — Sur ma vie, ce n'est qu'une robe de nuit auprès de la vôtre. Du drap d'or, des crevés lacés avec du fil d'argent, le bas des manches et le bord des manches garnis de perles, et toute la jupe relevée par un clinquant bleuâtre. Mais pour la grâce, la beauté et le bon goût, la vôtre vaut dix fois la sienne.

HÉRO. — Que Dieu me donne la joie pour la porter; car je me sens le cœur excessivement gros.

MARGUERITE. — Le poids d'un homme le rendra encore plus pesant.

HÉRO. — Fi donc! Marguerite, n'êtes-vous pas honteuse?

MARGUERITE. — De quoi, madame? De parler d'une chose honorable? Le mariage n'est-il pas honorable, même chez un mendiant? Et, le mariage à part, votre seigneur n'est-il pas honorable? Vous auriez voulu, sauf votre respect, que j'eusse dit un *mari*? Si une mauvaise pensée ne détourne pas le sens d'une expression franche, je n'offense personne. Y a-t-il du mal à dire *le poids d'un mari?* Aucun, je pense, dès qu'il s'agit d'un mari légitime et d'une femme légitime; sans quoi il serait léger et non pesant. Mais demandez plutôt à la signora Béatrice, la voici.

(Béatrice entre.)

HÉRO. — Bonjour, cousine.

BÉATRICE. — Bonjour, ma chère Héro.

HÉRO. — Comment donc! vous parlez sur un ton mélancolique.

BÉATRICE. — Je suis hors de tous les autres tons, il me semble.

MARGUERITE. — Entonnez-nous l'air de *Lumière d'amour*[1]. Il se chante sans refrain ; vous chanterez, moi je danserai.

BÉATRICE. — Oui ! Vos talons sont-ils exercés à la mesure de *Lumière d'amour ?* Oh ! bien, si votre mari a assez de greniers, vous verrez à ce qu'il ne manque pas de grains[2].

MARGUERITE. — O interprétation maligne ! Mais j'en ris, les talons en l'air.

BÉATRICE. — Il est près de cinq heures, ma cousine ; vous devriez être déjà prête. — Sérieusement, je me sens bien mal. Hélas !

MARGUERITE. — De quoi ? — Un faucon, un cheval, ou un mari[3].

BÉATRICE. — Oh ! celui des trois qui commence par un M[4].

MARGUERITE. — Eh bien ! Si vous ne vous êtes pas faite turque[5], on ne peut plus faire voiles sur la foi des étoiles.

BÉATRICE. — Voyons ; que veut dire cette folle ?

MARGUERITE. — Rien du tout ; mais Dieu veuille envoyer à chacun le désir de son cœur !

HÉRO. — Ces gants, que le comte m'a envoyés, ont un parfum délicieux.

BÉATRICE. — Je suis enchiffrenée, cousine ; je ne sens rien.

MARGUERITE. — Fille, et enchiffrenée ! il faut qu'il y ait abondance de rhumes.

BÉATRICE. — O Dieu, ayez pitié de nous ! O Dieu ayez pitié de nous ! Depuis quand faites-vous profession d'esprit ?

MARGUERITE. — Depuis que vous y avez renoncé, madame. Mon esprit ne me sied-il pas à ravir ?

---

[1] Il est aussi question de cet air dans *les Deux Gentilshommes de Vérone.*

[2] *Barns,* greniers, et *bairns,* vieux mot qui signifie enfant

[3] *Hawk, Horse or Husband.*

[4] La réponse de Béatrice est moins claire en anglais, elle répond : « C'est la première lettre de tous ces mots, *h,* qui se prononce en anglais de même qu'*ache,* douleur.

[5] Si vous n'avez pas changé d'opinion, de foi.

BÉATRICE. — On ne le voit pas assez ; vous devriez le porter sur votre bonnet. — Sérieusement je suis malade.

MARGUERITE. — Procurez-vous un peu d'essence de *carduus benedictus*[1], et appliquez-la sur votre cœur : c'est le seul remède pour les palpitations.

HÉRO. — Tu la piques avec un chardon.

BÉATRICE. — *Benedictus?* Pourquoi *benedictus*, s'il vous plaît? Vous cachez quelque moralité[2] sous ce *benedictus*.

MARGUERITE. — Moralité? Non, sur ma parole, je n'ai point d'intention morale. Je parle tout bonnement du chardon bénit. Vous pourriez croire par hasard que je vous soupçonne d'être amoureuse : non, par Notre-Dame, je ne suis pas assez folle pour penser ce que je veux, et je ne veux pas penser ce que je peux, et je ne pourrais penser, quand je penserais à faire perdre la pensée à mon cœur, que vous êtes amoureuse, que vous serez amoureuse ou que vous pouvez être amoureuse. Cependant, jadis Bénédick fut naguère tout de même, et maintenant le voilà devenu un homme. Il jurait de ne se marier jamais, et pourtant, en dépit de son cœur, il mange son plat sans murmure[3]. A quel point vous pouvez être convertie, je l'ignore ; mais il me semble que vous voyez avec vos yeux comme les autres femmes.

BÉATRICE. — De quel pas ta langue est partie !

MARGUERITE. — Ce n'est pas un galop du mauvais pied.

URSULE, *accourt.* — Vite, retirez-vous, madame : le prince, le comte, le seigneur Bénédick, don Juan et tous les jeunes cavaliers de la ville viennent vous chercher pour aller à l'église.

HÉRO. — Aidez-moi à m'habiller, chère cousine, bonne Ursule, bonne Marguerite.

(Elles sortent.)

---

[1] Allusion au nom de Bénédick.
[2] Moralité, la morale d'une fable, le sens caché d'un apologue.
[3] Proverbe.

SCÈNE V

Un autre appartement dans le palais de Léonato.

LÉONATO *entre avec* **DOGBERRY** et **VERGES**.

LÉONATO. — Que souhaitez-vous de moi, honnêtes voisins ?

DOGBERRY. — Vraiment, seigneur, je voudrais avoir avec vous une petite conférence secrète sur une affaire qui vous *décerne* de près.

LÉONATO. — Abrégez, je vous prie ; vous voyez que je suis très-occupé.

DOGBERRY. — Vraiment oui, seigneur.

VERGES. — Oui, seigneur, en vérité.

LÉONATO. — Quelle est cette affaire, mes dignes amis ?

DOGBERRY. — Le bon homme Verges, seigneur, s'écarte un peu de son sujet, et son esprit n'est pas aussi émoussé[1] que je demanderais à Dieu qu'il le fût ; mais, en bonne conscience, il est honnête comme les rides de son front[2].

VERGES. — Oui, j'en remercie Dieu, je suis aussi honnête qu'homme vivant qui est vieux aussi, et qui n'est pas plus honnête que moi.

DOGBERRY. — Les comparaisons sont odorantes[3]. — Palabra[4], voisin Verges.

LÉONATO. — Voisins, vous êtes ennuyeux.

DOGBERRY. — Il plaît à Votre Seigneurie de le dire. Mais nous ne sommes que les pauvres officiers du duc, et pour ma part, si j'étais aussi fatigant qu'un roi, je voudrais me dépouiller de tout au profit de Votre Seigneurie.

LÉONATO. — De tout votre ennui en ma faveur ? Ah, ah !

DOGBERRY. — Oui-dà, quand j'en aurais mille fois da-

---

[1] Dogberry dit toujours le contraire de ce qu'il veut dire.
[2] Expression proverbiale.
[3] Odieuses.
[4] *Palabras, pocas palabras*, mots espagnols, pour dire *bref, abrégeons*.

vantage; car j'entends exclamer votre nom autant qu'aucun nom de la ville, et quoique je ne sois qu'un pauvre homme, je suis bien aise de l'entendre.

VERGES. — Et moi aussi.

LÉONATO. — Je voudrais bien savoir ce que vous avez à me dire.

VERGES. — Voyez-vous, seigneur, notre garde a pris cette nuit, sauf le respect de Votre Seigneurie, un couple des plus fieffés larrons qui soient dans Messine.

DOGBERRY. — Un bon vieillard, seigneur, il faut qu'il jase! et comme on dit, quand l'âge entre, l'esprit sort. Oh! c'est un monde à voir[1]! — C'est bien dit, c'est bien dit, voisin Verges.—(*A l'oreille de Léonato.*) Allons, Dieu est un bon homme[2]. Si deux hommes montent un cheval, il faut qu'il y en ait un qui soit en croupe,— une bonne âme, par ma foi, monsieur, autant qu'homme qui ait jamais rompu du pain, je vous le jure; mais Dieu soit loué, tous les hommes ne sont pas pareils; hélas! bon voisin!

LÉONATO. — En effet, voisin, il vous est trop inférieur.

DOGBERRY. — Ce sont des dons que Dieu donne.

LÉONATO. — Je suis forcé de vous quitter.

DOGBERRY. — Un mot encore, seigneur; notre garde a saisi deux personnes *aspectes*[3]. Nous voudrions les voir ce matin examinées devant Votre Seigneurie.

LÉONATO. — Examinez-les vous-mêmes, et vous me remettrez votre rapport. Je suis trop pressé maintenant, comme vous pouvez bien juger.

DOGBERRY. — Oui, oui, nous suffirons bien.

LÉONATO. — Goûtez de mon vin avant de vous en aller, et portez-vous bien.

(Entre un messager.)

LE MESSAGER.—Seigneur, on vous attend pour donner votre fille à son époux.

LÉONATO. —Je vais les trouver : me voilà prêt.

(Léonato et le messager sortent.)

---

[1] C'est une merveille.
[2] « Expression d'une ancienne *moralité*. » STEEVENS.
[3] *Aspicious.*

DOGBERRY. — Allez, mon bon collègue, allez trouver Georges Charbon ; qu'il apporte à la prison sa plume et son encrier : nous avons maintenant à examiner ces deux hommes.

VERGES. — Il nous le faut faire avec prudence.

DOGBERRY. — Nous n'y épargnerons pas l'esprit, je vous jure. (*Touchant son front avec son doigt.*) Il y a ici quelque chose qui saura bien en conduire quelques-uns à un *non com*[1]. Ayez seulement le savant écrivain pour coucher par écrit notre *excommunication*, et venez me rejoindre à la prison.

(Ils sortent.)

[1] *Non compos mentis.*

FIN DU TROISIÈME ACTE.

ACTE QUATRIÈME

SCÈNE I

L'intérieur d'une église.

Entrent DON PÈDRE, DON JUAN, LÉONATO, UN MOINE, CLAUDIO, BÉNÉDICK, HÉRO ET BÉATRICE.

LÉONATO. — Allons, frère François, soyez bref. Bornez-vous au simple rituel du mariage ; vous leur exposerez ensuite leurs devoirs mutuels.

LE MOINE. — Vous venez ici, seigneur, pour vous unir à cette dame ?

CLAUDIO. — Non.

LÉONATO. — Il vient pour être uni à elle, et vous pour les unir.

LE MOINE. — Madame, vous venez ici pour être mariée à ce comte ?

HÉRO. — Oui.

LE MOINE. — Si l'un ou l'autre de vous connaît quelque empêchement secret qui s'oppose à votre union, sur le salut de vos âmes, je vous somme de le déclarer.

CLAUDIO. — En connaissez-vous quelqu'un, Héro ?

HÉRO. — Aucun, seigneur.

LE MOINE. — Et vous, comte, en connaissez-vous ?

LÉONATO. — J'ose répondre pour lui ; aucun.

CLAUDIO. — Que n'osent point les hommes ? Que ne font les hommes, que ne font les hommes chaque jour, sans se douter de ce qu'ils font ?

BÉNÉDICK. — Quoi ! des exclamations ! Comment donc, ce sont des exclamations de rire, comme ah ! ah ! ah !

CLAUDIO. — Prêtre, arrêtez. — Père, avec votre permission, me donnez-vous cette vierge, votre fille d'une volonté libre et sans contrainte?

LÉONATO. — Aussi librement, mon fils, que Dieu me l'a donnée.

CLAUDIO. — Et qu'ai-je en retour, moi, à vous offrir, qui puisse égaler ce don riche et précieux?

DON PÈDRE. — Rien, à moins que vous ne la rendiez à son père.

CLAUDIO. — Cher prince, vous m'enseignez une noble gratitude. Tenez, Léonato, reprenez-la, ne donnez point à votre ami cette orange gâtée; elle n'est que l'enseigne et le masque de l'honneur. Voyez-la rougir comme une vierge! Oh! de quelle imposante apparence de vérité le vice perfide sait se couvrir! Cette rougeur ne semble-t-elle pas un modeste témoin qui atteste la simplicité de l'innocence? Vous tous qui la voyez, ne jureriez-vous pas à ces indices extérieurs, qu'elle est vierge? mais elle ne l'est pas; elle connaît la chaleur d'une couche de débauche, sa rougeur prouve sa honte et non sa modestie.

LÉONATO. — Que prétendez-vous, seigneur?

CLAUDIO. — N'être pas marié, ne pas unir mon âme à une prostituée avérée!

LÉONATO. — Cher seigneur, si l'ayant éprouvée vous-même, vous avez vaincu les résistances de sa jeunesse, et triomphé de sa virginité...

CLAUDIO. — Je vois ce que vous voudriez dire. — Si je l'ai connue, me direz-vous, elle m'embrassait comme son mari; et vous atténueriez par-là sa faiblesse anticipée.— Non, Léonato, je ne l'ai jamais tentée par un mot trop libre. Comme un frère auprès de sa sœur, je lui montrais une sincérité timide et un amour décent.

HÉRO. — Et vous ai-je jamais montré une apparence contraire?

CLAUDIO. — Maudite soit votre apparence! je m'inscris en faux contre elle. Vous me semblez telle que Diane dans son orbe, chaste comme le bouton avant d'être épanoui; mais vous avez un sang plus impudique que celui de Vénus ou celui de ces créatures lascives qui s'abandonnent à une brutale sensualité.

HÉRO. — Mon seigneur se porte-t-il bien qu'il tienne des discours si extravagants?

LÉONATO. — Généreux prince, pouquoi ne parlez-vous pas?

DON PÈDRE. — Que pourrai-je dire? Je reste déshonoré par les soins que j'ai pris pour unir mon digne ami à une vile courtisane.

LÉONATO. — Dit-on réellement ces choses, ou est-ce que je rêve?

DON JUAN. — On le dit, seigneur, et elles sont vraies.

BÉNÉDICK. — Ceci n'a pas l'air d'une noce.

HÉRO. — Vraies! ô Dieu!

CLAUDIO. — Léonato, suis-je debout ici? Est-ce là le prince? Est-ce là le frère du prince? Ce front est-il celui d'Héro? Nos yeux sont-ils à nous?

LÉONATO. — Oui sans doute; mais qu'en résulte-t-il, seigneur?

CLAUDIO. — Laissez-moi adresser une seule question à votre fille, et par ce pouvoir paternel que la nature vous donne sur elle, commandez-lui de répondre avec vérité.

LÉONATO. — Je te l'ordonne comme tu es mon enfant.

HÉRO. — O Dieu, défendez-moi! Comme je suis assiégée! A quel interrogatoire suis-je donc soumise?

CLAUDIO. — A répondre fidèlement au nom que vous portez.

HÉRO. — Ce nom n'est-il pas Héro? Qui peut le flétrir d'un juste reproche?

CLAUDIO. — Ma foi, Héro elle-même! Héro elle-même peut flétrir la vertu d'Héro. Quel homme s'entretenait la nuit dernière avec vous, près de votre fenêtre, entre minuit et une heure? Maintenant, si vous êtes vierge, répondez à cette question.

HÉRO. — A cette heure-là, seigneur, je n'ai parlé à aucun homme.

DON PÈDRE. — Alors vous n'êtes plus vierge. — Je suis fâché, Léonato, que vous soyez forcé de m'entendre; sur mon honneur, moi, mon frère et ce comte outragé, nous l'avons vue, nous l'avons entendue la nuit dernière parler, à cette heure même, par la fenêtre de sa chambre, à un coquin, qui, comme un franc coquin, a fait l'aveu des honteuses entrevues qu'ils ont eues mille fois ensemble secrètement.

DON JUAN. — Elles ne sont pas de nature à être nommées; seigneur, on ne peut les redire; la langue ne fournit pas d'expression assez chaste pour les rendre sans scandale. Ainsi, belle dame, je suis fâché de votre étrange inconduite.

CLAUDIO. — O Héro! quelle héroïne n'aurais-tu pas été, si la moitié de tes grâces extérieures eût été donnée à tes pensées et à ton cœur! Mais adieu, la plus indigne et la plus belle! — Adieu! pure impiété et pure impie! Tu seras cause que je fermerai toutes les portes de mon cœur à l'amour, et que le soupçon veillera suspendu sur mes paupières pour me faire soupçonner toujours le mal dans la beauté, qui n'aura jamais de charmes pour moi.

LÉONATO. — Personne ici n'a-t-il une pointe de poignard pour moi?

(Héro s'évanouit et tombe.)

BÉATRICE. — Ah! qu'est-ce donc, cousine? pourquoi tombez-vous?

DON JUAN. — Allons, retirons-nous. — Ses actions dévoilées au grand jour ont confondu ses sens.

(Don Pèdre, don Juan et Claudio sortent.)

BÉNÉDICK. — Comment est-elle?

BÉATRICE. — Morte, je crois. Du secours, mon oncle! — Héro! eh bien! Héro! — Mon oncle! — Seigneur Bénédick! moine!

LÉONATO. — O destin! ne retire point ta main appesantie sur elle! La mort est le voile le plus propre à couvrir sa honte qu'on puisse désirer.

BÉATRICE. — Eh bien! cousine? Héro!

LE MOINE. — Prenez courage, madame.

LÉONATO. — Quoi, tu rouvres les yeux!

LE MOINE. — Oui, et pourquoi non?

LÉONATO. — Pourquoi? Tout sur la terre ne crie-t-il pas *infamie sur elle*? Peut-elle nier un crime que son sang agité révèle? Oh! ne reviens pas à la vie, Héro, n'ouvre pas tes yeux; car si je pouvais penser que tu ne dusses pas bientôt mourir, si je croyais ta vie plus forte que ta honte, je viendrais à l'arrière-garde de tes remords pour trancher ta vie. — Je m'affligeais de n'avoir qu'une enfant.... Je reprochais à la nature son avarice! — Oh! j'ai trop d'une fille : pourquoi ai-je une fille? Pourquoi fus-tu jamais aimable à mes yeux? — Pourquoi d'une main charitable n'ai-je pas recueilli à ma porte l'enfant de quelque mendiant? Si elle se fût ainsi souillée et plongée dans l'infamie, j'aurais pu dire : « Ce n'est point une « portion de moi-même. Cette *infamie est dérivée de reins* « *inconnus.* » Mais ma fille, elle que j'aimais; ma fille, que je vantais; ma fille dont j'étais fier, au point que m'oubliant moi-même, je n'étais plus rien pour moi-même et ne m'estimais plus qu'en elle.... Oh! elle est tombée dans un abîme d'encre! Tous les flots de l'Océan entier ne pourraient pas la laver, ni tout le sel qu'il contient rendre la pureté à sa chair corrompue!

BÉNÉDICK. — Seigneur, seigneur, modérez-vous; pour moi, je suis si pétrifié d'étonnement, que je ne sais que dire.

BÉATRICE. — Oh! sur mon âme, on calomnie ma cousine.

BÉNÉDICK. — Madame, partagiez-vous son lit la dernière nuit?

BÉATRICE. — Non, je l'avoue; non, quoique jusqu'à la dernière nuit j'aie été depuis un an sa compagne de lit.

LÉONATO. — Confirmation, confirmation! Oh! les voilà plus fortes encore ces preuves déjà revêtues de barres de fer! Les deux princes voudraient-ils mentir? Claudio aurait-il menti, lui qui l'aimait tant, qu'en parlant de son indignité il la lavait de ses larmes? — Écartez-vous d'elle, laissez-la mourir.

LE MOINE. — Écoutez-moi un moment. Je n'ai gardé si longtemps le silence et n'ai laissé un libre cours à la marche de la fortune, que pour observer la jeune personne. J'ai remarqué que mille fois la rougeur couvrait son visage, et mille fois la honte de l'innocence remplaçait cette rougeur par une pâleur céleste! Un feu a éclaté dans ses yeux, pour brûler les soupçons que les princes jetaient sur sa pureté virginale. Traitez-moi d'insensé, méprisez mes études et mes observations, qui du sceau de l'expérience confirment ce que j'ai lu. Ne vous fiez plus à mon âge, à mon ministère, à ma sainte mission, si cette jeune dame n'est pas ici la victime innocente de quelque méprise cruelle.

LÉONATO.—Frère, cela ne peut être. Vous voyez que la seule pudeur qui lui reste est de ne pas vouloir ajouter le péché du parjure à son damnable crime. Elle ne le désavoue pas. Pourquoi cherchez-vous donc à couvrir d'excuses la vérité qui se montre toute nue?

LE MOINE. — Madame, quel est l'homme qu'on vous accuse d'aimer?

HÉRO. — Ceux qui m'accusent le savent; moi, je n'en connais aucun; et si je connais aucun homme vivant plus que ne le permet la modestie virginale, puisse toute miséricorde être refusée à mes fautes! O mon père, prouvez qu'à des heures indues un homme s'entretint jamais avec moi, ou que la nuit passée je me sois prêtée à un commerce de paroles avec aucune créature; et alors renoncez-moi, haïssez-moi, faites-moi mourir dans les tortures.

LE MOINE. — Les princes et Claudio sont aveuglés par quelque erreur étrange.

BÉNÉDICK. — Deux des trois sont l'honneur même, et si leur prudence est trompée en ceci, la fraude est sortie du cerveau de don Juan le bâtard, dont l'esprit travaille sans relâche à ourdir des scélératesses.

LÉONATO. — Je n'en sais rien. Si ce qu'ils disent d'elle est la vérité, ces mains la mettront en pièces; mais s'ils outragent son honneur, le plus fier d'entre eux en entendra parler. Le temps n'a pas encore assez desséché mon sang, l'âge n'a pas encore assez consumé les ressources de mon esprit, la fortune n'a pas encore assez ravagé mes moyens, et ma mauvaise vie ne m'a pas assez privé d'amis, que je ne puisse encore, réveillé d'une semblable manière, posséder la force de corps, les facultés d'esprit, les ressources d'argent et le choix d'amis nécessaires pour m'acquitter pleinement avec eux.

LE MOINE. —Arrêtez un moment, et laissez-vous guider par mes conseils. Les princes en sortant ont laissé ici votre fille pour morte ; dérobez-la quelque temps à tous les yeux, et publiez qu'elle est morte en effet ; étalez tout l'appareil du deuil, suspendez à l'ancien monument de votre famille de lugubres épitaphes, en observant tous les rites qui appartiennent à des funérailles.

LÉONATO. — Qu'en résultera-t-il ? Qu'est-ce que cela produira ?

LE MOINE.—Le voici. Cet expédient bien conduit changera sur son compte la calomnie en remords, et c'est déjà un bien. Mais ce n'est pas pour cela que je pense à ce moyen étrange ; j'espère faire naître de ce travail un plus grand avantage. Morte, comme nous devons le soutenir, au moment même qu'elle se vit accusée, elle sera regrettée, plainte, excusée de tous ceux qui apprendront son sort ; car il arrive toujours que ce que nous avons, nous ne l'estimons pas son prix tant que nous en jouissons ; mais s'il vient à se perdre et à nous manquer, alors nous exagérons sa valeur, alors nous découvrons le mérite que la possession ne nous montrait pas tandis que ce bien était à nous. C'est ce qui arrivera à Claudio. Quand il apprendra qu'elle est morte sur ses paroles, l'image de la vie se glissera doucement dans les rêveries de son imagination, et chaque trait de sa beauté vivante reviendra s'offrir aux yeux de son âme, plus gracieux, plus touchant, plus animé que quand elle vivait en effet. Alors il pleurera ; si l'amour a une part dans son cœur, il souhaitera ne l'avoir pas accusée ; oui, il le souhaitera, crût-il même à la vérité de son accusation. Laissons ce moment arriver, et ne doutez pas que le succès ne donne aux événements une forme plus heureuse que je ne puis le supposer dans mes conjectures ; mais si toute ma prévoyance était trompée, du moins le trépas supposé de votre fille assoupira la rumeur de son infamie, et si notre plan ne réussit pas, vous pourrez la cacher comme il convient à sa réputation blessée dans la vie recluse et monastique, loin des regards, loin de la langue, des reproches et du souvenir des hommes.

BÉNÉDICK..—Seigneur Léonato; laissez-vous guider par ce moine. Quoique vous connaissiez mon intimité et mon affection pour le prince et pour Claudio, j'atteste l'honneur que j'agirai dans cette affaire avec autant de discrétion et de droiture, que votre âme agirait envers votre corps.

LÉONATO. — Je nage dans la douleur, et le fil le plus mince peut me conduire.

LE MOINE.—Vous faites bien de consentir. Sortons de ce lieu sans délai. Aux maux étranges, il faut un traitement étrange comme eux. Venez, madame, mourez pour vivre. Ce jour de noces n'est que différé peut-être; sachez prendre patience et souffrir.

(Ils sortent.)

BÉNÉDICK. — Signora Béatrice, ne vous ai-je pas vue pleurer pendant tout ce temps?

BÉATRICE.—Oui, et je pleurerai longtemps encore.

BÉNÉDICK.—C'est ce que je ne désire pas.

BÉATRICE. — Vous n'en avez nulle raison, je pleure à mon gré.

BÉNÉDICK. — Sérieusement, je crois qu'on fait tort à votre belle cousine.

BÉATRICE. — Ah! combien mériterait de moi l'homme qui voudrait lui faire justice!

BÉNÉDICK.—Est-il quelque moyen de vous donner cette preuve d'amitié?

BÉATRICE. — Un moyen bien facile; mais de pareils amis, il n'en est point.

BÉNÉDICK.—Un homme le peut-il faire?

BÉATRICE. — C'est l'office d'un homme, mais non le vôtre.

BÉNÉDICK. — Je n'aime rien dans le monde autant que vous. Cela n'est-il pas étrange?

BÉATRICE. — Aussi étrange pour moi que la chose que j'ignore. Je pourrais aussi aisément vous dire que je n'aime rien autant que vous; mais ne m'en croyez point, et pourtant je ne mens pas : je n'avoue rien; je ne nie rien. — Je m'afflige pour ma cousine.

BÉNÉDICK. — Par mon épée, Béatrice, vous m'aimez.

BÉATRICE. — Ne jurez point par votre épée, avalez-la.

BÉNÉDICK. — Je jure par elle que vous m'aimez, et je la ferai avaler tout entière à qui dira que je ne vous aime point.

BÉATRICE. — Ne voulez-vous point avaler votre parole?

BÉNÉDICK. — Jamais, quelque sauce qu'on puisse inventer! Je proteste que je vous aime.

BÉATRICE. — Eh bien! alors, Dieu me pardonne.....

BÉNÉDICK. — Quelle offense, chère Béatrice?

BÉATRICE. — Vous m'avez arrêtée au bon moment; j'étais sur le point de protester que je vous aime.

BÉNÉDICK. — Ah! faites cet aveu de tout votre cœur.

BÉATRICE. — Je vous aime tellement de tout mon cœur qu'il n'en reste rien pour protester.

BÉNÉDICK. — Voyons, ordonnez-moi de faire quelque chose pour vous.

BÉATRICE. — Tuez Claudio.

BÉNÉDICK. — Ah! — Pas pour le monde entier.

BÉATRICE. — Vous me tuez par ce refus; adieu.

BÉNÉDICK. — Arrêtez, chère Béatrice.

BÉATRICE. — Je suis déjà partie quoique je sois encore ici. — Vous n'avez pas d'amour. — Non, je vous prie, laissez-moi aller.

BÉNÉDICK. — Béatrice!

BÉATRICE. — Décidément, je veux m'en aller.

BÉNÉDICK. — Il faut que nous soyons amis auparavant.

BÉATRICE. — Vous osez plus facilement être mon ami que combattre mon ennemi?

BÉNÉDICK. — Claudio est-il votre ennemi?

BÉATRICE. — N'est-il pas devenu le plus lâche des scélérats, celui qui a calomnié, insulté, déshonoré ma parente? Oh! si j'étais un homme! — Quoi! la mener par la main jusqu'au moment où leurs deux mains allaient s'unir; et alors, par une accusation publique, par une calomnie déclarée, avec une rage effrénée, la... Dieu, si j'étais un homme! Je voudrais lui manger le cœur sur la place du marché.

BÉNÉDICK. — Écoutez-moi, Béatrice.

BÉATRICE. — Parler à un homme par la fenêtre ! Oh ! la belle histoire !

BÉNÉDICK. — Mais Béatrice...

BÉATRICE. — Chère Héro ! Elle est injuriée, calomniée, perdue.

BÉNÉDICK. — Béat...

BÉATRICE. — Des princes et des comtes ! Vraiment, beau témoignage de prince, un beau comte de sucre[1], en vérité, un fort aimable galant ! Oh ! si je pouvais, pour l'amour de lui, être un homme ! Ou si j'avais un ami qui voulût se montrer un homme pour l'amour de moi !.. mais le courage s'est fondu en politesse, la valeur en compliment, les hommes sont devenus des langues et même des langues dorées. Pour être aussi vaillant qu'Hercule, il suffit aujourd'hui de mentir, et de jurer ensuite, pour appuyer son mensonge. — Je ne puis devenir un homme à force de désirs. — Je resterai donc femme, pour mourir de chagrin.

BÉNÉDICK. — Arrêtez, chère Béatrice. Par cette main, je vous aime.

BÉATRICE. — Servez-vous-en pour l'amour de moi autrement qu'en jurant par elle.

BÉNÉDICK. — Croyez-vous, dans le fond de votre âme, que le comte Claudio ait calomnié Héro ?

BÉATRICE. — Oui, j'en suis aussi sûre que d'avoir une pensée ou une âme.

BÉNÉDICK. — Il suffit ! Je suis engagé, je vais le défier. — Je baise votre main et vous quitte ; j'en atteste cette main, Claudio me rendra un compte rigoureux. Jugez-moi par ce que vous entendrez dire de moi. Allez consoler votre cousine. Il faut que je dise qu'elle est morte... c'est assez. Adieu !

(Ils sortent.)

---

[1] « *County*, anciennement terme générique pour dire un noble. »
(STEEVENS.)

SCÈNE II

Une prison.

DOGBERRY et VERGES *paraissent avec le* SACRISTAIN, *ils sont en robes.* BORACHIO *et* CONRAD *sont devant eux.*

DOGBERRY. — Toute notre compagnie comparaît-elle enfin ?

VERGES. — Vite, un coussin et un tabouret pour le sacristain.

LE SACRISTAIN. — Quels sont les malfaiteurs ?

DOGBERRY. — Vraiment, c'est moi-même et mon collègue.

VERGES. — Oui, cela est certain. — Nous sommes commis pour examiner le procès.

LE SACRISTAIN. — Mais quels sont les coupables qui doivent être examinés ? Faites-les avancer devant le maître constable.

DOGBERRY. — Oui, qu'ils s'avancent devant moi. Ami, quel est votre nom ?

BORACHIO. — Borachio.

DOGBERRY. — Je vous prie, écrivez *Borachio*. — Et le vôtre, coquin ?

CONRAD. — Je suis gentilhomme, monsieur, et mon nom est Conrad.

DOGBERRY. — Écrivez *M. le gentilhomme Conrad*. — Mes maîtres, servez-vous Dieu ?

BORACHIO, CONRAD. — Nous l'espérons bien.

DOGBERRY. — Mettez par écrit qu'ils espèrent bien servir Dieu, et écrivez *Dieu* le premier. Car à Dieu ne plaise que Dieu marche devant de pareils vauriens ! Camarades, il est déjà prouvé que vous ne valez guère mieux que des fripons, et l'on en sera bientôt au point de le croire. Que répondez-vous pour votre défense ?

CONRAD. — Diantre ! monsieur, nous disons que non.

DOGBERRY. — Voilà un compère étonnemment spirituel, je vous l'assure. — Mais je vais user de détour avec lui.

Vous, coquin, venez ici : un mot à l'oreille. Monsieur, je vous dis qu'on vous croit tous deux des fripons.

borachio.—Monsieur, je vous dis que nous ne sommes point ce que vous dites.

dogberry.—Allons, tenez-vous à l'écart. Devant Dieu! ils n'ont qu'une réponse pour deux. Avez-vous mis en écrit *qu'ils n'en sont point?*

le sacristain.—Messire constable, vous ne prenez pas la bonne manière pour les examiner. Vous devriez faire appeler les gardiens qui les accusent.

dogberry.—Oui, sans doute, c'est la voie la plus courte ; qu'on fasse comparaître la garde. (*On fait venir la garde.*) Mes maîtres, je vous somme, au nom du prince, d'accuser ces hommes.

premier gardien. — Cet homme a dit que don Juan, le frère du prince, était un scélérat.

dogberry. — Écrivez, *le prince don Juan un scélérat* ; ce n'est ni plus ni moins qu'un parjure d'appeler le frère d'un prince un scélérat !

borachio.—Monsieur le constable....

dogberry. — Je vous prie, camarade, silence. Votre regard me déplaît, je vous le déclare.

le sacristain, *au gardien.* — Que lui avez-vous entendu dire de plus ?

second gardien.—Ma foi ! qu'il a reçu de don Juan mille ducats pour accuser faussement la signora Héro.

dogberry. — Ceci est un vol avec effraction, si jamais il s'en est commis.

verges.—Oui, par la messe ! c'en est un.

le sacristain.—Quoi de plus, l'ami ?

premier gardien. — Et que le comte Claudio avait résolu, d'après ses propos, de faire affront à Héro devant toute l'assemblée, et de ne pas l'épouser.

dogberry.—O scélérat, tu seras condamné pour ce fait *à la rédemption* éternelle.

le sacristain.—Et quoi encore ?

second gardien.—C'est tout.

le sacristain.—C'en est plus, messieurs, que vous n'en pouvez nier. Le prince don Juan s'est secrètement évadé ce matin; c'est ainsi qu'Héro a été accusée et refusée; et elle en est tout à coup morte de douleur. Monsieur le constable, faites lier ces hommes et qu'on les conduise devant Léonato. Je vais les précéder et lui montrer leur interrogatoire.

(Il sort.)

DOGBERRY.—Allons aux opinions sur leur sort.

VERGES.—Qu'on les enchaîne.

CONRAD.—Retire-toi, faquin!

DOGBERRY. — O Dieu de ma vie, où est le sacristain? qu'il écrive que l'*officier du prince est un faquin*. Impudent varlet! Allons; garrottez-les.

CONRAD. — Arrière! tu n'es qu'un âne, tu n'es qu'un âne.

DOGBERRY. — Ne *suspectez-vous* pas ma place, ne *suspectez-vous* pas mon âge? Oh! que n'est-il ici pour écrire que *je suis un âne!* Mais, compagnons, souvenez-vous-en que *je suis un âne*. Quoique cela ne soit point écrit, n'oubliez pas que *je suis un âne*. Toi, méchant, tu es plein de *piété*, comme on le prouvera par bon témoignage. Je suis un homme sage, et qui plus est, un constable, et qui plus est encore, un bourgeois établi, et qui plus est, un homme aussi bien en chair que qui ce soit à Messine; un homme qui connaît la loi, va; un homme qui est riche assez, entends-tu, et qui a souffert des pertes, et qui a deux robes et tout ce qui s'ensuit à l'avenant. Emmenez, emmenez-le. Oh! que n'a-t-on écrit que *j'étais un âne!*

(Ils sortent.)

FIN DU QUATRIÈME ACTE.

ACTE CINQUIÈME

SCÈNE I

Devant la maison de Léonato.

Entrent LÉONATO et ANTONIO.

ANTONIO. — Si vous continuez, vous vous tuerez, et il n'est pas sage de servir ainsi le chagrin contre vous-même.

LÉONATO. — De grâce, cessez vos conseils, qui tombent dans mon oreille avec aussi peu de fruit que l'eau dans un crible. Ne me donnez plus d'avis, je ne veux écouter d'autre consolateur qu'un homme dont les malheurs égalent les miens. Amenez-moi un père qui ait autant aimé son enfant, et dont la joie qu'il goûtait en elle ait été anéantie comme la mienne, et dites-lui de me parler de patience. Mesurez la profondeur et l'étendue de sa douleur sur la mienne. Que ses regrets répondent à mes regrets, et que sa douleur soit en tout semblable à la mienne, trait pour trait dans la même forme et dans tous les rapports. Si un tel père veut sourire et se caresser la barbe en s'écriant, *chagrin, loin de moi!* et faire *hum!* lorsqu'il devrait gémir; raccommoder son affliction par des adages, et enivrer son infortune avec des buveurs nocturnes; amenez-le moi, et j'apprendrai de lui la patience : mais il n'y a point d'homme semblable. Les hommes, mon frère, peuvent bien donner des conseils et des consolations à la douleur qu'ils ne ressentent point eux-mêmes; mais une fois qu'ils l'ont goûtée, ceux qui prétendaient fournir un remède de maximes à la rage, enchaîner le délire forcené avec un réseau de soie, charmer les mots par les sons, et l'agonie avec des paroles, sont les premiers à changer leurs conseils en fureur. Non, non, c'est le métier de tous les hommes de parler de patience à ceux qui se tordent sous le poids de la douleur : mais il n'est pas au pouvoir de la vertu de l'homme de conserver tant de morale, lorsqu'il supporte lui-même la même souffrance. Ne me donnez donc point de conseils ; mes maux crient plus haut que vos maximes.

ANTONIO. — Il s'ensuit que les hommes ne diffèrent en rien des enfants.

LÉONATO. — Je t'en prie, tais-toi ; je suis de chair et de sang. Il n'y a jamais eu de philosophe qui pût endurer le mal de dents avec patience ; cependant ils ont écrit dans le style des dieux et nargué le sort et la douleur.

ANTONIO. — Du moins ne tournez pas contre vous seul tout le chagrin ; faites souffrir aussi ceux qui vous offensent.

LÉONATO. — En ceci vous parlez raison ; oui, je le ferai. Mon âme me dit qu'Héro est calomniée ; Claudio l'apprendra, le prince aussi, et tous ceux qui la déshonorent.

(Don Pèdre et Claudio entrent.)

ANTONIO. — Voici le prince et Claudio qui s'avancent à grands pas.

DON PÈDRE. — Bonsoir, bonsoir !

CLAUDIO. — Salut à vous deux.

LÉONATO. — Seigneurs, écoutez-moi....

DON PÈDRE. — Léonato, nous sommes un peu pressés

LÉONATO. — Un peu pressés, seigneurs ? — Soit, adieu. Seigneurs, vous êtes donc pressés maintenant ? Soit ; peu importe !

DON PÈDRE. — Ne vous fâchez point contre nous, bon vieillard.

ANTONIO. — S'il pouvait, se fâchant, se faire justice à lui-même, quelques-uns de nous mordraient la poussière.

CLAUDIO. — Qui donc l'offense ?

LÉONATO. — Toi, toi, tu m'offenses, toi, homme dissimulé. Va, ne porte point la main à ton épée ; je ne te crains pas.

CLAUDIO. — Sur ma parole, je maudirais ma main, si

elle donnait un pareil sujet de crainte à votre vieillesse. En vérité, ma main ne voulait rien à mon épée.

LÉONATO.—Fi donc! fi donc! Jeune homme, ne te moque pas et ne plaisante pas de moi! Je ne parle pas en radoteur ou en fou; et je ne me couvre point du privilége de l'âge, pour me vanter des exploits que j'ai faits étant jeune, ou de ceux que je ferais, si je n'étais pas vieux. Retiens, Claudio, ce que je te dis en face; tu as si cruellement outragé mon innocente fille et moi, que je suis forcé de déposer ma gravité et d'en venir, sous ces cheveux blancs et brisé par de longs jours, à te demander la satisfaction qu'un homme doit à un autre. Je te dis que tu as calomnié ma fille innocente, que ta calomnie lui a percé le cœur, et qu'elle est gisante, ensevelie avec ses ancêtres dans une tombe, hélas! où le déshonneur ne dormit jamais, avant celui dont ta lâche perfidie a souillé ma fille.

CLAUDIO.—Ma perfidie!

LÉONATO.—Ta perfidie, Claudio; je dis, la tienne.

DON PÈDRE.—Vous ne dites pas vrai, vieillard.

LÉONATO.—Seigneur, seigneur, je le prouverai sur son corps s'il ose accepter le défi; en dépit de son adresse à l'escrime, de son agilité, en dépit de sa robuste jeunesse et de la fleur de son printemps.

CLAUDIO.—Retirons-nous; je ne veux rien avoir à faire avec vous.

LÉONATO.—Peux-tu me rebuter ainsi? Tu as tué mon enfant; si tu me tues, mon garçon, tu auras tué un homme.

ANTONIO.—Il en tuera deux de nous, et qui sont vraiment des hommes. Mais n'importe; qu'il en tue d'abord un; qu'il vienne à bout de moi. — Laissez-le me faire raison.—Allons, suis-moi, mon garçon; viens, suis-moi. Monsieur le gamin, je parerai vos bottes avec un fouet; oui, comme je suis gentilhomme, je le ferai.

LÉONATO.—Mon frère!....

ANTONIO.—Soyez tranquille. Dieu sait que j'aimais ma nièce, et elle est morte,—elle est morte de la calomnie de ces traîtres, qui sont aussi hardis à répondre en face à un homme, que je le suis à prendre un serpent par la langue ; des enfants, des singes, des vantards, des faquins, des poules mouillées.

LÉONATO.—Mon frère Antonio !...

ANTONIO.—Tenez-vous tranquille. Eh bien, quoi !—Je les connais bien, vous dis-je, et tout ce qu'ils valent, jusqu'à la dernière drachme. Des enfants tapageurs, impertinents, conduits par la mode, qui mentent, cajolent, raillent, corrompent et calomnient, se mettent au rebours du bon sens, affectent un air terrible, débitent une demi-douzaine de mots menaçants pour dire comment ils frapperaient leurs ennemis s'ils osaient, et voilà tout.

LÉONATO.—Mais, Antonio, mon frère....

ANTONIO.—Allez, cela ne vous regarde pas ; ne vous en mêlez pas ; laissez-moi faire.

DON PÈDRE. — Messieurs, nous ne provoquerons point votre colère.—Mon cœur est vraiment affligé de la mort de votre fille. Mais, sur mon honneur, on ne l'a accusée de rien qui ne fût vrai, et dont la preuve ne fût évidente.

LÉONATO.—Seigneur, seigneur !

DON PÈDRE.—Je ne veux pas vous écouter.

LÉONATO.—Non ?—Venez, mon frère ; marchons.—Je veux qu'on m'écoute.

ANTONIO.—Et on vous écoutera ; ou il y aura des gens parmi nous qui le payeront cher.

(Léonato et Antonio s'en vont.)

(Entre Bénédick.)

DON PÈDRE.—Voyez, voyez. Voici l'homme que nous allions chercher.

CLAUDIO.—Eh bien ! seigneur ? Quelles nouvelles ?

BÉNÉDICK, *au prince*.—Salut, seigneur.

DON PÈDRE.—Soyez le bienvenu, Bénédick. Vous êtes presque venu à temps pour séparer des combattants.

CLAUDIO. — Nous avons été sur le point d'avoir le nez arraché par deux vieillards qui n'ont plus de dents.

DON PÈDRE. — Oui, par Léonato et son frère. Qu'en pensez-vous ? Si nous en étions venus aux mains, je ne sais pas si nous aurions été trop jeunes pour eux.

BÉNÉDICK. —Il n'y a jamais de vrai courage dans une querelle injuste. Je suis venu vous chercher tous deux.

CLAUDIO. — Nous avons été à droite et à gauche pour vous chercher; car nous sommes atteints d'une profonde mélancolie, et nous serions charmés d'en être délivrés. Voulez-vous employer à cela votre esprit?

BÉNÉDICK.—Mon esprit est dans mon fourreau. Voulez-vous que je le tire?

DON PÈDRE. — Est-ce que vous portez votre esprit à votre côté?

CLAUDIO. — Cela ne s'est jamais vu, quoique bien des gens soient à côté de leur esprit. Je vous dirai de le tirer, comme on le dit aux musiciens : *tirez-le pour nous divertir*.

DON PÈDRE. — Aussi vrai que je suis un honnête homme, il pâlit. Êtes-vous malade ou en colère?

CLAUDIO.—Allons, du courage, allons. Quoique le souci ait pu tuer un chat, vous avez assez de cœur pour tuer le souci.

BÉNÉDICK. — Comte, je saurai rencontrer votre esprit en champ clos si vous chargez contre moi.—De grâce, choisissez un autre sujet.

CLAUDIO. — Allons, donnez-lui une autre lance : la dernière a été rompue.

DON PÈDRE.— Par la lumière du jour, il change de couleur de plus en plus. — Je crois, en vérité, qu'il est en colère.

CLAUDIO.—S'il est en colère, il sait tourner sa ceinture[1].

BÉNÉDICK. — Pourrai-je vous dire un mot à l'oreille?

CLAUDIO. — Dieu me préserve d'un cartel!

BÉNÉDICK, *bas à Claudio*. — Vous êtes un lâche traître. Je ne plaisante point.—Je vous le prouverai comme vous voudrez, avec ce que vous voudrez et quand vous voudrez. — Donnez-moi satisfaction, ou je divulguerai votre lâcheté.—Vous avez fait mourir une dame aimable; mais sa mort retombera lourdement sur vous. Donnez-moi de vos nouvelles.

---

[1] Proverbe; le sens est sans doute : S'il est de mauvaise humeur, qu'il s'occupe à se distraire.

CLAUDIO, *bas à Bénédick*.—Soit. Je vous joindrai. (*Haut.*) Préparez-moi bonne chère.

DON PÈDRE. — Quoi ? un festin ? un festin ?

CLAUDIO. — Oui, et je l'en remercie. Il m'a invité à découper une tête de veau et un chapon ; si je ne m'en acquitte pas de la manière la plus adroite, dites que mon couteau ne vaut rien. — N'y aura-t-il pas aussi une bécasse ?

BÉNÉDICK. — Seigneur, votre esprit trotte bien : il a l'allure aisée.

DON PÈDRE. — Je veux vous raconter comment Béatrice faisait l'autre jour l'éloge de votre esprit. Je lui disais que vous étiez un bel esprit. « *Sûrement*, dit-elle, *c'est un beau petit esprit.* — Non pas, lui dis-je, c'est un grand esprit. *Oh ! oui*, répondit-elle, *un grand gros esprit.* — Ce n'est pas cela, lui dis-je, dites un bon esprit. — *Précisément*, dit-elle, *il ne blesse personne.* — Mais, repris-je, le gentilhomme est sage. — *Oh ! certainement*, répliqua-t-elle, *un sage gentilhomme.* — Comment ! poursuivis-je, il possède plusieurs langues. — *Je le crois*, dit-elle, *car il me jurait une chose lundi au soir, qu'il désavoua le mardi matin. Voilà une langue double ; voilà deux langues.* » Enfin elle prit à tâche, pendant une heure entière, de défigurer vos qualités personnelles ; et pourtant à la fin elle conclut, en poussant un soupir, *que vous étiez le plus bel homme de l'Italie.*

CLAUDIO. — Et là-dessus elle pleura de bon cœur, en disant, qu'elle ne s'en embarrassait guère.

DON PÈDRE. — Oui, voilà ce qu'elle dit ; mais cependant, avec tout cela, si elle ne le haïssait pas à mort, elle l'aimerait tendrement. — La fille du vieillard nous a tout dit.

CLAUDIO. — Tout, tout, et en outre, *Dieu le vit quand il était caché dans le jardin*[1].

DON PÈDRE. — Mais quand planterons-nous les cornes du buffle sur la tête du sage Bénédick ?

---

[1] Allusion profane au passage de l'Écriture (*Genèse III*), où il est dit que Dieu vit Adam quand il était caché dans le jardin, en même temps qu'à la conversation entendue par Bénédick.

CLAUDIO. — Oui ; et quand écrirons-nous au-dessous :
« Ici loge Bénédick, l'homme marié ? »

BÉNÉDICK. — Adieu, mon garçon. Vous savez mes intentions. Je vous laisse à votre joyeux babil ; vous faites assaut d'épigrammes, comme les matamores font de leurs lames, qui, grâce à Dieu, ne font pas de mal. — (*A don Pèdre.*) Seigneur, je vous rends grâces de vos nombreuses bontés ; votre frère, le bâtard, s'est enfui de Messine. Vous avez, entre vous tous, tué une aimable et innocente personne. Quant à mon seigneur Sans-barbe, nous nous rencontrerons bientôt, et jusque-là, que la paix soit avec lui.

(Bénédick sort.)

DON PÈDRE. — Il parle sérieusement.

CLAUDIO. — Très-sérieusement ; et cela, je vous garantis, pour l'amour de Béatrice.

DON PÈDRE. — Et vous a-t-il défié ?

CLAUDIO. — Le plus sincèrement du monde.

DON PÈDRE. — Quelle jolie chose qu'un homme, lorsqu'il sort avec son pourpoint et son haut-de-chausses, et laisse en route son bon sens !

(Entrent Dogberry, Verges, avec Conrad et Borachio conduits par la garde.)

CLAUDIO. — C'est alors un géant devant un singe ; mais aussi un singe est un docteur près d'un tel homme.

DON PÈDRE. — Arrêtez ! laissons-le. — Réveille-toi, mon cœur, et sois sérieux. Ne nous a-t-il pas dit que mon frère s'était enfui ?

DOGBERRY. — Allons, venez çà, monsieur. Si la justice ne vient pas à bout de vous réduire, elle n'aura plus jamais de raisons à peser dans sa balance ; oui, et comme vous êtes un hypocrite fieffé, il faut veiller sur vous.

DON PÈDRE. — Que vois-je ? deux hommes de mon frère, garrottés ! Et Borachio en est un !

CLAUDIO. — Faites-vous instruire, seigneur, de la nature de leur faute.

DON PÈDRE. — Constable, quelle faute ont commise ces deux hommes ?

DOGBERRY. — Vraiment, ils ont commis un faux rapport; de plus, ils ont dit des mensonges; en second lieu, ce sont des calomniateurs; et pour sixième et dernier délit, ils ont noirci la réputation d'une dame; troisièmement, ils ont déclaré des choses injustes; et pour conclure, ce sont de fieffés menteurs.

DON PÈDRE. — D'abord, je vous demande ce qu'ils ont fait; troisièmement, je vous demande quelle est leur offense; en sixième et dernier lieu, pourquoi ils sont prisonniers, et pour conclusion, ce dont vous les accusez.

CLAUDIO. — Fort bien raisonné, seigneur! et suivant sa propre division; sur ma conscience, voilà une question bien retournée.

DON PÈDRE. — Messieurs, qui avez-vous offensé, pour être ainsi garrottés et tenus d'en répondre? Ce savant constable est trop fin pour qu'on le comprenne, quel est votre délit?

BORACHIO. — Noble prince, ne permettez pas qu'on me conduise plus loin pour subir mon interrogatoire; entendez-moi vous-même; et qu'ensuite le comte me tue. J'ai abusé vos yeux, et ce que n'a pu découvrir votre prudence, ces imbéciles l'ont relevé à la lumière. Ce sont eux qui, dans l'ombre de la nuit, m'ont entendu avouer à cet homme, comment don Juan, votre frère, m'avait engagé à calomnier la signora Héro; comment vous aviez été conduits dans le verger, et m'aviez vu faire ma cour à Marguerite, vêtue des habits d'Héro; enfin comment vous l'aviez déshonorée au moment où vous deviez l'épouser. Ils ont fait un rapport de toute ma trahison; et j'aime mieux le sceller par ma mort que d'en répéter les détails à ma honte. La dame est morte sur la fausse accusation tramée par moi et par mon maître; et bref, je ne demande autre chose que le salaire dû à un misérable.

DON PÈDRE. — Chacune de ces paroles ne court-elle pas dans votre sang comme de l'acier?

CLAUDIO. — J'avalais du poison pendant qu'il les proférait.

DON PÈDRE, *à Borachio*. — Mais est-ce mon frère qui t'a incité à ceci?

BORACHIO. — Oui, seigneur; et il m'a richement payé pour l'accomplir.

DON PÈDRE. — C'est un composé de trahison et de perfidie! — Et il s'est enfui après cette scélératesse!

CLAUDIO. — Douce Héro! Ton image revient se présenter à moi, sous les traits célestes qui me l'avaient fait aimer d'abord!

DOGBERRY, *à la garde*. — Allons, ramenez les plaignants; notre sacristain, à l'heure qu'il est, a *réformé* le seigneur Léonato de l'affaire. — Et, n'oubliez pas, camarades, de faire mention, en temps et lieu, que *je suis un âne*.

VERGES. — Voyez, voici venir le seigneur Léonato, et le sacristain aussi.

(Léonato revient avec Antonio et le sacristain.)

LÉONATO. — Quel est le misérable?.... Faites-moi voir ses yeux, afin que, lorsque j'apercevrai un homme qui lui ressemble, je puisse l'éviter; lequel est-ce d'entre eux?

BORACHIO. — Si vous voulez connaître l'auteur de vos maux, regardez-moi.

LÉONATO. — Es-tu le vil esclave dont le souffle a tué mon innocente enfant?

BORACHIO. — Oui; c'est moi seul.

LÉONATO. — Seul? Non, non, misérable, tu te calomnies toi-même. Voilà un couple d'illustres personnages (le troisième s'est enfui) qui y ont mis la main. Je vous rends grâces, princes, de la mort de ma fille. Inscrivez-la parmi vos nobles et beaux exploits. Si vous voulez y réfléchir, c'est une glorieuse action.

CLAUDIO. — Je ne sais comment implorer votre patience; cependant il faut que je parle. Choisissez vous-même votre vengeance; imposez-moi la pénitence que vous pourrez inventer pour punir mon crime; et cependant je n'ai péché que par méprise.

DON PÈDRE. — Et moi de même, sur mon âme; et cependant, pour donner satisfaction à ce digne vieillard, je me courberais sous n'importe quel poids pesant il voudrait m'imposer.

LÉONATO. — Je ne puis vous ordonner de commander à

ma fille de vivre; cela est impossible. Mais je vous prie tous deux de proclamer ici, devant tout le peuple de Messine, qu'elle est morte innocente; et si votre amour peut trouver quelques vers touchants, suspendez-les en épitaphe sur sa tombe et chantez-les sur ses restes. Chantez-les ce soir. — Demain matin, rendez-vous à ma maison, et puisque vous ne pouvez pas être mon gendre, devenez du moins mon neveu. Mon frère a une fille qui est presque trait pour trait le portrait de ma fille qui est morte, et elle est l'unique héritière de nous deux; donnez-lui le titre que vous auriez donné à sa cousine; là expire ma vengeance.

CLAUDIO. — O noble seigneur, votre excès de bonté m'arrache des larmes. J'embrasse votre offre, et désormais disposez du pauvre Claudio.

LÉONATO. — Ainsi, demain matin je vous attendrai chez moi; je prends ce soir congé de vous. — Ce misérable sera confronté avec Marguerite qui, je le crois, est complice de cette mauvaise action, et gagnée par votre frère.

BORACHIO. — Non, sur mon âme, elle n'y eut aucune part; et elle ne savait pas ce qu'elle faisait, lorsqu'elle me parlait : au contraire, elle a toujours été juste et vertueuse dans tout ce que j'ai connu d'elle.

DOGBERRY. — En outre, seigneur (ce qui, en vérité, n'a pas été mis en blanc et en noir), ce plaignant que voilà, le criminel, m'a appelé âne. Je vous en conjure, souvenez-vous-en dans sa punition; et encore la garde les a entendus parler d'un certain La Mode : ils disent qu'il porte une clef à son oreille, avec une boucle de cheveux qui y est suspendue, et qu'il emprunte de l'argent au nom de Dieu; ce qu'il a fait si souvent et depuis si longtemps, sans jamais le rendre, qu'aujourd'hui les hommes ont le cœur endurci, et ne veulent rien prêter pour l'amour de Dieu : je vous en prie, examinez-le sur ce chef.

LÉONATO. — Je te remercie de tes peines et de tes bons offices.

DOGBERRY. — Votre Seigneurie parle comme un jeune

homme bien reconnaissant et bien vénérable ; et je rends grâces à Dieu pour vous.

LÉONATO.—Voilà pour tes peines.

DOGBERRY.—Dieu garde la fondation !

LÉONATO.—Va, je te décharge de ton prisonnier, et je te remercie.

DOGBERRY. — Je laisse un franc vaurien entre les mains de votre Seigneurie, et je conjure votre Seigneurie de le bien châtier vous-même pour l'exemple des autres. Dieu conserve votre Seigneurie ! Je fais des vœux pour le bonheur de votre Seigneurie : Dieu vous rende la santé. — Je vous donne humblement la liberté de vous en aller ; et si l'on peut vous souhaiter une heureuse rencontre, Dieu nous en préserve ! (*A Verges.*) Allons-nous-en, voisin.

(Dogberry et Verges sortent.)

LÉONATO.— Adieu, seigneurs ; jusqu'à demain matin.

ANTONIO.— Adieu, seigneurs, nous vous attendons demain matin.

DON PÈDRE. — Nous n'y manquerons pas.

CLAUDIO. — Cette nuit je pleurerai Héro.

LÉONATO, *à la garde.*—Emmenez ces hommes avec nous : nous voulons causer avec Marguerite, et savoir comment est venue sa connaissance avec ce mauvais sujet.

SCÈNE II

Le jardin de Léonato.

BÉNÉDICK ET MARGUERITE *se rencontrent et s'abordent.*

BÉNÉDICK. —Ah ! je vous en prie, chère Marguerite, obligez-moi en me faisant parler à Béatrice.

MARGUERITE. — Voyons, voulez-vous me composer un sonnet à la louange de ma beauté ?

BÉNÉDICK. — Oui, et en style si pompeux, que nul homme vivant n'en approchera jamais ; car, dans l'honnête vérité, vous le méritez bien.

MARGUERITE. — Aucun homme n'approchera de moi ? Quoi donc ! resterai-je toujours en bas de l'escalier ?

BÉNÉDICK. — Votre esprit est aussi vif qu'un lévrier : il atteint d'un saut sa proie.

MARGUERITE. — Et le vôtre émoussé comme un fleuret d'escrime, qui touche mais ne blesse pas.

BÉNÉDICK. — C'est l'esprit d'un homme de cœur, Marguerite, qui ne voudrait pas blesser une femme. — Je vous prie, appelez Béatrice, je vous rends les armes, et jette mon bouclier à vos pieds[1].

MARGUERITE. — C'est votre épée qu'il faut nous rendre : nous avons les boucliers à nous.

BÉNÉDICK. — Si vous vous en servez, Marguerite, il vous faut mettre la pointe dans l'étau ; les épées sont des armes dangereuses pour les filles.

MARGUERITE. — Allons, je vais vous appeler Béatrice, qui, je crois, a des jambes.

BÉNÉDICK. — Et qui par conséquent viendra.

(Marguerite sort.)

(Il chante.)

Le dieu d'amour
Qui est assis là-haut,
Me connaît, me connaît
Il sait combien je mérite....

Comme chanteur, veux-je dire ; mais comme amant ?... Léandre, le bon nageur ; Troïlus, qui employa le premier Pandare ; et un volume entier de ces marchands de tapis dont les noms coulent encore avec tant de douceur sur la ligne unie d'un vers blanc, non, jamais aucun d'eux ne fut si absolument bouleversé par l'amour, que l'est aujourd'hui mon pauvre individu. Diantre ! je ne saurai le prouver en vers : j'ai essayé ; mais je ne peux trouver d'autre rime à *tendron* que *poupon* : rime innocente ! A *mariage*, *cocuage* ; rime sinistre, *école*, *folle*, rime bavarde. Toutes ces rimes sont de mauvais présage : non, je ne suis point né sous une étoile poétique, et je ne puis faire ma cour en termes pompeux.

(Entre Béatrice.)

---

[1] On connaît l'expression latine *clypeum abjicere*, pour *rendre les armes*.

BÉNÉDICK.—Chère Béatrice, vous voulez donc bien venir quand je vous appelle?

BÉATRICE.—Oui, seigneur, et vous quitter dès que vous me l'ordonnerez.

BÉNÉDICK.—Oh! restez seulement avec moi jusqu'alors.

BÉATRICE. — Alors est dit : adieu donc. — Et pourtant, avant de m'en aller que j'emporte ce pourquoi je suis venue, c'est de savoir ce qui s'est passé entre vous et Claudio.

BÉNÉDICK.—Seulement des paroles aigres; et là-dessus je veux vous donner un baiser.

BÉATRICE. — Des paroles aigres, ce n'est qu'un souffle aigre, et un souffle aigre n'est qu'une haleine aigre, une haleine aigre est dégoûtante; je m'en irai sans votre baiser.

BÉNÉDICK. — Vous avez détourné le mot de son sens naturel; tant votre esprit est effrayant! Mais, pour vous dire les choses sans détour, Claudio a reçu mon défi; et, ou j'apprendrai bientôt de ses nouvelles, ou je le dénonce pour un lâche.—Et vous, maintenant, dites-moi, je vous prie, à votre tour, laquelle de mes mauvaises qualités vous a rendue amoureuse de moi?

BÉATRICE.—Toutes ensemble qui constituent un état de mal si politique qu'il n'est pas possible à une seule vertu de s'y glisser. — Mais vous, quelle est de mes bonnes qualités celle qui vous a fait endurer l'amour pour moi?

BÉNÉDICK. — *Endurer* l'amour : bonne épithète! Oui, en effet, j'endure l'amour, car je vous aime malgré moi.

BÉATRICE. — En dépit de votre cœur, je le crois aisément. Hélas! le pauvre cœur! si vous lui faites de la peine pour l'amour de moi, je lui ferai de la peine pour l'amour de vous, car jamais je n'aimerai ce que hait mon ami.

BÉNÉDICK. — Vous et moi, nous avons trop de bon sens pour nous faire l'amour tranquillement.

BÉATRICE. — Cet aveu n'en est pas la preuve : il n'y a pas un homme sage sur vingt qui se loue lui-même.

BÉNÉDICK.—Vieille coutume, vieille coutume, Béatrice; bonne dans le temps des bons vieillards. Mais dans ce siècle, si un homme n'a pas le soin d'élever lui-même sa tombe avant de mourir, il ne vivra pas dans son monument plus longtemps que ne dureront le son de la cloche funèbre et les larmes de sa veuve.

BÉATRICE. — Et combien croyez-vous qu'elles durent?

BÉNÉDICK. — Quelle question! Eh! mais, une heure de cris et un quart d'heure de pleurs : en conséquence, il est fort à propos pour le sage, si Don Ver[1] (sa conscience) n'y trouve pas d'empêchement contraire, d'être le trompette de ses propres vertus, comme je le suis pour moi-même : en voilà assez sur l'article de mon panégyrique, à moi, qui me rendrai témoignage que j'en suis digne. — A présent, dites-moi, comment va votre cousine?

BÉATRICE. — Fort mal.

BÉNÉDICK. — Et vous-même?

BÉATRICE. — Fort mal aussi.

BÉNÉDICK. — Servez Dieu, aimez-moi, et, corrigez-vous. Je vais vous quitter là-dessus, car voici quelqu'un de fort pressé qui accourt.

(Entre Ursule.)

URSULE. — Madame, il faut venir auprès de votre oncle : il y a bien du tumulte au logis, vraiment. Il est prouvé que ma maîtresse Héro a été faussement accusée; que le prince et Claudio ont été grossièrement trompés, et que c'est don Juan qui est l'auteur de tout; il s'est enfui; il est parti : voulez-vous venir sur-le-champ?

BÉATRICE. — Voulez-vous, seigneur, venir entendre ces nouvelles?

BÉNÉDICK. — Je veux vivre dans votre cœur, mourir sur vos genoux, être enseveli dans vos yeux; et en outre je veux aller avec vous chez votre oncle.

(Ils sortent.)

---

[1] *Don worm*, le ver du remords.

SCÈNE III

L'intérieur d'une église.

DON PÈDRE, CLAUDIO, *précédés de musiciens et de flambeaux.*

CLAUDIO. — Est-ce là le monument de Léonato ?
UN SERVITEUR. — Oui, seigneur.
CLAUDIO *lisant l'épitaphe.*

> Victime de langues calomnieuses
>   Héro mourut, et gît ici.
> La mort, pour réparer son injure,
> Lui donne un renom qui ne mourra jamais.
> Celle qui mourut avec honte
> Vit, dans la mort, d'une gloire pure.
>   (Il fixe l'épitaphe.)

Et toi que je suspends sur son tombeau, parle encore à sa louange quand ma voix sera muette. — Vous, musiciens, commencez et chantez votre hymne solennel.

(Il chante.)

> Pardonne, ô déesse de la nuit,
>   A ceux qui ont tué ta jeune vierge [1]
> C'est pour expier leur erreur, qu'ils viennent avec des hymnes
>   Autour de sa tombe.   de douleur,
>   O nuit, seconde nos gémissements !
>   Aide-nous à soupirer et à gémir,
>   Profondément ! profondément !
> Tombeaux, ouvrez-vous, rendez vos morts,
>   Jusqu'à ce que sa mort soit pleurée,
>   Tristement, tristement.

CLAUDIO. — Maintenant, bonne nuit à tes os ! tous les ans je viendrai te rendre tribut.

DON PÈDRE. — Adieu, messieurs. Éteignez vos flam-

---

[1] *Virgin knight*, chevalière vierge, selon Johnson, signifie pupille, élève, favorite; selon Steevens, dans les siècles de la chevalerie, une chevalière vierge était celle qui n'avait pas encore eu *d'aventures*.

beaux ; les loups ont dévoré leur proie ; et voyez, la douce Aurore, précédant le char du Soleil, parsème de taches grisâtres l'Orient assoupi. Recevez tous nos remerciements, et laissez-nous : adieu.

CLAUDIO. — Adieu, mes amis : et que chacun reprenne son chemin.

DON PÈDRE. — Sortons de ces lieux : allons revêtir d'autres habits, et aussitôt nous nous rendrons chez Léonato.

CLAUDIO. — Que l'hymen qui se prépare ait pour nous une issue plus heureuse que celui qui vient de nous obliger à ce tribut de douleur !

(Ils sortent tous.)

SCÈNE IV

Appartement dans la maison de Léonato.

LÉONATO, BÉNÉDICK, MARGUERITE, URSULE, ANTONIO, LE MOINE et HÉRO.

LE MOINE. — Ne vous l'avais-je pas dit, qu'elle était innocente ?

LÉONATO. — Le prince et Claudio le sont aussi : ils ne l'ont accusée que déçus par l'erreur que vous avez entendu raconter. Mais Marguerite est un peu coupable dans ceci, quoique involontairement, comme il le paraît par l'examen approfondi de cette affaire.

ANTONIO.—Allons, je suis bien aise que tout ait tourné si heureusement.

BÉNÉDICK.—Et moi aussi, étant autrement engagé par ma parole à forcer le jeune Claudio à me faire raison là-dessus.

LÉONATO. — Allons, ma fille, retirez-vous avec vos femmes dans une chambre écartée ; et lorsque je vous enverrai chercher, venez ici masquée. Le prince et Claudio m'ont promis de venir me voir, à cette heure même. — (*A Antonio.*) Vous savez votre rôle, mon frère. Il faut que vous serviez de père à la fille de votre frère, et que vous la donniez au jeune Claudio.

(Héro sort suivie de ses femmes.)

ANTONIO. — Je le ferai, d'un visage assuré.

BÉNÉDICK. — Mon père, je crois que j'aurai besoin d'implorer votre ministère.

LE MOINE. — Pour quel service, seigneur?

BÉNÉDICK. — Pour m'enchaîner ou me perdre, l'un ou l'autre. — Seigneur Léonato, c'est la vérité, digne seigneur, que votre nièce me regarde d'un œil favorable.

LÉONATO. — C'est ma fille qui lui a prêté ces yeux-là, rien n'est plus vrai.

BÉNÉDICK. — Et moi, en retour, je la vois des yeux de l'amour.

LÉONATO. — Vous tenez, je crois, ces yeux de moi, de Claudio et du prince : mais quelle est votre volonté?

BÉNÉDICK. — Votre réponse, seigneur, est énigmatique; mais pour ma volonté, — ma volonté est que votre bonne volonté daigne s'accorder avec la nôtre, — pour nous unir aujourd'hui dans le saint état du mariage.... Voilà pourquoi, bon religieux, je réclame votre secours.

LÉONATO. — Mon cœur est d'accord avec votre désir.

LE MOINE. — Et je suis prêt à vous accorder mon secours. — Voici le prince et Claudio.

(Entrent don Pèdre et Claudio avec leur suite.)

DON PÈDRE. — Salut à cette belle assemblée!

LÉONATO. — Salut, prince; salut, Claudio. Nous vous attendons ici. (*A Claudio.*) Êtes-vous toujours déterminé à épouser aujourd'hui la fille de mon frère?

CLAUDIO. — Je persévère dans mon engagement, fût-elle une Éthiopienne.

LÉONATO, *à son frère.* — Appelez-la, mon frère : voici le religieux tout prêt.

(Antonio sort.)

DON PÈDRE.—Ah! bonjour, Bénédick. Quoi! qu'y a-t-il donc pour que vous ayez aussi un visage du mois de février si glacé, si nébuleux, si sombre?

CLAUDIO.—Je crois qu'il rêve au buffle sauvage. Allons, rassurez-vous, mon garçon, nous dorerons vos cornes, et toute l'Europe sera enchantée de vous voir, comme jadis Europe fut enchantée du puissant Jupiter, quand il voulut faire en amour le rôle du noble animal.

BÉNÉDICK. — Le taureau Jupiter, comte, avait un mugissement agréable ; apparemment que quelque taureau étranger de cette espèce fit sa cour à la vache de votre père, et que de cette belle union il sortit un jeune veau qui vous ressemblait beaucoup, car vous avez précisément son mugissement.

(Antonio rentre avec les dames masquées.)

CLAUDIO. — Je suis votre débiteur. — Mais voici d'autres comptes à régler. — Quelle est la dame dont je dois prendre possession ?

ANTONIO. — La voici, et je vous la donne.

CLAUDIO. — Eh bien ! alors elle est à moi. — Ma belle, laissez-moi voir votre visage.

LÉONATO. — Non, vous ne la verrez point que vous n'ayez accepté sa main en présence de ce religieux, et juré de l'épouser.

CLAUDIO. — Donnez-moi votre main devant ce saint moine. Je suis votre époux, si vous voulez bien de moi.

HÉRO, *ôtant son masque*. — Lorsque je vivais, je fus votre épouse ; et lorsque vous m'aimiez, vous fûtes mon autre époux.

CLAUDIO. — Une autre Héro !

HÉRO. — Rien n'est plus vrai. Une Héro mourut déshonorée ; mais je vis, et aussi sûr que je vis, je suis vierge.

DON PÈDRE. — Quoi, l'ancienne Héro ! Héro qui est morte !

LÉONATO. — Elle mourut, seigneur, mais tant que vécut son déshonneur.

LE MOINE. — Je puis dissiper tout votre étonnement. Lorsque la sainte cérémonie sera finie, je vous raconterai en détail la mort de la belle Héro : en attendant, familiarisez-vous avec votre surprise, et allons de ce pas à la chapelle.

BÉNÉDICK. — Doucement, doucement, religieux. — Laquelle est Béatrice ?

BÉATRICE. — Je réponds à ce nom. Que désirez-vous ?

BÉNÉDICK. — Ne m'aimez-vous pas ?

BÉATRICE. — Moi ! non, pas plus que de raison.

BÉNÉDICK. — En ce cas, votre oncle, et le prince et

Claudio ont été bien trompés : il m'ont juré que vous m'aimiez.

BÉATRICE. — Et vous ; est-ce que vous ne m'aimez pas?

BÉNÉDICK. — En vérité, non ; pas plus que de raison.

BÉATRICE. — En ce cas, ma cousine, Marguerite et Ursule se sont bien trompées : car elles ont juré que vous m'aimiez.

BÉNÉDICK. — Ils ont juré que vous étiez presque malade d'amour pour moi.

BÉATRICE. — Elles ont juré que vous étiez presque mort d'amour pour moi.

BÉNÉDICK. — Il ne s'agit pas de cela. — Ainsi, vous ne m'aimez donc pas?

BÉATRICE. — Non vraiment; seulement je voudrais récompenser l'amitié.

LÉONATO. — Allons, ma nièce ; je suis sûr, moi, que vous aimez ce gentilhomme.

CLAUDIO. — Et moi, je ferai serment qu'il est amoureux d'elle : car voici un écrit tracé de sa main, un sonnet imparfait sorti de son propre cerveau, et qui s'adresse à Béatrice.

HÉRO. — Et en voici un autre, écrit de la main de ma cousine, que j'ai volé dans sa poche et qui renferme l'expression de sa tendresse pour Bénédick.

BÉNÉDICK. — Miracle! voici nos mains qui déposent contre nos cœurs ! — Allons, je veux bien de vous : mais, par cette lumière, je ne vous prends que par pitié.

BÉATRICE. — Je ne veux pas vous refuser. — Mais, j'en atteste ce beau jour, je ne cède que vaincue par les importunités ; et aussi pour vous sauver la vie : car on m'a dit que vous étiez en consomption.

BÉNÉDICK. — Silence : je veux vous fermez la bouche.
(Il lui donne un baiser.)

DON PÈDRE. — Eh bien! comment te portes-tu, Bénédick, l'homme marié?

BÉNÉDICK. — Je suis bien aise de vous le dire, prince : un collège entier de beaux esprits ne me ferait pas changer d'idées par ses railleries. Pensez-vous que je m'embarrasse beaucoup d'une satire ou d'une épigramme?

Non ; si un homme se laisse battre par des bons mots[1], il n'aura rien de beau sur lui. Bref, puisque j'ai tentation de me marier, je ne fais plus aucun cas de tout ce que le monde voudra en dire : ainsi ne me raillez jamais de tout ce que j'ai pu dire contre le mariage, car l'homme est un être changeant, et c'est là ma conclusion. — Quant à vous, Claudio, je m'attendais à vous rosser : mais en considération de ce que vous avez bien l'air de devenir mon parent, vivez sans blessure ; et aimez ma cousine.

CLAUDIO. — J'espérais que vous auriez refusé Béatrice ; et que j'aurais pu vous faire finir sous le bâton votre existence solitaire, pour vous apprendre à être un homme à deux faces ; ce que vous serez, sans contredit, si ma cousine ne veille pas sur vous de bien près.

BÉNÉDICK. — Allons, allons, nous sommes amis. — Un tour de danse avant d'être mariés, afin que nous puissions alléger nos cœurs et les talons de nos femmes.

LÉONATO. — La danse viendra après.

BÉNÉDICK. — Nous commencerons par là, sur ma parole. — Allons, musique, jouez. — Prince, vous êtes mélancolique : prenez-moi une femme. Il n'est point de bâton plus vénérable que celui dont la pomme est garnie de corne.

(Entre un messager.)

LE MESSAGER. — Seigneur, votre frère don Juan a été pris dans sa fuite, et une escorte de gens armés l'a ramené à Messine.

BÉNÉDICK. — Ne songez pas à lui jusqu'à demain : je vous donnerai l'idée d'une bonne punition pour lui. — Allons, flûtes, partez.

(On danse, ensuite tous sortent.)

Brain, cerveau et esprit, saillie, bon mot.

FIN DU CINQUIÈME ET DERNIER ACTE.

TABLE DES MATIÈRES

DU TOME DEUXIÈME.

JULES CÉSAR.

Notice...	3
JULES CÉSAR, tragédie............................	9

ANTOINE ET CLÉOPATRE.

Notice...	101
ANTOINE ET CLÉOPATRE, tragédie............	103

MACBETH.

Notice...	219
MACBETH, tragédie................................	231

LA COMÉDIE DES MÉPRISES.

Notice...	317
LA COMÉDIE DES MÉPRISES....................	321

BEAUCOUP DE BRUIT POUR RIEN.

Notice...	389
BEAUCOUP DE BRUIT POUR RIEN, comédie...	391

Librairie Académique DIDIER et C°, quai des Augustins, 35, Paris.

ŒUVRES DE M. GUIZOT
Édition format in-8°.

HISTOIRE DE LA RÉVOLUTION D'ANGLETERRE, depuis l'avénement de Charles Ier jusqu'au rétablissement des Stuart (1625-1660). 6 volumes in-8, en trois parties. 42 »

— **HISTOIRE DE CHARLES Ier**, depuis son avenement jusqu'à sa mort (1625-1649), précédée d'un *Discours sur la Révol. d'Angleterre*. 6e ed. 2 vol. in-8. 14 »

— **HISTOIRE DE LA RÉPUBLIQUE D'ANGLETERRE ET DE CROMWELL** (1649-1658). Nouvelle édition. 2 vol. in-8. 14 »

— **HISTOIRE DU PROTECTORAT DE RICHARD CROMWELL** et du **RÉTABLISSEMENT DES STUART** (1659-1660). 2 vol. in-8. 14 »

MONK. CHUTE DE LA RÉPUBLIQUE, etc.; étude historique. Nouvelle édit. 1 vol. in-8, avec portrait. 5 »

PORTRAITS POLITIQUES des hommes des divers partis : *Parlementaires, Cavaliers Républicains, Niveleurs* ; études historiques. 1 vol. in-8. 5 »

SIR ROBERT PEEL. Étude d'histoire contemporaine, augmentée de documents inédits 1 vol. in-8. 7 »

ESSAIS SUR L'HISTOIRE DE FRANCE, etc. 9e édit. 1 vol. in-8. 6 »

HISTOIRE DE LA CIVILISATION EN EUROPE ET EN FRANCE, depuis la chute de l'Empire Romain, etc. 6e édit. 5 vol. in-8. 30 »

— **HISTOIRE DE LA CIVILISATION EN EUROPE**, depuis la chute de l'Empire romain jusqu'à la Révolution française. 6e édit. 1 vol. in-8, portrait. 6 »

— **HISTOIRE DE LA CIVILISATION EN FRANCE.** 6e édit. 4 vol. in-8. 21 »

HISTOIRE DES ORIGINES DU GOUVERNEMENT REPRÉSENTATIF *et des Institutions politiques de l'Europe*, depuis la chute de l'Empire romain jusqu'au XIVe siècle. (Cours de 1820 à 1822.) Nouv. edit. 2 vol. in-8. 10 »

CORNEILLE ET SON TEMPS. Étude littéraire, suivie d'un *Essai sur Chapelain, Rotrou, et Scarron*, etc. 1 vol. in-8. 5 »

SHAKSPEARE ET SON TEMPS. Etude littéraire, comprenant : *la vie de Shakspeare et les Notices historiques et critiques de ses pièces*, etc. 1 vol. in-8. 5 »

MÉDITATIONS ET ÉTUDES MORALES sur *la Religion, la Philosophie, l'Education*, etc. Nouvelle édition. 1 vol. in-8. 6 »

ÉTUDES SUR LES BEAUX-ARTS en général. *De l'état des beaux-arts en France et du Salon de 1810. — Description des tableaux du Musée du Louvre*, etc. Nouvelle edi 1 vol. in-8. 6

DISCOURS ACADÉMIQUES ET LITTÉRAIRES. 1 vol. in-8. 6 »

ABAILARD ET HÉLOISE. Essai historique par M. et Mme Guizot, suivi des *Lettres d'Abailard et d'Héloïse*, traduites en français par M. Oddoul. Nouv. édit., revue et corrigée. 1 vol. in-8. 6 »

HISTOIRE DE WASHINGTON et de la fondation de la République des Etats-Unis, par M. Cornelis de Witt, précédée d'une *Étude historique* sur Washington, par M. Guizot Nouvelle édit. 1 fort vol. in-8, avec carte et portrait. 7 »

DICTIONNAIRE UNIVERSEL DES SYNONYMES DE LA LANGUE FRANÇAISE. 5e edition, revue et considérablement augmentée. 2 parties en 1 vol. gr. in-8. 13 »

GRÉGOIRE DE TOURS ET FRÉDÉGAIRE. — *Histoire des Francs*, suivie de la *Chronique de Frédégaire*, traduction de M. Guizot, entièrement revue. Nouv. édit. complétée et augmentée de la *Géographie de Grégoire de Tours*, par Alfred Jacobs. 2 vol, in-8, avec une carte de la Gaule. 14 »

ŒUVRES COMPLÈTES DE SHAKSPEARE, trad. de M. Guizot, entièrement revue, accomp. d'une Étude sur Shakspeare, de notices et de notes 8 vol. in-8. 40 »

MÉNANDRE. Étude historique et littéraire sur la Comédie et la Société grecques, par M. Guillaume Guizot. Ouvrage couronné par l'Académie française en 1852 1 vol, in-8, avec portrait.

Paris. — Imprimé chez Bonaventure et Ducessois, 55, quai des Augustins.

www.ingramcontent.com/pod-product-compliance
Lightning Source LLC
Chambersburg PA
CBHW050252230426
43664CB00012B/1927